IEFI 国际财经中心
International Economics and Finance Institute

全球财经视野

——2016国际财经周记

周强武／主编

中国财经出版传媒集团
中国财政经济出版社

图书在版编目（CIP）数据

全球财经视野：2016 国际财经周记 / 周强武主编 . —北京：中国财政经济出版社，2017.8

ISBN 978 - 7 - 5095 - 7505 - 5

Ⅰ. ①全… Ⅱ. ①周… Ⅲ. ①国际经济 - 研究 Ⅳ. ①F113

中国版本图书馆 CIP 数据核字（2017）第 124352 号

责任编辑：郭爱春　　　　责任校对：杨瑞琦
封面设计：汪俊宇　　　　版式设计：录文通

中国财政经济出版社 出版

URL：http：//www. cfeph. cn

E - mail：cfeph @ cfeph. cn

社址：北京市海淀区阜成路甲 28 号　邮政编码：100142

营销中心电话：88190406　北京财经书店电话：64033436　84041336

北京富生印刷厂印刷　各地新华书店经销

787 × 1092 毫米　16 开　22.75 印张　441 000 字

2017 年 9 月第 1 版　2017 年 9 月北京第 1 次印刷

定价：56.00 元

ISBN 978 - 7 - 5095 - 7505 - 5

（图书出现印装问题，本社负责调换）

本社质量投诉电话：010 - 88190744

打击盗版举报热线：010 - 88190414　QQ：447268889

序　言

2016年，全球经济复苏缓慢且不均衡。发达经济体增长格局出现分化，新兴经济体分化态势加剧。全球资本流动波动加大，大宗商品价格有所回升，贸易保护主义抬头，“黑天鹅”事件频发，全球经济不稳定性和不确定性凸显。

2016年，全球主要央行继续实施宽松货币政策和更加灵活的财政政策。美联储步入加息通道；欧元区降息并延长资产购买计划；日本维持负利率政策，加大财政刺激力度。

发达经济体。美国经济延续复苏势头，失业率下降至4.7%，经济增长达1.6%，通胀率向2%的目标迈进；欧元区通胀率增幅明显，德、英、法三国温和复苏，2016年GDP增长分别达1.9%、1.8%和1.1%；日本经济温和复苏，2016年经济增速达1%。

新兴经济体。受大宗商品价格波动以及国内外政治经济环境影响，巴西经济持续萎缩，俄罗斯经济有所改善，南非经济增速放缓，GDP增长分别为-3.6%、-0.2%和0.3%；印度保持较高经济增速，GDP增速达7.1%，发展的空间较大。

多边国际机构。联合国《巴黎协定》正式生效；IMF宣布人民币正式加入SDR货币篮子；“10+3”宏观经济研究办公室（AMRO）正式升级为国际组织；金砖国家新开发银行和亚投行陆续开展贷款项目。

区域合作。美国总统特朗普宣布将退出跨太平洋伙伴关系协议（TPP）；美欧跨大西洋贸易与投资伙伴协议（TTIP）、区域全面经济伙伴关系协定（RCEP）取得一定进展；中国成功主办G20杭州峰会；中美、中欧投资协定谈判稳步推进；中日韩自贸协定谈判取得进展；中国－新西兰、中国－新加坡自贸协定升级谈判正式启动；“一带一路”建设全面推进。

“一周国际财经”梳理编译了2016年全球经济的重大政策发布和财经热点事件，精准记录了2016年北美、拉美、欧洲、亚洲、非洲等区域主要经济体的经济政策、主要多边国际机构发布的重要报告及最新动向、大宗商品市场的价格走势，以及全球宏观经济形势。“一周国际财经”相关信息因“找点准、信息全、质量高”，得到了有关部门领导和专家的充分肯定，为广大经济研究工作者提供了有益借鉴。

本书收录了财政部国际财经中心2016年编译整理的“一周国际财经”的主要内容，将为广大经济工作者和关注全球财经热点问题的同志提供有益帮助。由于水平有限，本书编辑过程中难免有疏漏和不妥之处，敬请广大读者提出宝贵意见。

编　者

2017年8月

目　录

第 1 周（2016/01/02—2016/01/08）*

2016 年 1 月 2—8 日，国际财经要情有：美国 2015 年 11 月份贸易逆差 424 亿美元；欧元区 2015 年 12 月份通货膨胀年率或为 0.2%；俄罗斯 2016 年经济或萎缩 0.7%；日本央行称日本经济温和复苏；埃及央行 4 年来首次加息；IMF：2016 年应重点关注新兴经济体经济下行风险；2016 年博鳌亚洲论坛主题确定为“亚洲新未来：新活力与新愿景”；世界银行发布《2016 年全球经济展望》报告。

一、区域观察

1. 北美地区

美国 11 月份贸易逆差 424 亿美元。1 月 6 日，美国商务部发布数据显示，经季调，美国 2015 年 11 月份贸易逆差 424 亿美元，环比下降 22 亿美元。其中出口额 1822 亿美元，环比下降 16 亿美元；进口额 2246 亿美元，环比下降 38 亿美元。

美国 12 月份 ISM 制造业和非制造业指数环比分别下降 0.4 个百分点和 0.6 个百分点。1 月 4 日，美国供应管理协会（ISM）发布数据显示，美国 12 月份 ISM 制造业指数为 48.2，环比下降 0.4 个百分点。其中，就业指数为 48.1，环比下降 3.2 个百分点；价格指数为 33.5，环比下降 2 个百分点，原材料价格连续 14 个月下跌。美国 12 月份 ISM 非制造业指数 55.3，环比下降 0.6 个百分点，创 2014 年 3 月以来新低。

美国 11 月份营建支出年化总额环比下降 0.4%。1 月 4 日，美国商务部发布数据显示，经季调，美国 11 月份营建支出年化总额为 1.12 万亿美元，环比下降 0.4%，同比上升 10.5%。

美国 2015 年 11 月份产成品订单环比下降 0.2%。1 月 6 日，美国商务部发布数据显示，美国 2015 年 11 月份产成品订单额为 4722 亿美元，环比下降 0.2%。其

* 由于缺少个别周的数据，本书顺调了周序。

中耐用品订单额 2386 亿美元，环比基本持平。

加拿大 11 月份工业品价格指数环比下降 0.2%。1 月 5 日，加拿大国家统计局发布数据显示，加拿大 11 月份工业品价格指数环比下降 0.2%，连续 4 个月下滑。其中，主要有色金属制品价格环比下降 3.5%，为 2013 年 4 月份以来最大降幅。此外，加拿大 11 月份原材料价格指数环比下降 4%。其中，未加工能源产品价格环比下降 5.7%。

2. 拉美地区

巴西 2015 年贸易顺差近 197 亿美元。1 月 4 日，巴西工贸部公布数据显示，巴西 2015 年贸易总额为 3625.87 亿美元。其中，出口额为 1911.34 亿美元，同比下降 14.1%；进口额为 1714.53 亿美元，同比下降 24.3%。尽管 2015 年进出口均呈现大幅下跌，但由于本币贬值，巴西贸易顺差仍达 196.81 亿美元。

3. 欧洲

欧洲单一清算机制 2016 年 1 月 1 日起生效。2015 年 12 月 31 日，欧委会发布消息称，欧洲单一清算机制（SRM）于 2016 年 1 月 1 日全面实施，SRM 将通过及时有效解决欧元区跨境和国内银行清算问题提升金融系统弹性，并对需清算银行制定清算框架。

欧元区 2015 年 12 月份通货膨胀年率或为 0.2%。1 月 5 日，欧盟统计局发布数据显示，预测欧元区 2015 年 12 月份通货膨胀年率为 0.2%，环比持平。其中，食品、酒精饮品和烟草通货膨胀年率为 1.2%，环比下降 0.3 个百分点；服务业通货膨胀年率为 1.1%，环比下降 0.1 个百分点；非能源工业品通货膨胀年率为 0.5%，环比持平；能源品通货膨胀年率为 –5.9%，环比上升 1.4 个百分点。

欧元区 12 月份综合 PMI 终值为 54.3。1 月 6 日，市场调查机构 Markit 发布数据显示，欧元区 2015 年 12 月份综合 PMI 终值为 54.3，环比上升 0.1 个百分点。其中，德国综合 PMI 终值为 55.5，创 17 个月以来新高；法国综合 PMI 终值为 50.1，创 11 个月以来新低；意大利综合 PMI 终值为 56.0，创 58 个月以来新高。

欧元区 12 月份制造业 PMI 终值上升至 53.2。1 月 4 日，市场调查机构 Markit 发布数据显示，欧元区 2015 年 12 月份制造业 PMI 终值为 53.2，环比上升 0.4 个百分点。其中，德国制造业 PMI 为 53.2，环比上升 0.3 个百分点，为 4 个月以来最高；法国制造业 PMI 为 51.4，环比上升 0.6 个百分点，为 21 个月以来最高；意大利制造业 PMI 为 55.6，环比上升 0.7 个百分点，为 57 个月以来最高。

欧元区 11 月份工业 PPI 环比下降 0.2%。1 月 6 日，欧盟统计局发布数据显示，欧元区 2015 年 11 月份工业 PPI 环比下降 0.2%，同比下降 3.2%。其中，中间品价格环比下降 0.3%，同比下降 2.0%；能源价格环比下降 0.3%，同比下降

9.4%；非耐用消费品价格环比下降0.2%，同比下降0.3%。欧盟2015年11月份工业PPI环比下降0.3%，同比下降3.5%。其中，中间品价格环比下降0.3%，同比下降1.9%；能源价格环比下降0.6%，同比下降12.0%；非耐用消费品价格环比下降0.1%，同比下降0.2%。

德国2015年12月份CPI环比或下降0.1%。1月4日，德国联邦统计局发布数据，预测德国2015年12月份CPI环比下降0.1%，同比上升0.3%。其中，能源价格同比下降6.5%；食品价格同比上升1.4%；服务价格同比上升1.2%。德国2015年12月份调和消费价格指数预计环比持平，同比上升0.2%。

德国2015年11月份失业率为4.5%。1月5日，德国联邦统计局发布数据显示，经季调，德国2015年11月份失业率为4.5%，环比持平。就业人数为4313.2万人，失业人数为190万人，同比下降16万人。

英财长称英国经济仍面临风险。1月7日，英国财政大臣奥斯本发表演讲，称英国经济现在所面临的一系列威胁，包括自满情绪，中国、巴西和俄罗斯的经济减速，商品价格下降以及中东地区升级的地缘政治冲突等。

英国2015年11月份M4环比上升0.4%。1月4日，英国央行发布数据显示，英国2015年11月份M4供应环比上升0.4%，同比上升0.5%。

意大利2015年12月份CPI环比持平。1月5日，意大利国家统计局发布数据显示，意大利2015年12月份CPI环比持平，同比上升0.1个百分点。其中，维修和个人护理价格同比上升0.9%；非限制能源品价格同比下降8.8%；运输价格同比下降1.7%；未加工食品价格同比上升2.2%。剔除能源品及未加工食品，核心通货膨胀率为0.6%，环比下降0.1个百分点；剔除能源品，通货膨胀率为0.7%，环比下降0.1个百分点。

俄罗斯2016年经济或萎缩0.7%。1月7日，世界银行发布《全球经济展望》报告指出，随着国际油价下跌放缓或企稳，以及俄罗斯经济改善，预计2016年俄罗斯经济继2015年收缩3.8%之后将会进一步收缩0.7%。

4. 亚洲

日本央行称日本经济温和复苏。1月8日，日本央行公布2015年12月会议记录显示，日本经济持续温和复苏，但全球金融市场仍有不确定性，经济面临下行风险。由于原油成本下滑，消费者价格升幅可能低于预期，薪资水平未显著上扬。日本潜在通货膨胀趋势继续回升，应继续维持目前的货币政策。

日本2015年12月份基础货币同比上升29.5%。1月5日，日本央行发布数据显示，日本2015年12月份基础货币同比上升29.5%。经季调，2015年12月份基础货币环比年化上升6%。截至2015年12月末，日本基础货币余额为356.13万亿日元。

日本政府追加 2015 财年预算。日本内阁府提交了 2015 财年追加预算计划，希望增加 3.3 亿日元（约 280 亿美元）政府支出。追加的预算会让 2015 财年日本的财政支出达到 99.6 万亿日元。日本内阁府预估，追加预算会使 2015 财年和 2016 财年的实际 GDP 增长率上浮 0.6%。分析人士认为，由于追加预算中有大部分是用于低收入的老年人，而他们没有强烈的消费欲望，对经济的拉动作用将非常有限。

韩国 2015 年外商直接投资规模再创纪录新高。1 月 6 日，韩国产业通商资源部公布数据显示，韩国 2015 年获外商直接投资（FDI）规模较 2014 年增长 10%，达 209 亿美元，创纪录新高，这主要由于美国、中国和中东对韩投资升温。数据显示，2015 年韩国服务领域业务最具吸引力，外商承诺投资额 147 亿美元，较 2014 年同期增长 31.7%。

印度 2015 年 12 月份制造业 PMI 降至 49.1。1 月 4 日，市场调查机构 Markit 公布数据显示，印度 2015 年 12 月份制造业 PMI 降至 49.1，环比下降 1.2 个百分点，创 2013 年 8 月份以来新低，体现出印度制造业整体经营形势恶化。

5. 非洲

埃及央行 4 年来首次加息。埃及央行宣布，提高存款利率 50 基点至 9.25%，提高贷款利率 50 基点至 10.25%，这是埃及央行 4 年来首次加息。

二、国际组织

IMF：2016 年应重点关注新兴经济体经济下行风险。1 月 4 日，IMF 首席经济学家奥布斯特费尔德撰文称，2016 年全球经济将面临诸多挑战，新兴经济体下行风险值得重点关注。奥布斯特费尔德称，尽管欧洲央行和日本央行继续推行宽松货币政策，但美联储已经启动加息进程，全球流动性正在收紧。在大宗商品价格下跌及全球流动性收紧的背景下，新兴经济体面临增长放缓、资本流入减少、外汇储备下降和货币贬值等压力，如果大宗商品价格进一步下跌，依赖资源出口的新兴经济体将面临更大挑战。此外，中国经济放缓、欧洲难民危机、全球气候变化、贸易增速放缓和地缘政治局势等也是 2016 年值得关注的主要风险点。

OECD：成员国 2015 年 11 月份通货膨胀水平微升至 0.7%。1 月 7 日，OECD 发布月度报告称，OECD 成员 2015 年 11 月份通货膨胀水平为 0.7%，较 2015 年 10 月份的 0.6% 略有提高，剔除能源和食品价格，OECD 成员国核心通货膨胀水平为 1.8%，与 2015 年 10 月份持平。主要经济体中，加拿大、美国、英国和德国通货膨胀水平在 2015 年 11 月份有所升高，日本与 2015 年 10 月份一致，法国和意大利则有所下降。G20 成员国 2015 年 11 月份通货膨胀水平微升至 2.7%，在非 OECD 国家中，巴西、印度、中国和南非通货膨胀水平走高，印尼、俄罗斯和沙特通货膨胀水平下降。

国际金融协会：2015 年新兴市场资金流入规模创金融危机以来新低。1 月 4 日，国际金融协会发布报告称，2015 年 12 月份新兴市场非居民资金合计流出资金 31 亿美元，连续第 6 个月出现净流出，第四季度共流出 130 亿美元，较第三季度的 330 亿美元有所改善。2015 年全年新兴市场非居民资金流入总额降至 410 亿美元，远低于 2010—2014 年平均每年 2850 亿美元的规模，创金融危机以来新低。

三、国际大宗商品

本周纽约原油期货累计下跌 10.2%。截至本周四，纽约原油期货连续 4 个交易日下跌，累计跌幅达 10.2%。周一纽约原油期货下跌 0.28 美元，收于每桶 36.76 美元；周二下跌 0.79 美元，收于每桶 35.97 美元；周三纽约原油期货下跌 2 美元，跌幅 5.56%，收于每桶 33.97 美元；周四下跌 0.7 美元，收于每桶 33.27 美元。

本周纽约黄金期货累计上涨 4.5%。截至本周四，纽约黄金期货连续 4 个交易日上涨，累计涨幅达 4.5%。周一纽约黄金期货上涨 1.4%，收于每盎司 1075.2 美元；周二上涨 0.3%，收于每盎司 1078.4 美元；周三纽约黄金期货上涨 1.3%，收于每盎司 1091.9 美元；周四上涨 1.5%，收于每盎司 1107.8 美元。

四、区域合作

2016 年博鳌亚洲论坛主题确定为“亚洲新未来：新活力与新愿景”。1 月 6 日，博鳌亚洲论坛秘书处宣布，博鳌亚洲论坛 2016 年年会将于 3 月 22—25 日在海南博鳌召开，主题确定为“亚洲新未来：新活力与新愿景”。博鳌亚洲论坛秘书处秘书长周文重表示，在全球经济发生深刻变化的大背景下，亚洲各国和地区如何引导经济产业的结构性调整、强化区域经济互通与合作、提升基础设施投入和创新科技能力，如何为世界经济注入新的活力，培育新的增长点，将成为 2016 年年会关注的焦点。2016 年年会拟设置 83 场讨论，包括分论坛 51 场、圆桌会议 14 场、主题餐会 6 场、创业家对话 12 场，邀请各国政、商、学、媒等各界精英参加，多国领导人将出席年会开幕式。

中非产能合作基金启动运行。1 月 7 日，中非产能合作基金在北京完成注册并启动运行，这是继中非发展基金之后，中国又一只专门针对非洲的投资基金。该基金由中国国家主席习近平在 2015 年 12 月 4 日出席中非论坛约翰内斯堡峰会开幕式时宣布设立，是中非合作系列重要举措的组成部分之一，由中国外汇储备、中国进出口银行共同出资，首批资金 100 亿美元，主要投资于非洲地区制造业、高新技术、农业、能源矿产、基础设施和金融合作等领域，服务非洲“三网一化”建设。

五、全球宏观经济形势

世界银行发布 2016 年《全球经济展望》报告。1 月 6 日，世界银行发布 2016 年《全球经济展望》报告称，受新兴市场市场增长放缓、大宗商品价格下跌、贸易疲软和金融市场波动等因素影响，2015 年全球经济预计增速为 2.4%，并将 2016 年增长预期由 2015 年 6 月份预测的 3.3% 下调至 2.9%，而 2017 年和 2018 年，全球经济均将增长 3.1%。

报告认为，包括中国和巴西在内的主要新兴市场经济体增速放缓，已经对其他发展中经济体产生了影响，同时也延长了大宗商品市场的颓势。世界银行预计 2016 年俄罗斯 GDP 将萎缩 0.7%；巴西将萎缩 2.5%；中国 GDP 增速将从 2015 年 6 月份预测的 7% 放缓至 6.7%；南非经济将增长 1.4%，基本与 2015 年持平；印度将增长 7.8%，略高于 2015 年的 7.3%。

报告认为，2016 年全球经济走势将更依赖发达经济体的表现。2016 年美国经济将增长 2.7%，高于 2015 年的 2.5%；欧元区经济增速有望达到 1.7%，为 2011 年以来最高，而日本经济增速约为 1.3%。

分区域看，预计东亚和太平洋地区 2016 年增长 6.3%，略低于 2015 年的 6.4%；欧洲和中亚地区将从 2015 年的 2.1% 上升至 3%；拉美和加勒比地区将摆脱 2015 年 0.7% 的衰退，2016 年有望增长 0.1%；基于国际油价趋稳的前提，中东北非地区 2016 年经济增速将从 2015 年的 2.5% 升至 5.1%；南亚地区 2016 年将增长 7.3%，高于 2015 年的 7%；撒哈拉以南非洲地区将为 4.2%。

第 2 周 （2016/01/09—2016/01/15）

2016 年 1 月 9—15 日，国际财经要情有：美国总统奥巴马发表任内最后一次国情咨文；巴西 2015 年通货膨胀率为 10.67%；欧盟推迟给予中国市场经济地位；德国 2015 年 GDP 增长 1.7%；英国央行维持基准利率 0.5% 不变；2016 年二十国集团（G20）峰会第一次协调人会议举行；中欧投资协定第九轮谈判在北京举行；拉加德：美联储货币政策正常化应循序渐进，中国经济转型将令全球受益。

一、区域观察

1. 北美地区

美国总统奥巴马发表任内最后一次国情咨文。1 月 13 日，美国总统奥巴马发表其任内最后一次国情咨文，今年的国情咨文延续了去年国情咨文中“中产阶级经济学”的部分内容，再次强调奥巴马政府致力于为美国劳动者构建公平的社会环境和完善的社会保障体系，提高中产阶级的经济安全感，帮助低收入人群勤劳致富，鼓励创新和清洁能源应用，维护美国的全球领导力。此外，奥巴马还在国情咨文中着重强调了美国经济基本面良好，增长潜力可观。

美国多数地区经济活动扩张。1 月 13 日，美联储发布褐皮书称，美国整体经济活动扩张，消费支出温和增长，房地产活动普遍增强。但是美元强势或对部分地区制造业造成负面影响，农业部门整体表现疲软。此外，劳动力市场持续改善，工资和物价整体压力较小。

美国 2015 年 12 月份失业率为 5.0%。1 月 8 日，美国劳工部统计局发布数据显示，美国 2015 年 12 月份失业率为 5.0%，环比持平，同比下降 0.6 个百分点。此外，2015 年 12 月份非农就业人数环比增加 29.2 万人，劳动参与率为 62.6%。

加拿大 2015 年 12 月份失业率为 7.1%。1 月 8 日，加拿大国家统计局发布数据显示，加拿大 2015 年 12 月份失业率为 7.1%，环比持平。就业人数环比上升 2.3 万人，上升 0.1%；同比上升 15.8 万人，上升 0.9%。

2. 拉美地区

巴西 2015 年通货膨胀率为 10.67%。1 月 8 日，巴西地理统计局公布数据显示，巴西 2015 年通货膨胀率达 10.67%，远超政府设定的目标上限。这是巴西通货膨胀率自 2002 年达到 12.53% 以来再次超过 10%。数据显示，巴西 2015 年食品价格上涨 12.03%；住房相关成本上涨 18.31%；交通成本上升 10.16%。家庭日用品、服装和通讯成本涨幅较小，分别为 5.36%、4.46% 和 2.11%；电价和油价涨幅最大，分别上涨 51% 和 21.43%。

3. 欧洲

欧盟投资 10 亿欧元促边境区域经济和社会发展。1 月 7 日，欧委会发布消息称，欧委会批准总额 10 亿欧元的一系列跨国合作项目，以促进欧盟边境区域社会和经济发展。重点项目是欧盟边境区域可持续发展，如降低生活水平差异及解决共同挑战。项目将通过欧洲区域发展基金（ERDF）和欧洲边境基金（ENI）在 27 个国家融资。欧盟及伙伴国将在 2016 年年底就融资协议达成一致。

欧盟推迟给予中国市场经济地位。1 月 13 日，欧盟委员会发表声明称，推迟决定是否给予中国市场经济地位。预计 2016 年下半年做出决定。欧盟委员会第一副主席弗兰斯·蒂默曼斯表示，中国的市场经济地位问题关系到欧盟经济发展和国际贸易前景，欧盟委员会需从各个重要角度进行全面评估，尤其是对欧洲就业市场的影响。

2015 年 11 月份欧盟和欧元区工业产出环比分别下降 0.6% 和 0.7%。1 月 13 日，欧盟统计局发布数据显示，经季调，欧盟 2015 年 11 月份工业产出环比下降 0.6%，同比上升 1.4%。其中，耐用消费品产出环比下降 0.3%，同比上升 1.7%；资本品产出环比下降 1.3%，同比上升 2.0%；能源产出环比下降 3.5%，同比下降 1.2%。欧元区 2015 年 11 月份工业产出环比下降 0.7%，同比上升 1.1%。其中，耐用消费品产出环比下降 1.0%，同比上升 1.7%；资本品产出环比下降 1.9%，同比上升 1.2%；能源产出环比下降 4.3%，同比下降 2.8%。德国 2015 年 GDP 增长 1.7%。1 月 14 日，德国联邦统计局公布数据显示，2015 年德国 GDP 增长 1.7%，为 4 年来最高。德国联邦统计局认为，2015 年德国经济增长的主要原因是国内消费增长、职工工资提高以及就业增加。2015 年德国私人消费增长 1.9%；政府因难民安置和整合等原因支出增长 2.8%；德国企业投资意愿增强，机械和设备等方面的投资增长 3.6%；进出口增幅均超 5%。

德国 2015 年 11 月份出口额环比上升 0.4%。1 月 8 日，德国联邦统计局发布数据显示，经季调，德国 2015 年 11 月份出口额环比上升 0.4%，进口额环比上升 1.6%。对外贸易盈余 197 亿欧元。经常账户盈余 185 亿欧元。

英国央行维持基准利率 0.5%不变。1 月 14 日，英国央行公布利率决议，维持基准利率 0.5%不变，维持 3750 亿英镑的资产购买规模不变，符合市场预期。英国央行称，英镑持续贬值可能减轻对 CPI 的拖累。薪资增长依然受抑制，预计短期内英国通货膨胀和 GDP 增长较为疲软。

法国 2015 年 12 月份 CPI 环比上升 0.2%。1 月 13 日，法国国家统计局发布数据显示，法国 2015 年 12 月份 CPI 环比上升 0.2%。其中，服务价格环比上升 0.6%，同比上升 1.1%；能源价格环比下降 1.2%，同比下降 4.7%；食品价格环比下降 0.3%，同比上升 0.6%。

法国 2015 年 11 月份制造业产出环比上升 0.4%。1 月 8 日，法国国家统计局发布数据显示，法国 2015 年 11 月份制造业产出环比上升 0.4%。其中，食品和饮料产出环比上升 0.1%；可乐和精炼石油产出环比下降 7.7%；运输设备产出环比上升 0.3%；机器、电器和电子设备产出环比下降 0.5%。此外，工业产出环比下降 0.9%。

2015 年俄罗斯储备基金接近减半。俄罗斯财政部公布数据显示，截至 2016 年 1 月 1 日，俄罗斯储备基金共计 3.641 万亿卢布（约 499.5 亿美元）。而 2015 年 1 月 1 日，俄罗斯储备基金共计 4.945 万亿卢布（约 879.1 亿美元）。以美元计算，2015 年全年俄罗斯储备基金减少了 43.2%。这主要是由于石油出口收入锐减导致俄罗斯政府不得不动用储备基金补贴财政开支。

4. 亚洲

日本央行发布 2015 年 12 月份货币政策会议纪要。1 月 8 日，日本央行发布 12 月份货币政策会议纪要称，日本经济温和复苏，内需坚挺，外需逐步增强，通货膨胀趋势将持续改善。日本经济正处于迈向良性循环关键点，日本央行决定维持货币政策不变。新引入的配套措施并非进一步宽松措施，但有利于促进经济良性循环和 QQE 平稳实施。

日本央行行长称日本通货膨胀趋势正稳定改善。1 月 12 日，日本央行行长黑田东彦称，因日本就业市场表现向好，日本的通货膨胀趋势正在改善，但日本央行迈向通货膨胀率目标 2%之路只走了一半。他相信日本及欧元区的货币政策将在不久的未来取得成功。

日本 2015 年 12 月份消费者信心指数为 42.7。1 月 12 日，日本内阁府发布数据显示，经季调，日本 2015 年 12 月份消费者信心指数为 42.7，环比上升 0.1 个百分点。其中，整体生活水平信心指数为 41.1，环比上升 0.2 个百分点；收入信心指数为 41.8，环比上升 0.7 个百分点；就业信心指数为 46.3，环比下降 0.4 个百分点；耐用品购买意愿指数为 41.6，环比持平。

韩新任经济副总理表示韩国经济需要结构性改革。1 月 13 日，柳一镐就任韩国新任经济副总理兼企划财政部部长，成为朴槿惠政府第三届中央财经领导班子的牵头人。柳一镐在就职仪式上强调，公共部门、劳动力市场、金融、教育四大改革迫在眉睫。韩国经济面临全球经济结构变化、低出生率和老龄化等人口结构变化、因结构性原因导致的内需基础薄弱等危机。要想使韩国经济重新步入正轨，必须重塑健康“体质”，进行结构改革。

印度将发行第二批黄金货币化项目黄金债。1 月 13 日，印度财政部宣布，将很快发行第二批黄金债券。2015 年 11 月印度正式开启了黄金货币化项目，包括黄金债券、黄金储蓄和金币，同时发行了第一批黄金债券。

澳大利亚 12 月份失业率为 5.8%。1 月 14 日，澳大利亚国家统计局发布数据显示，经季调，澳大利亚 2015 年 12 月份失业率为 5.8%，环比下降 0.1 个百分点；劳动力参与率为 65.1%，环比下降 0.1 个百分点；就业人数环比持平，失业人数环比下降 1.09 万人。

澳大利亚 2015 年 11 月份零售额环比上升 0.4%。1 月 8 日，澳大利亚国家统计局发布数据显示，经季调，澳大利亚 2015 年 11 月份零售额环比上升 0.4%。其中，家居用品零售额环比上升 0.9%，咖啡、餐厅、外卖食品服务零售额环比上升 1.0%，食品零售额环比上升 0.2%，服装、鞋、配饰零售额环比上升 0.8%；百货公司零售额环比下降 0.8%。所有区域均实现销售增长。

5. 非洲

南非将着力提高制造业增加值。1 月 12 日，南非贸工部长戴维斯表示，南非正在着力提高制造业增加值，并加快向产业链上游转移。政府将为外国投资者提供相应的支持和优惠政策，南非有实力成为世界级制造业基地。

二、国际组织

2016 年二十国集团 峰会第一次协调人会议举行。1 月 14 日，2016 年二十国集团峰会第一次协调人会议在北京举行，二十国集团成员、嘉宾国和国际组织协调人与会。国务委员杨洁篪出席开幕式并致辞，杨洁篪指出，杭州峰会主题是“构建创新、活力、联动、包容的世界经济”，全年工作将围绕“创新增长方式”“更高效的全球经济金融治理”“强劲的国际贸易和投资”“包容和联动式发展”4 项重点议题展开。中方期望通过 2016 年的工作，推动二十国集团发挥引领作用，体现雄心水平，为世界经济发展和国际经济合作指明方向；创新机制建设，打造合作平台，为二十国集团从危机应对向长效治理机制转型提供坚实保障；制定规则指标，推动检查落实，为相关合作提供衡量标尺。

亚洲开发银行：2015 年业务规模创历史新高。1 月 8 日，亚洲开发银行发布数据显示，2015 年，包括获批贷款和赠款、技术援助及联合融资在内的亚洲开发银行业务规模创下 271. 5 亿美元的历史新高，与 2014 年的 228. 9 亿美元相比，增长近 19%。其中，贷款及赠款为 165. 8 亿美元，较 2014 年增长 23%；联合融资额为 104. 3 亿美元，同比增长 13%；技术援助总额为 1. 44 亿美元。为了满足不断增长的业务需求，亚洲开发银行在 2015 将提供优惠贷款的亚洲开发基金与基于市场的普通资金源资产负债表进行了合并，这一举措将使亚洲开发银行每年的贷款和赠款批准额在 5 年后增至 200 亿美元。

世界银行任命新任首席行政官与首席财务官。1 月 12 日，世界银行宣布任命来自中国的杨少林为世界银行集团首席行政官兼常务副行长，主管世界银行的机构战略、预算、风险管理、廉政、员工职业操守、信息化等业务，同时任命来自巴西的若阿金·莱维为世界银行集团首席财务官兼常务副行长。目前世界银行的首席运营官、首席行政官和首席财务官三个重要职位都由发展中国家的公民担任。

联合国发布《2016—2020 年联合国对华发展援助框架》。1 月 12 日，联合国驻华系统与中国政府在北京联合发布了《2016—2020 年联合国对华发展援助框架》，该框架旨在为联合国驻华系统未来 5 年的工作提供战略指引。新《框架》强调了三个重点领域：一是减少贫困与促进公平发展，旨在帮助更多民众尤其是弱势群体改善生活条件，享有更多经济、社会和文化发展机会；二是改善生态环境与推动可持续发展，旨在有效保护和改善生态环境，实现可持续的绿色增长，使更多人享有更清洁、更健康、更安全的环境；三是加强对全球事务的参与，旨在提升中国参与国际合作的效果，使中国和世界均能从国际合作中受益。

粮食价格连续第 4 年下跌。联合国粮农组织发布数据显示，2015 年，全球主要食品类商品价格连续第 4 年下跌，与 2014 年相比，平均跌幅达 19. 1%，为连续第 4 年下跌。粮农组织认为，供应充足而需求低迷以及美元升值是 2015 年粮食价格普遍疲软的主要原因。

国际能源署：国际油价或将于 2016 年年底开始回升。1 月 11 日，国际能源署署长比罗尔表示，一旦对伊朗的制裁措施解除，伊朗有可能在未来 6—12 个月内每天增加 50 万桶的原油出口，这将加重原油市场供大于求的问题，给 2016 年国际油价带来下行压力。预计国际油价或将在 2016 年年底或 2017 年年初开始回升。

三、国际大宗商品

本周纽约原油期货累计下跌 5. 9%。截至本周四，纽约原油期货累计下跌 5. 9%。周一纽约原油期货下跌 1. 75 美元，收于每桶 31. 41 美元；周二纽约原油期货下跌 0. 97 美元，盘中一度跌破 30 美元大关，收于每桶 30. 44 美元，录得连续第七个交易日收跌，创 2014 年夏季以来最长下跌周期；周三纽约原油期货上涨 0. 04

美元，收于每桶 30. 48 美元；周四纽约原油期货上涨 0. 72 美元，收于每桶 31. 2 美元。

本周纽约黄金期货累计下跌 2. 2%。截至本周四，纽约黄金期货累计下跌 2. 2%。周一纽约黄金期货下跌 0. 15%，收于每盎司 1096. 2 美元；周二纽约黄金期货下跌 1%，收于每盎司 1085. 2 美元；周三纽约黄金期货上涨 0. 18%，收于每盎司 1087. 1 美元；周四纽约黄金期货下跌 1. 24%，收于每盎司 1073. 6 美元。

四、区域合作

中欧投资协定第九轮谈判在北京举行。1 月 12 日，中欧投资协定第九轮谈判在北京举行，本轮谈判为期 4 天，双方表示将加紧工作，努力推进谈判取得积极进展。中欧投资协定谈判是当前中国开展的最为重要的经贸谈判之一，目标是在中国与欧盟成员国已签署的投资保护协定基础上，尽早达成一个更高水平、涵盖投资保护和市场准入的协定。在 2015 年年底进行的第八轮谈判中，中欧双方已就协定范围取得重大进展，基本实现了中欧双方领导人设定的“争取在 2015 年年底前就协定范围达成一致，并形成合并文本”的目标。

五、全球宏观经济形势

拉加德：美联储货币政策正常化应循序渐进，中国经济转型将令全球受益。1 月 12 日，IMF 总裁拉加德发表演讲称，美联储 10 年以来的首次加息目前进展顺利，但未来的关键在于货币政策正常化的节奏。IMF 认为，美国货币政策正常化应循序渐进，应有更明确的通货膨胀数据支撑未来的加息决策。而欧元区和日本应继续实施宽松货币政策以解决低通货膨胀和增长疲弱的问题，但需要注意的是，各大央行货币政策分化可能给新兴经济体造成冲击，各国经济前景和政策措施的不确定性将导致全球市场波动性加大。拉加德认为，尽管近期对人民币贬值和中国经济增长放缓的担忧有所增加，但 IMF 认为中国积极推动改革和增长动力转换的举措是正确的，IMF 支持中国经济转型，全球经济也将从中受益。

OECD 国家增长势头稳固，新兴经济体喜忧参半。1 月 11 日，OECD 发布 2015 年 11 月份月度综合领先指标显示，OECD 国家整体增长势头稳定，而主要新兴经济体喜忧参半。指标显示，欧元区整体增势稳定，德国、意大利、加拿大和日本将呈现稳定增长趋势，法国增势走强；美国从 99. 2 下滑至 99. 1，英国由 99. 3 降至 99. 1，尽管美英两国增速相对较高，但其势头正在放缓。新兴经济体中，中国和巴西分别上升 0. 1 个百分点和 0. 2 个百分点，增长势头在 2015 年 10 月份基础上进一步企稳；印度增长势头强劲，俄罗斯仍持续疲软。

第3周 （2016/01/16—2016/01/22）

2015 年 1 月 16—22 日，国际财经要情有：美国 2016 财年赤字率 7 年来首次上升；美国 2015 年 12 月份 CPI 环比下降 0.1%；2016 年巴西经济或萎缩 2.99%；欧洲央行维持主要利率不变；俄罗斯卢布对美元汇率创历史新低；日本央行称目前不考虑采取负利率政策；亚洲基础设施投资银行正式开业；联合国贸发会议发布《全球投资趋势监测报告》；世界经济论坛 2016 年年会在瑞士达沃斯开幕；IMF 发布最新《全球经济展望》报告。

一、区域观察

1. 北美地区

美国 2016 财年赤字率 7 年来首次上升。1 月 19 日，美国国会预算办公室（CBO）表示，美国 2016 财年赤字率将出现 2009 财年以来的首次上升。CBO 预计，美国财政赤字将从 2015 财年的 4390 亿美元增加至 5440 亿美元。

美国 2015 年 12 月份 CPI 环比下降 0.1%。1 月 20 日，美国劳工部公布数据显示，经季调，美国 2015 年 12 月份 CPI 环比下降 0.1%，同比上涨 0.7%。其中，能源价格下跌 2.4%，汽油价格下跌 3.9%，食品价格下跌 0.2%。分析人士指出，该数据表明美国通货膨胀水平离美联储目标还有相当距离。

美国 2015 年 11 月份国际资本净流出 32 亿美元。1 月 19 日，美国财政部发布国际资本流动报告显示，美国 2015 年 11 月份国际资本净流出 32 亿美元。其中，净外国私人资本流出 125 亿美元，净外国官方资本流入 93 亿美元。2015 年 11 月份长期资本净流入 314 亿美元。其中，2015 年 11 月中国增持美债 97 亿美元，日本减持美债 43 亿美元。这是日本连续第 4 个月削减美债持有量，日本所持美债规模创 2013 年 10 月以来新低。

美国 2015 年 12 月份零售额初值环比下降 0.1%。1 月 15 日，美国商务部发布数据显示，经季调，美国 2015 年 12 月份零售额初值为 4481 亿美元，环比下降

0.1%，同比上升2.2%；剔除机动车和零部件，零售额初值环比下降0.1%，同比上升1.2%。此外，2015年零售额较2014年增长2.1%。

美国2015年12月份工业产出环比下降0.4%。1月15日，美联储发布数据显示，美国2015年12月份工业产出环比下降0.4%，同比下降1.8%。其中，制造业产出环比下降0.1%，采矿业产出环比下降0.8%，公用事业产出环比下降2.0%。第四季度工业产出年化季率下降3.4%。此外，2015年12月份设备利用率为76.5%，环比下降0.4%。

美国2015年12月份PPI环比下降0.2%。1月15日，美国商务部发布数据显示，美国2015年12月份PPI环比下降0.2%，与预期持平，低于2015年11月份的环比增长0.3%；同比下降1%，也与预期持平，2015年11月同比下降1.1%。

加拿大央行维持隔夜拆借利率不变。1月20日，加拿大央行发布消息称，将维持0.5%隔夜拆借利率不变。当前，加拿大通货膨胀水平大致符合预期，处于目标区间底部，加拿大央行预计2017年上半年通货膨胀可达到2%。原油和其他大宗商品价格进一步下滑、美国经济暂时性疲软、投资低迷等因素导致加拿大2015年第四季度GDP增长停滞，但加拿大就业依然强劲，家庭支出不断扩张。预计加拿大2016年、2017年经济增速将分别为1.5%和2.5%。

2. 拉美地区

2016年巴西经济或萎缩2.99%。1月18日，巴西央行发布报告，预测2016年巴西经济将萎缩2.99%，同时将2016年通货膨胀预期上调至7%。

3. 欧洲

欧盟委员会将致力于促进欧盟增长和就业。1月15日，欧盟委员会主席容克发表新年演讲称，欧盟委员会将致力于推动增长和就业。同时，容克呼吁成员国贯彻落实结构性改革、财政职责和战略投资。此外，容克指出欧洲投资计划在前3个月已撬动500亿欧元资金，使8.1万家中小企业受益。

欧洲央行维持主要利率不变。1月21日，欧洲央行宣布，维持主要再融资利率0.05%不变，隔夜存款利率-0.3%不变，隔夜贷款利率0.3%不变，符合市场预期。

可持续再平衡是欧元区发展关键。1月15日，欧洲央行执委会成员伯努瓦·克雷发表讲话称，可持续再平衡为欧元区国家稳定、发展和一体化进程创造先决条件，对降低欧元区风险、推进欧元区国家经济和货币联盟建设至关重要。克雷指出，应从四方面思考再平衡：一是需共同推进内部和外部再平衡；二是现金流和股票间相互作用；三是平衡成员国经常账户水平；四是再平衡周期性和结构性因素。

欧元区 2015 年 12 月份通货膨胀年率升至 0.2%。1 月 19 日，欧盟统计局发布数据显示，欧元区 2015 年 12 月份通货膨胀年率升至 0.2%，环比上升 0.1 个百分点，同比上升 0.4 个百分点。欧盟 2015 年 12 月份通货膨胀年率升至 0.2%，环比上升 0.1 个百分点，同比上升 0.3 个百分点。

欧元区 2015 年 11 月份国际贸易盈余 236 亿欧元。1 月 15 日，欧盟统计局发布数据显示，欧元区 2015 年 11 月份国际贸易盈余 236 亿欧元，出口额为 1735 亿欧元，同比上升 6%，进口额为 1499 亿欧元，同比上升 5%。欧盟 2015 年 11 月份国际贸易盈余 59 亿欧元，出口额为 1482 亿欧元，同比上升 2%，进口额为 1424 亿欧元，同比上升 5%。

德国 2015 年 CPI 同比增长 0.3%。1 月 19 日，德国联邦统计局发布数据显示，德国 2015 年 CPI 同比增长 0.3%，增速为 2009 年以来最低水平。其中，能源价格下降 7.0%；食品价格上升 0.8%；货物价格下降 0.8%；服务价格同比上升 1.2%。此外，德国 2015 年 12 月份 CPI 年率终值为 0.3%，符合预期，表明德国经济复苏势头稳固。

德国 2015 年 12 月份工业 PPI 同比下降 2.3%。1 月 20 日，德国联邦统计局发布数据显示，德国 2015 年 12 月份工业 PPI 同比下降 2.3%。其中，能源价格同比下降 6.8%；中间品价格同比下降 2.2%；非耐用消费品价格同比上升 0.2%。此外，德国 2015 年 PPI 较 2014 年下降 1.8%。

英国 2015 年 12 月份 CPI 年率创 11 个月最高。1 月 19 日，英国国家统计局公布数据显示，英国 2015 年 12 月份 CPI 年率上升 0.2%，为 2015 年 1 月以来最高水平，符合预期，表明英经济正温和复苏。

意大利 2015 年 12 月份 CPI 同比上升 0.1%。1 月 15 日，意大利国家统计局发布数据显示，意大利 2015 年 12 月份 CPI 环比持平，同比上升 0.1%。剔除能源和未加工食品，核心通货膨胀为 0.6%，环比下降 0.1 个百分点。剔除能源，通货膨胀率为 0.7%，环比下降 0.1 个百分点。2015 年全年通货膨胀年率为 0.1%。

意大利 2015 年 11 月份贸易盈余 42.88 亿欧元。1 月 18 日，意大利国家统计局发布数据显示，经季调，意大利 2015 年 11 月份贸易盈余 42.88 亿欧元。其中，进口额为 309.77 亿欧元，环比上升 1.4%；出口额为 352.65 亿欧元，环比上升 3.5%。其中，对欧盟国家出口环比上升 3.4%，进口环比上升 1.7%，贸易盈余 14.84 亿欧元；对非欧盟国家出口环比上升 3.7%，进口环比上升 1.1%，贸易盈余 28.04 亿欧元。

瑞士 1 月份投资者信心指数为 -3。1 月 20 日，欧洲经济研究中心（ZEW）发布数据显示，瑞士 1 月份 ZEW 投资者信心指数为 -3，环比下降 19.6 个百分点，为 2015 年 7 月份以来最低水平。

俄罗斯卢布对美元汇率创历史新低。1 月 20 日，卢布对美元汇率再次急跌，突破 80 临界点，创 2014 年 12 月以来新低。俄罗斯卢布已成为新兴市场中贬值最严重的货币，这使得俄罗斯经济雪上加霜。

4. 亚洲

日本央行目前不考虑采取负利率政策。1 月 21 日，日本央行行长黑田东彦在国会发表讲话称，日本经济继续温和复苏，通货膨胀维持整体上行趋势，日本央行对日本经济保持乐观态度，但需警惕全球市场波动的风险。目前，日本央行并不考虑采用负利率政策，进一步货币宽松或将采取扩大当前资产购买计划的形式。

日本 2015 年 11 月份工业产出环比下降 0.9%。1 月 18 日，日本经济产业省发布数据显示，经季调，日本 2015 年 11 月份工业产出指数为 97.9，环比下降 0.9%；装船指数为 96.4，环比下降 2.4%；库存指数为 111.9，环比上升 0.4%；设备利用指数为 98.6，环比下降 0.1%。

韩国 2015 年 12 月份 PPI 环比下降 0.2%。1 月 19 日，韩国央行发布数据显示，韩国 2015 年 12 月份 PPI 环比下降 0.2%，同比下降 3.9%。其中，农林渔业环比上升 1.7%，制造业环比下降 0.5%，水电气业环比持平，服务业环比持平。

印度 2015 年 12 月份贸易逆差扩大至 117 亿美元。1 月 18 日，印度商务部公布数据显示，印度贸易逆差从 2015 年 11 月份的 98 亿美元上升至 2015 年 12 月份的 117 亿美元，主要原因是印度 2015 年 12 月份黄金进口量同比上涨 100%，达 38 亿美元。

新西兰 2015 年第四季度 CPI 环比下降 0.5%。1 月 20 日，新西兰国家统计局发布数据显示，新西兰 2015 年第四季度 CPI 环比下降 0.5%，同比上升 0.1%。其中，汽油价格环比下降 7.0%，为 CPI 下降的最主要原因；蔬菜价格环比下降 17%；国际机票价格环比上升 5.5%；新屋价格环比上升 1.2%；房屋租金价格环比上升 0.6%。

5. 非洲

南非 2015 年 12 月通货膨胀率升至 5.2%。1 月 20 日，南非国家统计局公布数据显示，南非 2015 年 12 月份通货膨胀率升至 5.2%，环比增长 0.3 个百分点，符合市场预期。其中食品和非酒精类饮料、家居用品及服务价格同比分别增长 5.9% 和 3.5%，环比分别增长 1.1 个百分点和 0.4 个百分点。

二、国际组织

亚洲基础设施投资银行正式开业。1 月 16 日，亚洲基础设施投资银行（以下简称“亚投行”）开业仪式在北京举行。中国国家主席习近平出席开业仪式并致辞，强调通过各成员国携手努力，亚投行一定能成为专业、高效、廉洁的 21 世纪新型多边开发银行，成为构建人类命运共同体的新平台，为促进亚洲和世界发展繁荣做出新贡献，为改善全球经济治理增添新力量。域内代表韩国副总理兼企划财政部部长柳一镐、域外代表卢森堡财政大臣格拉梅尼亚、亚投行行长金立群分别致辞。与会代表一致表示，亚投行正式开业是一件期待已久的历史性重大事件，它反映出世界经济格局的演变，表明了中国参与国际经济治理体系建设的积极意愿，得到了国际社会的广泛欢迎。

亚洲基础设施投资银行理事会举行成立大会。1 月 16—17 日，亚洲基础设施投资银行理事会成立大会在北京举行。国务院总理李克强出席成立大会并致辞，亚洲基础设施投资银行 57 个创始成员和意向创始成员理事或代表出席本次会议。会议选举财政部部长楼继伟为亚洲基础设施投资银行理事会主席，选举印尼财长班邦·布罗佐内戈罗和德国财政部国务秘书托马斯·斯蒂芬为理事会副主席；选举金立群先生为亚洲基础设施投资银行首任行长。会议审议通过了理事会议事规则、总部协定、首届理事会年会时间及地点等决议。财政部部长楼继伟作为理事会主席主持会议，财政部副部长史耀斌作为中国副理事在会上发言。会议决定，亚投行首届理事会年会将于 2016 年 6 月在北京举行。

联合国贸发会议发布《全球投资趋势监测报告》。1 月 20 日，联合国贸发会议发布《全球投资趋势监测报告》显示，2015 年全球 FDI 流量增长 36%，增至约 1.7 万亿美元，为 2007 年以来最高水平，新一轮跨境并购是推动 FDI 增长的主要力量。亚洲发展中经济体吸引外国直接投资（FDI）流入 5480 亿美元，约占全球 FDI 流量的 1/3，仍是全球最大外资流入地区。中国吸引的外国直接投资约为 1360 亿美元，较 2014 年增长约 6%，达到历史新高。报告显示，受地缘政治以及市场信心下滑的影响，2015 年流入俄罗斯和哈萨克斯坦的外国直接投资分别下降 92% 和 66%；受初级产品价格跳水的影响，流入非洲、拉美及加勒比地区的外资也大幅下降。贸发会议预计，受全球经济增长势头不稳、全球金融市场持续动荡、总需求低迷以及一些主要新兴经济体经济增长放缓的影响，除非有新一轮企业重组及并购，2016 年全球 FDI 流量将有所回落。

联合国劳工组织：2015 年全球失业人数接近两亿人。1 月 19 日，国际劳工组织发布全球就业趋势报告称，2015 年全球失业人数为 1.971 亿人，比金融危机前的 2007 年增加了 2700 万人。其中，发达经济体的失业率从 2014 年的 7.1% 下降为 6.7%，但并不足以抵消全球经济低迷对就业市场的影响，新兴经济体经济增速放缓以及大宗商品价格下滑迫使更多劳动者不得不接受报酬更低的工作。报告预计，全球失业人数未来两年将进一步增加，或将在 2017 年超过两亿人。

世界经济论坛 2016 年年会在瑞士达沃斯开幕。1 月 20 日，世界经济论坛 2016 年年会在瑞士达沃斯开幕。本次年会为期 4 天，主题为“掌控第四次工业革命”。

中国国家副主席李源潮出席本次年会，并在中国经济和 2016 年 G20 峰会主题专场会上发表特别致辞。李源潮指出，中国有信心有能力保持经济中高速增长的趋势，将贯彻创新、协调、绿色、开放、共享的发展新理念，通过改革创新培育经济发展新动能，实现有质量、有效益、可持续的增长，推动中国经济走得更好、更稳、更远。

三、国际大宗商品

本周纽约原油期货累计下跌 2.8%。截至本周四，纽约原油期货累计下跌 2.8%。周一纽交所因马丁·路德·金纪念日休市；周二 3 月份交货的纽约原油期货下跌 0.82 美元，收于每桶 29.57 美元；周三纽约原油期货下跌 1.22 美元，收于每桶 28.35 美元；周四纽约原油期货上涨 1.18 美元，创三个月以来最大单日涨幅，收于 29.53 美元。

本周纽约黄金期货累计上涨 0.7%。截至本周四，纽约黄金期货累计上涨 0.7%。周一纽交所因马丁·路德·金纪念日休市；周二纽约黄金期货下跌 0.15%，收于每盎司 1089.1 美元；周三纽约黄金期货上涨 1.57%，收于每盎司 1106.2 美元；周四纽约黄金期货下跌 0.72%，收于每盎司 1098.2 美元。

四、区域合作

中欧投资协定第九轮谈判取得积极进展。1 月 15 日，为期 4 天的中欧投资协定第九轮谈判结束，欧盟方面宣布本轮谈判取得了重大进展，直接响应了 2015 年 6 月份中欧领导人会晤中双方首脑做出的政治承诺。欧盟方面表示，在本轮谈判中，双方达成清晰共识，双方将为最终签署一项范围全面、雄心勃勃的中欧投资协定而共同努力。

中日韩自贸区第九轮谈判首席谈判代表会议在东京举行。1 月 18 日，中日韩自贸区第九轮谈判首席谈判代表会议在日本东京举行。在为期两天的谈判中，中日韩三方就货物贸易、服务贸易、投资、协定领域范围等议题深入交换意见。中日韩自贸区谈判于 2012 年 11 月启动，目前已进行至第九轮。2015 年 11 月，三国领导人发表联合宣言，重申将进一步努力加速谈判，最终缔结全面、高水平和互惠的自贸协定。

五、全球宏观经济形势

IMF 发布最新《全球经济展望》报告。1 月 19 日，IMF 发布最新《全球经济展望》报告。受美联储加息带来的美元升值、中国经济增长放缓、大宗商品价格疲软、金融市场动荡和地缘政治趋紧等因素影响，IMF 调低了未来两年全球经济增长预期。报告预计，2016 年全球经济将增长 3.4%，2017 年将增长 3.6%，均较 2015 年 10 月份的预测值下调 0.2 个百分点。而新兴市场国家 2016 年总体增长预期也从 4.5% 下调至 4.3%，

国别方面，受强势美元打压制造业，油价下降抑制能源投资等因素影响，IMF 预计，美国 2016 年和 2017 年经济增长率均为 2.6%，较 2015 年 10 月份预测值均下调 0.2 个百分点。IMF 将 2016 年欧元区经济增长预期从 1.6% 上调至 1.7%，预计欧洲央行将对不断增加的通缩压力作出回应；维持英国 2016 年 2.2% 增长预期不变。主要新兴市场国家中，IMF 维持了此前对中国经济增长的预测，即 2016 年和 2017 年分别增长 6.3% 和 6.0%，不过仍远低于 2015 年和 2014 年 6.9% 和 7.3% 的增速。中国需求放缓将对全球经济增长构成风险，或将影响其他新兴市场和大宗商品出口国。IMF 将俄罗斯 2016 年 GDP 增长预期从萎缩 0.6% 下调至萎缩 1.0%，将沙特 2016 年增长预期从 2.2% 下调至 1.2%，将巴西 2016 年增长预期从萎缩 1% 下调至萎缩 3.5%。

联合国亚太经社会：2016 年亚太地区将增长 5%。联合国亚洲及太平洋经济社会委员会（亚太经社会）发布《2015 亚太经济社会概览年终更新》报告，报告预计 2016 年亚太地区的增长率将在 2015 年的基础上温和反弹至 5%。而全球金融危机前，亚太地区在 2005—2007 年间的平均增长率为 9.4%。除外部需求疲软之外，亚太地区还受到了生产率和工资增长放缓、基础设施建设瓶颈、改革措施推行缓慢等因素影响。

报告显示，亚太地区的发展中经济体 2015 年增长率预计将仅为 4.5%，处于 2009 年以来的最低水平。主要原因是私人消费和投资减缓，出口继续保持低迷，发达经济体温和复苏和国际大宗商品价格保持低位所带来的提振作用被中国经济逐渐放缓影响所抵消。

第4周 (2016/01/23—2016/01/29)

2016年1月23—29日，国际财经要情有：美联储维持联邦基金利率不变；巴西2015年公共债务增幅创新高；欧盟计划实施新企业税收法以打击避税行为；德国2016年经济或增长1.7%；日本央行宣布使用负利率；韩国2015年GDP增长2.6%；马来西亚2016年GDP或增长4.0%—4.5%；印度2016年经济或增长9%；新西兰央行维持基准利率不变；IMF《董事会改革修正案》正式生效；第二十四轮中美投资协定谈判在北京举行；世界银行发布最新一期《大宗商品市场前景》报告。

一、区域观察

1. 北美地区

美联储维持联邦基金利率不变。1月27日，美联储公布1月份联邦公开市场委员会（FOMC）利率决议，基于经济增长预期，决定维持联邦基金利率0.25%—0.5%不变，以支持劳动力市场状况进一步改善，并使通货膨胀恢复至2%的水平。美联储称，美国劳动力市场进一步改善，家庭支出与商业固定投资温和增长，能源和进口价格下降等原因导致通货膨胀近期仍处于较低水平，中期将升至2%的目标水平。

美国2015年12月份CPI环比下降0.1%。1月20日，美国劳工部发布数据显示，经季调，美国2015年12月份CPI环比下降0.1%。能源和食品价格下降是CPI下降的主要原因。其中，能源价格环比下降2.4%，食品价格环比下降0.2%。剔除食品和能源，核心CPI环比上升0.1%，为2015年8月份以来最低增幅。

美国2015年12月份新屋销售创8年来新高。1月27日，美国商务部公布数据显示，2015年12月份美国新屋销售年化总数54.4万户，环比增长10.8%，高于预期，创8年来新高。2015年全年新屋销售也创2007年以来最佳年度表现；2015年12月份成屋销售年化总数546万户，环比大涨14.7%。

加拿大2015年12月份CPI同比上升1.6%。1月22日，加拿大国家统计局公布数据显示，2015 年 12 月份加拿大 CPI 同比上升 1.6%。剔除汽油，CPI 同比上升 1.9%。经季调，2015 年 12 月份 CPI 环比上升 0.1%。其中，食品价格环比上升 0.6%；服装和鞋价格环比下降 0.9%。

2. 拉美地区

巴西 2015 年公共债务增幅创新高。1 月 25 日，巴西国库局公布数据显示，巴西 2015 年公共债务增长 21.7%，总额达 2.79 万亿雷亚尔（约 6800 亿美元），创 2004 年以来最高纪录。增长的债务主要用于偿还 3676.7 亿雷亚尔的利息。利息激增主要由于居高不下的通货膨胀导致当前银行基准利率维持在 14.25% 的高位。巴西国库局预测，2016 年巴西公共债务还会大幅度增长，或达 3.3 万亿雷亚尔。巴西经济已陷入衰退，公共债务率接近 70%，情况不容乐观。

3. 欧洲

欧盟计划实施新企业所得税法。1 月 28 日，欧盟委员会拟定新规，旨在修正欧盟 28 个成员国的企业所得税法，以打击避税行为并确保大型跨国公司缴纳应纳税额。这项规定标志着欧盟在阻止欧洲大规模企业避税方面的一个新尝试。全球金融危机后，欧盟各国政府难以缩减预算缺口，政府承诺出台新规敦促大型公司承担应尽的纳税义务。

欧盟和欧元区 2015 年第三季度政府债务率分别下降至 86% 和 91.6%。1 月 22 日，欧盟统计局发布数据显示，欧盟政府债务率为 86.0%，环比下降 1.7 个百分点，同比下降 0.9 个百分点；欧元区 2015 年第三季度政府债务率为 91.6%，环比下降 0.7 个百分点，同比下降 0.7 个百分点。

欧元区 1 月份综合 PMI 初值下降至 53.5。1 月 22 日，市场调查机构 Markit 发布数据显示，欧元区 1 月份综合 PMI 初值为 53.5，环比下降 0.8 个百分点，为 11 个月以来新低。其中，德国综合 PMI 初值为 54.5，环比下降 1 个百分点，为 3 个月以来新低；法国综合 PMI 初值为 50.5，环比上升 0.4 个百分点，为 2 个月以来新高。

德国 2016 年经济或增长 1.7%。1 月 27 日，德国经济和能源部公布年度经济报告，下调 2016 年德国经济增长率预期至 1.7%。报告预计，2016 年德国内需将增长 2.3%，进口和出口分别增长 4.8% 和 3.2%，投资增长 0.4%，失业率为 6.4%。由于国际原油价格下跌，预计通货膨胀率将维持低水平。

法国 1 月份家庭信心指数环比上升 1 个百分点。1 月 27 日，法国国家统计局发布数据显示，法国 1 月份家庭信心指数为 97，环比上升 1 个百分点，仍低于长期平均值。其中，金融状况预期指数为 -8，环比下降 1 个百分点；存款预期指数为 -6，环比下降 1 个百分点；生活水平预期指数为 -25，环比上升 4 个百分点；

失业率预期指数为 34，环比下降 11 个百分点。

意大利 1 月份消费者信心指数上升至 118.9。1 月 27 日，意大利国家统计局发布数据显示，意大利 1 月份消费者信心指数为 118.9，环比上升 1.2 个百分点。其中，经济、个人、现状和预期指数分别上升至 153.5、107.6、113.5 和 127.7。此外，商业信心指数为 101.5，环比下降 4.1 个百分点。制造业信心指数为 103.2，环比下降 0.8 个百分点；建筑业信心指数为 114.6，环比下降 0.2 个百分点；服务业信心指数为 106.6，环比下降 7.3 个百分点；零售贸易业信心指数为 101.9，环比下降 6.9 个百分点。

4. 亚洲

日本央行宣布实行负利率。1 月 29 日，日本央行宣布，将从 2 月 16 日开始实行负利率，并维持基础货币年增 80 万亿日元的计划。日本央行将引入三级利率体系，将金融机构存放在日本央行的部分超额准备金存款利率从 0.1% 降至 -0.1%，以鼓励金融机构借出更多资金。日本央行表示，如有必要将进一步降低利率水平。此外，日本央行还下调 2015/2016 财年实际 GDP 预期至 1.1%，并延长 2% 的通货膨胀目标实现时间至 2017 财年。

日本 2015 年贸易逆差锐减 77.9%。1 月 25 日，日本财务省发布数据显示，日本 2015 年商品出口额为 75.63 万亿日元，较 2014 年上升 3.5%；进口额为 78.46 万亿日元，较 2014 年下降 8.7%。贸易逆差为 2.83 万亿日元，较 2014 年下降 77.9%。

日本 2015 年 12 月份零售销售额同比下降 1.1%。1 月 28 日，日本经产省公布数据显示，经季调，日本 2015 年 12 月份零售销售额环比下降 0.2%，同比下降 1.1%，显示原油跌势及家庭支出疲惫依然困扰日本经济。另外，大型零售商销售年率较 2015 年 11 月持平。2015 年 12 月份零售销售数据下跌显示第四季度消费者支出进一步放缓。

韩国 2015 年 GDP 增长 2.6%。1 月 26 日，韩国央行发布数据显示，韩国 2015 年第四季度 GDP 环比增长 0.6%，全年 GDP 增长 2.6%，创三年来新低，未能实现政府设定的“保 3”目标。中东呼吸综合征疫情造成的内需不足和出口低迷是 GDP 增速下降的主要原因。韩国 2015 年居民消费支出增长 2.1%，政府消费支出增长 3.3%。建设投资增长 4%，但制造业仅增长 1.4%，较 2014 年有明显下降。2015 年净出口对经济增长的贡献率为 -1.2%。

马来西亚 2016 年 GDP 或增长 4.0%—4.5%。1 月 28 日，马来西亚总理纳吉布称，由于油价下跌，预计马来西亚 2016 年 GDP 增长 4.0%—4.5%。同时，马来西亚债务水平将继续降低，债务占 GDP 比重不会超过 55%。

印度 2016 年经济或增长 9%。1 月 24 日，印度财长杰特利在出席达沃斯世界经济论坛时表示，如果经济发展环境顺利，印度 2016 年经济或增长 9%。印度经济具有很大发展潜力，GDP 增幅仍有上涨空间。印度政府将继续推动改革进程，改善营商环境。杰特利称，党派斗争不应成为改革发展的绊脚石，印度政府将继续推进税制改革，争取尽早通过商品服务税（GST）法案。

澳大利亚 2015 年第四季度 CPI 环比上升 0.4%。1 月 27 日，澳大利亚国家统计局发布数据显示，澳大利亚第四季度 CPI 环比上升 0.4%。其中，烟草价格环比上升 7.4%；国内旅游和住宿价格环比上升 5.9%；国际旅游和住宿价格环比上升 2.4%；汽车燃料价格环比下降 5.7%；通信设备和服务价格环比下降 2.4%；水果价格环比下降 2.6%。

新西兰央行维持基准利率不变。1 月 28 日，新西兰储备银行宣布，维持基准利率 2.5% 不变。目前，新西兰基准利率处于 1999 年以来最低点。

5. 非洲

南非 2015 年 11 月份综合领先商业周期指数为 93.7。1 月 26 日，南非储备银行发布数据显示，南非 2015 年 11 月份综合领先商业周期指数为 93.7，环比微升 0.1 个百分点，同比下降 5%。该指数连续 26 个月萎缩或说明南非经济不容乐观，南非 2016 年或仅能实现略高于 1% 的经济增速，远低于《国家发展规划》设定的 5% 以上经济增长目标。

二、国际组织

2016 年二十国集团发展工作组第一次会议召开。2016 年 1 月 25—26 日，二十国集团发展工作组第一次会议在北京召开。二十国集团成员国，津巴布韦、塞内加尔、新加坡、西班牙、哈萨克斯坦、埃及、泰国等嘉宾国，以及联合国、世界贸易组织、世界银行、国际货币基金、经合组织等国际组织共 160 名代表参会。会议讨论了推动落实联合国 2030 年可持续发展议程、二十国集团发展承诺全面评估、加强发展工作组与其他工作组协调和政策一致性、支持非洲和最不发达国家工业化、包容性商业等议题，同意围绕上述方面形成 2016 年二十国集团发展领域成果并制定了相关工作计划。

亚洲开发银行私营部门融资规模高达 26 亿美元。1 月 25 日，亚洲开发银行发布新闻稿称，2015 年亚洲开发银行私营部门批准的新融资及投资总额达到创纪录的 26 亿美元，同比增长 37%，较 2013 年增长 62%。这一大幅增长使得亚洲开发银行私营部门投资项目规模增至 80 亿美元以上，目前，亚洲开发银行私营部门的目标是到 2020 年将现有业务规模翻一番。同时，亚洲开发银行还继续在本地区大力建设更多具有商业可行性的公私合作（PPP）项目。

IMF《董事会改革修正案》正式生效。1 月 27 日，IMF 宣布《董事会改革修正案》已从美国当地时间 1 月 26 日开始生效。按照该方案，IMF 的 SDR 货币储备规模从原来的 2385 亿美元翻番至 4770 亿美元，而中国占 IMF 份额将从 3.994% 大幅上升至 6.390%，排名也将从第六位跃居第三位，超越英国、法国和德国，巴西、俄罗斯等也将进入 IMF 十大股东之列，提升了新兴市场国家的代表性，体现出新兴市场和发展中国家在全球经济中的权重上升。按照改革后重新分配的份额比重，IMF 十大成员国依次为：美国、日本、中国、德国、法国、英国、意大利、印度、俄罗斯和巴西。

潘基文呼吁投资者大幅提高对清洁能源领域的投资。1 月 27 日，2016 年气候风险投资峰会在纽约联合国总部召开，会议就实现可持续清洁能源目标所需的必要资本流动类型等问题进行了讨论。500 多位全球投资者参加会议，以期动员数万亿美元资金，为推动全球清洁能源的转型提供动力。联合国秘书长潘基文在会议开幕式上发表致辞，呼吁投资者群体利用巴黎会议所营造的良好势头，抓住清洁能源增长的机遇，力争在 2020 年前至少将清洁能源投资增加一倍。

三、国际大宗商品

本周纽约原油期货累计下跌 3.2%。截至本周四，纽约原油期货累计下跌 3.2%。周一纽约原油期货下跌 1.85 美元，收于每桶 30.34 美元；周二纽约原油期货上涨 1.11 美元，收于每桶 31.45 美元；周三纽约原油期货上涨 0.85 美元，收于每桶 32.30 美元；周四纽约原油期货上涨 0.92 美元，收于每桶 33.22 美元。

本周纽约黄金期货累计上涨 1.76%。截至本周四，纽约黄金期货累计上涨 1.76%。周一纽约黄金期货上涨 0.82%，收于每盎司 1105.3 美元；周二纽约黄金期货上涨 1.35%，收于每盎司 1120.2 美元；周三纽约黄金期货下跌 0.39%，收于每盎司 1115.8 美元；周四纽约黄金期货下跌 0.02 %，收于每盎司 1115.6 美元。

四、区域合作

第二十四轮中美投资协定谈判在北京举行。1 月 18—27 日，第二十四轮中美投资协定谈判在北京举行，双方继续围绕各自的负面清单展开磋商。下一步，双方将继续致力于落实两国领导人 2015 年 9 月就谈判达成的重要共识，强力推进谈判、加快工作节奏，以达成一项互利共赢的高水平投资协定，造福两国业界和人民。中美投资协定谈判于 2008 年启动，是两国当前经贸领域最重要的谈判项目。

第四届拉美和加勒比国家共同体（拉共体）首脑会议举行。1 月 27 日，第四届拉美和加勒比国家共同体（拉共体）首脑会议在厄瓜多尔首都基多举行。本届拉共体首脑会议为期一天，与会各国首脑和高级代表经过近 12 个小时的讨论，通过并签署了《基多政治声明》。声明包含 20 份具体文件，涉及区域政治、经济和社会发展等一系列议题，就如何消除贫困、提振区域经济、消除经济衰退给区域发展带来的消极影响等议题达成共识。

俄罗斯国家杜马批准俄中避免双重征税新协定。1 月 26 日，俄罗斯国家杜马（议会下院）批准了俄中避免双重征税和防止偷漏税的政府间新协定。新协定在原有协定基础上降低了跨境投资者的税收负担，有助于进一步推进两国间的贸易和投资，并在此基础上促进双方经济发展。

五、全球宏观经济形势

世界银行发布最新一期《大宗商品市场前景》报告。1 月 26 日，世界银行发布最新一期《大宗商品市场前景》报告称，受持续的供应充裕和新兴经济体对工业类大宗商品的需求放缓等因素影响，几乎所有主要大宗商品价格指数 2016 年都会出现下降，并将 2016 年原油价格预测从 2015 年 10 月的每桶 51 美元调低至每桶 37 美元，且预计铁矿石有可能成为 2016 年价格下降幅度最大的大宗商品。

报告预测，2015 年油价下跌 47%，预计 2016 年会再度下跌 27%。调低油价预测反映出诸多供需因素的影响，其中包括伊朗出口恢复速度超过预期、成本降低和效率提高使美国原油生产的韧性增大，北半球出现暖冬，以及主要新兴市场国家经济增长前景疲弱。但从目前的低点上看，预计油价会有所复苏，因为：首先，从石油供需基本驱动力的角度看，2016 年年初油价骤降显然是没有充分理由的，且有可能出现部分逆转；其次，高成本石油生产国预计将遭受长期亏损并将不断削减产量，其减产幅度很可能超过进入市场的新增产能；第三，需求预计会随着全球增长的温和回升而有所增强。不过，预期中的油价复苏幅度将会小于 2008 年、1998 年和 1986 年油价暴跌后的回升幅度，价格前景仍受制于相当严重的下行风险。

报告认为，除石油市场外，预计非能源价格 2016 年下滑 3.7%，农产品价格下跌 1.4%，金属继 2015 年下跌 21%之后再度下跌 10%，原因是新兴经济体需求疲软和产能增加。在所有金属中，铁矿石价格 2016 年跌幅可能最大。世界银行指出，目前铁矿石需求已接近顶峰，低成本的供应持续大于需求。由于中国需求放缓，目前，铁矿石价格已较 2011 年顶峰时下跌超 75%。2016 年铁矿石的平均价格预计为每吨 42 美元，较 2015 年 55.80 美元的水平下跌 25%。相比之下，镍价格预计下降 16%，铜价格预计下降 16%。2015 年 10 月，世界银行曾预测 2016 年铁矿石价格为 59.50 美元。世界银行下调 2020 年前的铁矿石价格预期，铁矿石 2017 年价格预测下调 28%，至每吨 44.10 美元，并预计铁矿石价格将在 2019 年前保持在 50 美元以下。

第 5 周 （2016/01/30—2016/02/05）

2016 年 1 月 30 日—2 月 5 日，国际财经要情有：美国 2015 年实际 GDP 增长 2.4%；欧盟和欧元区 2015 年 12 月份失业率分别为 9.0% 和 10.4%；法国 2015 年 GDP 增长 1.1%；韩国政府出台多项刺激措施维持经济增长；印度央行维持 6.75% 利率不变；澳大利亚央行维持现金利率 2.0% 不变；南非储备银行上调回购利率至 6.75%；IMF：中国经济可以避免“硬着陆”；TPP 协议正式签署；OECD：成员国通货膨胀水平上升。

一、区域观察

1. 北美地区

美国 2015 年实际 GDP 增长 2.4%。1 月 29 日，美国商务部发布数据显示，美国 2015 年实际 GDP 增长 2.4%，2015 年第四季度实际 GDP 年化季率为 0.7%。全球需求疲软、美元走强、美国企业削减过剩库存、油价持续下跌、暖冬天气等因素拖累美国第四季度 GDP 增长。

美国总统奥巴马提议征收石油税支持绿色交通发展。2 月 4 日，美国白宫发表声明称，美国总统奥巴马将在下周提交国会的预算案中提议每桶石油征收 10 美元的石油税，为美国发展绿色交通提供资金。声明表示，这一费用不仅将增加美国用于清洁交通基础设施的投资，也将鼓励清洁技术等方面的创新，重塑美国未来几十年的交通格局。但是，“石油税”提议公布后即引起共和党、美国石油业协会等方面的强烈反对。

美国 2015 年 12 月份核心 PCE 物价指数同比增长 1.4%。2 月 1 日，美国商务部发布数据显示，美国 2015 年 12 月份个人收入环比增长 0.3%，增加 425 亿美元；个人消费支出（PCE）环比基本持平，减少 7 亿美元。剔除食品和能源价格，12 月核心 PCE 物价指数同比增长 1.4%，仍未达到美联储预定的 2% 的通货膨胀目标。

美国 1 月份 ISM 非制造业指数创两年来最低。2 月 3 日，美国供应管理协会

（ISM）公布数据显示，美国 1 月份 ISM 非制造业指数 53.5，环比下降 1.8 个百分点，不及预期，创 2014 年 2 月份以来最低水平。新订单指数、就业指数、新出口订单等分项指标也出现下滑，表明美国服务业增长放缓。

2. 拉美地区

巴西将安排 200 亿美元贷款刺激经济增长。1 月 28 日，巴西计划部长内尔松·巴尔博萨宣布，巴西政府将提供 830 亿雷亚尔（约 200 亿美元）的特殊贷款以帮助巴西经济摆脱衰退。这些贷款主要投向农业、住房、基础设施及中小企业等领域。巴尔博萨表示，尽管巴西经济需要一定的刺激，但政府不会扩大公共开支。

3. 欧洲

欧盟和欧元区 2015 年 12 月份失业率分别为 9.0%和 10.4%。2 月 2 日，欧盟统计局发布数据显示，欧盟 12 月份失业率为 9.0%，环比持平，同比下降 0.9 个百分点，为 2009 年 6 月份以来最低水平；欧元区 2015 年 12 月份失业率为 10.4%，环比下降 0.1 个百分点，同比下降 1 个百分点，为 2011 年 9 月份以来最低水平。

德拉吉：欧洲央行将于 3 月份重新评估货币政策立场。2 月 1 日，欧洲央行行长德拉吉发表讲话称，当前，欧元区经济正缓慢复苏，但新兴市场、地缘政治风险、全球金融市场动荡和大宗商品价格波动等不确定性因素导致欧元区面临下行风险。因此，欧洲央行将于 3 月份货币政策会议重新评估货币政策立场。

德国 2015 年 12 月份失业率为 4.5%。2 月 2 日，德国联邦统计局发布数据显示，经季调，德国 2015 年 12 月份失业人数为 191 万人，失业率为 4.5%，环比下降 1.5%，同比持平；2015 年 12 月份就业人数为 4320 万人，环比上升 0.1%。

德国 1 月份制造业 PMI 为 52.3。2 月 1 日，市场调查机构 Markit 发布数据显示，德国 1 月份制造业 PMI 为 52.3，环比下降 0.9 个百分点。中间品产出停滞是德国制造业产出增速放缓的主要原因。

英国 1 月份制造业 PMI 为 52.9。2 月 1 日，市场调查机构 Markit 发布数据显示，英国 1 月份制造业 PMI 为 52.9，环比上升 0.8 个百分点，为 3 个月以来新高。英国国内市场需求增强是制造业加速扩张的主要原因，制造业产出增速为 19 个月以来新高，但出口订单有所下降。

法国 2015 年 GDP 增长 1.1%。1 月 29 日，法国国家统计局发布数据显示，经季调，法国 2015 年 GDP 增长 1.1%。其中，进口增长 6.1%；出口增长 5.9%；家庭消费支出增长 1.4%；一般政府消费支出增长 1.5%；固定资本形成下降 0.1%。数据还显示，法国 2015 年第四季度 GDP 环比增长 0.2%。

法国 1 月份 CPI 同比上升 0.2%。1 月 29 日，法国国家统计局发布数据显示，法国 1 月份 CPI 环比下降 1%，同比上升 0.2%。其中，食品价格同比上升 0.4%；

烟草价格同比上升 0. 3%；能源价格同比下降 4. 0%；服务价格同比上升 1. 0%。

法国 1 月份制造业 PMI 为 50. 0。2 月 1 日，市场调查机构 Markit 发布数据显示，法国 1 月份制造业 PMI 为 50. 0，环比下降 1. 4 个百分点，为 2015 年 8 月份以来最低水平。制造业订单 4 个月来首度下降。

2015 年俄罗斯资本外流大幅下降。2 月 4 日，俄罗斯央行发布公告显示，2015 年俄罗斯资本外流额为 569 亿美元，较 2014 年大幅下降。2015 年，卢布持续疲软，但俄国际收支平衡机制显示出较强适应性，资本外流大幅减少。预计 2016 年俄资本外流将进一步减少。

4. 亚洲

日本 2015 年 12 月份 CPI 同比上升 0. 2%。1 月 29 日，日本国家统计局发布数据显示，日本 2015 年 12 月份 CPI 为 103. 5，环比下降 0. 1%，同比上升 0. 2%。其中，食品价格环比上升 0. 3%，同比上升 2. 4%；货物价格环比下降 0. 2%，同比下降 0. 1%；服务价格环比持平，同比上升 0. 4%；医疗价格环比持平，同比上升 0. 8%。剔除生鲜食品，核心 CPI 环比下降 0. 2%，同比上升 0. 1%。日本 2015 年 12 月份失业率为 3. 3%。1 月 29 日，日本国家统计局发布数据显示，经季调，日本 2015 年 12 月份失业率为 3. 3%，同比下降 2. 9%，失业人口减少 6 万人；劳动参与率为 59. 5%，同比上升 0. 2%；就业人口为 6385 万人，同比上升 0. 4%，就业人口增长 28 万人。

韩国政府出台多项刺激措施维持经济增长。2 月 3 日，韩国企划财政部公布一系列经济刺激举措，包括提高第一季度公共支出规模 6 万亿韩元（约 49. 4 亿美元），并扩大第一季度政策银行贷款投放规模 15. 5 万亿韩元，下调对乘用车征收的个人消费税率至 3. 5% 等。韩国政府希望在油价持续下跌、中国和其他主要经济体需求骤降的情况下维持经济复苏势头，预计刺激措施将提振 1—3 月份经济增长 0. 2 个百分点。

印度央行维持 6. 75% 利率不变。2 月 2 日，印度央行宣布，维持回购利率 6. 75% 不变，符合市场预期。印度央行称，将继续维持宽松货币政策，待 2 月底印度政府公布年度预算后再决定是否进一步降息。

澳大利亚央行维持现金利率 2. 0% 不变。2 月 2 日，澳大利亚央行发布消息称，将维持现金利率 2. 0% 不变。2015 年，澳大利亚非采矿业经济活动有所加强，商业条件上升至平均水平以上，就业率持续上升，失业率于 2015 年下半年开始下降，CPI 增长 1. 7%。鉴于此，澳大利亚央行决定维持宽松货币政策。

新西兰 2015 年 12 月份进口同比上升 2. 5%。1 月 28 日，新西兰国家统计局发布数据显示，新西兰 2015 年 12 月份进口额为 525 亿美元，同比上升 2. 5%。出口额为 490 亿美元，同比下降 2. 2%。贸易赤字 35 亿美元，同比增加 12 亿美元，为

2008 年以来最高水平。

5. 非洲

南非 2016 年、2017 年经济增速或分别为 0.8%和 1.1%。2 月 2 日，世界银行下调南非 2016 年、2017 年经济增速预期分别至 0.8% 和 1.1%，降幅分别为 0.6 个百分点和 0.5 个百分点。世界银行表示，2015 年干旱拖累南非经济增速 0.2 个百分点，导致约 5 万人陷入贫困。过去数月，中国经济增速放缓、大宗商品价格走低、政策不确定性上升和持续干旱重创南非经济前景，南非人均国民收入可能继续下降，但经济不会出现衰退。

南非储备银行上调回购利率至 6.75%。1 月 29 日，南非储备银行上调回购利率 50 基点至 6.75%，以抑制明显恶化的通货膨胀前景，符合市场预期。

二、国际组织

世界银行：未来五年将加大对中东北非地区的融资支持。2 月 4 日，世界银行行长金墉宣布，世界银行将在未来五年内向中东北非提供约 200 亿美元的承诺贷款，约为现有规模的 3 倍。金墉表示，上述款项将有助于应对中东地区的人道主义危机，帮助叙利亚等国家开展重建。同时，世界银行还将同联合国、伊斯兰开发银行合作，加大对中东北非地区的贷款支持，帮助约旦、叙利亚等国更好地管控难民问题。

IMF：中国经济可以避免“硬着陆”。2 月 4 日，IMF 总裁拉加德表示，尽管有关中国经济“硬着陆”的论调已持续多年，但她相信中国有能力完成经济转型，建立更加可持续的增长模式，避免“硬着陆”的发生。拉加德表示，虽然短期内中国经济增速放缓会对国际贸易和大宗商品价格产生影响，但从长期来看，中国经济向着以服务业和国内消费需求驱动的模式转型终将惠及中国和世界。

非盟第 26 届首脑会议在埃塞俄比亚闭幕。1 月 31 日，非盟第 26 届首脑会议在埃塞俄比亚首都亚的斯亚贝巴闭幕，本届峰会主题为“2016 非洲人权年 · 聚焦妇女权利”，非盟成员国国家元首、政府首脑或代表就妇女权利、人权保护、地区安全与发展等议题进行了深入讨论。新任非盟轮值主席、乍得总统代比表示，保障人权是建设和平繁荣非洲的重要组成部分，应在各国发展议程中获得重视。而妇女为非洲经济增长做出了重大贡献，是实现《2063 年议程》的重要动力，非盟号召各方继续加强妇女赋权，推进妇女权益保护。

三、国际大宗商品

本周纽约原油期货累计下跌 5.7%。截至本周四，纽约原油期货累计下跌

5.7%。周一纽约原油期货下跌2美元，收于每桶31.62美元；周二纽约原油期货下跌1.74美元，收于每桶29.88美元；周三纽约原油期货大幅反弹，上涨2.4美元，收于每桶32.28美元；周四纽约原油期货下跌0.56美元，收于每桶31.72美元。

本周纽约黄金期货累计上涨3.7%。截至本周四，纽约黄金期货累计上涨3.7%。周一纽约黄金期货上涨1%，收于每盎司1128美元；周二纽约黄金期货下跌0.07%，收于每盎司1127.2美元；周三纽约黄金期货上涨1.25%，收于每盎司1141.3美元；周四纽约黄金期货上涨1.42%，收于每盎司1157.5美元。

四、区域合作

TPP协议正式签署。2月4日，美国、日本、澳大利亚等12个TPP成员国在新西兰正式签署了《跨太平洋伙伴关系协定》。协定签署后，12个成员国将有两年时间完成国内审批程序。在签字仪式上，各国代表介绍了TPP协议在本国需要履行审批程序，部分代表预计TPP会在该国立法机构引起激烈争论。由于各国在批准程序上存在着较大的差异，推进过程难以同步，TPP正式生效仍需时日。

欧洲议会投票支持中国参加《服务贸易协定》谈判。2月3日，欧洲议会全体会议高票通过了关于《服务贸易协定》谈判的相关议案，议案中包括支持中国参加谈判的相关内容。《服务贸易协定》谈判开始于2013年4月，目前参与方包括23个世界贸易组织成员，约占全球服务贸易总额的70%，涉及包括金融、健康和交通等诸多领域。欧洲议会表示，中国参加《服务贸易协定》谈判将成为促进全球贸易体制多边化的重要一步。

日非峰会将首次在非洲举行。1月31日，肯尼亚总统肯雅塔和日本首相特使河井克行联合宣布，日本将于2016年8月份在肯尼亚举办非洲发展东京国际会议。非洲发展东京国际会议始于1993年，每5年举行一次，级别相当于日非峰会，这也是日非峰会首次在非洲大陆举办。

五、全球宏观经济形势

OECD：成员国通货膨胀水平上升。2月2日，OECD发布最新消费者价格指数显示，OECD成员国2015年12月份年化通货膨胀率从2015年11月份的0.7%上升至0.9%。剔除食品和能源价格因素，2015年12月份核心年化通货膨胀率在2015年11月份1.8%的基础上小幅上涨0.1个百分点至1.9%。分国别来看，加拿大、美国、英国和法国分别由2015年11月份的1.4%、0.5%、0.1%和0.0%升至1.6%、0.7%、0.2%和0.2%；意大利保持0.1%不变；而德国和日本分别由

0.4%和0.3%小幅下降至0.3%和0.2%；欧元区由1月的0.1%小幅上升至0.2%；G20国家2015年12月份年化通货膨胀率稳定在2.7%。

英智库：下调2016年全球经济增速至3.2%。2月3日，英国知名智库全国经济与社会研究所（NIESR）发布最新季度预测报告称，2016年全球经济增速约为3.2%，较2015年11月份的预测值3.4%有所下调。报告还将2017年全球经济增长预测由4.1%调降至3.8%。报告预计，2015年全球消费者价格指数和全球贸易额增幅为1.0%和5.3%。

报告称，发达经济体缓慢与不均衡的经济复苏预计将会持续，2015年美国经济增速预计为2.5%，日本为0.7%，欧元区为1.5%。而新兴经济体将继续面临诸多挑战，部分经济体可能出现低增长甚至严重衰退，报告预测2015年中国和印度经济增速分别为6.5%和7.3%。

报告还强调了全球经济面临的几项主要风险：第一，原油以及其他大宗商品价格走低会压制各国的通货膨胀水平，使其远离通货膨胀率目标，甚至短期内出现通缩可能。目前看来，油价与其他大宗商品价格的走低更多由供给面决定，但也不能忽视如中国经济增速放缓所导致的需求减少等因素；第二，近期股市下行的趋势或将持续，导致家庭财富缩水和企业融资成本上升，投资者信心进一步减弱；第三，美联储加息会进一步促使资金从新兴市场流出，增加新兴市场经济体宏观政策的实施难度，且美元升值会使持有债务的经济体负担加重；第四，移民问题或将对欧洲经济带来深远影响。

第6周 (2016/02/06—2016/02/12)

2016 年 2 月 6—12 日，国际财经要情有：美国 1 月份失业率为 4.9%；2016 年巴西经济或萎缩 3.21%；欧元区 2015 年第四季度 GDP 环比增长 0.3%；德国 2015 年 GDP 增长 1.7%；日本 2015 年经常项目顺差同比增长 6 倍；韩国产业银行行长洪起泽将出任亚投行副行长；拉加德有望连任 IMF 总裁；美国－东盟峰会召开在即；OECD：中国经济现企稳态势，美英增长势头放缓。

一、区域观察

1. 北美地区

美联储主席耶伦就美国经济形势与货币政策在国会作证。2 月 11 日，美联储主席耶伦出席美国国会参议院银行业委员会听证会，就美国经济形势、金融市场形势、货币政策等内容作证。耶伦称，股市下跌、高风险借款人需要支付更高的借款利率、美元进一步走强等现象表明，当前金融形势对经济增长的支持度正在下降，通货膨胀预期也有所下降。此态势延续或影响美国经济和劳动力市场前景。中国等国家经济增速下降可能对美国经济有进一步冲击。但是，油价下跌和长期利率走低抵消了部分上述因素带来的负面影响。耶伦强调，美联储正在研究，在经济形势恶化的情况下，负利率是否对经济增长有帮助。美联储在利率政策上具有灵活性，加息与否并非预先设定。

美国 1 月份失业率为 4.9%。2 月 5 日，美国劳工部统计局公布数据显示，美国 1 月份失业率为 4.9%，失业人口为 780 万人，同比下降 0.8%；非农就业人口环比增长 15.1 万人。其中，零售业、餐饮业、医疗业和制造业就业人口有所增加。

美国 1 月份零售销售环比增长 0.2%。2 月 12 日，美国商务部公布数据显示，美国 1 月份零售销售额环比增长 0.2%，为连续第三个月上升。剔除汽车、食品和能源，美国 1 月份核心零售销售额环比增长 0.1%。数据表明，美国消费恢复增长或提振美国经济。

加拿大 1 月份失业率为 7.2%。2 月 5 日，加拿大统计局公布数据显示，加拿大 1 月份失业率为 7.2%，高于预期。具体来看，加拿大 1 月份就业人口减少 5700 人，全职就业人口增加 5600 人，兼职就业人口减少 1.13 万人。数据表明，加拿大就业市场仍较为疲软。

2. 拉美地区

2016 年巴西经济或萎缩 3.21%。2 月 8 日，巴西央行发布报告，下调 2016 年巴西经济增长预期至 -3.21%，同时将 2016 年通货膨胀预期上调至 7.56%。

3. 欧洲

欧元区 2015 年第四季度 GDP 环比增长 0.3%。2 月 12 日，欧盟统计局公布数据显示，欧元区 2015 年第四季度 GDP 环比增长 0.3%，同比增长 1.5%，符合市场预期。市场分析人士认为，欧元区经济仍较为低迷，欧洲央行或继续采取宽松政策。

德国 2015 年 GDP 增长 1.7%。2 月 12 日，德国联邦统计局公布数据显示，德国 2015 年第四季度 GDP 环比增长 0.3%，2015 年全年 GDP 增长 1.7%，因难民危机导致政府支出和基建大幅增长抵消了出口走软带来的负面影响。2015 年上半年，德国经济强劲增长，下半年则受新兴市场动荡和中国经济放缓等因素影响而稍有放缓。

德国 2015 年 12 月份进出口均下降 1.6%。2 月 9 日，德国联邦统计局公布数据显示，经季调，德国 2015 年 12 月份进口和出口月率均下降 1.6%，贸易盈余 188 亿欧元。德国 2015 年全年贸易盈余 2478 亿欧元，创有纪录以来最高水平。

英国 2015 年第四季度贸易逆差扩大。2 月 9 日，英国国家统计局公布数据显示，英国 2015 年第四季度贸易逆差扩大至 103.52 亿英镑，为 2015 年年初以来最高水平；2015 年全年贸易逆差扩大至 1250.28 亿英镑，为有记录以来最高水平。英国贸易赤字恶化或拖累英国经济增长。

法国 2015 年外贸逆差降至近 10 年最低。2 月 5 日，法国外贸国务秘书费克尔宣布，法国 2015 年货物和服务对外贸易逆差降至 94 亿欧元，为近 10 年来最低，近 8 年来法国经常账户首次接近平衡。其中，法国 2015 年商品贸易逆差 457 亿欧元，同比减少逾 20%，为连续第 4 年收窄。2015 年法国商品和货物出口贸易较为活跃，按价值计算同比增长 4.5%，按数量计算同比增长 5.9%。法出口企业数量增至 12.5 万，为 2003 年以来最高水平。

瑞典央行下调利率至 -0.5%。2 月 11 日，瑞典央行下调指标回购利率至 -0.5%，降幅超市场预期。瑞典央行称，在全球经济低迷的环境下，瑞典已准备好采取更多措施提振通货膨胀。瑞典央行还表示，会将来自到期债券及其资产组合付息的资金进行再投资，实为扩大央行债券购买计划。

2015 年俄罗斯进出口贸易额同比下降 33.2%。俄罗斯联邦国家统计局公布数据显示，2015 年俄罗斯进出口贸易额 5304 亿美元，同比下降 33.2%，其中，俄出口 3459 亿美元，同比下降 31.1%；进口 1845 亿美元，同比下降 36.7%；顺差 1614 亿美元，同比减少 489 亿美元。其中，2015 年俄罗斯与中国双边贸易额为 635.52 亿美元，同比下降 28.1%。中国仍是俄罗斯第一大贸易伙伴，在其贸易总额中所占比重上升至 12.1%。

4. 亚洲

日本 2015 年经常项目顺差同比增长 6 倍。2 月 8 日，日本财务省公布数据显示，受全球原油价格暴跌拉低进口额及日元汇率贬值等因素提振，2015 年日本经常项目顺差同比大幅增长超 6 倍，达 16.64 万亿日元（约 1420 亿美元），5 年来经常项目顺差首次同比扩大。具体来看，2015 年日本商品贸易逆差额为 6434 亿日元，较 2014 年大幅减少 93.8%。其中，进口额同比减少 10.3% 至 75.82 万亿日元，日本原油和液态天然气进口额同比分别下滑 41% 和 29.5%。而出口额则小幅增长 1.5% 至 75.18 万亿日元。

日本 2015 年 12 月底国家债务余额达 1044 万亿日元。2 月 10 日，日本财务省公布数据显示，截至 2015 年 12 月底，包括国债、借款和政府短期证券在内的国家债务余额达 1044 万亿日元，日本国民人均负债额约 824 万日元。其中，国债 902 万亿日元，金融机构等借款 55 万亿日元，为填补国库暂时性资金缺口而发行的政府短期证券 87 万亿日元。

韩国产业银行行长洪起泽将出任亚洲基础设施投资银行副行长。2 月 3 日，韩国企划财政部发布消息，亚洲基础设施投资银行理事会已批准韩国 KDB 产业银行行长洪起泽担任亚洲基础设施投资银行负责风控的副行长。洪起泽将分管投资与财务风险的评估与分析工作，并作为亚洲基础设施投资银行投资决策机制的 4 位成员之一发挥重要作用。韩企划财政部表示，进入亚洲基础设施投资银行投资决策核心将为韩国参与亚洲基础设施建设带来积极影响，并将继续开展政策层面的努力，帮助韩国金融机构等企业拓展海外商机。

澳大利亚 2016 年经济或增长 2.5－3.5%。2 月 5 日，澳大利亚央行发布季度政策报告，预测澳大利亚 2016 年经济增长率或为 2.5－3.5%，并略微下调 2017 年经济增长率预期至 2.5－3.5%。澳大利亚央行预计，澳大利亚基础通货膨胀率将于 2018 年中实现目标区间 2.0－3.0%。

5. 非洲

南非总统祖马发表 2016 年度国情咨文。2 月 11 日，南非总统祖马发表 2016

年度国情咨文，表示针对目前南非低迷的经济状况，政府将出台一系列措施应对严峻挑战，南非期待通过与中国等合作伙伴的合作，将经济带回快速上升的轨道。祖马指出，南非经济自 2008 年全球金融危机后就一直处于困境，南非矿产出口收入大幅减少。为应对全球经济低迷，南非应致力于基础设施建设推动经济增长。多、双边合作方面，祖马表示，金砖国家新开发银行将在南非开设非洲地区中心；非洲和中国的全面战略合作伙伴关系通过中非合作论坛得到加强。中国将投资约 100 亿美元于南非的基础建设、工业化和技能发展。祖马还提到北汽集团和海信集团在南非的投资，称赞这是过去几年南非在汽车和家电等领域吸引的“振奋人心的”投资。

二、国际组织

亚洲开发银行：未来 5 年对印尼贷款额将增至 100 亿美元。2 月 12 日，亚洲开发银行行长中尾武彦在会见印尼总统佐科·维多多期间宣布，亚洲开发银行将利用其新增贷款能力，在未来 5 年加大对印尼资金支持，将对印尼贷款额从 2010－2014 年间每年 7.4 亿美元提升至每年 20 亿美元，使未来 5 年贷款总额增至 100 亿美元。上述资金将主要用于印尼国内基础设施建设。

拉加德有望连任 IMF 总裁。2 月 11 日，IMF 发表声明称，IMF 执董会在提名期内共收到一名候选人提名，即现任总裁克里斯蒂娜·拉加德。由于仅有一名候选人，拉加德有望连任 IMF 总裁。拉加德将于 7 月初任职期满，IMF 于 2016 年 1 月 20 日启动了下任总裁的遴选程序。根据流程，IMF 执董会将在 3 月 3 日前确定下任总裁人选。下任总裁任期从 2016 年 7 月 5 日开始，为期 5 年。

粮农组织：平均食品价格指数跌至 7 年新低。联合国粮农组织发布数据显示，2016 年 1 月份平均食品价格指数为 150.4 点，较 2015 年同期下降 16%，创 2009 年 4 月以来新低，其中，糖价和奶制品价格降幅较大。平均食品价格指数主要统计粮食作物、植物油、奶制品、肉类和糖的月度价格变化情况。联合国粮农组织表示，农作物供给普遍充裕、世界经济放缓和美元走强等因素共同导致了粮食价格下降，但未来仍需关注气候条件变化对全球粮食供给的潜在影响。

世界黄金协会发布 2015 年第四季度《全球黄金趋势报告》。2 月 10 日，世界黄金协会发布 2015 年第四季度《全球黄金趋势报告》，从需求上看，2015 年全年全球黄金总需求 4212 吨，与 2014 年基本持平，其中 2015 年全年中国黄金总需求 985 吨，同比增长 2%，印度需求 849 吨，同比增长 1%，两国黄金需求占全球总需求的 45%，中国依然是全球第一大黄金消费国。而各国央行 2015 年也在继续增持黄金，累计增持达 588.4 吨。从供给上看，由于国际金价相对低迷，2015 年第四季度黄金矿产量出现了 2008 年以来的首次下降，全年黄金供给量下降 4% 至

4258 吨。

三、国际大宗商品

本周纽约原油期货累计下跌 4.7%。截至本周五，纽约原油期货累计下跌 4.7%。周一纽约原油期货下跌 1.2 美元，收于每桶 29.69 美元；周二纽约原油期货下跌 1.75 美元，收于每桶 27.94 美元；周三纽约原油期货下跌 0.49 美元，收于每桶 27.45 美元；周四纽约原油期货下跌 1.24 美元，收于每桶 26.21 美元；周五纽约油价大幅反弹，上涨 3.23 美元，收于每桶 29.44 美元。

本周纽约黄金期货累计上涨 7%。截至本周五，纽约黄金期货累计上涨 7%。周一纽约黄金期货上涨 3.47%，收于每盎司 1197.9 美元；周二纽约黄金期货上涨 0.05%，收于每盎司 1198.6 美元；周三纽约黄金期货下跌 0.33%，收于每盎司 1194.6 美元；周四纽约黄金期货上涨 4.45%，收于每盎司 1247.8 美元；周五纽约黄金期货下跌 0.67%，收于每盎司 1239.4 美元。

四、区域合作

美国—东盟峰会召开在即。2 月 15—16 日，美国与东盟领导人峰会将在美国加利福尼亚州安纳伯格庄园举行。本届美国 - 东盟峰会有三项主要议程，包括就经济议题举行务虚会，探讨美国与东盟经贸关系的优势及进一步扩大贸易与投资的途径。本次美国 - 东盟峰会采取非正式会议的形式，会后不发表联合公报或声明。

五、全球宏观经济形势

OECD：中国经济现企稳态势，美英增长势头放缓。2 月 10 日，OECD 发布 2015 年 12 月份月度领先指标显示，中国经济出现企稳态势，美国、英国、加拿大和日本增长势头有所放缓，欧元区增长态势稳固，印度、法国增长动能加强。而经合组织 34 个成员国的整体领先指标由 2015 年 11 月份的 99.8 降至 99.7，仍然低于该指标的长期均值 100，表明经济增长仍慢于正常水平。

具体指标显示，2015 年 12 月份中国月度领先指标为 98.4，高于 2015 年 11 月的 98.3。OECD 表示，中国领先指标已连续第二个月上升，意味着中国经济增速不会大幅放缓，也不会出现投资者所担心的“硬着陆”。美国月度领先指标则从 99.2 下滑至 99.1，英国由 99.3 降至 99.1，欧元区与 2015 年 11 月持平，俄罗斯从 99.6 降至 99.4，巴西则由 99.3 上升至 99.5。

第 7 周 （2016/02/13—2016/02/19）

2015 年 2 月 13—19 日，国际财经要情有：美联储公布 1 月份 FOMC 会议纪要；巴西 2015 年经济衰退 4.08%；欧元区 2015 年货物贸易盈余 2460 亿欧元；日本 2015 年第四季度 GDP 萎缩 1.4%；亚洲开发银行批准未来 5 年同中国合作的《国别合作伙伴战略》；OECD 发布最新《中期经济展望报告》。

一、区域观察

1. 北美地区

美联储公布 1 月份 FOMC 会议纪要。2 月 17 日，美联储公布 1 月份 FOMC 会议纪要称，全球经济前景和金融市场动荡等不确定性因素导致美国经济增长、就业、通货膨胀和总需求等面临下行风险。此外，美元逐步走强也将对通货膨胀造成下行压力。预计能源价格和非能源进口货物价格将从 2016 下半年稳固上升，美联储或于 2018 年年底实现 2% 通货膨胀目标。

美国 2015 年 12 月份国际资本净流出 1140 亿美元。2 月 16 日，美国财政部发布国际资本流动报告显示，美国 2015 年 12 月份国际资本净流出 1140 亿美元。其中，外国私人资本净流出 125 亿美元，外国官方资本净流入 93 亿美元。2015 年 12 月份长期资本净流出 294 亿美元。报告显示，中国 2015 年 12 月份美债持有规模为 1.25 万亿美元，创 10 个月以来新低，但仍为最大的美国国债持有国；日本 2015 年 12 月份持美债规模为 1.12 万亿美元，为美国第二大债权国。

美国 1 月份 PPI 环比增长 0.1%。2 月 17 日，美国劳工部公布数据显示，由于食品成本大幅上升抵消了能源价格暴跌带来的负面影响，美国 1 月份生产者物价指数（PPI）环比回升 0.1%。

2015 年加拿大对外贸易总额同比下降 11.9%。加拿大统计局公布数据显示，2015 年加拿大对外贸易总额 8272.56 亿美元，同比下降 11.9%。其中，出口 4083.58 亿美元，同比下降 14.1%；进口 4188.98，同比下降 9.7%，贸易逆差 105.4 亿美元。

2015 年中加贸易总额为 670.54 亿美元，同比下降 5%，对华贸易逆差 354.4 亿美元，中国仍是加拿大第二大贸易伙伴、第二大出口市场和第二大进口来源地。

2. 拉美地区

巴西 2015 年经济衰退 4.08%。2 月 18 日，巴西央行宣布，2015 年巴西 GDP 萎缩 4.08%。这是 1990 年以来巴西经济表现最差的一年。

巴西贸易部长：与伊朗贸易结算放弃美元。2 月 16 日，巴西贸易部长蒙特罗表示，巴西与伊朗开展飞机、汽车和机械贸易时将接受伊朗提供的欧元和其他货币，以避开美国对伊朗的金融制裁。蒙特罗表示，巴西希望在 2019 年将与伊朗的贸易额增加三倍至 50 亿美元。

3. 欧洲

德拉吉：若欧元区价格稳定面临下行风险，欧洲央行将立即行动。2 月 15 日，欧洲央行行长德拉吉发表讲话称，当前，全球经济面临下行风险，金融市场震荡，经济活动低于预期。受欧洲央行货币政策、低能源价格等因素支持，欧元区经济温和复苏，但投资仍疲软。欧洲央行将评估大宗商品和能源价格下跌对通货膨胀预期的影响和货币政策在金融系统中的传导情况。若任一因素对欧元区价格稳定造成下行风险，欧洲央行将立即采取行动。

欧元区 2015 年货物贸易盈余 2460 亿欧元。2 月 15 日，欧盟统计局发布数据显示，欧元区 2015 年货物贸易盈余 2460 亿欧元。其中，出口额为 20402 亿欧元，较 2014 年增长 5%；进口额为 17942 亿欧元，较 2014 年增长 2%。欧盟 2015 年货物贸易盈余 642 亿欧元。其中，出口额为 17891 亿欧元，较 2014 年增长 5%；进口额为 17249 亿欧元，较 2014 年增长 2%。

德国 2016 年通货膨胀率或为 0.25%。2 月 15 日，德国央行宣布，下调 2016 年通货膨胀率预期至 0.25%。德国央行称，油价大跌或导致德国 2016 年通货膨胀率在零附近徘徊。

英国 1 月份 CPI 同比增长 0.3%。2 月 16 日，英国国家统计局发布数据显示，英国 1 月份 CPI 同比增长 0.3%，连续 3 个月低速增长。其中，机车燃油、食品、酒和服装价格上升是 CPI 上升的主要原因。

2015 年法国新房销售量回升。法国地产商联合会（FPI）公布数据显示，法国 2015 年新房销售 12.2781 万套，同比增长 13.6%。同时，开工许可数量增长 1.8%，工地开工数量增长 0.3%。分析称，2015 年法国家庭购买住房意愿提升的主要原因包括：政府采取的减税政策、相对稳定的住宅价格、住房贷款利率维持低位以及法国整体经济环境的改善。

俄罗斯 2015 年 12 月份失业率为 5.8%。2 月 12 日，俄罗斯经济发展部发布数据显示，经季调，俄罗斯 2015 年 12 月份失业率为 5.8%。俄经济发展部预测，2016 年，俄罗斯失业率或为 5.8%，略好于 2015 年。

4. 亚洲

日本 2015 年第四季度 GDP 萎缩 1.4%。2 月 15 日，日本内阁府发布数据显示，经季调，日本 2015 年第四季度 GDP 萎缩 1.4%。其中，个人最终消费支出下降 3.3%，政府最终消费支出增长 2.1%，固定资本形成增长 0.6%。

日本 1 月份出口同比下降 12.9%。2 月 18 日，日本财务省发布数据显示，日本 1 月份出口额为 53516.39 亿日元，同比下降 12.9%，创 2009 年以来最大跌幅；进口额为 59975.82 亿日元，同比下降 18%；贸易逆差 6459.43 亿日元，同比下降 45%。

日本央行行长：负利率并非为了削弱日元。2 月 18 日，黑田东彦表示，日本、美国和欧元区等主要经济体央行在制定货币政策时不以影响汇率为目标，货币政策对汇率走势的直接影响有限。日本央行采取负利率并非直接着眼于打压日元，大规模资产购买计划也并不旨在提振股价。黑田东彦表示，预计负利率政策正面影响将逐渐扩散到实体经济和物价上，负利率政策的效果正在以拉低债券收益率的形式显现。

韩国央行维持基准利率 1.5%不变。2 月 16 日，韩国央行宣布，维持基准利率 1.5%不变。这是韩国央行连续第 8 个月维持基准利率于 1.5%不变，符合市场预期。市场分析人士认为，稳定金融市场是韩国央行此举的重要原因。

马来西亚 2015 年第四季度 GDP 增长 4.5%。2 月 18 日，马来西亚央行公布数据显示，由于国内需求增长抵消了大宗商品价格下跌带来的不利影响，马来西亚 2015 年第四季度 GDP 增长 4.5%，高于预期。马来西亚央行预计，马来西亚经济仍将面临外部环境带来的挑战，其经济增长将继续由内需推动，净出口也将带来一定支撑。

澳大利亚央行维持现金利率 2%不变。2 月 16 日，澳大利亚央行发布消息称，澳大利亚央行将维持现金利率 2%不变。澳大利亚 2015 年劳动力市场有所改善，通货膨胀率仍处于较低水平，低利率能有力支持家庭消费支出并提振出口。虽然大宗商品价格大幅下降，资源出口仍对经济增长做出较大贡献。为此，澳大利亚央行决定维持现金利率不变。

澳大利亚 1 月份失业率为 6.0%。2 月 18 日，澳大利亚国家统计局发布数据显示，经季调，澳大利亚 1 月份失业率为 6.0%，环比上升 0.2 个百分点，同比下降 0.3 个百分点。劳动参与率为 65.2%，环比持平，同比上升 0.5 个百分点。

5. 非洲

2015 年非洲成为南非第一大区域贸易伙伴。南非经济发展部长帕特尔表示，2015 年南非新增就业岗位 71.2 万个，集中在农业、建筑业和商业领域。2015 年南非政府累计投资 2900 亿兰特用于基础设施建设，开办了三所技术学院和两所大学，帮助 30 万户家庭顺利通电，完成了 2.4 万公里公路整修。2015 年，非洲首次超过亚洲成为南非第一大区域贸易伙伴，南非对非出口总额达 3030 亿兰特。此外，帕特尔表示，在失业保险基金的支持下，南非经济发展部计划与劳动部合作，设立总额 50 亿兰特的企业扶持基金。

二、国际组织

亚洲开发银行批准未来 5 年同中国合作的《国别合作伙伴战略》。2 月 16 日，亚洲开发银行董事会批准了 2016 - 2020 年同中国开展合作的《国别合作伙伴战略》（CPS）。新的《国别合作伙伴战略》将致力于扩展和深化亚洲开发银行同中国的伙伴关系，拓展双方在公共和私营部门合作、知识合作、区域和“南南”合作等方面的合作，并进一步发挥中国作为出资方在亚洲开发银行业务中的作用。在 2011 - 2015 年间，亚洲开发银行向中国提供的主权贷款平均每年为 15.1 亿美元，未来 5 年将进一步增加。2016 年正值亚洲开发银行在中国开展业务 30 周年，从 1986 年到 2015 年年底，中国已获得亚洲开发银行公共部门贷款 226 项，总计 310.8 亿美元，此外，还有 56.8 亿美元的非主权项目贷款和 4.6 亿美元的赠款。

OECD：成员国 2015 年 12 月份失业率稳定在 6.6%。OECD 发布最新失业率报告显示，OECD 国家 2015 年 12 月份稳定在 6.6%，较 2013 年 1 月份的峰值低 1.5 个百分点；失业人口 4040 万，较峰值少 840 万人，但仍较 2008 年 4 月份危机前水平多 790 万人。数据显示，2015 年 12 月份，欧元区失业率进一步下降 0.1 个百分点至 10.4%。其中，降幅最大的国家为葡萄牙、斯洛伐克和西班牙，分别降低 0.4 个百分点、0.2 个百分点和 0.2 个百分点至 11.8%、10.6% 和 20.8%。日本和美国 2015 年 12 月份失业率分别为 3.3% 和 5.0%，与 2015 年 11 月份持平；加拿大和墨西哥分别上升 0.1 个百分点和 0.4 个百分点至 7.1% 和 4.5%。

三、国际大宗商品

本周纽约原油期货累计上涨 4.5%。截至本周四，纽约原油期货累计上涨 4.5%。周一纽交所因总统纪念日休市；周二纽约原油期货下跌 0.4 美元，收于每桶 29.04 美元；周三纽约原油期货上涨 1.62 美元，收于每桶 30.66 美元；周四纽约原油期货上涨 0. 11 美元，收于每桶 30. 77 美元。

本周纽约黄金期货累计下跌 1%。截至本周四，纽约黄金期货累计下跌 1%。周一纽交所因总统纪念日休市；周二纽约黄金期货大跌 2. 52%，收于每盎司 1208. 2 美元；周三纽约黄金期货上涨 0. 26%，收于每盎司 1211. 4 美元；周四纽约黄金期货上涨 1. 22%，收于每盎司 1226. 3 美元。

四、区域合作

美国—东盟领导人非正式会议闭幕。2 月 16 日，为期两天的美国和东盟国家领导人非正式会议在美国加州闭幕。会议就经济议题进行了重点讨论，会后发表的联合声明共 17 条，包括经济合作、创新、气候合作等内容。联合声明称，美国和东盟各国强调共同繁荣、可持续和包容性经济增长与发展的重要性，认识到追求有活力、开放性、有竞争力经济政策的重要性，坚持以规则为基础的地区和全球秩序，保护所有国家的权利。

沙特、委内瑞拉、卡塔尔和俄罗斯同意有条件冻结原油产量。2 月 16 日，沙特、俄罗斯、委内瑞拉和卡塔尔四个主要产油国代表在多哈举行会议，四国一致同意冻结各自的原油产量，将产量保持在 1 月 11 日的水平，但前提是其他各产油国也须采取同样的限产措施。有分析认为，由于伊朗和伊拉克等产油大国近期同意冻结产量的可能性不大，沙特、委内瑞拉、卡塔尔和俄罗斯所达成的协议效果有限。

五、全球宏观经济形势

OECD 发布最新《中期经济展望报告》。2 月 18 日，OECD 发布最新《中期经济展望报告》。报告将 2016 年全球经济增长预期从 2015 年 11 月份的 3. 3% 下调至 3. 0%，为近 5 年来最低；将 2017 年全球经济增长预期从 3. 6% 下调至 3. 3%。

报告指出，2016 年全球经济增速预计将低于 2015 年，国际贸易与投资依然疲弱，需求低迷导致低通货膨胀率以及薪资和就业增长不足。股票和债券市场波动显示全球金融风险尤为严重，一些新兴市场经济体深受外汇市场波动、资本外流和债务负担加重的影响，尽管有低油价和低利率的助推，但主要经济体经济增速仍将放缓。

除下调全球经济增长预期外，报告还大幅下调了主要发达经济体和新兴市场经济体 2016 年经济增长预期。发达经济体方面，报告将美国经济增速从 2. 5% 调降至 2%；英国从 2. 4% 调降至 2. 1%；欧元区从 1. 8% 调降至 1. 4%；日本从 1. 0% 调降至 0. 8%；德国从 1. 8% 调降至 1. 3%；加拿大从 2. 0% 调降至 1. 4%。新兴经济体方面，报告维持未来两年中国经济增长预期不变，分别为 6.5% 和 6.2%；巴西 2016 年经济增速从萎缩 1.2% 大幅下调至萎缩 4%；印度经济增速则从 7.3% 调增至 7.4%。

OECD 首席经济学家凯瑟琳·曼表示，最近全球金融市场动荡以及新兴市场经济体债务增加加剧了全球经济下滑的风险，各国亟须采取更强劲的政策措施，通过更有力的财政政策和结构改革来促进全球经济增长。

第 8 周（2016/02/20—2016/02/26）

2015 年 2 月 20—26 日，国际财经要情有：美国 2015 年第四季度 GDP 增长 1%；2015 年墨西哥 GDP 增长 2.5%；欧盟发布协同 ESIF 和 EFSI 的新指导性原则；德国 2015 年第四季度 GDP 环比增长 0.3%；英国 2015 年第四季度 GDP 环比增长 0.5%；日本 1 月份核心 CPI 同比持平；G20 财长和央行行长会议开幕；G20 结构性改革高级别研讨会在上海举行；《区域全面经济伙伴关系协定》第 11 轮谈判在文莱举行；《跨大西洋贸易和投资伙伴关系协定》第 12 轮谈判举行；IMF 警告全球经济复苏“脱轨”风险加剧。

一、区域观察

1. 北美地区

美国 2015 年第四季度 GDP 增长 1%。2 月 27 日，美国商务部公布数据显示，美国 2015 年第四季度实际 GDP 年化季率为 1.0%，核心个人消费支出（PCE）物价指数上升 1.3%，均高于预期，表明美国经济前景向好。

美国白宫发布《年度经济报告》。2 月 22 日，美国白宫发布《年度经济报告》，分析了影响美国经济发展的 5 大趋势，即全球经济增长持续低于预期，经济租金（economic rent）引发经济不平等，土地利用法规导致住房成本升高，州政府仍需应对经济危机带来的后续影响，以及如何使用新科技促进生产率增长。

美财长称签署《贸易促进与贸易执法法案》有利于汇率市场化。2 月 24 日，美国财长雅各布·卢发表讲话称，美国国会签署《贸易促进与贸易执法法案》将确保美国的贸易伙伴履行其承诺，有利于汇率市场化并抵制恶性贬值行为。同时，该法案也将为美国在 G20 财长和央行行长会议上的讨论提供更多政策工具。

美国 1 月份 CPI 环比保持不变。2 月 19 日，美国劳工部统计局发布数据显示，经季调，美国 1 月份 CPI 环比保持不变。其中，食品价格环比保持不变，能源价格环比下降 2.8%。

加拿大 1 月份 CPI 同比上升 2%。2 月 19 日，加拿大国家统计局发布数据显示，加拿大 1 月份 CPI 环比增长 0.2%，同比上升 2 个百分点。其中，食品价格同比上升 4%，交通运输价格同比上升 2.2%，服装及鞋类价格同比下降 0.3%。

2. 拉美地区

2015 年墨西哥 GDP 增长 2.5%。2 月 23 日，墨西哥国家统计局公布数据显示，2015 年墨西哥 GDP 增长 2.5%，高于 2014 年的 2.3% 和 2013 年的 1.4%。

3. 欧洲

欧盟发布协同 ESIF 和 EFSI 的新指导性原则。2 月 22 日，欧委会发布消息称，欧委会与欧投行发布新指导性原则以更有效协同欧洲战略投资基金（EFSI）与欧洲结构和投资基金（ESIF）。ESIF 和 EFSI 对促进欧洲经济复苏以及在不增加新债务的情况下促进就业至关重要。两者在设计和法律架构上不同且互补，二者协同将使投资基金惠及面更广，尤其有利于小型项目。新指导原则将提升金融工具利用效率，鼓励更多战略性、绩效导向型投资。

欧元区 2 月份制造业 PMI 初值下降至 51.0。2 月 22 日，市场调查机构 Markit 发布数据显示，欧元区 2 月份制造业 PMI 初值为 51.0，环比下降 1.3 个百分点，为一年以来新低。其中，新订单和出口增速进一步放缓。服务业增速为 2015 年 1 月份以来最低水平，预计服务业增速将在未来数月进一步放缓。

德国 2015 年第四季度 GDP 环比增长 0.3%。2 月 23 日，德国联邦统计局发布数据显示，经季调，德国 2015 年第四季度 GDP 环比增长 0.3%，符合预期。其中，政府支出对德国第四季度 GDP 增长贡献 0.2 个百分点；投资贡献 0.4 个百分点；贸易拖累 0.5 个百分点。

德国财政部称强劲内需将推动 2016 年德国经济增长。2 月 19 日，德国财政部公布报告显示，内需强劲、公共支出增加等因素将支撑德国 2016 年经济增长，抵消全球经济疲弱带来的负面影响。

德国 2 月份制造业 PMI 降至 50.2。2 月 22 日，市场调查机构 Markit 发布数据显示，德国 2 月份制造业 PMI 为 50.2，环比下降 2.1 个百分点。海外订单下降和出口减少是制造业增长放缓的重要原因。

德国 2 月份商业景气指数下降至 105.7。2 月 23 日，德国智库 IFO 发布数据显示，德国 2 月份 IFO 商业景气指数为 105.7，环比下降 1.6 个百分点。其中，制造业景气指数为 3.4，环比下降 4.7 个百分点；批发业景气指数为 12.3，环比下降 0.8 个百分点；零售业景气指数为 4.4，环比下降 2.8 个百分点。此外，IFO 商业现况指数为 112.9；IFO 商业预期指数为 98.8。

英国 2015 年第四季度 GDP 环比增长 0.5%。2 月 25 日，英国国家统计局公布数据显示，英国 2015 年第四季度 GDP 环比增长 0.5%，符合预期。其中，家庭支出增加在 2015 年年末提振了英国经济，但企业投资下降对英国经济造成拖累。

英国 1 月份零售销售额同比增长 5.2%。2 月 19 日，英国国家统计局公布数据显示，经季调，英国 1 月份零售销售额同比增长 5.2%，环比增长 2.3%，增速达 4 个月以来最高。市场分析人士认为，这表明英国经济复苏潜力充足，但通货膨胀增速低迷或使得英国央行不急于加息。

俄罗斯 1 月份零售销售额同比下降 7.3%。2 月 18 日，俄罗斯联邦统计局公布数据显示，俄罗斯 1 月份零售销售额同比下降 7.3%，降幅收窄，表明俄罗斯经济大幅下滑趋势或有所缓和。

4. 亚洲

日本 1 月核心 CPI 同比持平。2 月 26 日，日本总务省发布数据显示，受国际油价低迷影响，剔除生鲜食品价格，日本 1 月核心 CPI 为 102.6，同比持平，未达到 2% 的通货膨胀目标。其中，日本 1 月份能源价格同比下降 10.7%，成为拖累 CPI 的主要因素。

日本 2 月份制造业 PMI 初值下降至 50.2。2 月 22 日，市场调查机构 Markit 发布数据显示，日本 2 月份制造业 PMI 初值下降至 50.2，环比下降 2.1 个百分点，为 8 个月以来新低。制造业产出指数为 50.6，环比下降 2.4 个百分点，增速为 10 个月以来最低水平。

日本 1 月份服务业 PPI 同比增长 0.2%。2 月 24 日，日本央行发布数据显示，日本 1 月份服务业 PPI 为 102.5，环比下降 0.6%，同比增长 0.2%。其中，租赁业 PPI 同比下降 1.6%，金融服务业 PPI 同比上升 0.5%。

韩国 2 月份出口同比萎缩 17.3%。2 月 21 日，韩国海关公布数据显示，截至 2 月 20 日，韩国 2 月份前 20 天出口总额为 221.6 亿美元，同比下降 17.3%；进口总额为 201.9 亿美元，下降 17.4%。韩国 2 月份出口萎缩增加了市场对全球经济增长放缓的担忧。

韩国 2015 年第四季度家庭信贷增长 41.1 万亿韩元。2 月 24 日，韩国央行发布数据显示，韩国 2015 年第四季度家庭信贷总额增长 41.1 万亿韩元，同比增长 11.2%。截至 2015 年 12 月底，家庭信贷总额为 1207.0 万亿韩元。其中，家庭贷款总额为 1141.8 万亿韩元，商品贷款为 65.1 万亿韩元。

印度政府启动“城乡计划”。2 月 22 日，印度总理莫迪出席全国“城乡计划”（Rurban Mission）启动仪式并发表讲话。莫迪表示，印度“城乡计划”拟在三年内筹集 500 亿卢比，将 300 个乡村发展成经济增长中心，以解决城市人口过多问题，并提高农村地区生活就业水平。2016 年内将有 100 个乡村列入该计划。莫迪认为，印度未来的经济增长不能仅依托大中城市，推动农村发展也将为经济增长注入动力。

5. 非洲

2015 年埃及对非直接投资约为 79 亿美元。埃及投资部公布数据显示，埃及对非洲直接投资约为 79 亿美元，主要投资领域为房地产及化工领域，投资额分别为 25 亿美元和 22 亿美元。埃及对非投资中，农业投资比重极低，埃及与非洲各国农产品贸易量也极低。市场分析人士认为，高昂的运输成本是制约埃及与非洲农产品贸易的主要障碍，建议东、南非共同市场（COMESA）间修建新型快速公路，以降低农产品贸易成本。

二、国际组织

G20 财长和央行行长会议开幕。2 月 26 日，G20 财长和央行行长会议在上海开幕，这是中国接任 2016 年 G20 主席国后主办的首次财长和央行行长会议。国务院总理李克强在开幕式的视频讲话上表示，当前世界经济复苏与增长依然乏力，全球贸易低位徘徊，国际金融市场震荡不已，不稳定、不确定因素明显增多，G20 要加强宏观经济政策协调，推进结构性改革，完善全球经济金融治理。财政部部长楼继伟在致辞中表示，2016 年 G20 杭州峰会将致力于构建创新、活力、联动、包容的世界经济。本次会议将从财金领域为 G20 杭州峰会做好准备，围绕全球经济形势、增长框架、投资和基础设施、国际金融架构、金融部门改革、国际税收、反恐融资、绿色金融和气候资金等议题，聚焦以下问题：一是关注并积极应对短期经济金融风险；二是协同一致推进结构性改革；三是促进投资和基础设施互联互通；四是继续完善全球经济治理体系。

G20 结构性改革高级别研讨会在上海举行。2 月 26 日，G20 结构性改革高级别研讨会在上海举行。本次会议由中国财政部与 IMF、OECD 联合主办，财政部亚太中心承办。财政部部长楼继伟、IMF 总裁拉加德、OECD 秘书长古里亚、上海市市长杨雄出席开幕式并致辞。来自 G20 成员国、嘉宾国和相关国际组织的代表，以及全球知名专家共 200 余人参加了会议。本次研讨会在 G20 财长和央行行长会议前举行，旨在促进 G20 各方加强交流，凝聚共识，为推动 G20 成员深化结构性改革提供推动力。研讨会聚焦世界经济面临的主要结构性挑战，以及改革的重点领域和优先方向。各方就如何推进结构性改革、如何衡量改革的进展和成效等问题发表了看法。中国、德国、印度、墨西哥、西班牙等部分 G20 成员还分享了各自推进结构性改革的国别经验。

拉加德连任 IMF 总裁。2 月 19 日，IMF 发表声明称，IMF 执董会一致同意现任总裁克里斯蒂娜·拉加德连任 IMF 总裁一职，她的第二个任期将从 2016 年 7 月

5日开始，为期5年。声明称，执董会认为拉加德在担任IMF总裁的第一个任期内展现出富有智慧的领导力，在世界经济动荡期，拉加德增强了IMF对成员国的政策建议和融资能力，并加强了IMF自身能力建设。拉加德还在促进IMF与新兴市场和发展中经济体关系上发挥了关键作用。IMF欢迎拉加德提出的关于IMF未来治理的意见，期待与拉加德一起推动实现IMF维护全球经济和金融稳定的目标。

国际能源署发布2016年《中期原油市场报告》。2月22日，国际能源署发布2016年《中期原油市场报告》称，国际油价短期内难以从目前的低位出现大幅上升。报告认为，全球原油供大于求，2015年平均每日超额供应量为200万桶，2016年预计为110万桶，2017年供需将趋于平衡，但大量原油库存将继续压制油价回升。除非欧佩克国家减产力度大于预期，或原油需求出现井喷，否则短期内难以看到国际油价从目前的低位大幅上升。

三、国际大宗商品

本周伦敦布伦特原油期货累计上涨6.9%。截至本周四，伦敦布伦特原油期货累计上涨6.9%。周一伦敦布伦特原油期货上涨1.68美元，收于每桶34.69美元；周二伦敦布伦特原油期货下跌1.42美元，收于每桶33.27美元；周三伦敦布伦特原油期货上涨1.14美元，收于每桶34.41美元；周四伦敦布伦特原油期货上涨0.88美元，收于每桶35.29美元。

本周纽约黄金期货累计上涨0.65%。截至本周四，纽约黄金期货累计上涨0.65%。周一纽约黄金期货下跌1.68%，收于每盎司1210.1美元；周二纽约黄金期货上涨1.03%，收于每盎司1222.6美元；周三纽约黄金期货上涨1.35%，收于每盎司1239.1美元；周四纽约黄金期货下跌0.02%，收于每盎司1238.8美元。

四、区域合作

《区域全面经济伙伴关系协定》第11轮谈判在文莱举行。2月14－19日，《区域全面经济伙伴关系协定》（RCEP）第11轮谈判在文莱斯里巴加湾举行。本轮谈判由首谈会议和货物贸易、服务贸易、投资、原产地规则4个分组会议共同组成，本着落实领导人关于力争2016年结束谈判的指示，会议重点推进货物、服务、投资三大核心领域市场准入谈判和文本磋商，并初步确定2016年谈判计划。出席本轮谈判的代表由中国、日本、韩国、澳大利亚、新西兰、印度、东盟10国和东盟秘书处代表组成。该轮谈判是RCEP进行的2016年首轮谈判，第12轮谈判将于4月22－29日在澳大利亚珀斯举行。

《跨大西洋贸易和投资伙伴关系协定》第12轮谈判举行。2月22日，《跨大西洋贸易和投资伙伴关系协定》第 12 轮谈判在比利时布鲁塞尔举行。本轮谈判为期一周，据悉将讨论市场准入、监管合作以及贸易规则。其中监管合作是本轮谈判的重点，美欧双方将首次就构建投资保护体系进行详细谈判。有分析认为，由于美欧双方立场分歧较大，本轮谈判预计难有实质性进展。

中国－格鲁吉亚自贸协定举行第一轮谈判。2 月 22－23 日，中国－格鲁吉亚自贸协定第一轮谈判在格鲁吉亚首都第比利斯举行，双方对谈判日程、谈判结构、各议题领域和原则等问题达成一致并签署模式文件。同时，双方成立谈判工作组，开始自贸协定文本磋商，并就后续工作达成共识。双方初步商定，第二轮谈判将于 2016 年 5 月 9 日在北京举行。

五、全球宏观经济形势

IMF 警告全球经济复苏“脱轨”风险加剧。2 月 24 日，IMF 发布题为《全球前景和政策挑战》的报告称，在全球金融市场动荡加剧、资产价格下挫的背景下，全球经济更容易受到负面因素冲击，经济增速有可能进一步放缓。

IMF 在 2016 年 1 月将 2016 年、2017 年两年全球经济预期调低至 3.4% 和 3.2%，且有可能在 2016 年 4 月份公布的《全球经济展望》报告中再次调低全球经济增速预期。IMF 认为，金融市场动荡已导致发达经济体金融条件收紧，如果动荡持续，将进一步拖累经济增长；受发达经济体金融条件收紧影响，新兴经济体面临的资本外流、货币贬值压力上升，金融环境进一步收紧；油价下跌不仅威胁石油出口国经济，对石油进口国的积极影响也相对有限，且进一步压低了主要经济体通货膨胀预期。

为此，IMF 呼吁 G20 成员国继续推进结构性改革，采取可能的政策工具组合来刺激需求和供给。在低通货膨胀的背景下，大多数发达经济体仍需要继续采取宽松货币政策，但同时应该降低对货币政策的过度依赖，采取更加积极的财政政策。

朱光耀：全球经济存下行风险，G20 需加强政策协调。2 月 25 日，中国财政部副部长朱光耀在上海表示，全球经济存在下行风险，G20 成员国需要加强政策协调应对挑战，提振全球市场信心。

2016 年的 G20 财长和央行行长会议之所以备受关注，一是因为东道主是中国，二是因为世界经济正遭遇“寒流”。IMF 2016 年 1 月份下调 2016 年全球经济增长预期至 3.4%，略高于 2015 年的 3.1%；世界银行下调 2016 年世界经济增长预期至 2.9%，低于 2015 年年中的预测值；OECD2 月份最新发布的报告中也将 2016 年全球经济增长预期从 3.3% 调降至 3%。朱光耀副部长表示，上述数据的调整或多或少反映了事实，经济存在下行风险是当前全球经济面临的挑战，此次 G20 财长和央行行长会议将讨论各成员国如何加强团结以及政策的协调合作，从而让全球经济回到增长的轨道，并且平衡即期、中期和长期的经济增长。而实现经济增长不能仅仅依靠货币政策，财政政策也应发挥积极作用，形成更好的政策组合。同时，政府需要和市场进行良好沟通，让市场了解政策效果。

第 9 周 (2016/02/27—2016/03/04)

2015 年 2 月 27 日—3 月 4 日，国际财经要情有：美联储褐皮书：美国多数地区经济活动扩张但各地差异较大；加拿大 2015 年第四季度 GDP 增长 0.8%；巴西央行维持基准利率 14.25% 不变；欧元区 2 月份通货膨胀年率为 -0.2%；德国央行：长期低利率环境不利于德国银行业盈利；日本 1 月份失业率为 3.2%；澳大利亚维持现金利率 2% 不变；2015 年南非 GDP 增长 1.3%；金砖国家新开发银行总部协定在上海签署；中英经贸联委会第 12 次会议在英国举行；2016 年首次二十国集团财长和央行行长会议在上海举行。

一、区域观察

1. 北美地区

美联储褐皮书：美国多数地区经济活动扩张但各地差异较大。3 月 2 日，美联储发布褐皮书显示，美国多数地区经济活动扩张，经济前景乐观，12 个州中 7 个州经济温和增长。大部分地区消费需求增长；非金融服务相比上期增长，雇员增多；制造业总体活跃程度低，但各州情况相差较大；大部分住宅销售上升；银行业及金融业较为稳定；农业经济小幅下滑；就业市场继续增长。

美国 2 月份 ISM 制造业和非制造业指数分别为 49.5 和 53.4。3 月 1 日，美国供应管理协会（ISM）公布数据显示，美国 2 月份 ISM 制造业指数为 49.5，环比上升 1.3 个百分点，制造业连续 5 个月收缩。2 月份美国新订单和产出均连续两个月增长，供应商交付时间缩短，但雇员规模连续三个月收缩。美国 2 月份 ISM 非制造业指数为 53.4，环比下降 0.1 个百分点，增速持续放缓。

加拿大 2015 年第四季度 GDP 增长 0.8%。3 月 1 日，加拿大统计局公布数据显示，由于企业投资下降，加拿大 2015 年第四季度 GDP 增长 0.8%，增速明显放缓，表明加拿大经济仍较为疲软。

2. 拉美地区

巴西央行维持基准利率 14.25% 不变。3 月 3 日，巴西央行宣布，在综合考虑通货膨胀前景、经常项目风险和国内外环境不确定性后，决定维持基准利率 14.25% 不变。巴西通货膨胀年率高达 10.8%，超过通货膨胀目标两倍，而经济增长持续萎缩。

3. 欧洲

欧盟和欧元区 1 月份失业率分别为 8.9% 和 10.3%。3 月 1 日，欧盟统计局公布数据显示，经季调，欧盟 1 月份失业率为 8.9%，环比下降 0.1 个百分点，同比下降 0.9 个百分点；欧元区 1 月份失业率为 10.3%，环比下降 0.1 个百分点，同比下降 1 个百分点。其中失业率较低的成员国依次为德国（4.3%）、捷克共和国（4.5%）和马耳他（5.1%）。

欧盟和欧元区 1 月份工业 PPI 环比均下降 1.0%。3 月 2 日，欧盟统计局公布数据显示，欧盟 1 月份工业 PPI 环比下降 1.0%，同比下降 2.9%。其中，中间品价格环比下降 0.3%，同比下降 1.6%；能源价格环比下降 3.4%，同比下降 9.6%；非耐用消费品价格环比持平，同比下降 0.2%；欧元区 1 月份工业 PPI 环比下降 1.0%，同比下降 2.9%。其中，中间品价格环比下降 0.3%，同比下降 1.6%；能源价格环比下降 3.2%，同比下降 8.6%；非耐用消费品价格环比持平，同比下降 0.2%。

欧洲央行：欧洲金融市场充满不确定性。3 月 1 日，欧洲央行执委会成员劳滕施莱格发表讲话称，当前欧洲金融市场充满不确定性，如欧洲银行股票价格波动等。原因有：一是全球经济增速放缓和投资疲软，中国与其他新兴市场存在不确定性，以及油价大幅下跌；二是欧洲金融市场面临新监管环境，包括内部救助机制的具体实行；三是一些特殊问题引起广泛关注。

欧元区 2 月份通货膨胀年率为 -0.2%。2 月 29 日，欧盟统计局公布数据显示，欧元区 2 月份通货膨胀年率同比下降 0.2%。其中，服务价格同比上升 1.0%；食品、酒精和烟草价格同比上升 0.7%；非能源工业品价格同比上升 0.3%；能源价格同比下降 8.0%。

欧元区 2 月份制造业 PMI 终值下降至 51.2。3 月 1 日，市场调查机构 Markit 发布数据显示，欧元区 2 月份制造业 PMI 终值为 51.2，环比下降 1.1 个百分点。其中，德国制造业 PMI 为 50.5，为 15 个月以来最低；法国制造业 PMI 为 50.2，为 2 个月以来最高；意大利制造业 PMI 为 52.2，为 12 个月以来最低。

德国央行：长期低利率环境不利于德国银行业盈利。2 月 24 日，德国央行行长魏德曼发表讲话称，短期低利率使德国银行业受益，但长期低利率将导致利息收入下降、利润降低。如果低利率环境持续至2019年，利润可能下降50%。为达到长期盈利目标，德国央行需审查当前商业模式并整合任何可使用空间以降低成本。此外，德国联邦金融监管局和德国央行应密切关注易受低利率环境冲击相关机构。

德国1月份进口价格同比下降3.8%。2月29日，德国联邦统计局公布数据显示，德国1月份进口价格环比下降1.5%，同比下降3.8%；出口价格环比下降0.2%，同比下降0.5%。剔除原油和矿物油产品，进口价格同比下降2.0%。

英国2月份制造业PMI下跌至50.8。3月1日，市场调查机构Markit公布数据显示，英国2月份制造业PMI下跌至50.8，环比下降2.1个百分点，为近3年来最低水平。英国制造业PMI下降主要由于国内需求放缓且出口订单数量下降。

俄罗斯经济发展部预测俄经济还有3年衰退期。俄罗斯经济发展部公布《2019年前俄罗斯经济发展预测报告》。报告称，未来3—4年内，国际油价变化仍是影响俄罗斯预算的主要因素。报告预测，2016年国际油价每桶约35美元，随后两年将分别达到每桶40—45美元不等。此外，预计欧、美等国仍将维持对俄经济制裁，俄也将以反制裁回应。因此，俄国际融资渠道继续受限。至少在未来3年内，俄经济衰退仍将持续。

4. 亚洲

日本1月份失业率为3.2%。3月1日，日本国家统计局公布数据显示，经季调，日本1月份失业人数为211万人，失业率为3.2%，同比下降8.7%；1月份就业人数为1399万人，同比增长1.4%。

日本1月份家庭支出同比下降3.1%。3月1日，日本国家统计局公布数据显示，日本1月份家庭平均支出为28.0973万日元，同比下降3.1%。日本1月份工人家庭平均收入为43.433万日元，同比下降1.3%；工人家庭平均支出为31.2331万日元，同比下降2.6%。

韩国2月份制造业PMI为48.7。3月2日，市场调查机构Markit发布数据显示，韩国2月份制造业PMI为48.7，环比下降0.8个百分点，为6个月以来最大降幅。新订单指数降速为2015年11月份以来最快水平，同时，输入和产出价格也缓慢下降。

印度2016—2017财年经济增速或达7%—7.75%。2月26日，印度财政部长杰特利向议会提交年度经济调查报告，预测印度2016—2017财年经济增速为7%–7.75%，表明印度对经济增速放缓已有所准备。报告称，加强印度经济对外部风险的抵御能力势在必行。同时，由于实行全国统一商品和服务税等一些关键性改革在议会受阻，印财政部不得不重新调整印度经济的增长预期。

澳大利亚维持现金利率2%不变。3月1日，澳大利亚央行发布消息称，澳大利亚将维持现金利率 2% 不变。当前，全球经济增速低于预期。大宗商品价格大幅度下降，金融市场反复震荡。澳大利亚劳动力市场和非矿业部门均有所增长，商业信贷增速加快，但通货膨胀率仍处于低水平。

澳大利亚 2015 年第四季度 GDP 环比增长 0.6%。3 月 2 日，澳大利亚国家统计局发布数据显示，经季调，澳大利亚 2015 年第四季度 GDP 环比增长 0.6%，同比增长 3.0%。其中，居民消费支出环比增长 0.7%，固定资本形成环比下降 0.6%。

澳大利亚 1 月份货物及服务贸易账户赤字 29.37 亿澳元。3 月 3 日，澳大利亚国家统计局发布数据显示，经季调，澳大利亚 1 月份货物及服务贸易账户赤字 29.37 亿澳元，环比下降 17%。其中，货物及服务出口账户为 255.49 亿澳元，环比增长 1%，同时，货物及服务进口账户为 284.87 亿澳元，环比下降 1%。

5. 非洲

2015 年南非 GDP 增长 1.3%。3 月 1 日，南非统计局公布数据显示，2015 年南非 GDP 增长 1.3%，为 2009 年以来最低水平，较 2014 年下降 0.2 个百分点，2015 年第四季度 GDP 增长 0.6%。其中，金融、采矿、贸易和住宿行业是拉动 GDP 增长的主要力量，受干旱重创的农业拖累经济增长。

二、国际组织

金砖国家新开发银行总部协定在上海签署。2 月 27 日，金砖国家新开发银行行长卡马特分别同中国外交部部长王毅、上海市市长杨雄正式签署金砖银行总部协定和金砖银行总部安排的谅解备忘录。金砖国家新开发银行是由金砖 5 国发起成立的政府间国际组织，于 2015 年 7 月份正式成立，根据《成立新开发银行的协议》，银行总部设于上海。中国作为金砖银行总部东道国，同银行缔结总部协定和总部安排的谅解备忘录，就银行在华法律地位、特权、豁免及便利等事项作出相关安排。这两份文件的签署，为金砖银行在华顺利开展业务提供了法律和机制上的重要保障。

财政部部长楼继伟出席签署仪式并向中外媒体表示，金砖银行的成立顺应了发展中国家团结合作、共同发展的美好愿望，是全球经济复苏与发展的客观需要，必将对丰富国际发展理念和实践产生重要而深远的影响。相信金砖银行在成员国的共同支持下，一定能够披荆斩棘，扬帆远航。希望金砖银行致力于发展理念、业务模式、治理结构、金融产品、国际发展实践的创新，成为一个面向 21 世纪的专业、高效、透明、绿色的新型多边开发银行。

IMF：中国经济不会“硬着陆”。在 G20 财长和央行行长会议期间，针对部分国际舆论炒作中国经济将会“硬着陆”并拖累全球经济增长的观点，IMF 总裁拉加德表示，中国经济迅速发展，并已通过贸易和投资深刻融入全球经济，中国经济发生的变化会对全球经济产生影响，二者紧密联系，休戚相关。IMF 相信中国政府有能力采取正确的措施实现从“量变增长”到“质变增长”的顺利转变，中国经济也有足够的韧性来抵御股市波动带来的影响，因此并不认同中国经济将会“硬着陆”。

环球银行金融电信协会：人民币稳居全球第五大支付货币。2 月 29 日，环球银行金融电信协会（SWIFT）发布数据显示，2016 年 1 月份，人民币在全球支付中的份额从 2015 年 12 月份的 2.31% 上升至 2.45%，稳居全球第五大支付货币。其中，马来西亚用人民币支付的规模同比大增 68%。SWIFT 表示，尽管中国经济增速放缓，但人民币在包括新加坡、泰国和马来西亚在内的东南亚市场的支付使用量出现大幅增加，显示东南亚地区与中国的贸易关系正在不断加深。

联合国亚太经社会发布《2015 年亚太地区人口迁移报告》。3 月 1 日，联合国亚太经社会发布《2015 年亚太地区人口迁移报告》。报告指出，亚太地区的迁移人口构成了推动该区域发展的一支重要力量，不仅促进了迁入国经济发展，也给母国带来了丰厚经济回馈。截至 2013 年，亚太地区共有 9500 万人迁出，同时接纳了 5900 万迁入人口，还接收了 500 多万难民。报告显示，亚太地区 10 大迁移人口来源国和地区依次为：印度、俄罗斯和独联体地区、中国、孟加拉国、巴基斯坦、菲律宾、阿富汗、哈萨克斯坦、土耳其和印度尼西亚。10 大人口迁入国家和地区依次为：俄罗斯和独联体地区、澳大利亚、印度、巴基斯坦、泰国、哈萨克斯坦、中国、伊朗、马来西亚和日本。

三、国际大宗商品

本周纽约原油期货累计上涨 5.5%。截至本周四，纽约原油期货累计上涨 5.5%。周一纽约原油期货上涨 0.97 美元，收于每桶 33.75 美元；周二纽约原油期货上涨 0.65 美元，收于每桶 34.4 美元；周三纽约原油期货上涨 0.26 美元，收于每桶 34.66 美元，创 1 月 5 日以来最高收盘价；周四纽约原油期货下跌 0.09 美元，收于每桶 34.57 美元。

本周纽约黄金期货累计上涨 3.1%。截至本周四，纽约黄金期货累计上涨 3.1%。周一纽约黄金期货上涨 1.15%，收于每盎司 1234.4 美元；周二纽约黄金期货下跌 0.3%，收于每盎司 1230.8 美元；周三纽约黄金期货上涨 0.9%，收于每盎司 1241.8 美元；周四纽约黄金期货上涨 1.3%，收于每盎司 1258.2 美元，创 2015 年 2 月份以来最高收盘价。

四、区域合作

中英经贸联委会第 12 次会议在英国举行。2 月 26 日，中英经贸联委会第 12 次会议在英国伯明翰举行，此次联委会旨在落实 2015 年 10 月份中国国家主席习近平对英国进行国事访问期间两国领导人达成的重要共识和成果，双方就中英经贸合作现状进行了全面梳理，提出了进一步推动双边务实合作的建议和举措，并就对接中国“一带一路”倡议与英格兰“北部振兴计划”“中部引擎”等两国经济发展战略与规划，加强两国地方、基础设施、服务贸易和第三方市场的务实合作，推动贸易投资便利化，加强多双边事务合作四大主题广泛、深入地交换了意见。双方还就妥善解决中欧贸易摩擦、推动欧盟履行《中国加入世贸组织议定书》第 15 条义务、加强 G20 框架下贸易投资合作、加强知识产权保护合作、开展第三方市场合作等交换了意见。

欧盟与加拿大自贸协定谈判取得重大突破。2 月 29 日，欧盟和加拿大宣布自贸协定谈判取得重大进展，该协定有望于 2016 年签署，2017 年生效。2014 年，欧盟和加拿大领导人正式宣布结束双边自贸协定谈判，但是由于欧盟最后时刻反对投资者保护制度的相关条款，协定实施受阻。而新协定对投资者保护制度进行了重大修改，包括赋予政府更多权力，包括创设投资法庭处理纠纷。由于欧盟在 TTIP 谈判中也有类似诉求，加拿大能同意修改投资者保护条款，对欧盟来说意义重大。

美欧签订《欧美隐私保护框架》。2 月 29 日，美国商务部长普利兹克发表讲话称，美国与欧盟签订了《欧美隐私保护框架》。该制度框架将大力促进数字经济发展，为双边 2600 亿美元数字服务贸易奠定坚实基础。该框架旨在有效保护欧洲用户个人信息，美国公司加入后将受该框架约束。

五、全球宏观经济形势

2016 年首次二十国集团财长和央行行长会议在上海举行。2016 年 2 月 26 – 27 日，二十国集团（G20）财长和央行行长会议在上海举行。这是中国担任 2016 年 G20 主席国后主办的首次 G20 财长和央行行长会议。国务院总理李克强向会议发表视频讲话，财政部部长楼继伟和人民银行行长周小川共同主持了会议。会议主要讨论了当前全球经济形势、增长框架、投资和基础设施、国际金融架构、金融部门改革、国际税收合作、反恐融资、绿色金融及气候资金等议题，并发表了联合公报。

会议认为，全球经济形势继续复苏但并不均衡，下行风险和脆弱性加大。在认识到这些挑战的同时，会议认为近期市场的过度波动与全球经济基本面温和复苏的状况并不相符。会议强调将各自和共同采取所有政策工具，包括货币、财政政策和结构性改革等，来应对风险、增强市场信心和促进经济增长。会议提出将灵活实施财政政策，并确保债务率保持在可持续的水平。货币政策将继续致力于促进经济增长和保持价格稳定。会议重申将避免竞争性贬值，反对各种形式的保护主义，并同意就外汇市场进行密切讨论沟通。会议同意将继续研究 G20 在必要时可能采取的政策措施，以支持增长和稳定。会议同意进一步加强结构性改革议程，包括制定改革的重点领域和指导原则，以及建立一套指标体系以更好地评估和监测各成员结构性改革进展。会议同意研究应对全球贸易和投资疲软的政策措施。

会议重申继续推进基础设施投资，鼓励多边开发银行制定支持高质量项目的量化目标，加强新老多边开发银行合作，并将启动全球基础设施互联互通联盟倡议。会议欢迎 2010 年 IMF 份额和治理改革生效，支持在 2017 年年会前完成 IMF 第 15 次份额总检查，并支持世界银行按照达成一致的路线图和时间表实施股份审议，逐步实现平等投票权。会议承诺将更好地监测资本流动，及时识别风险，应对大规模资本流动波动挑战，并强调充足和有效的全球金融安全网的重要性。会议支持就研究可能扩大特别提款权（SDR）的使用开展进一步工作。会议重申将继续及时、全面和一致地落实已有共识的各项金融改革，按计划推进其余标准制定工作，继续密切监测并应对金融体系潜在风险和脆弱性，总结宏观审慎框架和工具的经验教训，继续加强对金融市场基础设施的监管，并继续加强普惠金融议程。会议核准了关于全球落实税基侵蚀和利润转移（BEPS）项目的包容性框架。中国将建立一个国际税收政策研究中心，目的是进行国际税收政策研究和设计，并向发展中国家提供技术援助。会议承诺，坚决打击恐怖融资，加强合作和信息交流。会议同意研究识别绿色金融面临的机制和市场障碍，并根据国别经验就如何增强金融体系动员私人资本开展绿色投资的能力提出方案建议，呼吁及时实施气候变化《巴黎协定》，并重申致力于落实 2030 可持续发展议程。按照 2016 年 G20 财金渠道工作计划，2016 年第二次财长和央行行长会将于 4 月 14 日至 15 日在美国华盛顿举行。

OECD：2015 年第四季度全球贸易继续放缓。3 月 1 日，OECD 发布 2015 年第四季度全球贸易报告指出，G20 成员国 2015 年第四季度以美元计价的国际商品贸易总额继续下降，其中出口总额下降 1.6%，为连续第 6 个季度下滑；进口总额下降 1.9%，为连续第 7 个季度下滑。从 2015 年全年的数据来看，G20 成员国进出口总额分别下跌 13% 和 11.3%，其中，沙特阿拉伯出口跌幅最大，俄罗斯进口跌幅最大，二者均超过 35%。

报告显示，受国际油价下跌和美元升值影响，2015 年第四季度沙特等主要产油国出口总额锐减。其中，加拿大出口额减少 5.4%，俄罗斯减少 2.2%，印尼减少 7.9%。进口方面，南非和巴西进口持续低迷，第四季度分别下降了 6.2% 和 9.2%，接近其 6 年来最低水平；印度的进口额也出现 8.1% 的显著下滑；美国进口额下滑 2.7%，连续第 6 个季度下降。墨西哥第四季度进出口额分别下降了 2.8% 和 2.3%；欧盟进出口额也分别降低 1.4% 和 1.0%。在 G20 成员国中，只有中国和土耳其的进出口在第四季度出现增长，两国出口额分别上涨 0.3% 和 3.3%，进口额分别上涨 1.0% 和 4.3%。

第 10 周 (2016/03/05—2016/03/11)

2015 年 3 月 5—11 日，国际财经要情有：美国 2 月份失业率为 4.9%；加拿大央行维持基准利率 0.75% 不变；2015 年巴西经济萎缩 3.8%；欧盟和欧元区 2015 年 GDP 分别增长 1.9% 和 1.6%；欧洲央行全面下调三大利率；意大利 2015 年第四季度 GDP 终值环比增长 0.1%；日本 2015 年第四季度 GDP 环比下降 0.3%；新西兰央行下调基准利率 25 个基点；金砖国家新开发银行非洲区域中心开门营业；中国 - 海合会自贸区第六轮谈判在沙特举行；国家统计局发布《2015 年世界经济回顾及 2016 年展望》报告。

一、区域观察

1. 北美地区

美国 2 月份失业率为 4.9%。3 月 4 日，美国劳工部发布数据显示，美国 2 月份非农就业人口增加 24.2 万人，失业率为 4.9%，同比下降 0.6 个百分点。失业人数为 7800 万人，同比减少 83.1 万人。其中，医疗健康、社会协助、零售贸易、食品饮料，以及私营教育服务部门就业岗位增加，而采矿业仍在裁员。此外，私营非农部门时薪环比下降 3% 至 25.35 美元。

美财长谈 2017 财年预算案重点支出项目。3 月 8 日，美国财长雅各布·卢发表讲话称，2017 财年，美国财政部将投资 1.1 亿美元建设财政部网络安全设施；投资 1.17 亿美元建设财政部财务智能系统，加强政策制裁和执法，确保国家安全利益和保护金融系统；投资 5.3 亿美元建设税务系统，提升人性化服务和隐私保护，加强税法执行；投资 2.46 亿美元建设经济，支持美国低收入弱势群体、加强基础设施建设、支持中小企业发展和潜力项目等。

美联储副主席称美国利率仍将处于低位。3 月 8 日，美联储副主席费希尔表示，美国均衡利率有下降趋势。从长期看，均衡利率将逐步上升，但仍将处于历史低位。虽然非常规政策工具如资产购买等十分见效，但是美联储仍希望保持正利率以实施传统货币政策。

美国 1 月份贸易逆差增至 457 亿美元。3 月 4 日，美国商务部发布数据显示，美国 1 月份贸易逆差 457 亿美元，环比增长 10 亿美元。1 月份出口额为 1765 亿美元，环比减少 38 亿美元；进口额为 2221 亿美元，环比减少 28 亿美元。此外，美国货物贸易逆差 637 亿美元，环比增加 11 亿美元；服务贸易顺差为 180 亿美元，环比增加 1 亿美元。

加拿大 1 月份贸易逆差 6.55 亿加元。3 月 4 日，加拿大国家统计局发布数据显示，加拿大 1 月份贸易逆差 6.55 亿加元，进口额为 467 亿加元，环比增长 1.1%；出口额为 460 亿加元，环比增长 1%。分项目看，汽车和配件进口增长，飞机、交通设备和能源产品出口下滑。

加拿大央行维持基准利率 0.75% 不变。3 月 9 日，加拿大央行发布消息称，将分别维持基准利率 0.75%、隔夜利率 0.5% 和存款利率 0.5% 不变。当前，石油等大宗商品价格反弹，加元升值，国内总体就业率增长，非能源出口回升，但受能源部门拖累，总体经济预期仍处于低位。

2. 拉美地区

2015 年巴西经济萎缩 3.8%。3 月 3 日，巴西地理统计局公布数据显示，2015 年巴西 GDP 为 5.9 万亿雷亚尔（约 1.55 万亿美元），萎缩 3.8%，为 1990 年以来表现最差的一年。主要经济领域中，工业萎缩 6.2%，服务业萎缩 2.7%，只有农牧业因大豆和玉米出口强劲而实现 1.8% 的增长。

3. 欧洲

欧盟和欧元区 2015 年 GDP 分别增长 1.9% 和 1.6%。3 月 8 日，欧盟统计局发布数据显示，经季调，欧盟和欧元区 2015 年 GDP 分别增长 1.9% 和 1.6%；欧盟 2015 年第四季度 GDP 环比增长 0.4%，同比增长 1.8%。其中，家庭最终消费支出环比增长 0.4%，固定资本形成环比增长 1.1%，进出口环比分别增长 1.1% 和 0.5%。欧元区 2015 年第四季度 GDP 环比增长 0.3%，同比增长 1.6%，其中，家庭最终消费支出环比增长 0.2%，固定资本形成环比增长 1.3%，进出口分别环比增长 0.9% 和 0.2%。

欧洲央行全面下调三大利率。3 月 10 日，欧洲央行发布消息称，下调主要再融资利率 5 个基点至 0%，超出预期；下调隔夜存款利率 10 个基点至 -0.4%，符合预期；下调隔夜贷款利率 5 个基点至 0.25%，超出预期。同时，欧洲央行将扩大 QE 范围，包括首次引入由欧元计价，非银行发行的投资级公司债，并扩大月度 QE 购买额至 800 亿欧元，新措施将于 3 月 16 日生效。此外，欧洲央行将启动新一轮长期再融资（TLTRO）操作，起始时间为 2016 年 6 月，持续时间 4 年。长期再融资操作的利率最低可与存款利率一致。

欧盟将拨款 7 亿欧元用于难民安置。3 月 9 日，欧盟理事会批准建立紧急援助机制应对难民问题。2016 至 2018 年，欧盟将拨款 7 亿欧元协助希腊和其他受影响国家进行难民安置，其中，2016 年将拨款 3 亿欧元。

德国 1 月份制造业新订单指数环比下降 0.1%。3 月 7 日，德国联邦统计局发布数据显示，经季调，德国 1 月份制造业新订单指数环比下降 0.1%。其中，国内订单指数环比下降 1.6%，海外订单指数上升 1.0%。数据还显示，中间产品新订单指数环比下降 4.0%，消费品新订单指数环比上升 3.9%。

德国 1 月份工业产出环比增长 3.3%。3 月 8 日，德国联邦统计局发布数据显示，经季调，德国 1 月份工业产出环比增长 3.3%。其中，资本品产出环比增长 5.3%，消费品产出环比增长 3.7%，中间品产出环比增长 0.4%，能源品产出环比增长 0.1%，建筑业产出环比增长 7.0%。

法国 1 月份贸易赤字 37.12 亿欧元。3 月 8 日，法国海关公布数据显示，法国 1 月份出口额为 383.07 亿欧元，进口额为 420.19 亿欧元，贸易逆差 37.12 亿欧元，环比减少 2.31 亿，其中，经常账户逆差 14 亿欧元。

意大利 2015 年第四季度 GDP 终值环比增长 0.1%。3 月 4 日，意大利国家统计局发布数据显示。意大利 2015 年第四季度 GDP 终值环比增长 0.1%，同比增长 1.0%。其中，最终消费支出环比增长 0.3%，同比增长 0.9%；固定资本形成环比增长 0.8%，同比增长 1.6%；进口环比增长 1.0%，同比增长 5.4%；出口环比增长 1.3%，同比增长 2.6%。

俄罗斯央行预测俄经济衰退将持续至 2016 年中期。俄罗斯央行发布报告称，1 月份俄罗斯主要短期经济和金融指标显示，2016 年上半年俄经济将有小幅好转，经济衰退将持续至年中。由于当前的经济结构调整和变化，整体复苏将会经历较长时间。

4. 亚洲

日本 2015 年第四季度 GDP 环比下降 0.3%。3 月 8 日，日本内阁府发布数据显示，经季调，日本 2015 年第四季度 GDP 环比下降 0.3%，同比增长 0.5%。其中，国内需求环比下降 0.4%，同比保持不变；固定资产形成环比增长 0.1%，同比下降 0.1%。

日本央行：QQE 和负利率将使日本短期内实现 2% 通货膨胀目标。3 月 7 日，日本央行行长黑田东彦称，日本央行对金融机构经常账户实行 -0.1% 利率，虽然对金融机构盈利产生负面影响，但将有益于家庭和企业发展。通过实行负利率和 QQE，日本将在最短时间内实现 2% 的通货膨胀目标。

日本 2 月末官方储备资产达 12541.49 亿美元。3 月 7 日，日本财务省发布数据显示，截至 2 月末，日本官方储备资产达 12541.49 亿美元，环比增长 60.42 亿美元。其中，外汇储备为 11936.83 亿美元；特别提款权为 171.1 亿美元；黄金储备为 303.81 亿美元。

韩国 2 月份 CPI 同比增长 1.3%。3 月 10 日，韩国国家统计局发布数据显示，韩国 2 月份 CPI 为 110.76，环比增长 0.5%，同比增长 1.3%。剔除农产品和油类产品，CPI 为 112.45，环比增长 0.3%，同比增长 1.8%。其中，食品和非酒精饮料价格指数环比增长 2.4%；运输业价格指数环比下降 1.4%。

韩国 1 月份货币和流动资金总额环比微增。3 月 9 日，韩国央行发布数据显示，经季调，韩国 1 月份 M_1 环比增长 1.8%，M_2 环比增长 1.1%，金融机构流动资金总额环比增长 0.9%。截至 1 月末，韩国流动资金增长率为 1.1%。

新西兰央行下调基准利率 25 个基点。3 月 10 日，新西兰央行发布消息称，下调基准利率至 2.25%。全球经济增长预期下行，大宗商品价格维持低位，新西兰奶制品产业面临挑战，投资移民减少，房地产通货膨胀压力较大，总体通货膨胀率和通货膨胀预期仍处低位。新西兰央行预计，新西兰 2016 年通货膨胀率将增长，但仍不及目标值，因此，将维持宽松货币政策。

5. 非洲

南非政府计划三年内减支 250 亿兰特。南非财政部预测，未来三年，南非政府有望通过削减差旅费、建设、信息和通讯等方面的支出以节省 250 亿兰特财政支出。南非财政部采购办公室将召集 100 家主要政府服务提供商，讨论重新签订合同。方案主要包括承包合同招标、旅行社佣金标准化、政府招标电子化、银行和医疗服务集中化等具体措施。

二、国际组织

金砖国家新开发银行非洲区域中心开门营业。3 月 7 日，金砖国家新开发银行非洲区域中心在约翰内斯堡正式开门营业。金砖国家新开发银行总部设在上海，拟于四月份启动首批项目，将在金砖国家开展绿色能源以及基础建设开发。预计 2016 年金砖国家新银行将借出至多 20 亿美元贷款。

亚洲开发银行与欧亚发展银行签署 10 亿美元联合融资框架协议。3 月 4 日，亚洲开发银行宣布与欧亚发展银行签署 10 亿美元联合融资框架协议。根据协议，欧亚发展银行将在 2016—2021 年向亚美尼亚、哈萨克斯坦、吉尔吉斯斯坦和塔吉克斯坦四国的亚洲开发银行项目提供 10 亿美元联合融资。亚洲开发银行行长中尾武彦和欧亚发展银行行长潘金共同签署上述协议，双方还就深化双边合作等问题广泛交换了意见。

IMF 外汇储备数据库将单独列出人民币资产。3 月 4 日，IMF 宣布将从 2016 年 10 月 1 日起在其官方外汇储备数据库中单独列出人民币资产，以反映 IMF 成员人民币计价储备的持有情况。IMF 官方外汇储备货币构成调查以统计总量的形式列出成员所持有的外汇储备货币构成。目前，美元、欧元、英镑、日元、瑞士法郎、澳元和加元属于调查单独列出的货币，所有其他货币则合并列示。IMF 表示，在官方外汇储备数据库中单列人民币资产反映了中国通过市场化改革推进人民币国际化的努力，并将提高各国在外汇储备配置过程中对人民币的接受程度。这一变化将在 IMF 于 2017 年 3 月底公布的 2016 年第四季度官方外汇储备货币构成调查中有所反映。

OECD 成员国 1 月份失业率降至 6.5%。3 月 9 日，OECD 发布数据显示，2016 年 1 月份，经合组织成员国失业率降至 6.5%，比 2013 年 1 月份峰值下降 1.6 个百分点，失业人数总计 3990 万，比 2013 年 1 月减少 900 万，但仍高于金融危机爆发前的水平。数据显示，欧元区 1 月份失业率继续下降至 10.3%，其中斯洛伐克、西班牙、爱尔兰、卢森堡等国家失业率下降势头最为明显；美国和日本 1 月份失业率均环比下降 0.1 个百分点，分别降至 4.9% 和 3.2%；加拿大失业率上升 0.1 个百分点至 7.2%。从性别来看，OECD 成员国 1 月份女性失业率稳定在 6.6%，男性失业率下降 0.1 个百分点至 6.4%。

世界粮食计划署：厄尔尼诺现象严重影响非洲经济。3 月 7 日，世界粮食计划署发布报告指出，新一轮厄尔尼诺现象给南部非洲多个国家经济带来严重冲击。报告称，受厄尔尼诺现象影响，从 2015 年 10 月份至 2016 年 1 月份，南部非洲降雨量创 35 年来最低水平，但气温却升至 10 年来最高值。在南非、赞比亚和津巴布韦等国，干旱使农作物播种期被推迟，牲畜量死亡，农村和城市出现水荒，卫生条件恶化，多国出现粮荒或商品价格大幅上涨的情况，4000 多万农村人口和 900 万城市贫困人口受到严重冲击。预计未来几个月，南部非洲或将遭遇近代历史上最严重的干旱，如何确保充足的粮食供应已成为相关国家的当务之急。

三、国际大宗商品

本周纽约原油期货累计上涨 5.3%。截至本周四，纽约原油期货累计上涨 5.3%。周一纽约原油期货上涨 1.98 美元，收于每桶 37.9 美元；周二纽约原油期货下跌 1.4 美元，收于每桶 36.5 美元；周三纽约原油期货上涨 1.79 美元，收于每桶 38.29 美元；周四纽约原油期货下跌 0.45 美元，收于每桶 37.84 美元。

本周纽约黄金期货累计上涨 0.2%。截至本周四，纽约黄金期货累计 0.2%。周一纽约黄金期货下跌 0.53%，收于每盎司 1264 美元；周二纽约黄金期货下跌 0.09%，收于每盎司 1262.9 美元；周三纽约黄金期货下跌 0.44%，收于每盎司

1257.4 美元；周四纽约黄金期货反弹 1.22%，收于每盎司 1272.8 美元。

四、区域合作

中国—海合会自贸区第六轮谈判在沙特举行。2 月 29 日，中国—海合会自贸区第六轮谈判在沙特利雅得举行。第六轮谈判是中海自贸区在中止 6 年后举行的首轮正式谈判。此轮谈判是根据 1 月 19 日习近平主席对沙特进行国事访问期间，商务部与海合会秘书处发布的关于中海自贸区谈判的联合声明所举行的。在为期 4 天的谈判中，双方就服务贸易、投资、经济技术合作以及货物贸易遗留问题等内容进行了深入交流，谈判取得积极进展。为加快谈判进程，双方将于 5 月上旬在中国举行自贸区第七轮谈判。

亚洲合作对话第 14 次外长会召开。3 月 10 日，亚洲合作对话（ACD）第 14 次外长会 10 日在泰国曼谷举行，中国外交部副部长刘振民代表王毅外长出席。泰国总理巴育出席会议开幕式并致辞。泰国、孟加拉国、吉尔吉斯斯坦、马来西亚、阿联酋等 34 国外长或外长代表应邀出席会议。会议重点讨论了 ACD 机制建设、重点领域合作和愿景规划等议题，通过了主席声明并决定将成果文件《亚洲合作对话：前行之路》提交 ACD 第二届领导人会议审议。ACD 是目前唯一面向全亚洲的官方对话与合作机制，旨在促进泛亚交流与合作，ACD 成立 14 年来，为增进亚洲各国间了解、合作与友谊发挥了积极作用。

欧盟与土耳其就难民问题达成 6 项基本原则。3 月 8 日，欧盟领导人与土耳其总理达武特奥卢在布鲁塞尔举行会晤，会后双方宣布就共同解决难民危机达成 6 项基本原则。这 6 项基本原则包括：遣返所有经土耳其进入希腊的难民费用由欧盟负担；加快实施签证自由化路线图，最迟于 2016 年 6 月之前取消土耳其居民进入欧盟的签证要求；在现有承诺框架内安置每一名由希腊进入土耳其和由土耳其进入欧盟的叙利亚难民；欧盟加快 30 亿欧元资金的发放，并就额外的难民基金做出决定；为土耳其入盟谈判取得新进展做准备；双方共同致力于提高叙利亚人道主义条件，为叙利亚居民创造安全居住环境。欧盟将于 3 月 17—18 日举行的峰会上继续对此进行讨论，以期协议获得正式通过。

东盟经济部长与欧盟贸易委员举行第十四次磋商。东盟经济部长与欧盟贸易委员在清迈举行了第十四次磋商会。双方肯定了东盟与欧盟间紧密的贸易投资关系，双方重申将进一步加强经济合作，深化双边经济关系，包括推进东盟—欧盟自由贸易协定（FTA），加强多边贸易体系建设，履行世界贸易组织框架下的各项承诺。目前，欧盟已成为东盟第二大贸易伙伴，也是东盟最大的外商直接投资（FDI）来源地。欧盟统计局数据显示，2015 年东盟—欧盟双向贸易额达 2010 亿欧元，同比增长 11%；2014 年欧盟对东盟 FDI 增加 293 亿美元，增幅达 31.5%，占东盟全部 FDI 的 21.5%。

五、全球宏观经济形势

国家统计局发布《2015 年世界经济回顾及 2016 年展望》报告。3 月 7 日，国家统计局发布《世界经济增长乏力　外部环境更趋复杂——2015 年世界经济回顾及 2016 年展望》报告。报告指出，2015 年，世界工业生产低速增长，贸易持续低迷，金融市场动荡加剧，大宗商品价格大幅下跌。发达国家经济复苏缓慢，新兴经济体增速进一步回落，世界经济整体复苏疲弱乏力，增长速度放缓。2016 年，世界经济运行中的不利因素和不确定性因素增多，继续低速运行的可能性较大，我国经济的外部环境更为严峻。

报告称，2015 年世界经济运行呈现 6 大主要特点：一是世界经济增速低缓，GDP 增长略低于上年，工业生产低迷；二是美国和欧元区个人消费增长加快；三是世界贸易进一步放缓；四是全球 CPI 涨幅回落、大宗商品价格大幅下跌；五是美、日、欧元区就业形势均有所改善；六是国际金融市场大幅动荡。

报告认为，2016 年，世界经济仍将处于国际金融危机后的修复期，政策措施的有效性下降，新的增长动能尚未确立，仍会维持“低利率、低通货膨胀、低增长、高负债”的“三低一高”态势，复苏将依然疲软乏力。世界经济面临的不利因素主要包括多数国家宽松货币政策带来的流动性泡沫，美国加息带来的不确定性以及新兴经济体增速进一步放缓等。

对于中国经济，报告认为，外部环境将对中国经济产生深刻影响，需求疲软将制约中国经济增长，贸易、新技术竞争倒逼中国经济转型升级，国际金融市场动荡将波及我国金融市场稳定，地缘政治局势紧张将影响我国经济增长。

第 11 周（2016/03/12—2016/03/18）

2015 年 3 月 12—18 日，国际财经要情有：美联储维持联邦基金利率 0.25%—0.5% 不变；巴西 2015 年失业率为 8.5%；英国下调 2016 年、2017 年经济增长预期至 2.0% 和 2.2%；日本央行维持负 0.1% 利率不变；澳大利亚 2 月份失业率降至 5.8%；欧洲复兴开发银行：将与亚投行在中亚地区开展融资合作；OECD：2015 年第四季度 G20 国家 GDP 环比增长 0.7%；世界银行发布《全球贸易观察：2015 年贸易发展》报告。

一、区域观察

1. 北美地区

美联储维持联邦基金利率 0.25%—0.5%不变。3 月 17 日，美联储发布 3 月份 FOMC 会议声明，美联储将维持联邦基金利率 0.25%—0.5% 不变，并维持宽松货币政策以支持就业市场发展和通货膨胀率回归 2%，是否加息取决于实际和预期经济状况以及实时数据分析。联邦基金利率或将在一段时间内保持低于长期预期水平。利率点阵图显示，美国或从预期加息 4 次降至加息 2 次。

美国 2 月份 CPI 环比下降 0.2%。3 月 17 日，美国劳工统计局发布数据显示，经季调，美国 2 月份 CPI 同比增长 1%，环比下滑 0.2%。其中，能源价格环比下降 6%；食品价格环比增长 0.2%；剔除食品和能源，CPI 环比增长 0.3%，同比增长 2.3%，创 2008 年 10 月份以来最大涨幅。

美国 1 月份国际资本净流入 1184 亿美元。3 月 16 日，美国财政部发布国际资本流动报告显示，美国 1 月份国际资本净流入 1184 亿美元。其中，资本流入 1758 亿美元，资本流出 574 亿美元。海外居民 1 月份减持美国国债 335 亿美元。其中，海外私人投资者净买入 228 亿美元，外国政府净卖出 563 亿美元。

美国国会预算办公室公布 2 月份政府预算执行情况。3 月 8 日，美国国会预算办公室发布数据显示，美国 2 月份财政赤字 1920 亿美元，同比持平，财政收入 1680 亿美元，同比增长 21%，财政支出约 3600 亿美元，同比增长 8%，退税、国债利息、社会保障、医疗服务和退伍军人福利等领域支出增加是 2 月份总支出增长的主要原因。美国 2016 财年前 5 个月财政赤字 3520 亿美元，同比下降 340 亿美元。财政收入总额 12470 亿美元，同比增长 5%，个人所得税收入上涨 6%，企业所得税收入下降 11%；财政支出总额 15990 亿美元，同比增长 2%。

美国 2 月份进出口价格指数均下降。3 月 11 日，美国劳工统计局发布数据显示，美国 2 月份进口价格指数环比下降 0.3%，同比下降 6.1%，连续 8 个月下降。石油、天然气等进口燃料价格下降是美国进口价格指数下降的主要原因。美国 2 月份出口价格指数环比下降 0.4%，同比下降 6%，连续 9 个月下降。其中，非农产品出口价格指数环比下降 0.4%，农产品出口价格指数环比上涨 6%，为 2015 年 5 月份以来首次增长。

加拿大 2 月份失业率为 7.3%。3 月 14 日，加拿大国家统计局发布数据显示，加拿大 2 月份就业率环比持平；失业率为 7.3%，环比增长 0.1%，为 2013 年 3 月份以来最高水平。其中，保健、社会服务、教育和资源行业就业率下滑，建筑业、商业和农业就业率上升。

2. 拉美地区

巴西 2015 年失业率为 8.5%。3 月 15 日，巴西地理统计局发布数据显示，2015 年巴西失业率为 8.5%，失业总人数 860 万人，同比增长 28.4%。此外，2015 年巴西劳动者月平均收入为 1947 雷亚尔（约 517 美元），同比基本持平。

3. 欧洲

欧元区 1 月份工业产出环比增长 2.1%。3 月 14 日，欧盟统计局发布数据显示，经季调，欧元区 1 月份工业产出环比增长 2.1%，同比增长 2.8%。其中，资本品产出环比增长 3.9%，能源品和非耐用消费品产值环比均增长 2.4%，耐用消费品产出环比增长 1.3%，中间品产出环比增长 0.9%。

德国 2 月份 CPI 同比持平。3 月 11 日，德国联邦统计局发布数据显示，德国 2 月份 CPI 同比持平，环比增长 0.4%。其中，能源价格同比下降 8.5%；食品价格同比增长 0.8%，货物价格同比下降 1.1%，服务业价格同比增长 0.9%。

德国 2015 年私人消费支出增长 1.9%。3 月 15 日，德国联邦统计局发布数据显示，德国 2015 年私人消费支出增长 1.9%，为 2000 年以来最大增长。家庭积极消费以及消费价格增长是消费支出增长的主要原因。受石油价格下降影响，住房、水、电力以及其他燃料支出仅增长 1.1%。

德国 2015 年企业破产率下降 4.0%。3 月 11 日，德国联邦统计局发布数据显示，德国 2015 年企业破产数为 23123 家，破产率较 2014 年下降 4.0%，企业破产数为 1999 年《德国破产法》实施以来最低水平。

英国下调 2016 年、2017 年经济增长预期至 2.0%和 2.2%。3 月 16 日，英国预算责任办公室公布最新一期财政预算案，分别下调 2016 年、2017 年英国经济增长预期至 2.0% 和 2.2%。预算案预测，2018 年和 2019 年英国经济增速均为 2.1%，此外，2016—2017 财年英国公共债务率将升至 82.6%。同时，英国预算责任办公室下调了英国失业率，预计 2016 年和 2017 年英国失业率均降至 5.0%。

法国 2 月份 CPI 环比增长 0.3%。3 月 15 日，法国国家统计局发布数据显示，经季调，法国 2 月份 CPI 环比增长 0.3%，同比下降 0.2%。能源和服务业价格是 CPI 变化的主要原因。其中，产成品价格环比增长 1.0%，同比下降 0.1%；服务业价格环比增长 0.2%，同比增长 0.8%；能源价格环比下降 1.0%，同比下降 6.8%。

俄经济发展部长称 2016 年俄经济将增长 0.7%。3 月 16 日，俄罗斯经济发展部长乌柳卡耶夫表示，2016 年俄经济将实现预期目标增长 0.7%。乌柳卡耶夫称，2016 年俄罗斯 GDP、工业产值都将由负增长转为正增长，转折点将出现在 2016 年下半年。

4. 亚洲

日本央行维持负 0.1%利率不变。3 月 15 日，日本央行发表 3 月份货币政策声明称，日本央行将维持基础货币每年 80 万亿日元扩张速度，以及负 0.1% 利率不变。受新兴经济体增速放缓影响，日本出口和生产疲软。但国内需求呈增长趋势，家庭和企业保持收支平衡，出口有望适度增长。因此，日本央行将继续推行负利率和 QQE，以实现 2% 的通货膨胀目标。

黑田东彦：日本或进一步降低负利率和扩大 QQE 规模。3 月 16 日，日本央行行长黑田东彦发表讲话称，日本经济继续平稳复苏，但受新兴经济体增速放缓影响，出口和产出疲软。若原油价格逐步回升，预计日本将在 2017 财年上半年实现 2% 的通货膨胀目标。自实施负利率和 QQE 以来，日本政府债券、企业贷款利率和家庭贷款利率均有所下降。如有必要，日本央行将进一步降低负利率和扩大 QQE 规模以实现物价稳定目标。

日本 1 月份工业产出环比增长 3.7%。3 月 15 日，日本经济产业省发布数据显示，经季调，日本 1 月份工业产出环比增长 3.7%；出货量环比增长 3.5%；库存环比下降 0.2%；库存率环比下降 2.2%。

日本 1 月份机械订单环比下降 8.8%。3 月 14 日，日本内阁府发布数据显示，经季调，日本 1 月份机械订单环比下降 8.8%。其中，私人部门机械订单环比增长 14.3%，政府机械订单环比下降 23.3%，海外机械订单环比下降 29.4%。此外，预计日本 2016 年第一季度机械订单将环比增长 2.2%。

韩国 2 月份进出口价格指数环比均增长。3 月 14 日，韩国央行发布数据显示，韩国 2 月份进口价格指数环比增长 1. 6%，同比下降 7. 4%。其中，中间品环比增长 1. 0%，同比下降 1. 4%；消费品环比增长 0. 5%，同比增长 4. 4%。韩国 2 月份出口价格指数环比增长 0. 8%，同比下降 2. 0%。其中，制造业产品环比增长 0. 8%，同比下降 2. 1%；农林渔产品环比增长 3. 9%，同比增长 11. 6%。

韩国 2 月份失业率为 4. 1%。3 月 16 日，韩国统计局公布数据显示，韩国 2 月份失业率为 4. 1%，环比上升 0. 6 个百分点，创 6 年新高。其中，零售与批发以及农林牧渔行业岗位大幅减少，制造业岗位保持温和增长。

澳大利亚 2 月份失业率降至 5. 8%。3 月 17 日，澳大利亚统计局公布数据显示，经季调，澳大利亚 2 月份失业率降至 5. 8%，低于预期；2 月份就业人口增长 300 人，不及预期。

新西兰 2015 年第四季度 GDP 增长 0. 9%。3 月 17 日，新西兰国家统计局发布数据显示，新西兰 2015 年第四季度 GDP 增长 0. 9%。其中，服务业增长 0. 8% 是主要拉动因素，但农业和制造业下滑拉低了整体增长水平。服务业中，商业、零售业和房地产业增长强劲。此外，居民消费增长 1%，商业投资减少 2. 6%。

5. 非洲

南非央行上调基准利率至 7%。3 月 17 日，南非央行宣布，上调基准利率 25 个基点至 7%，这是南非央行 2016 年来第二次上调基准利率，以应对兰特贬值。

二、国际组织

金砖国家新开发银行启动人才招聘程序。3 月 15 日，根据与中国政府签订的总部协定和与上海市政府签订的谅解备忘录，金砖国家新开发银行正式在成员国内启动人才招聘程序。金砖国家新开发银行预计在 2016 年年底前对 100 个职位进行招聘，目前已经开放共 11 个董事经理级别的高层管理职位的申请，职位涉及项目融资、风险管理、非洲区域中心、行政管理、法律顾问、人力资源、预算与会计部门等领域。

欧洲复兴开发银行：将与亚投行在中亚地区开展融资合作。欧洲复兴开发银行行长苏玛·沙克拉巴蒂表示，欧洲复兴开发银行将在 2016 年与亚投行在中亚地区推进至少两个基础设施项目的联合融资。沙克拉巴蒂表示，仅仅依靠欧洲复兴开发银行、亚洲开发银行和世界银行等现有多边机构，无法应对亚洲和中东地区庞大的基础设施需求，欧洲复兴开发银行将积极与亚投行开展合作。

IMF：亚洲结构性改革关系全球经济增长。3 月 14 日，IMF 总裁拉加德称，亚洲结构性改革是推动全球经济增长的关键。拉加德表示，亚洲是全球经济最具活力的地区，占全球经济总量的比例高达 40%，未来 4 年对全球经济增长的贡献将超过 2/3，对全球各个区域的影响力不断增强。在全球经济面临挑战的情况下，亚洲国家推动结构性改革以促进增长和就业对全球经济至关重要。

世界银行：提升城市竞争力可为东亚地区每年创造超 700 万个就业岗位。3 月 10 日，世界银行发布研究报告称，提升城市竞争力可为东亚地区每年创造逾 700 万个就业岗位。报告认为，未来数十年东亚地区城市化进程将进一步加快，而完善基础设施、优化城市规划、改善监管和投资环境、鼓励创新和中小企业发展等措施将帮助东亚各城市提高经济增长水平和综合竞争力，创造新增就业岗位。

三、国际大宗商品

本周纽约原油期货累计上涨 4.4%。截至本周四，纽约原油期货累计上涨 4.4%。周一纽约原油期货下跌 1.32 美元，收于每桶 37.18 美元；周二纽约原油期货下跌 0.84 美元，收于每桶 36.34 美元；周三纽约原油期货上涨 2.12 美元，收于每桶 38.46 美元；周四纽约原油期货上涨 1.74 美元，收于每桶 40.2 美元，纽约原油期货 2016 年以来首次站上每桶 40 美元。

本周纽约黄金期货累计上涨 0.44%。截至本周四，纽约黄金期货累计上涨 0.44%。周一纽约黄金期货下跌 1.14%，收于每盎司 1245.1 美元；周二纽约黄金期货下跌 1.13%，收于每盎司 1231 美元；周三纽约黄金期货下跌 0.1%，收于每盎司 1229.8 美元；周四纽约黄金期货大幅反弹 2.86%，收于每盎司 1265 美元。

四、区域合作

东盟与韩国举行第三次联合合作委员会会议。3 月 11 日，韩国—东盟联合合作委员会第三次会议在雅加达举行。会上，双方回顾了在《韩国—东盟行动计划（2011—2015）》框架指导下取得的各项成果，表示将推动 2016—2020 年行动计划的落实，加强未来 5 年的双边合作。双方代表强调将进一步消除贸易壁垒，推动双边贸易自由化，实现到 2020 年双边贸易额达 2000 亿美元的目标。韩国方面表示，将于 2017 年前在釜山建成东盟文化馆，推广东盟国家文化在韩国的传播。东盟各成员国代表对韩国长期以来在东盟应对气候变化、森林管理和农业等问题上的帮助表示了肯定。

OPEC 等主要产油国将于 4 月 17 日举行会晤。3 月 16 日，卡塔尔石油部长宣布，OPEC 和其他主要产油国将于 4 月 17 日在卡塔尔多哈举行会晤，探讨原油产量问题。本次会议将是 2 月 16 日沙特、俄罗斯等四国有条件冻结原油产量会议的延续。目前，已有 15 个主要产油国支持举行冻结原油产量会议，占全球原油产量的比重为 73%。

印度与孟加拉国签署 20 亿美元贷款协议。印度外交部宣布印度将向孟加拉国提供为期 20 年，年息仅 1% 的 20 亿美元信用贷款，主要用于孟加拉国社会医疗、教育和基础设施建设项目。该贷款创印对邻国贷款的最高额度。

五、全球宏观经济形势

OECD：2015 年第四季度 G20 国家 GDP 环比增长 0.7%。3 月 15 日，OECD 发布数据显示，2015 年第四季度 G20 国家 GDP 环比增速为 0.7%，较之前连续四个季度的 0.8% 稍有下滑。2015 年全年，G20 国家 GDP 增速放缓至 3.2%，略低于 2014 年的 3.3%。

数据显示，韩国、澳大利亚、加拿大、墨西哥和日本 GDP 环比增速下降明显，分别从 2015 年第三季度的 1.3%、1.1%、0.6%、0.8% 和 0.3% 跌至 0.6%、0.6%、0.2%、0.5% 和 -0.3%；中国、美国、印度和意大利 GDP 环比增速小幅下降，分别从 2015 年第二季度的 1.8%、0.5%、1.8% 和 0.2% 放缓至 1.6%、0.3%、1.7% 和 0.1%；巴西 GDP 持续萎缩，但幅度从 2015 年第三季度的 -1.7% 收窄至 -1.4%；而印度尼西亚和英国 GDP 增速出现环比增长，分别从 2015 年第三季度的 1.2% 和 0.4% 增至 1.3% 和 0.5%；法国、德国和南非的 GDP 环比增速分别保持 0.3%、0.3% 和 0.2% 不变。

2015 年第四季度 G20 国家 GDP 同比增速从 2015 年第三季度的 3.1% 降至 3%；印度 GDP 同比增速最快，为 7.5%；中国次之，为 6.8%；巴西 GDP 同比持续萎缩，已达 -6%。

世界银行发布《全球贸易观察：2015 年贸易发展》报告。3 月 10 日，世界银行发布《全球贸易观察：2015 年贸易发展》报告称，2015 年全球贸易受需求持续疲软、大宗商品价格下跌、贸易结构性变化等因素影响，在经历了 2015 年上半年的大幅下滑之后，下半年有所改善，2015 年全球进口总量增长 1.7%，大幅低于 2014 年的 3%。报告指出，贸易增速放缓既有周期性因素，又有结构性因素，但就 2015 年实际情况来看，周期性因素主导了全球贸易增速放缓，而大宗商品价格下跌使大宗商品出口国收入减少，进口受到影响，经济转型减少了中国对海外大宗商品的需求。

第 12 周（2016/03/19—2016/03/25）

2016 年 3 月 19—25 日，国际财经要情有：伯南克指美联储不太可能使用负利率或设定长期利率目标；巴西失业率升至 9.5%；欧盟峰会就可持续发展达成共识；欧元区 2 月份通货膨胀年率为 -0.2%；英国央行维持基准利率 0.5% 不变；日本 2 月份核心 CPI 零增长；南非经济或将持续低迷；博鳌亚洲论坛 2016 年会开幕；欧盟、土耳其就难民政策达成协议；博鳌亚洲论坛 2016 年会发布三大年度报告。

一、区域观察

1. 北美地区

伯南克指美联储不太可能使用负利率或设定长期利率目标。3 月 24 日，美联储前主席伯南克发文称，设定利率目标对于美联储而言是有用的工具，可以作为对前瞻指引和量化宽松政策的补充，尽管其最终效果是有限的。伯南克认为，美国不太可能会“在可预见的未来”使用负利率或是设定长期利率目标等非常规的政策工具。对美联储而言，合理的战略是将利率目标和短期利率走向的前瞻指引相结合。

美联储 2015 年向美国财政部支付 1171 亿美元。3 月 20 日，美联储公布 2015 年度财务报表，数据显示美联储 2015 年向美国财政部支付 1171 亿美元。美联储 2015 年收入 1003 亿美元，净亏损 168 亿美元。此外，总资产 4.5 万亿美元，与同期持平，其中，美国国债减少 156 亿美元，联邦政府机构、政府支持企业债券和机构房贷抵押证券增加 114 亿美元。

美国 3 月份消费者信心指数环比下降 1.7 个百分点。3 月 18 日，美国密歇根大学发布数据显示，美国 3 月份消费者信心指数为 90，环比下降 1.7 个百分点，为 2015 年 10 月份以来最低水平；消费者预期指数为 80，环比下降 1.9 个百分点。消费者对经济前景的担忧是 3 月份消费者信心和预期指数均下滑的主要原因。

加拿大 2 月份 CPI 环比增长 0.2%。3 月 18 日，加拿大国家统计局公布数据显示，加拿大 2 月份 CPI 环比增长 0.2%，同比增长 1.4%。其中，汽油价格同比下降 13.1%，环比下降 6.9%。剔除汽油，核心 CPI 同比增长 1.9%。此外，食品价格同比增长 4.4%，家居用品价格同比增长 1.8%。

加拿大 1 月份零售额环比上升 2.1%。3 月 18 日，加拿大国家统计局发布数据显示，加拿大 1 月份零售额环比上升 2.1%。其中，汽车及零部件环比增长 4.8%，服饰环比增长 1.2%，食品及饮料环比持平，汽油环比下降 1.6%。

2. 拉美地区

巴西失业率升至 9.5%。3 月 24 日，巴西地理统计局公布数据显示，1—3 月，巴西失业率攀升至 9.5%，环比增长 0.5 个百分点，为 2012 年以来最高水平。巴西 1—3 月份失业人口 960 万人，环比增长 6%，失业人口主要来自工业和建筑业。

3. 欧洲

欧盟峰会就可持续发展达成共识。3 月 17 日，欧盟理事会发布消息称，欧盟峰会在就业、发展、竞争力以及气候、能源方面达成以下共识：一是优先重启投资，进行结构改革以推进经济现代化，并采取负责任的财政政策，推动可持续发展和就业增长；二是 6 月份欧盟峰会将就欧盟单一市场取得的进程展开讨论；三是积极应对欧洲钢铁产业困境以及全球产能过剩的挑战；四是密切关注欧洲农业动态；五是倡导成员国在降低增值税率方面加强灵活性，尤其是卫生产品可以采取零利率增值税；六是加强欧盟能源安全，建立充分运行、相互联系的能源市场。同时，减少温室气体排放，扩大可再生能源比例，并提高能源利用率。

欧盟 1 月份经常账户盈余 143 亿欧元。3 月 21 日，欧盟统计局发布数据显示，经季调，欧盟 1 月份经常账户盈余 143 亿欧元，同比减少 71 亿欧元，环比减少 27 亿欧元。其中，货物账户盈余 130 亿欧元，环比增加 9 亿欧元；二次收入账户赤字 70 亿欧元，环比减少 3 亿欧元；服务账户盈余 119 亿欧元，环比减少 12 亿欧元；主要收入账户赤字 37 亿欧元，环比增加 28 亿欧元。

欧洲央行副行长：资本市场联盟有利于货币政策传导。3 月 18 日，欧洲央行副行长康斯坦西奥就资本市场联盟发表讲话表示，该联盟能为欧洲经济做出三点贡献：一是金融一体化和资本市场发展有利于货币政策在欧元区传导；二是资本市场能有效补充银行为基础的金融体系，资本市场与更多样化的金融体系相结合能提升欧洲经济缓解冲击的能力，有利于宏观经济层面和金融层面稳定；三是资本市场一体化能增强全国范围私人风险共担，提升对非对称性冲击的反应能力。

欧元区 2 月份通货膨胀年率为 -0.2%。3 月 17 日，欧盟统计局发布数据显示，欧元区 2 月份通货膨胀年率为 -0.2%，环比下降 0.5 个百分点，同比上升 0.1 个百分点。交通和民用燃油以及石油价格下跌是通货膨胀率下降的主要因素。

欧元区 3 月份制造业 PMI 初值为 51.4。3 月 22 日，市场调查机构 Markit 发布数据显示，欧元区 3 月份制造业 PMI 初值为 51.4，环比上升 0.2 个百分点，为两个月以来新高。

德国 3 月份制造业 PMI 初值为 50.4。3 月 22 日，市场调查机构 Markit 发布数据显示，德国 3 月份制造业 PMI 初值为 50.4，环比下降 0.1 个百分点，为 16 个月以来最低水平。私人部门新业务数量增幅为 8 个月以来最低。

德国 2 月份 PPI 同比下降 3.0%。3 月 18 日，德国联邦统计局发布数据显示，德国 2 月份 PPI 同比下降 3.0%，环比下降 0.5%。其中，能源价格同比下降 9.4%，中间品价格同比增长 2.2%，非耐用消费品价格同比增长 0.2%，资本品价格同比增长 0.7%，耐用消费品价格同比增长 1.4%。

德国 3 月份商业景气指数为 106.7。3 月 22 日，德国经济研究中心发布数据显示，德国 3 月份商业景气指数为 106.7，环比增长 1 个百分点。德国当前经济形势改善，达 6 个月以来最高水平。其中，制造业和批发业商业景气指数环比上升，建筑商业景气指数环比下降，但商业预期均呈现乐观态势。

英国央行维持基准利率 0.5%不变。3 月 17 日，英国央行发布消息称，英国央行将分别维持基准利率 0.5% 和资产购买规模 3750 亿英镑不变。此外，英国已经制定货币政策，以实现 2% 通货膨胀目标和保证经济发展和就业增长。

英国 2 月份 CPI 同比上升 0.3%。3 月 22 日，英国国家统计局发布数据显示，英国 2 月份 CPI 同比上升 0.3%，环比上升 0.2%。其中，运输价格下降环比维持不变，食品及非酒精饮料价格环比上升 0.1%。

法国 3 月份制造业 PMI 初值为 49.6。3 月 22 日，市场调查机构 Markit 发布数据显示，法国 3 月份制造业 PMI 初值为 49.6，环比下降 0.6 个百分点，为 7 个月以来最低水平。私人部门就业连续三个月增长。制造业输入价格下降，为一年以来最大降幅。

法国 2015 年 12 月份营建成本环比下降 0.1%。3 月 21 日，法国国家统计局发布数据显示，法国 2015 年 12 月份营建成本环比下降 0.1%，自 2015 年 7 月份以来呈下降趋势。其中，土木工程成本环比下降 0.7%，建筑成本环比增长 0.1%。

瑞士央行继续实行扩张型货币政策。3 月 17 日，瑞士央行发布消息称，瑞士将继续实行扩张型货币政策，维持 3 月伦敦银行间拆放款利率（Libor）目标区间为 -1.25% 至 -0.25% 不变。同时，将保持活期存款利率 -0.75% 不变。负利率使瑞士法郎投资吸引力下降。此外，瑞士央行仍会活跃在外汇市场，必要时将干预汇率变化。

俄罗斯 2016 年 GDP 或萎缩 1.3%—1.5%。3 月 18 日，俄罗斯央行公布季度货币政策报告，由于预期油价进一步疲软，俄罗斯央行下调俄罗斯 2016 年、2017 年经济增长预期分别至萎缩 1.3%—1.5% 和萎缩 0.5%—1.5%。

4. 亚洲

日本 2 月份核心 CPI 零增长。3 月 25 日，日本国家统计局公布数据显示，剔除新鲜食品，日本 2 月份核心 CPI 同比增长为零，远未达到日本央行 2% 的通货膨胀目标。这使得 1 月份刚实行负利率的日本央行面临更大压力。

日本 3 月份制造业 PMI 初值为 49.1。3 月 22 日，市场调查机构 Markit 发布数据显示，日本 3 月份制造业 PMI 初值为 49.1，环比下降 1 个百分点，表明经济运行环境自 2015 年 4 月份以来首次恶化。其中，新订单和产出下降，并呈加速趋势；就业增长，但呈减速趋势。

韩国 2 月份 PPI 同比下降 3.4%。3 月 18 日，韩国央行发布数据显示，韩国 2 月份 PPI 环比不变，同比下降 3.4%。其中，农林渔业产品 PPI 环比增长 3.7%；制造业产品 PPI 环比下降 0.4%，服务业 PPI 环比增长 0.2%。此外，2 月份国内供给价格指数环比下降 0.4%，同比下降 3.9%；总产出价格指数环比增长 0.1%，同比下降 3.2%。

韩国 2 月份净易货贸易指数同比增长 3.1%。3 月 23 日，韩国央行发布数据显示，韩国 2 月份净易货贸易指数同比增长 3.1%。其中，出口量指数同比增长 4.8%，进口量指数同比增长 0.2%。出口额指数和进口额指数同比分别增长 8.0% 和 14.8%。

新加坡推出产业转型计划。3 月 24 日，新加坡财政部公布 2016 财年预算案显示，新加坡 2016 财年公共财政盈余 34.5 亿新元，占 GDP 的 0.8%；财政支出同比增加 50 亿新元，增幅 7.3%。同时，预算案推出 45 亿新元的产业转型计划，从企业、产业和创新三方面推动经济转型。在帮助企业转型方面，政府将采取多项举措帮助企业使用新技术、扩大规模，并推动企业国际化。

印度太阳能计划将创造 100 万个工作岗位。印度自然资源和保护委员会发布报告称，印度 2022 年实现在营太阳能装机容量达到 100 吉瓦的目标将为印度创造 100 万个工作岗位。报告预计，到 2022 年，太阳能行业的工程师和项目设计师岗位缺口达 21.08 万个；建筑和现场施工的半熟练工人缺口达 62.46 万个；负责太阳能电站运营监测和维护的半熟练工人缺口约 18.24 万个，累计约 100 万个工作岗位。

新西兰 2 月份贸易账户顺差 3.39 亿纽元。3 月 24 日，新西兰国家统计局发布数据显示，新西兰 2 月份贸易账户顺差 3.39 亿纽元。其中，2 月份出口额为 42 亿纽元，同比增长 9.3%。牛肉、羊肉、奶粉等主要商品出口下降是拉低 2 月份出口量的主要原因；2 月份进口额为 39 亿纽元，同比增长 2.8%。

5. 非洲

南非经济或将持续低迷。3 月 22 日，南非央行发布 2 月份关键经济指数显示，南非 2016 年经济增长前景仍然不佳。该经济指数连续数月下降，预示了至少未来 6 个月南非的经济表现将持续低迷，这意味着投资和就业将继续受到负面影响。

二、国际组织

博鳌亚洲论坛 2016 年会开幕。3 月 24 日，博鳌亚洲论坛 2016 年年会在海南博鳌开幕。中国国务院总理李克强出席开幕大会，发表题为《共绘充满活力的亚洲新愿景》的主旨演讲。缅甸总统登盛、柬埔寨首相洪森、哈萨克斯坦总理马西莫夫、老挝总理通邢、立陶宛总理布特克维丘斯、尼泊尔总理奥利、泰国总理巴育等外国政要分别发表演讲。

李克强表示，亚洲是世界和平发展的重要力量，是世界经济增长的重要引擎，也是世界文明进步的重要推动者。亚洲各国坚定信心，团结协作，就一定能克服困难，迎来光明的前景。为此他提出，亚洲各国要共同维护和平稳定，共同推动经济增长，共同深化融合发展，共同促进开放包容，共同激发创新活力。

李克强表示，中方积极倡议筹建亚洲金融合作协会，愿与各方合作完善亚洲金融市场建设，共同避免再次发生大规模地区金融动荡。中方愿将“一带一路”的倡议与地区国家及区域组织发展战略对接，打造规划衔接、生产融合、协同跟进的地区发展新格局。李克强指出，区域全面经济伙伴关系协定（RCEP）是亚洲参与成员最多、规模最大的区域贸易安排，应力争在 2016 年完成谈判。

本届博鳌亚洲论坛年会主题为“亚洲的新未来：新活力与新愿景”，议题包括创业创新、互联网 +、重大事件、宏观经济的新问题、新现象、行业热点等六大方向，共有近 90 场正式讨论，来自全球的 2000 多位代表与会。

亚洲开发银行发布《中国经济增长放缓与结构性改革》报告。亚洲开发银行发布《中国经济增长放缓与结构性改革》报告指出，自 2011 年以来，中国 GDP 增速持续放缓，2015 年首次跌破 7% 至 6.9%，成为近 25 年来的最低水平。中国经济放缓主要归因于人口结构变化和经济结构转型。目前，中国的老龄人口逐渐增多，适龄劳动力相应减少，劳动力成本提高。中国经济增长正在从以制造业和储蓄为基础转向以服务业和消费为基础，这一转型是导致中国经济放缓的直接因素。从中短期来看，基于政府仍有一定的政策空间，中国 GDP 增速不大可能出现大幅下滑。报告指出，欧洲和北美的主要经济体受中国经济增速放缓的影响有限，亚洲出口型国家和地区受影响较大，但部分亚洲国家也正在从中国结构性改革和产业升级中受益。

OECD 国家 2015 年第四季度单位劳动成本增速升至 0.5%。3 月 17 日，经济合作与发展组织（OECD）发布报告称，OECD 国家 2015 年第四季度单位劳动力成本（ULC）增速由 2015 年第三季度的 0.2% 上升至 0.5%，达到自 2014 年第一季度以来的最高值；薪酬成本增速为 0.5%；劳动生产率与 2015 年第三季度持平。主要经济体中，美国 2015 年第四季度 ULC 增速从 2015 年第三季度的 0.3% 升至 0.6%；日本 ULC 延续 2015 年第三季度 0.4% 的增速，劳动生产率下降 0.3%，薪酬成本未出现变动；英国 ULC 2015 年第四季度增速降至 0.2%，劳动生产率增速从 2015 年第三季度的 -0.1% 大幅升至 1.5%；欧元区 2015 年第四季度 ULC 增速从 2015 年第三季度的 0.2% 升至 0.5%，劳动生产率连续三个季度稳定在同一水平，但不同国家之间差异明显。

IMF 澄清未要求中国央行提供额外货币操作信息。3 月 22 日，IMF 发表声明称，IMF 从未要求中国央行向其公开额外的货币操作信息。IMF 表示，中国 2015 年年底采纳了国际货币基金组织数据公布特殊标准（SDDS），并按标准公开相关统计数据。除此之外，IMF 并没有要求中国提交更多额外信息。

联合国拉丁美洲和加勒比经济委员会发布《2015 年拉美社会全景报告》。3 月 22 日，联合国拉丁美洲和加勒比经济委员会发布《2015 年拉美社会全景报告》。报告指出，2015 年拉美和加勒比地区的贫困和极端贫困人口增幅扩大，贫困人口达到 1.75 亿人，增幅为 29.2%，极端贫困人口升至 7500 万人，较 2015 年增加 12.4%。报告呼吁各国采取包括扩大就业岗位、完善社保体系、增进社会公平等措施，消灭地区贫困，维护减贫成功。报告预测，到 2045 年，拉美和加勒比地区将进入“成年社会”并在 2052 年进入“老龄化社会”。

三、国际大宗商品

本周伦敦布伦特原油期货累计下跌 1.8%。截至本周四，伦敦布伦特原油期货累计下跌 1.8%。周一布伦特原油期货上涨 0.34 美元，收于每桶 41.54 美元；周二伦敦布伦特原油期货上涨 0.25 美元，收于每桶 41.79 美元；周三伦敦布伦特原油期货下跌 1.32 美元，收于每桶 40.47 美元；周四伦敦布伦特原油期货下跌 0.02 美元，收于每桶 40.45 美元。

本周纽约黄金期货累计下跌 2.6%。截至本周四，纽约黄金期货累计下跌 2.6%。周一纽约黄金期货下跌 1.14%，收于每盎司 1244.2 美元；周二纽约黄金期货上涨 0.35%，收于每盎司 1248.6 美元；周三纽约黄金期货下跌 1.97%，收于每盎司 1224 美元；周四纽约黄金期货下跌 0.2%，收于每盎司 1221.6 美元。

四、区域合作

欧盟、土耳其就难民政策达成协议。3 月 18 日，欧盟与土耳其在欧盟峰会上就难民政策达成协议。协议主要有以下几点：一是遣返所有在 3 月 20 日后进入希腊的土耳其非法移民；二是土耳其每从希腊接收一名叙利亚人，欧盟就安置一名来自土耳其的叙利亚难民；三是土耳其将采取所有必要措施防止新的海陆非法移民。一旦非法移民活动趋向结束，欧盟将启动自愿人道主义准入计划；四是欧盟将加速此前安排的30亿欧元援助资金支出，并追加30亿欧元资金与土耳其合作提升叙利亚地区的人道主义环境；五是欧盟将加速对土耳其公民免签的进程，预计在2016年6月底以前放宽对土耳其国民的签证要求。

澜沧江—湄公河合作首次领导人会议举行。3月23日，澜沧江—湄公河合作（以下简称澜湄合作）首次领导人会议在海南省三亚市举行。应中国国务院总理李克强邀请，柬埔寨、老挝、缅甸、泰国、越南五国领导人出席会议。六国就推进澜湄合作机制建设、加强次区域国家全方位合作、促进地区一体化进程等深入交换意见。李克强总理表示，澜湄合作机制从倡议一步一个脚印地变成现实，通过了合作概念文件，确定了政治安全、经济和可持续发展、社会人文三大支柱，以及互联互通、产能、跨境经济、水资源、农业和减贫五个优先合作方向，提出近百个早期收获项目。对于深化澜湄合作机制，李克强总理提出了共促和平稳定、坚持发展为先、依托项目推进、促进开放包容“四个导向”，共建澜湄国家命运共同体、加强互联互通和产能合作、聚焦可持续发展议题、构筑人文交流桥梁“四点建议”。

中国与尼泊尔启动自贸协定联合可行性研究并签署谅解备忘录。3月21日，中国商务部部长高虎城与尼泊尔商业部长博赫拉在北京共同签署《中华人民共和国商务部和尼泊尔商业部关于启动中国—尼泊尔自由贸易协定联合可行性研究谅解备忘录》，宣布正式启动双边自贸协定联合可行性研究。双方同意成立工作组，尽快就共同关注的领域开展全面研究。近年来，中尼经贸关系持续健康发展。2015年，中尼双边贸易额8.66亿美元，中方对尼非金融类直接投资3203万美元，中国已成为尼泊尔第二大贸易伙伴和主要投资来源地。

第18届东盟—印度高官会议在越南河内举行。3月18日，第18届东盟—印度高官会议在越南河内召开，双方重申将加强合作，进一步增强东盟—印度战略伙伴关系。在经济合作方面，双方表示将进一步深化贸易和投资合作，实现到2022年双边贸易达到2000亿美元的目标，并于2016年建成东盟—印度区域全面经济伙伴关系。印度方面表示将推进东盟互联互通计划的实施，包括向东盟各成员国提供最高10亿美元的贷款用于有关项目。

五、全球宏观经济形势

博鳌亚洲论坛2016年会发布三大年度报告。3月22日，博鳌亚洲论坛2016年会发布《博鳌亚洲论坛亚洲经济一体化进程2016年度报告》《博鳌亚洲论坛新兴经济体发展 2016 年度报告》和《博鳌亚洲论坛亚洲竞争力 2016 年度报告》。

《博鳌亚洲论坛亚洲经济一体化进程 2016 年度报告》通过对相互贸易依存度指标体系、生产依存度指标体系、相互投资依存度指标体系、经济周期同步指标体系、物价同步指标数体系等一系列指标的分析，认为亚洲一体化进程总体趋势良好，但也存在着一些波动和不良因素的干扰，但亚洲一体化进程总趋势是不可改变的。在亚洲各国的共同努力下，亚洲一体化进程一定会取得长足的进展。

《博鳌亚洲论坛新兴经济体发展 2016 年度报告》认为，新兴经济体国家克服了种种困难，仍保持了一定的发展势头，总体上为全球经济的稳定和发展作出了重要贡献。E11（G20 中的 11 个新兴经济体，即阿根廷、巴西、中国、印度、印尼、韩国、墨西哥、俄罗斯、沙特、南非和土耳其）国家在全球经济整体不景气的情况下，经济发展速度均有明显降低，但在世界经济中的份额持续上升，其对世界经济增长的贡献依然举足轻重。2015 年，E11 在全球的经济比重由 2014 年的 29.3% 升至 30.3%，对全球经济增长的贡献度达到 52.9%，远大于 G7 国家的 22.9% 和欧盟国家的 12.2%。

《博鳌亚洲论坛亚洲竞争力 2016 年度报告》显示，亚洲竞争力总体平稳，已逐步形成六大梯队效应。第一梯队为亚洲新兴工业化经济体（“亚洲四小龙”），无论是综合竞争力排名，还是分项竞争力排名，2015 年度亚洲新兴工业化经济体在 37 个亚洲经济体中均位居前列。第二梯队为亚洲传统经济发达体，包括日本、以色列、澳大利亚和新西兰，其综合竞争力排名紧跟在“亚洲四小龙”之后，展现出传统发达经济体强劲的竞争优势。第三梯队为亚洲的金砖国家，如中国、印度，均表现出了良好的发展势头。第四梯队为东盟新兴经济体，具有良好的发展基础和潜力。第五梯队为西亚、中亚，雄厚的资源和发展前景为这一梯队增加了不少竞争优势。第六梯队为南亚其他国家，正在奋起直追。

第13周（2016/03/26—2016/04/01）

2016 年 3 月 26 日—4 月 1 日，国际财经要情有：美国 2015 年第四季度实际 GDP 年化季率为 1.4%；阿根廷 2015 年经济增长 2.1%；英国 2015 年第四季度 GDP 季率上修至 0.6%；日本 2 月份 CPI 环比增长 0.1%；韩国 2015 年 GDP 增长 4.9%；印度外汇储备持续增加；IMF 与中国签订 2016—2019 年税收合作协议；第 13 届印欧峰会在布鲁塞尔举行；亚洲开发银行发布《2016 年亚洲发展展望》报告。

一、区域观察

1. 北美地区

美国 2015 年第四季度实际 GDP 年化季率为 1.4%。3 月 25 日，美国商务部发布数据显示，经价格因素调整，美国 2015 年第四季度实际 GDP 年化季率为 1.4%。个人消费支出、非住宅固定投资和联邦政府支出是第四季度实际 GDP 增长的主要原因。此外，2015 年实际 GDP 增长 2.4%，与 2014 年持平。

美国 2 月份个人收入环比上升 0.2%。3 月 28 日，美国商务部发布数据显示，美国 2 月份个人收入与个人可支配收入均增长 237 亿美元，环比均上升 0.2%，个人消费支出（PCE）环比增长 0.2%，PCE 价格指数环比下降 0.1%；

加拿大公布 2016—2017 财年预算案。加拿大财政部公布 2016—2017 财年预算案，大幅提高 2016—2017 财年预算赤字至 294 亿加元（约 225 亿美元）。加财长莫奈表示，2016—2017 财年加拿大财政部将发行 1330 亿加元债券。此外，预算案还下调加拿大 2016 年 GDP 增速预期至 1.4%。

加拿大 1 月份 GDP 环比上升 0.6%。3 月 31 日，加拿大统计局公布数据显示，加拿大 1 月份 GDP 月率上升 0.6%，为连续 4 个月上升，升幅高于预期值 0.3% 和前值 0.2%。1 月份 GDP 同比上升 1.5%，高于预期值 1.1%。

2. 拉美地区

阿根廷 2015 年经济增长 2.1%。3 月 30 日，阿根廷国家统计局公布数据显示，

2015 年阿根廷 GDP 增长 2.1%。其中，农业和畜牧业增长 6.4%，建筑业增长 5%，制造业萎缩 1%，服务业增长 2%。

3. 欧洲

欧元区 2 月份 M_3 供应同比增长 5%。3 月 29 日，欧洲央行发布数据显示，欧元区 2 月份 M_3 供应同比增长 5%，环比持平；M_1 供应同比增长 10.3%；家庭贷款同比增长 1.6%；非金融企业贷款年同比增长 0.9%。

英国 2015 年第四季度 GDP 季率上修至 0.6%。3 月 31 日，英国国家统计局发布数据显示，2015 年第四季度 GDP 季率终值上修至 0.6%，略高于初值 0.5% 和第三季度终值 0.4%；第四季度 GDP 年率终值上升 2.1%。2015 年英国全年 GDP 增速上修为 2.3%，高于此前预估的 2.2%。消费仍然是推动英国经济增长的主要力量。

德国 3 月份失业率为 6.2%。3 月 31 日，德国联邦劳工局公布数据显示，德国 3 月失业率为 6.2%，与 2 月份持平。经季调，失业人数为 272.8 万人，与 2 月份持平。

德国 3 月份 CPI 预期同比增长 0.3%。3 月 30 日，德国联邦统计局发布数据显示，德国 3 月份 CPI 预期同比增长 0.3%，环比增长 0.8%。其中，货物价格同比下降 1.2%，服务业价格同比增长 1.6%。

法国 2015 年第四季度净公共债务增加 96 亿欧元。3 月 25 日，法国国家统计局发布数据显示，截至 2015 年第四季度，法国净公共债务为 19041 亿欧元，环比增加 96 亿欧元，GDP 占比为 86.9%，环比下降 0.5 个百分点。

法国 2015 年第四季度家庭可支配收入环比增长 0.4%。3 月 25 日，法国国家统计局发布数据显示，法国 2015 年第四季度家庭可支配收入环比增长 0.4%，家庭收入环比增长 0.6%，非金融企业人均收入环比增长 0.5%，所得与财富税环比增长 2.0%。

意大利 3 月份消费者信心指数环比上升 0.5 个百分点。3 月 29 日，意大利国家统计局发布数据显示，意大利 3 月份消费者信心指数为 115，环比上升 0.5 个百分点；综合商业信心指数为 100.1，环比下降 3.1 个百分点；制造业信心指数为 102.2，环比上升 0.2 个百分点；建筑业信心指数为 118.4，环比下降 0.9 个百分点；市场服务信心指数为 103.2，环比下降 3.3 个百分点；零售贸易信心指数为 104.9，环比下降 1.9 个百分点。

俄罗斯提高最低工资水平 20%。3 月 21 日，俄罗斯总理梅德韦杰夫发表讲话称，从 7 月份开始，俄罗斯最低工资水平将从每月 6204 卢布（约 90 美元）大幅提高至 7500 卢布（约 109 美元），这是继 1 月份最低工资上调 4% 之后 2016 年的第二次上调。梅德韦杰夫表示，最低工资和生活成本之间的差异仍很大，高通货膨胀和卢布贬值严重影响俄罗斯人的生活水平。

4. 亚洲

日本 2 月份 CPI 环比增长 0.1%。3 月 25 日，日本国家统计局发布数据显示，日本 2 月份 CPI 为 103.2，环比增长 0.1%，同比增长 0.3%。剔除生鲜食品，CPI 为 102.5，环比和同比均保持不变。其中，货物 CPI 为 103.9，环比保持不变，同比增长 0.1%；服务业 CPI 为 102.5，环比增长 0.2%，同比增长 0.5%。

日本 2 月份失业率为 3.3%。3 月 29 日，日本国家统计局发布数据显示，经季调，日本 2 月份失业人口为 213 万人，失业率为 3.3%，环比增长 0.1%。2 月份就业人口为 6351 万人，同比增长 0.5%。

日本 2 月份服务业 PPI 同比增长 0.2%。3 月 25 日，日本央行发布数据显示，日本 2 月份服务业 PPI 为 102.5，同比增长 0.2%，环比持平。其中，金融保险业 PPI 为 105.0，同比增长 0.1%，环比下降 0.1%；房地产业 PPI 为 96.8，同比增长 0.8%，环比下降 0.3%；邮政运输业 PPI 为 103.6，同比下降 0.8%，环比下降 0.3%；信息通讯业 PPI 为 99.6，同比和环比均持平。

日本 2 月份家庭实际消费支出同比增长 1.2%。3 月 29 日，日本国家统计局发布数据显示，日本 2 月份家庭实际消费支出同比增长 1.2%。其中，食品实际支出同比增长 3.3%，住房实际支出同比下降 3.7%，医疗实际支出同比增长 13.1%。数据显示，工人家庭实际收入同比下降 2.4%，实际消费支出同比增长 1.8%。

韩国 2015 年 GDP 增长 4.9%。3 月 25 日，韩国央行发布数据显示，韩国 2015 年 GDP 增长 4.9%。其中，私人最终消费支出增长 3.1%；政府最终消费支出增长 5.5%；固定资本形成增长 4.6%；货物及服务出口下降 4.2%，进口下降 9.3%。

印度外汇储备持续增加。3 月 28 日，印度央行公布数据显示，印度外汇储备连续 3 周增加，3 月 18 日当周增加 25.4 亿美元，总额达 3559.5 亿美元。分析认为，外汇储备增加将给予印度央行更大的政策空间，以应对资本外流、美联储加息预期和新兴经济体增长放缓等不确定因素。

5. 非洲

南非 2 月份 CPI 同比增长 7%。南非统计局公布数据显示，南非 2 月份 CPI 同比增长 7%，环比增长 0.8 个百分点，创 2009 年 5 月份以来最高水平。分析认为，日益加剧的通货膨胀或使南非央行继续上调利率水平。

二、国际组织

亚洲开发银行：中国需通过供给侧改革推动经济持续健康发展。3 月 30 日，亚洲开发银行发布报告称，在外部需求疲软、投资增长缓慢的形势下，预计 2016

年和 2017 年中国经济增速将进一步放缓，但消费和服务业的强劲势头以及持续的政府支出将对中国经济增长起到推动作用。亚洲开发银行预计 2016 年和 2017 年中国 GDP 增速分别为 6.5% 和 6.3%。报告预计，未来房地产和资本密集型行业投资的急剧下降仍将制约中国经济的发展，但政府的基础设施投资和环保投资能够在一定程度上缓解这一状况。消费增长将依然强劲。报告指出，供给侧改革，包括逐步提高劳动力市场的灵活性、改革户籍制度、推进价格改革等措施，将有助于提高经济遭受负面冲击时的恢复能力，提升中国经济增长潜力。

世界银行：非洲贫富差距进一步扩大。世界银行发布《崛起及贫困的非洲》报告显示，全球贫富差距最大的前 10 个国家中有 7 个位于非洲，特别是博茨瓦纳、莱索托、纳米比亚和南非等南部非洲国家。人口增长、种族、父母受教育程度、职业及出生地区为导致贫富差距的主要原因。报告认为，非洲平均经济增长率达 4.5%，但增长并没有带来民生的改善，非洲大陆是目前唯一未能实现联合国千年发展目标的大陆，仍有超过 3.3 亿人为极贫人口，比 20 世纪 90 年代增加了 18%。

IMF 与中国签订 2016—2019 年税收合作协议。IMF 与中国国家税务总局签订 2016—2019 年税收合作协议，IMF 将进一步支持中国“十三五”时期税收制度和征管改革。过去 20 多年来，IMF 在中国推进税制改革特别是营业税改征增值税、企业所得税改革、税收征管法修订等重大改革中给予了技术培训、资金援助和专家咨询等多方面的支持。中国税务部门将继续深化与 IMF 的合作交流，在此基础上积极稳妥地推进“十三五”时期税收改革，加快实现中国税收现代化的目标。

三、国际大宗商品

本周纽约原油期货累计下跌 2.8%。截至本周四，纽约原油期货累计下跌 2.8%。周一纽约原油期货下跌 0.07 美元，收于每桶 39.39 美元；周二纽约原油期货下跌 1.11 美元，收于每桶 38.28 美元；周三纽约原油期货上涨 0.04 美元，收于每桶 38.32 美元，结束连续 5 个交易日的下跌；周四纽约原油期货上涨 0.02 美元，收于每桶 38.34 美元。

本周纽约黄金期货累计上涨 0.99%。截至本周四，纽约黄金期货累计上涨 0.99%。周一纽约黄金期货下跌 0.1%，收于每盎司 1222 美元；周二纽约黄金期货上涨 1.3%，收于每盎司 1237.5 美元；周三纽约黄金期货下跌 0.72%，收于每盎司 1228.6 美元；周四纽约黄金期货上涨 0.57%，收于每盎司 1235.6 美元。

四、区域合作

第 13 届印欧峰会在布鲁塞尔举行。3 月 30 日，第 13 届印欧峰会在布鲁塞尔举行，印度与欧盟在会后发布的联合声明中表示，双方重申了强化战略伙伴关系的共同意愿，与会领导人签署了《印度—欧盟 2020 行动计划》，为双边今后 5 年的合作制定了具体的路线图。峰会主要达成了五点共识：一是加强印欧战略伙伴关系；二是促进双方外交政策、人权和安全合作；三是通过贸易经济合作促进就业和经济增长；四是为下一代推动全球繁荣；五是保证公民积极参与双方的战略伙伴关系。

中捷经贸合作圆桌会在布拉格举行。3 月 30 日，中捷经贸合作圆桌会在捷克布拉格佐芬宫召开，中国国家主席习近平和捷克总统泽曼出席圆桌会开幕式并致辞。中捷经贸合作圆桌会是习近平主席对捷克进行国事访问的重要配套经贸活动，为两国企业搭建起重要交流平台，来自中捷两国的 53 名优秀企业家齐聚一堂，共谋发展，寻找合作商机。圆桌会结束后，两国元首共同见证了双方企业多项合作文件的签署。

中以同意正式启动中以自贸区谈判。3 月 29 日，正在以色列访问的中国国务院副总理刘延东分别会见以色列总统里夫林、总理内塔尼亚胡。当日，刘延东和内塔尼亚胡共同主持中以创新合作联委会第二次会议，刘延东表示，中国把以色列作为创新合作的重要伙伴，双方要以中以创新合作联委会第二次会议为契机，推动两国创新合作的提质升级。内塔尼亚胡表示，以中进一步加强在创新、农业、教育、科技、医疗卫生、基础设施和能源等领域的务实合作，对两国各自未来发展至关重要，符合双方战略利益，同时也有利于促进地区乃至世界的繁荣与发展。访问期间，双方宣布同意正式启动中以自贸区谈判。目前，中以双方贸易额约为每年 80 亿美元，以方预计自贸区设立将使双边贸易额增加 1 倍。

五、全球宏观经济形势

亚洲开发银行发布《2016 年亚洲发展展望》报告。3 月 30 日，亚洲开发银行发布《2016 年亚洲发展展望》报告，报告预计亚洲发展中经济体 2016 年和 2017 年经济增长率均为 5.7%，略低于 2015 年的 5.9%。其中南亚经济增速将从 2015 年的7%小幅下降至 6.9%，但 2017 年增速将有所回升。东南亚地区 2016 年和 2017 年经济预估分别为 4.5%和 4.8%，较 2015 年的 4.4%有所提高，印度尼西亚将带动东南亚地区的经济增长。

报告预计，虽然受到外需疲软和部分行业产能过剩等因素影响，作为全球第二大经济体的中国将继续保持增长。预计 2016 年中国 GDP 增长 6.5%，仍在中国政府设定的经济增长目标范围之内。而印度仍将是增速最快的主要经济体之一，预计 2016 年印度经济增速为 7.4%，2017 年进一步提高至 7.8%。此外，报告预测，2016 年全球主要工业国的经济增长率将保持在 1.8%，2017 年将增至 1.9%。

美国的消费和投资势头将受到外部需求疲软影响。欧元区和日本经济的增长前景将略有改善。

报告认为，疲软的全球大宗商品（包括石油和粮食）价格将物价压力控制在低位，但受国内需求增加的影响，亚洲地区通货膨胀率预计将从2015年的2.2%小幅升至2016年的2.5%。随着全球大宗商品价格回升，通货膨胀率将在2017年达到2.7%。制造业出口需求疲弱以及持续走低的大宗商品价格将使亚洲发展中国家的经常项目顺差有所减少，从2015年占到亚洲地区生产总值的2.9%降至2016年的2.6%和2017年的2.4%。

亚洲开发银行首席经济学家魏尚进表示，中国经济增速放缓和全球复苏不平衡抑制了亚洲整体经济增长，但亚洲地区对全球经济增长的贡献率仍将在60%以上。亚洲各经济体应继续实施改革提升生产率，投资基础设施，健全宏观经济管理，从而提高增长潜力，克服全球经济不稳定性对其造成的影响。

国际金融协会：3月份新兴市场资金流入规模创21个月以来新高。3月30日，国际金融协会发布3月份资本流动报告显示，3月份共有368亿美元资金流入新兴市场，大幅高于2月份的54亿美元，创21个月以来新高，且大幅高于2010—2014年平均的220亿美元。其中，流入债券规模为189亿美元，流入股票规模为179亿美元。

报告显示，主要新兴市场地区在3月份皆呈资金净流入状态，其中亚洲以206亿美元流入居首，拉美市场以134亿美元紧随其后。受低估值和基本面有望改善等因素影响，近几个月国际投资者一直规避的拉美市场，3月份获得强劲资金流入，其中仅巴西股市就出现超20亿美元的外资流入。报告认为，美联储释放鸽派信号，投资者风险偏好上升是新兴市场资金流入规模飙升的主要原因，但新兴市场经济基本面并没有显著改善。

第 14 周（2016/04/02—2016/04/08）

2016 年 4 月 2—8 日，国际财经要情有：耶伦称美国经济不存在泡沫；3 月份美国失业率为 5%；欧元区 2 月份失业率为 10.3%；印度央行下调基准利率 25 个基点至 6.5%；澳大利亚央行维持现金利率 2.0% 不变；二十国集团（G20）贸易投资工作组第二次会议在南京举行；东盟与中日韩（“10+3”）财政央行副手会在老挝举行；拉加德称全球经济正在复苏但仍然脆弱。

一、区域观察

1. 北美地区

耶伦称美国经济不存在泡沫。4 月 7 日，美联储主席耶伦在纽约国际交流中心发表讲话称，美国经济增长强劲，驳斥了“泡沫即将破裂”的有关论调。耶伦强调，美国劳动力市场向好，失业率处于 5% 的低位；并未看到像资产价格“明显估值过高”之类的不平衡。尽管美国经济呈现积极迹象，但全球经济增长仍相对疲软。在 2016 年内加息的问题上，美联储采取谨慎且循序渐进的方式。耶伦认为，2015 年 12 月份的加息决定是正确的，原因在于当时的一系列指标表明劳动力市场和通货膨胀目标都取得了“实质性”改善。

美国财政部出台打击税收倒置新规。4 月 4 日，美国财政部出台一系列打击税收倒置行为的新举措，加大对美国企业为避税将注册地转移至海外低税国家的限制力度。具体措施有：税收倒置交易前三年内购买的美国企业不能算作外国公司资产、对倒置交易完成后美国子公司通过向外国母公司借债从而减少在美国纳税的做法进行限制等。4 月 5 日，美国总统奥巴马敦促美国国会通过立法推动企业税制改革，切实堵住税收漏洞。

3 月份美国失业率为 5%。4 月 1 日，美国劳工部统计局公布数据显示，3 月份美国非农就业新增 21.5 万人，其中私营部门新增就业人口 19.5 万人，制造业就业人口减少 2.9 万人，为 2009 年 12 月份以来最大降幅。3 月份美国失业率升至 5%，为 2015 年 5 月份以来首次增长；劳动参与率微升至 63%，为 2014 年 3 月份以来最高水平。

3 月份美国制造业和非制造业 PMI 分别为 51.8% 和 54.5%。4 月 1 日，美国供应管理协会发布数据显示，3 月份美国制造业 PMI 为 51.8%，环比增加 2.3 个百分点，为 2015 年 8 月份以来首次增长。其中，新订单指数为 58.3%，环比增加 6.8 个百分点；生产指数为 55.3%，环比增加 2.5 个百分点；就业指数为 48.1%，环比下降 0.4 个百分点；原材料库存指数为 47%，环比增加 2 个百分点；价格指数为 51.5%，环比增加 13 个百分点。美国 2 月份非制造业 PMI 为 54.5%，环比增加 1.1 个百分点。其中，新订单指数为 56.7%，环比增加 1.2 个百分点；就业指数为 50.3%，环比增加 0.6 个百分点；商业活动指数为 59.8%，环比增加 2 个百分点。

加拿大 2 月份商品贸易赤字上升至 19.1 亿加元。4 月 5 日，加拿大国家统计局发布数据显示，加拿大 2 月份商品贸易赤字 19 亿加元，环比增加 12.72 亿加元。其中，出口额环比下降 5.4%，出口价格环比下降 3.2%，出口量环比下降 2.2%；进口额环比下降 2.6%，进口价格环比下降 1.4%，进口量环比下降 1.2%。

2. 拉美地区

巴西签署世贸组织《贸易便利化协定》。3 月 29 日，巴西总统罗塞夫正式签署加入世界贸易组织《贸易便利化协定》。根据世界贸易组织规定，《贸易便利化协定》将在 2/3 以上世界贸易组织成员接受后生效。

3. 欧洲

欧盟和欧元区 2 月份零售销售同比分别增长 3.0% 和 2.4%。4 月 5 日，欧盟统计局发布数据显示，经季调，欧盟 2 月份零售销售环比下降 0.1%，同比增长 3.0%；欧元区 2 月份零售销售环比增长 0.2%，同比增长 2.4%。

欧洲央行发布 2015 年度报告。4 月 7 日，欧洲央行发布 2015 年度报告。欧洲央行行长德拉吉指出，在通货膨胀持续下行的背景下，2015 年欧洲央行主要通过两个渠道增强欧元区信心，一是加大宽松货币政策力度；二是通过向希腊银行业提供紧急流动性援助化解希腊债务危机破坏欧元区一体化的风险。德拉吉认为，消费者信心提振、企业雇员和投资信心增加以及银行借贷信心增强是支撑欧元区复苏和拉升通货膨胀的关键。2016 年欧洲央行面临一系列挑战，包括全球经济前景的不确定性、欧洲发展方向的问题以及对抗新风险等。

欧元区 2 月份失业率为 10.3%。4 月 4 日，欧盟统计局发布数据显示，经季调，欧元区 2 月份失业率为 10.3%，环比下降 0.1%，同比下降 0.9%，为 2011 年 8 月份以来最低水平。预计 2 月份失业人口为 1663.4 万人，环比下降 3.9 万人，同比下降 130.3 万人。其中，德国和捷克 2 月份失业率最低，分别为 4.3% 和 4.5%。

欧元区 2 月份 PPI 环比下降 0.7%。4 月 4 日，欧盟统计局发布数据显示，欧元区 2 月份 PPI 环比下降 0.7%，同比下降 4.2%。能源部门、中间品和非耐用品价格下降是 PPI 下降的主要原因。数据还显示，所有成员国 2 月份 PPI 均呈下降趋势。

德国 2 月份制造业新订单量环比下降 1.2%。4 月 5 日，德国联邦统计局发布数据显示，经季调，德国 2 月份制造业新订单量环比下降 1.2%。其中，国内新订单量环比增长 0.9%，国外新订单量环比下降 2.7%。

法国 3 月份 CPI 环比下降 0.7%。3 月 31 日，法国国家统计局发布数据显示，法国 3 月份 CPI 环比下降 0.7%，同比下降 0.2%。

法国 2 月份 PPI 环比下降 0.5%。3 月 31 日，法国国家统计局发布数据显示，法国 2 月份 PPI 环比下降 0.5%，同比下降 3.7%。其中，成品油产品价格环比下降 0.5%，水、其他能源、矿藏与采石产品价格环比下降 1.6%，食品价格环比下降 0.1%，其他制造业产品价格环比下降 0.1%。

法国 2 月份家庭消费支出环比增长 0.6%。3 月 31 日，法国国家统计局发布数据显示，法国 2 月份家庭消费支出环比增长 0.6%。其中，食品支出环比增长 1.5%，家庭耐用品支出环比增长 1.1%，能源支出环比增长 1.2%，纺织服装支出环比下降 4.4%。

意大利 2 月份 PPI 环比下降 0.4%。3 月 31 日，意大利国家统计局发布数据显示，意大利 2 月份 PPI 环比下降 0.4%。其中，国内价格指数环比下降 0.5%，非国内价格指数环比下降 0.4%。

俄罗斯央行行长称俄经济已企稳。4 月 7 日，俄罗斯央行行长纳比乌林娜表示，俄罗斯经济仍未摆脱衰退，形势依然严峻，但已趋于稳定。俄罗斯央行预计，按平均油价 30 美元一桶计算，俄罗斯 2016 年经济将萎缩 1.3%—1.5%。纳比乌林娜强调，俄罗斯已采取措施降低通货膨胀对经济增长及金融稳定的影响，并取得进展。当前俄罗斯金融市场情况比以往更加稳定，金融资产价格有所上涨，但国际油价下降造成收入减少的挑战仍然存在，俄罗斯迫切需要推出平衡未来中长期预算的方案。

4. 亚洲

日本首相顾问建议削减个人所得税以鼓励消费。日本首相安倍晋三经济顾问小组中 4 位成员提议下调日本个人所得税税率以刺激低迷的民间消费。建议认为，推出多项政策以提高可支配收入，包括按比例减税，以帮助日本摆脱通缩。

日本 3 月份服务业 PMI 降至 50。4 月 5 日，市场调查机构 Markit 发布数据显示，经季调，日本 3 月份服务业 PMI 下滑至 50，环比下降 1.2 个百分点，为 2015 年 4 月份以来最低水平，表明经济正在失去动能。其中，新订单指数呈下降趋势。

韩国 3 月份官方外汇储备达 3698 亿美元。4 月 5 日，韩国央行发布数据显示，韩国 3 月份官方外汇储备达 3698 亿美元。其中，证券 3405 亿美元，存款 203 亿美元，黄金 48 亿美元，SDRs 价值 24 亿美元。数据还显示，截至 2 月份，韩国外汇储备居世界第 7 位。

印度央行下调基准利率 25 个基点至 6.5%。4 月 5 日，印度央行下调基准利率 25 个基点至 6.5%，达近 5 年来的最低位，并综合其他措施使市场流动性保持平稳，银行贷款流向生产性行业。自 2015 年 1 月份以来，印度央行已累计下调基准利率 1.5%。印度央行行长拉詹表示，印度将保持宽松货币政策以解决发展问题。

澳大利亚央行保持现金利率 2.0%不变。4 月 5 日，澳大利亚央行行长史蒂文斯发表讲话称，澳大利亚央行现金利率继续保持 2.0% 不变。澳大利亚劳动力市场持续发展，GDP 增速加快，通货膨胀率较低。澳大利亚继续实施宽松货币政策，实行低利率刺激需求，加强监管手段规范借贷标准，并遏制房地产市场风险。

澳大利亚 2 月份货物和服务贸易逆差 34.1 亿澳元。4 月 5 日，澳大利亚国家统计局发布数据显示，经季调，澳大利亚 2 月份货物和服务贸易逆差 34.1 亿澳元，环比增长 8%。其中，2 月份货物和服务出口额为 252.65 亿澳元，环比下降 3.08 亿澳元；货物和服务进口额为 286.75 亿澳元，环比下降 0.54 亿澳元。

5. 非洲

南非央行称上调利率势在必行。4 月 4 日，南非央行表示，由于通货膨胀率上涨，即使经济增长低迷，南非央行上调利率仍势在必行。如果将通货膨胀置之不理只会导致未来利率上涨幅度更大。兰特贬值、食品价格上涨使得南非央行对通货膨胀预期“显著恶化”。

二、国际组织

拉加德：各方距达成新的希腊救助方案仍有很长距离。4 月 3 日，IMF 总裁拉加德致信希腊总理齐普拉斯。拉加德表示，IMF 将支持能够帮助希腊实现稳健增长和债务可持续性的救助方案，但目前各方距达成新的希腊救助方案还有很长距离。有消息称，IMF 以退出救助谈判为由向欧盟施压，希望欧盟、特别是德国同意对希腊实施更多债务减免。对此，齐普拉斯致信拉加德，要求 IMF 澄清其谈判立场。在信中，拉加德否认了所谓 IMF 威胁欧盟的说法，并表示 IMF 仍将派工作人员赴希腊继续开展谈判。

世界银行 1.5 亿美元贷款助湖南株洲治理工业污染。3 月 31 日，世界银行执行董事会批准 1.5 亿美元项目贷款，用于湖南株洲清水塘区域重金属污染环境治理，帮助当地开展老工业污染土地的清理与修复。

三、国际大宗商品

本周纽约原油期货累计上涨 1.3%。截至本周四，纽约原油期货累计上涨 1.3%。周一纽约原油期货下跌 1.09 美元，收于每桶 35.7 美元，创一个月以来最低收盘价；周二纽约原油期货上涨 0.19 美元，收于每桶 35.89 美元；周三纽约原油期货上涨 1.86 美元，收于每桶 37.75 美元；周四纽约原油期货下跌 0.49 美元，收于每桶 37.26 美元。

本周纽约黄金期货累计上涨 1%。截至本周四，纽约黄金期货累计上涨 1%。周一纽约黄金期货下跌 0.34%，收于每盎司 1219.3 美元；周二纽约黄金期货上涨 0.84%，收于每盎司 1229.6 美元；周三纽约黄金期货下跌 0.47%，收于每盎司 1223.8 美元；周四纽约黄金期货上涨 1.1%，收于每盎司 1236.2 美元。

四、区域合作

东盟与中日韩（“10+3”）财政央行副手会在老挝举行。4 月 2 日—3 日，东盟与中日韩（“10+3”）财政央行副手会在老挝万象举行。中国财政部副部长史耀斌率团出席并作为联合主席与老挝副财长提巴贡共同主持了会议。AMRO 是“10+3”成员共同成立的地区性国际组织。其最初于 2011 年 4 月以有限公司形式成立，总部位于新加坡，主要负责监测区域及“10+3”成员宏观经济和金融运行情况，在危机期间为 CMIM 运行提供支持，以确保区域经济和金融稳定。2016 年 2 月 9 日，AMRO 正式升级为国际组织。常军红女士将成为 AMRO 的第三任主任，也是 AMRO 升级为国际组织后的首任中国籍主任。

二十国集团（G20）贸易投资工作组第二次会议在南京举行。4 月 4 日，G20 贸易投资工作组第二次会议在南京举行。G20 成员国，西班牙、荷兰、新加坡、新西兰、塞内加尔、埃及、哈萨克斯坦等嘉宾国，以及世贸组织、联合国贸发会议、经合组织、世界银行、国际货币基金组织、国际贸易中心等国际机构代表与会。二十国集团贸易投资工作组由中方倡议成立，在 1 月底北京举行的贸易投资工作组第一次会议上，中方提出加强二十国集团机制建设、促进全球贸易增长、支持多边贸易体制、促进全球投资政策合作与协调、促进包容协调的全球价值链发展等五大合作领域，得到各方广泛支持。

海合会与欧盟合作联委会第 27 次会议举行。4 月 7 日，海合会与欧盟第 27 次双边合作联委会会议在沙特首都利雅得举行，双方就双边经贸及各领域合作等重要问题进行了深入交流。会后，海合会与欧盟共同表示要促进贸易和投资交流，加强在清洁和可再生能源、电子政务、教育和科研、技术、交通及通信等方面的合作；共同打击洗钱，进一步减少恐怖组织资金来源；加强双方在国际发展和人道主义等领域的合作。

五、全球宏观经济形势

IMF 发布新一期《全球金融稳定报告》。4 月 4 日，IMF 发布新一期《全球金融稳定报告》。报告称，随着新兴市场经济体逐步融入全球金融市场，其带来的金融溢出效应明显提高，当今全球资产价格和汇率波动近 1/3 是由新兴市场的金融溢出效应引起的，各国决策者应加强政策协调和监管以保护金融稳定。报告认为，新兴市场经济体逐步融入国际金融市场有效提高了资源的分配效率，但同时也放大了市场冲击以及金融市场波动的传导效应，加大新兴市场经济体的金融溢出效应。为此，IMF 呼吁新兴市场经济体培育以国内投资者为主体的金融市场，从而降低国际金融风险的扩散；各国决策者应该采取措施抑制公司债务的过度增长，从而降低高债务企业带来的金融风险，改进对共同基金的监管以降低其系统性风险；还应改进并公开跨境资金流动的数据统计。

拉加德称全球经济正在复苏但仍然脆弱。4 月 5 日，IMF 总裁拉加德发表演讲称，全球经济正在复苏，但增长仍然过于缓慢、脆弱，复苏持续性也面临着持续考验。拉加德指出，受中国经济增速相对放缓、大宗商品价格下跌以及许多国家财政紧缩预期等因素影响，过去半年来，全球经济增长前景进一步弱化。在美国，强势美元造成经济增长表现平平；在欧元区，投资不足、高失业和高负债抑制了经济增长；在日本，经济增速与通货膨胀水平均低于预期。而新兴市场方面，中国经济转型过程已导致增速放缓；巴西和俄罗斯的经济萎缩幅度超出预期；除此之外，中东经济受到了原油价格下跌的沉重打击。在 1 月份的《全球经济展望》报告中，IMF 将 2016 年全球经济增长预期下调为 3.4%，将 2017 年增长预期下调为 3.6%。从目前的情况看，全球经济增长预计将更为缓慢，IMF 可能在下周公布的最新版《全球经济展望》报告中进一步下调全球增长预期。

OECD 国家 2 月份年化通货膨胀率降至 1.0%。4 月 5 日，OECD 发布数据显示，受能源价格进一步下跌的影响，OECD 成员国 2 月份的年化通货膨胀率从 1 月份的 1.2% 微降至 1.0%。剔除粮食和能源因素，OECD 国家 2 月份年化核心通货膨胀率连续第三个月稳定在 1.9%。

除英国和日本外，主要成员国 2 月份年化通货膨胀率均有所下降，加拿大、意大利、德国、法国和美国的通货膨胀率显著下降，分别从 1 月份的 2.0%、0.3%、

0.5%、0.2%和 1.4%跌至 2 月份的 1.4%、-0.3%、0.0%、-0.2%和 1.0%。G20 国家 2 月份的年化通货膨胀率从 1 月份的 2.6%降至 2.4%。俄罗斯、印度、巴西和沙特阿拉伯等非 OECD 国家 2 月份的年化通货膨胀率分别降至 8.1%、5.5%、10.4%和 4.2%，其中沙特降幅较小。南非和中国 2 月份的年化通货膨胀率分别上涨至 7.0%和 2.3%，印度尼西亚微涨至 4.4%。

第 15 周 （2016/04/09—2016/04/15）

2016 年 4 月 9—15 日，国际财经要情有：美联储发布 3 月份 FOMC 会议纪要；加拿大央行宣布维持利率不变；2016 年巴西经济或萎缩 3.77%；欧元区 3 月份通货膨胀年率为 0%；黑田东彦称日本央行仍有很大政策空间；亚洲基础设施投资银行与世界银行签署联合融资框架协议；OECD 国家 2 月份失业率稳定在 6.5%；IMF 下调 2016 年全球经济增长预期至 3.2%。

一、区域观察

1. 北美地区

美联储发布 3 月份 FOMC 会议纪要。4 月 6 日，美联储发布 3 月份 FOMC 纪要称，当前全球经济增速放缓，金融市场环境恶化。但美国国内经济活动和劳动力市场情况基本符合预期，通货膨胀逐步上升，但仍低于 2% 的长期目标，实际 GDP 缓慢增长。与会官员在房地产、固定资产投资、净出口增速、劳动力市场环境、通货膨胀率等一系列问题上产生分歧。大部分与会官员认为，全球经济和金融发展将继续带来风险，应维持联邦基金利率 0.25%—0.50% 目标区间不变。但部分与会官员认为，经济持续稳步发展，劳动力市场环境有所改善，通货膨胀率和石油价格均呈稳定态势，因此应将联邦基金利率上调至 0.50%—0.75% 目标区间。会议最后决定，维持联邦基金利率 0.25%—0.50% 目标区间不变。

美国能源信息署发布夏季能源展望。4 月 12 日，美国能源信息署发布数据，预计 2016 年美国原油生产量为 860 万桶/天，4—9 月驾车高峰季的汽油平均零售价格为 2.04 美元/加仑，全年汽油平均价格为 1.94 美元/加仑，为 12 年以来最低价；3 月份美国原油生产量水平为 900 万桶/天，环比下降 9 万桶/天。数据还显示，截至 2016 年 3 月 31 日，美国天然气库存为 24780 亿立方英尺，同比增长 67%。

美国 2 月份贸易逆差 471 亿美元。美国商务部发布数据显示，美国 2 月份贸易逆差 471 亿美元，环比增加 12 亿美元。其中，2 月份货物和服务业出口额 1781 亿美元，环比增长 1.0%；货物和服务业进口额 2251 亿美元，环比增长 1.3%。数据还显示，美国对中国 2 月份贸易逆差 321 亿美元，环比增加 10 亿美元。

加拿大央行宣布维持利率不变。4 月 13 日，加拿大央行宣布分别维持隔夜利率 0.5%，银行利率 0.75%、存款利率 0.25% 不变。加拿大央行预计，2016—2018 年加拿大 GDP 增速分别为 1.7%、2.3% 和 2.0%。基于金融状况改善、服务业就业增长、非能源出口增长、居民消费增长、投资继续缩减、油价下跌等因素，加拿大央行温和下调国内潜在产出增长预期，预计产出缺口在 2017 年下半年消失。加拿大央行还表示，3 月份联邦预算推出的财政措施会对 GDP 增长起显著推动作用，但通货膨胀率将在此前加元下跌和产能过剩影响下继续低于 2%。

加拿大 3 月份失业率为 7.1%。4 月 8 日，加拿大国家统计局发布数据显示，加拿大 3 月份失业率为 7.1%，环比下降 0.2 个百分点；就业率同比增长 0.7%，环比增长 0.2 个百分点。数据还显示，加拿大第一季度就业率环比增长 0.2%，连续 4 个月增速为 0.2%。

2. 拉美地区

2016 年巴西经济或萎缩 3.77%。4 月 11 日，巴西央行发布报告，下调 2016 年巴西经济增长预期至 -3.77%，同时将 2016 年通货膨胀预期下调至 7.14%。

3. 欧洲

欧盟提出增值税行动计划，以遏制增值税欺诈。4 月 7 日，欧盟委员会发布消息称，跨境欺诈导致欧盟增值税收入每年损失约 500 亿欧元。为支持单一市场，推动跨境贸易，并与数字经济、移动经济保持同步，欧盟委员会提出四项增值税行动计划：一是制定未来欧洲单一增值税体系关键原则；二是采取短期措施遏制增值税欺诈；三是更新增值税率框架，并保证成员国税率设定灵活性；四是简化增值税规则，促进电子商务和中小企业发展。

欧委会提议跨国企业分国别公开所得税明细。4 月 12 日，欧盟委员会提议大型跨国企业对在欧盟缴纳的企业所得税按国别公开明细，同时公开企业在欧盟外缴纳的税款。该提议要求企业将近 5 年纳税明细公布于公司网站上，并在欧委会存档，欧洲单一市场的跨国企业都要遵守该规定。该提议旨在实现委员会长期以来公平税负的目标，以及应对每年因税收漏洞导致企业避税的现象。

欧元区 3 月份通货膨胀年率为 0%。4 月 14 日，欧盟统计局公布数据显示，欧元区 3 月份通货膨胀年率为 0%，高于预期；3 月份通货膨胀月率上涨 1.2%，符合预期。欧元区 3 月份核心通货膨胀年率上涨 1%，环比持平；3 月份核心通货膨胀月率上涨 1.3%。能源价格低迷依然拖累欧元区通货膨胀水平停滞不前。

德国 3 月份 CPI 同比上升 0.3%。4 月 12 日，德国联邦统计局发布数据显示，德国 3 月份 CPI 同比上升 0.3%，环比上升 0.8%。其中，服务价格同比上升 1.6%，能源价格同比下降 8.9%，食品价格同比上升 1.3%。

德国 2 月份贸易顺差为 198 亿欧元。4 月 8 日，德国联邦统计局发布数据显示，德国 2 月份出口额为 995 亿欧元，进口额为 793 亿欧元。经季调，贸易顺差为 198 亿欧元，出口环比上升 1.3%，进口环比上升 0.4%。对欧盟国家出口额为 596 亿欧元，环比上升 5.5%，进口额为 533 亿欧元，环比上升 5.9%。对欧元区国家出口额为 368 亿欧元，环比上升 3.3%，进口额为 361 亿欧元，环比上升 3.7%。对欧盟非欧元区国家出口额为 228 亿欧元，环比上升 9.3%，进口额为 172 亿欧元，环比上升 10.8%。对非欧盟国家出口额为 399 亿欧元，环比上升 2.0%，进口额为 260 亿欧元，环比上升 0.4%。

英国 3 月份 CPI 环比上升 0.4%。4 月 12 日，英国国家统计局发布数据显示，英国 3 月份 CPI 同比上升 0.5%，环比上升 0.4%。其中，运输价格环比上升 1.7%，服装与鞋类价格环比上升 1.0%，餐饮与住宿价格环比上升 0.5%，食品与非酒精饮料价格环比下降 0.6%。

英国 2 月份贸易赤字为 111 亿英镑。4 月 8 日，英国国家统计局发布数据显示，英国 2 月份贸易赤字为 111 亿英镑。其中，出口额为 241 亿英镑，环比上升 9.5%，同比上升 5.2%；进口额为 352 亿英镑，环比上升 11.7%，同比上升 1.7%。

法国 3 月份 CPI 环比上升 0.7%。4 月 13 日，法国国家统计局发布数据显示，法国 3 月份 CPI 环比上升 0.7%，同比下降 0.1%。其中，产成品价格环比上升 1.9%，能源价格环比上升 0.9%，食品价格环比上升 0.5%，服务价格环比上升 0.1%。

普京称俄罗斯经济遇到困难但趋势向好。4 月 14 日，俄罗斯总统普京在电视节目中表示，目前难以判断俄罗斯经济是否已经“见底”，但是 2016 年俄罗斯经济降幅不会太大。到目前为止，2016 年俄罗斯经济同比仅下滑 0.3%。2017 年俄罗斯经济将重回增长轨道，增幅或达 1.4%。普京表示，俄经济发展遇到一些困难，如居民实际收入减少、食品价格上涨过快等，但这只是暂时现象，政府正努力解决问题。他强调，俄经济的积极面也显而易见：出口保持贸易顺差；国际储备已重回 2014 年年初水平；2015 年俄罗斯农业总产值增长 3%；新建住房面积达 8500 多万平方米；失业率维持在较低水平等。普京认为，俄罗斯现在需要的不是印钞票，而是调整经济结构。目前政府主要努力方向是促进投资、保障需求、提高居民收入。

4. 亚洲

黑田东彦称日本央行仍有很大政策空间。4 月 14 日，日本央行行长黑田东彦发表讲话称，日本的货币政策不是针对汇率，日元升值与股价下跌并非由日本央行的负利率政策导致。如果通货膨胀预期下滑可能影响通货膨胀目标的实现，日本央行将进一步放宽政策环境。日本央行进一步宽松政策的途径还有很多，在今后将继续大规模购买日本公债。

日本 3 月份 M_2 存量同比增长 3.2%。4 月 13 日，日本央行发布数据显示，日本 3 月份 M_2 存量为 923.1 万亿日元，同比增长 3.2%；M_3 存量为 1241.0 万亿日元，同比增长 2.6%。

日本 3 月份 PPI 环比下降 0.1%。4 月 13 日，日本央行发布数据显示，日本 3 月份 PPI 环比下降 0.1%，同比下降 3.8%；出口价格指数环比增长 0.3%，同比下降 4.8%；进口价格指数环比增长 0.3%，同比下降 15.6%。

韩国 3 月份出口价格指数环比下降 1.5%。4 月 12 日，韩国央行发布数据显示，韩国 3 月份出口价格指数环比下降 1.5%，同比下降 4.5%；进口价格指数环比持平，同比下降 7.7%。

印度 3 月份制造业和服务业 PMI 指数均创新高。4 月 7 日，印度中央统计局公布数据显示，印度 3 月份制造业 PMI 指数为 52.4，环比上升 1.3 个百分点，创 8 个月以来新高。这主要得益于国内需求持续上升与新出口订单增加。印度 3 月份服务业 PMI 指数为 54.3，环比大幅上升 2.9 个百分点，创 21 个月以来新高。

新加坡第一季度 GDP 同比增长 1.8%。4 月 14 日，新加坡国家统计局发布数据显示，新加坡第一季度 GDP 同比增长 1.8%，季调年化季率为 6.2%。其中，制造业部门同比下降 2.0%；建筑业部门同比增长 6.2%；服务业同比增长 1.9%。

澳大利亚 3 月份失业率为 5.7%。4 月 14 日，澳大利亚国家统计局发布数据显示，经季调，澳大利亚 3 月份失业率为 5.7%，环比下降 0.1 个百分点。3 月份就业人口增长 2.61 万人，失业人口下降 7300 人；劳动参与率为 64.9%。

5. 非洲

南非第一季度消费者信心指数小幅上升。4 月 12 日，南非经济调查局公布数据显示，由于收入持续受到通货膨胀恶化、利率调高以及食品和电价上涨等因素影响，2016 年第一季度南非消费者信心指数小幅上升至 -9，仍处于负区间。

二、国际组织

亚洲基础设施投资银行与世界银行签署联合融资框架协议。4 月 13 日，亚投行行长金立群和世界银行行长金墉在华盛顿签署了亚投行与世界银行首份联合融资框架协议。协议确定了世界银行与亚洲基础设施投资银行投资项目的联合融资参数，为双方 2016 年的合作打下基础。目前，亚洲基础设施投资银行与世界银行正在就 12 个联合融资项目进行商讨，主要涉及中亚、南亚和东亚地区的交通、水利、能源等项目。根据协议，世界银行将为双方联合融资的项目提供采购、环保和安保等方面的准备和监管。亚洲基础设施投资银行行长金立群表示，感谢世界银行在亚洲基础设施投资银行成立阶段提供了慷慨、及时的帮助，亚洲基础设施投资银行期待双方在项目联合融资及其他领域开展长期且富有成果的合作。2016 年，亚洲基础设施投资银行计划批准 12 亿美元的融资项目，世界银行将参与其中相当大一部分，首批项目有望于 6 月份批准。

发展中国家对世界银行贷款需求创新高。4 月 13 日，世界银行公布最新统计结果显示，2015 财年，发展中国家对世界银行贷款需求达到金融危机来的最高水平，达 235 亿美元。世界银行预计，2016 财年贷款需求或超过 250 亿美元。由于全球经济面临挑战，增长疲软，从中等偏上收入国家到低收入国家等各类客户对发展政策融资及其相关改革的需求都大幅上升。

OECD 公布 2 月份综合领先指数。4 月 11 日，OECD 发布最新数据显示，OECD 国家综合领先指数（CLIs）降至 2 月份的 99.6，表明 OECD 国家整体经济继续放缓，增长前景疲弱。数据显示，美国、英国、日本、德国和意大利的 CLIs 分别从 1 月份的 99.0、99.2、99.6、99.8 和 100.8 降至 2 月份的 98.9、99.1、99.5、99.7 和 100.7。OECD 预计，上述国家经济增长将继续放缓。欧元区国家 2 月份 CLIs 环比持平，保持了稳定增长的势头；印度、法国、中国和加拿大的 CLIs 显示经济有企稳迹象；俄罗斯和巴西则仍呈现出增长势头减弱的趋势。

OECD 国家 2 月份失业率稳定在 6.5%。4 月 12 日，OECD 发布数据显示，OECD 国家 2016 年 2 月份失业率稳定在 6.5%，较 2013 年 1 月份的峰值低 1.6 个百分点；失业人口 4000 万人，较峰值减少 880 万人，但仍较 2008 年 4 月份危机前水平多 750 万人。数据显示，2 月份欧元区失业率减少 0.1 个百分点至 10.3%。其中，降幅最大的国家为斯洛伐克，失业率降低 0.2 个百分点至 10.3%；美国和墨西哥 2 月份的失业率分别稳定在 4.9% 和 4.2%；加拿大和日本失业率均上升 0.1 个百分点分别至 7.3% 和 3.3%；最新数据显示，3 月份美国的失业率将上升 0.1 个百分点至 5.0%，而加拿大则将降低 0.2 个百分点至 7.1%。2 月份 OECD 国家青年（15—24 岁）失业率自 2013 年 1 月份以来首次出现上升，增长 0.2 个百分点至 13.2%。

联合国就下任秘书长人选举行非正式对话会。4 月 12 日，联合国大会举行下任秘书长候选人与各会员国间的非正式对话会。目前，下任联合国秘书长候选人共有 8 位，分别为黑山副总理兼外长伊戈尔·卢克希奇、联合国教科文组织总干事伊琳娜·博科娃、葡萄牙前总理安东尼奥·古特雷斯、斯洛文尼亚前总统达尼洛·图尔克、克罗地亚前外长韦斯娜·普希奇、摩尔多瓦前外长纳塔利娅·盖尔曼、联合国开发计划署署长海伦·克拉克和马其顿前外长斯尔詹·克里姆。根据《联合国宪章》，秘书长首先由安理会推荐，然后由联大任命。安理会将于 2016 年 7 月份开始其遴选过程，之后向联大提出下一任秘书长推荐人选。本次非正式对话会是联大推动遴选秘书长过程公开透明化的一大举措。

三、国际大宗商品

本周纽约原油期货累计上涨 4.5%。截至本周四，纽约原油期货累计上涨 4.5%。周一纽约原油期货上涨 0.64 美元，收于每桶 40.36 美元；周二纽约原油期货上涨 1.81 美元，收于每桶 42.17 美元，创纽约原油期货 2016 年以来最高收盘价；周三纽约原油期货下跌 0.41 美元，收于每桶 41.76 美元；周四纽约原油期货下跌 0.26 美元，收于每桶 41.5 美元。

本周纽约黄金期货累计下跌 1.4%。截至本周四，纽约黄金期货累计下跌 1.4%。周一纽约黄金期货上涨 1.14%，收于每盎司 1258 美元；周二纽约黄金期货上涨 0.23%，收于每盎司 1260.9 美元；周三纽约黄金期货下跌 1%，收于每盎司 1248.3 美元；周四纽约黄金期货下跌 1.75%，收于每盎司 1226.5 美元。

四、区域合作

第 13 届伊斯兰合作组织首脑会议在伊斯坦布尔举行。4 月 14 日，第 13 届伊斯兰合作组织首脑会议在伊斯坦布尔举行，会议主题为“加强团结合作、寻求公正和平”。土耳其总统埃尔多安表示，伊合组织成员国应建立协商机制来应对国际关系中出现的紧张局面，充分利用外交途径，加强政府间对话，并借助非政府组织和其他增进信任的途径为化解危机迈出切实可行的步伐。埃表示土耳其愿诚邀各方共同努力，深化伊斯兰世界的合作。本次会议为期两天，共有来自 57 个国家的领导人参会。

中印尼高层经济对话第二次会议高官会在北京举行。4 月 11 日，中印尼高层经济对话第二次会议高官会在北京举行，会议回顾了中印尼高层经济对话第一次会议中双边主要经贸合作事项落实情况，并就下阶段双方在贸易、投资、农渔业、基础设施建设、能源、金融等各领域务实合作计划，以及对话第二次会议准备工作深入交换意见，达成广泛共识。双方一致认为，近年来中印尼关系全面快速发展，中印尼高层经济对话对协同推进两国全面经济合作起到了战略引领作用。中印尼高层经济对话是两国政府间副总理级的经济合作机制，2015 年 1 月 26 日，杨洁篪国务委员与时任印尼经济统筹部长索菲安·贾里尔在北京共同主持召开了对话第一次会议。

五、全球宏观经济形势

IMF 下调 2016 全球经济增长预期至 3.2%。4 月 12 日，IMF 发布新一期《世界经济展望》报告。报告称，在过去几个月中，全球资本市场波动再度加剧，发达经济体增长势头有所减缓，新兴市场和发展中经济体继续面临增长阻力。据此，IMF 将 2016 年全球经济增长预期从 1 月份的 3.4% 下调至 3.2%，2017 年全球经济增长预期从 3.6% 下调至 3.5%。

报告显示，发达经济体 2016 年经济增速依然缓慢，预计为 2%。美国经济增速预计为 2.4%，与 2015 年持平；欧元区增长持续放缓，全年增速为 1.5%；日本经济增长和通货膨胀均弱于预期，增速预计为 0.5%。新兴市场和发展中经济体 2016 年将继续温和增长，增速预计为 4.1%，印度经济增速预计为 7.5%，俄罗斯经济预计萎缩 1.8%。值得关注的是，与 2016 年 1 月份的预测相比，IMF 对全球主要经济体 2016 年和 2017 年经济增长预测都有所下调，唯独上调了中国的经济增长预测。IMF 预测，中国 2016 年和 2017 年经济增速分别为 6.5%、6.2%，均较 2016 年 1 月的预测上调了 0.2 个百分点。

报告认为，全球经济增长面临以下主要风险：一是全球金融动荡可能再次出现，或导致企业资产负债表进一步恶化；二是国际油价若长期低迷，石油出口国的经济增长前景将受到影响；三是包括地缘政治冲突、政治分歧、恐怖主义、难民和全球流行病在内的许多非经济因素冲击，可能对全球经济活动产生显著的溢出效应。

IMF 认为，提高增长率是各经济体目前需考虑的优先事项。各经济体应从结构性改革、财政政策和货币政策方面“三管齐下”，采取更积极的措施来提升需求和供给潜力。就发达经济体而言，确定适宜的改革优先次序至关重要。就目前情况而言，推动财政领域的改革相对最有价值，包括减税、增加研发投入、加大鼓励劳动力市场发展的公共支出等，还应大力推行提升企业竞争力和便利创业投资的市场改革。在许多发达经济体中，宽松的货币政策对支持经济活动和提升通货膨胀预期至关重要。而对新兴市场和发展中经济体而言，货币政策必须克服汇率贬值对通货膨胀和私人部门资产负债表的影响，为应对贸易下滑挑战，应适当采取灵活的汇率政策。同时，要营造良好、稳定的金融环境，使货币、财政和结构改革政策发挥最大功效。

IMF 发布《财政监测报告》。4 月 13 日，IMF 发布《财政监测报告》称，2015 年，大部分经济体财政状况明显恶化。与 2015 年 4 月份的《财政监测报告》

相比，大部分经济公共债务率被上调，其中新兴市场和中等收入经济体公共债务率上调幅度最大，中东、北非等大宗商品出口国的财政状况受到严重冲击，2015 年到 2016 年上述经济体的整体财政赤字率预计将超过全球金融危机爆发之初的水平。与此同时，受公共债务高企、低通货膨胀和经济增长疲软影响，发达经济体的财政状况依然脆弱。

报告认为，发达经济体的财政政策重点是注重刺激短期和中期经济增长并推动经济结构改革。欧元区成员国应在《稳定与增长公约》框架下扩大公共投资。日本和美国应制定可信赖的中期财政整顿计划，从而在短期创造更多财政政策空间。

报告建议大宗商品出口国调整财政支出，使其与更少的财政收入相匹配。同时，大宗商品出口国还需制定长期财政战略，以避免顺周期性的财政政策，并积累足够盈余应对收入的大幅波动。对于其他新兴市场和发展中经济体，报告认为其财政政策的主要挑战来自于创造预算空间满足民众对公共服务的更大需求，提高医疗和教育水平并加大基础设施投资。要实现上述目标，这些国家应实施有利于经济增长的结构性改革、增加财政收入并提高支出效率。

第 16 周（2016/04/16—2016/04/22）

2016 年 4 月 16—22 日，国际财经要情有：美国 3 月份 CPI 环比增长 0.1%；2016 年巴西经济或萎缩 3.8%；欧盟 2 月份经常账户盈余 91 亿欧元；黑田东彦称日本可能采取更宽松货币政策；韩国央行维持基准利率 1.5% 不变；第 93 届发展委员会部长级会议在华盛顿举行；金砖国家新开发银行公布首批贷款项目；2016 年第二次 G20 财长和央行行长会议在美国华盛顿举行。

一、区域观察

1. 北美地区

美国 3 月份 CPI 环比增长 0.1%。4 月 14 日，美国劳工统计局发布数据显示，经季调，美国 3 月份 CPI 环比增长 0.1%，同比增长 0.9%。其中，食品价格环比下降 0.2%，同比增长 0.8%；能源价格环比增长 0.9%，同比下降 12.6%。

美国将完成规则制定以认证公司实际受益人。4 月 15 日，美国财政部长雅各布·卢在国际货币和金融委员会发表讲话，为打击公司滥用税法，美国财政部完成规则制定以要求金融机构认证企业实际受益人，并将提议要求一人有限责任公司的实际受益人在美国国税局备案。同时，将全力支持各国金融账户信息自动交换行动，并致力于实施 OECD/G20 的税基侵蚀和利润转移项目（BEPS），要求大型跨国企业对税务机关分国别报税。

美国消费者信心指数连续 4 个月缓慢下滑。4 月 15 日，美国密歇根大学消费者研究中心发布数据显示，4 月份美国消费者信心指数为 89.7，连续 4 个月缓慢下滑。信心指数连续下滑并不意味着经济即将进入衰退，但市场对未来几个月消费者信心的担忧加剧，消费者对未来几个月收入预期下降，对经济发展减缓导致就业减少的担忧加剧。

美国 3 月份新屋开工总数降至 5 个月低点。4 月 19 日，美国商务部公布数据显示，美3月份新屋开工总数降至108.9万户，环比下降8.8%，为2015年10月份以来最低水平。此外，美国3月份营建许可总数降至108.6万户，大幅低于预期。新屋开工总数及营建许可数量下降表明美国房地产市场或已开始降温。

2. 拉美地区

2016年巴西经济或萎缩3.8%。4月18日，巴西央行发布报告，下调2016年巴西经济增长预期至-3.8%，同时将2016年通货膨胀预期下调至7.08%。

3. 欧洲

欧盟2月份经常账户盈余91亿欧元。4月19日，欧盟统计局发布数据显示，经季调，欧盟2月份经常账户盈余91亿欧元，环比下降64亿欧元，同比下降66亿欧元。其中，货物账户盈余76亿欧元，环比下降58亿欧元；二次收入账户赤字93亿欧元，环比增加27亿欧元；服务账户盈余135亿欧元，环比增加16亿欧元；主要收入账户赤字27亿欧元，环比下降5亿欧元。

欧盟向希腊难民提供8300万欧元援助。4月19日，欧委会发布消息称，向希腊提供8300万欧元援助，用于提高境内难民生活条件。通过新计划，欧委会将在基本医疗保健、食品、卫生条件、儿童安全设施、建造临时住房等多方面帮助数万希腊境内难民及移民。

欧盟与巴西签署央行理解备忘录。4月16日，欧洲央行发布消息称，欧洲央行行长德拉吉与巴西央行行长汤比尼签署了央行理解备忘录，该备忘录为双边日常信息交流、政策对话和技术合作提供框架。其中，包括就双边央行共同利益展开的交流研讨会等技术合作形式。

德国3月份PPI同比下降3.1%。4月20日，德国联邦统计局发布数据显示，德国3月份PPI环比持平，同比下降3.1%。其中，能源价格同比下降9.2%，中间品价格同比下降2.3%，非耐用消费品价格同比下降0.3%，资本品价格同比上升0.6%，耐用消费品价格同比上升1.4%。

英国第一季度失业率为6.3%。4月20日，英国国家统计局发布数据显示，经季调，英国第一季度失业率为6.3%，环比增长0.4个百分点，同比增长0.3个百分点；第一季度就业率为68.9%，环比增长0.1个百分点，同比增长0.3个百分点。

英国3月份总资本发行量为346亿英镑。4月20日，英国央行发布数据显示，英国3月份总资本发行量为346亿英镑，环比增长18亿英镑，净资本发行量为11亿英镑，环比下降67亿英镑。

意大利3月份CPI环比上升0.2%。4月14日，意大利国家统计局发布数据显示，意大利3月份CPI环比上升0.2%，同比下降0.2%；调和CPI环比上升

2.1%，同比下降0.2%。剔除能源、食品和烟酒，CPI环比增长0.8%。

俄罗斯外债总额达近5年来最低水平。俄罗斯央行公布数据显示，截至2016年4月1日，俄罗斯外债总额达5161亿美元，较年初增长0.04%。俄外债总额处于近5年来最低水平。

瑞典央行维持负利率不变并扩大购债规模。4月21日，瑞典央行宣布，维持指标利率-0.50%不变，同时购买450亿克朗的政府公债，符合预期。瑞典央行表示，仍有进一步下调回购利率的空间，未来在必要时也将继续实行宽松政策，并扩大资产购买计划。

4. 亚洲

麻生：各国应从中期角度采取结构性改革应对自身挑战。4月16日，日本副首相兼财政大臣麻生太郎在33届国际货币金融委员会发表讲话称，全球经济复苏，但各地区发展失衡。各国应继续结合财政政策、货币政策和结构性改革，并综合考虑自身经济形势和政策空间，以实现经济强劲、可持续、平衡增长。日本2015年经济增速为0.5%，消费、就业和收入条件改善，资本投资连续两个季度增长。

黑田东彦称日本可能采取更宽松货币政策。4月20日，日本央行行长黑田东彦就《汇率与货币政策半年度报告》发表讲话，日本经济继续平稳恢复，虽然出口和生产仍将疲弱，但国内需求呈增长趋势。通货膨胀稳步改善，若油价适度上扬，2017财年上半年有望实现2%的通货膨胀目标。日本实行负利率和QQE，扩大日本政府债券购买规模，降低企业贷款基准利率和住房贷款利率，并逐步影响实体经济和价格。如有必要，日本央行将进一步采取更加宽松的货币政策。日本央行将密切关注全球金融市场、投资风险、新兴和商品输出经济体对日本经济的影响。

日本3月份出口额同比下降6.8%。4月20日，日本财务省发布数据显示，日本3月份出口额为6456.599亿日元，同比下降6.8%；进口额为5701.614亿日元，同比下降14.9%。3月份商品贸易顺差为754.985亿日元，同比增长237.9%。

韩国央行维持基准利率1.5%不变。4月19日，韩国央行发布消息称，将维持基准利率1.5%不变。当前，全球经济将继续缓慢复苏，但新兴市场财政和经济状况、国际油价浮动和全球金融市场震荡将拖累经济增长。韩国出口持续下滑，但消费以及机构信心指数上升，3月份失业率和就业率均有所增长。受低油价影响，通货膨胀将远低于2%目标。同时，国内股价上涨，长期市场利率回落。韩国央行将努力推动经济恢复，维护金融市场秩序和中期价格稳定。届时，韩国央行将密切关注主要经济体的货币政策、财政经济状况和资本流向的变化情况。

韩国3月份PPI环比下降0.1%。4月20日，韩国央行发布数据显示，韩国3月份PPI环比下降0.1%，同比下降3.3%。其中，农林渔业产品环比下降0.2%；

制造业产品环比增长 0.3%，服务业环比持平。

韩国 3 月份 M_2 供应同比增长约 7%。4 月 18 日，韩国央行发布数据显示，韩国 3 月份 M_2 供应同比增长约 7%，环比下降 1.3 个百分点。私有部门贷款同比增速下降是 3 月份 M_2 供应增速下降的主要原因。

印度贸易逆差达 5 年来最低水平。4 月 19 日，印度商工部公布数据显示，印度 2015—2016 财年出口额为 2611 亿美元，同比下降 15.9%；进口额为 3795 亿美元，同比下降 15.3%；贸易逆差为 1185 亿美元。印度 2016 年 3 月份进口额为 277.8 亿美元，同比下降 21.6%；出口额为 227.1 亿美元，同比下降 5.5%；贸易逆差收窄至 5 年来最低水平。印度商工部表示，2015—2016 财年印度进口额下降的主要原因是国际油价大幅下跌。

新西兰第一季度 CPI 环比增长 0.2%。4 月 18 日，新西兰国家统计局发布数据显示，新西兰第一季度 CPI 环比增长 0.2%，同比增长 0.4%。烟草价格上涨是 CPI 环比增长的主要原因。剔除烟草，第一季度 CPI 环比增长 0.1%。同时，低油价是拖累 CPI 的主要原因。

澳大利亚央行发布货币政策会议纪要。4 月 19 日，澳大利亚央行发布 4 月 5 日货币政策会议纪要，主要有以下五点：一是澳大利亚 2015 年第四季度家庭消费和房地产投资持续增长，出口变化幅度不大，商业投资增速下降，2016 年初经济继续平稳发展，并向非矿业转型；二是全球经济增速放缓，2015 年国际工业生产和贸易总额几乎与 2014 年持平，其中，亚洲地区经济措施成效不大，部分发达经济体失业率进一步下降；三是全球市场信心指数上升，股票价格上涨，高风险债务和美国主权债务利差下降；四是金融市场进一步震荡，潜在风险逐渐凸显，澳大利亚金融风险从住房贷款转向住宅开发和其他商业房产；五是全球范围内通货膨胀率较低，各国普遍实行宽松的货币政策刺激需求，澳大利亚将维持 2% 的现金利率不变。

5. 非洲

南非央行表示 2017 年年底之前不大可能降低利率。4 月 18 日，南非央行副行长 Mminele 发表讲话称，不大可能在南非通货膨胀率回落至 6% 以下之前下调利率，也就是说 2017 年年底之前降息可能性很小。Mminele 表示，由于要在经济增长前景疲弱的背景下解决通货膨胀前景恶化的问题，南非的货币政策处于两难境地。

二、国际组织

第 93 届发展委员会部长级会议在华盛顿举行。4 月 16 日，世界银行和国际货币基金组织在美国华盛顿举行了第 93 届发展委员会部长级会议。中国财政部部长楼继伟出席会议并发言。会议指出，当前世界经济依然面临下行风险，脆弱性和冲突造成大量难民流离失所，世界银行集团和国际货币基金组织应密切监测所面临的风险和脆弱性，为促进可持续、包容性和多元化的经济增长与提高经济韧性提供政策建议和资金支持。会议期待世界银行和国际货币基金组织加强与人道主义机构和其他参与方的伙伴关系，减少流离失所人群的脆弱性。会议支持国际开发协会第十八期增资实现强劲增长，对世界银行股权审议动态公式中期报告表示欢迎，强调有必要根据股权审议原则和利马路线图进一步做出努力，力争在 2016 年年会上就动态公式达成共识。

楼继伟部长表示，当前世界经济继续温和复苏，但不确定、不稳定因素依然较多，且发展资源严重不足。尤其是近来流离失所问题愈演愈烈，给一些国家的经济发展和社会稳定造成了较大压力，也进一步加剧了国际发展环境的脆弱性和复杂性。我们要充分认识到造成流离失所问题愈演愈烈的主要原因是持续贫穷、长期失业以及战乱与冲突，需要联合国、有影响力的国家和国际社会共同努力应对，将解决地区冲突、维护和平、实现发展作为解决这一问题的根本出路。楼继伟强调，世界银行的根本任务是促进减贫与发展，应在恪守自身章程、秉持自身宗旨、遵循自身比较优势等三项原则基础上在应对由贫穷导致的流离失所问题发挥应有作用。在此过程中，应处理好联合国机构与多边开发银行的关系，实现优势互补；处理好维护和平、人道主义援助、长期发展三者之间的关系，着眼于支持受援国长期经济发展。同时，在世界银行内部要制定统一的原则和标准，对受援国一视同仁，确保对发展、特别是减贫以及对其他借款国的资金支持不受影响。楼继伟指出，世界银行可以考虑将增资作为增强资金实力的主要途径，以此提高贷款能力，切实增强财务可持续性。要如期推进股权审议工作，客观反映世界经济格局的变化，提高发展中国家的发言权和代表性。同时，应全方位加强与发展中国家的合作，更好地倾听发展中国家的声音，为发展中国家提供量身定制的解决方案，最大限度地增强发展效果。

会议决定下一届发展委员会部长级会议于 2016 年 10 月 8 日在美国华盛顿召开。

金砖国家新开发银行特别理事会在美国华盛顿举行。4 月 14 日，金砖国家新开发银行（以下简称新开发银行）特别理事会在美国华盛顿举行。会议听取了董事会批准首批项目的情况报告，并讨论了首个战略文件和扩员等问题。各国理事祝贺新开发银行在开业仪式之后 9 个月内即完成了首批项目的准备和审批工作，高度赞赏中国作为东道国，在新开发银行初期运营过程中所发挥的积极作用。新开发银行中国理事、财政部部长楼继伟和中国副理事、财政部副部长史耀斌出席会议。楼部长表示，首批项目充分展现了新开发银行扁平化的治理结构和务实高效的业务模式，同时强调新开发银行要严把项目质量关，充分发挥项目的示范带动作用，助力金砖国家的经济发展。楼部长指出，当前金砖国家经济增长面临不同程度的挑战，新开发银行要充分发挥逆周期作用，大力推动南南合作，进一步深化金砖国家以及发展中国家之间全方位的经济合作。新开发银行既要摒弃现有多边开发银行繁杂的业务程序，也要积极借鉴其好的经验和做法。新开发银行扩员应首先制定清晰的路线图，并注意把握好节奏。

金砖国家新开发银行公布首批贷款项目。4 月 15 日，金砖银行董事会在 IMF 和世界银行春季年会期间举行了第五次会议，通过了首批贷款项目的决议。首批贷款项目总额为 8.11 亿美元，用以支持金砖国家的绿色能源项目，预计可增加 2370 兆瓦的可再生能源发电能力，每年可减少温室气体排放 400 万吨。

联合国：全球有足够资源应对可持续发展融资挑战。4 月 18 日，首届经社理事会发展筹资论坛在纽约联合国总部举行。潘基文出席会议并指出，要实现《2030 年可持续发展议程》，预计每年将需要上万亿美元的资金。虽然目前全球经济充满不确定性，各经济体财政空间普遍有限，但全球有足够资源应对可持续发展融资挑战，关键在于将全球公共和私人部门资金引向可持续发展领域。《亚的斯亚贝巴行动纲领》提出了一系列将资金流动导向经济、社会和环境优先政策的行动，还包含了 100 条具体的政策承诺，落实《亚的斯亚贝巴行动纲领》至关重要。

国际金融协会：新兴市场经济体经济增速显著回升。国际金融协会发布数据显示，受益于部分国家出口扩张以及外资净流入，3 月份新兴市场经济体 GDP 增幅达到 8 个月来最高水平。数据显示，3 月份新兴市场经济体实际 GDP 增幅（年率）上升 0.5 个百分点至 3.3%，显示经济出现显著改善，同时也与外资流入新兴市场，以及金融市场的反弹相一致。此外，巴西、印度和泰国等经济体出口加速增长也对经济增速起到带动作用。

三、国际大宗商品

本周伦敦布伦特原油期货累计上涨 3.3%。截至本周四，伦敦布伦特原油期货累计上涨 3.3%。周一布伦特原油期货下跌 0.19 美元，收于每桶 42.91 美元；周二伦敦布伦特原油期货上涨 1.12 美元，收于每桶 44.03 美元；周三伦敦布伦特原油期货上涨 1.85 美元，收于每桶 45.88 美元，创近 5 个月最高收盘价；周四伦敦布伦特原油期货下跌 1.35 美元，收于每桶 44.53 美元。

本周纽约黄金期货累计上涨 1.3%。截至本周四，纽约黄金期货累计上涨 1.3%。周一纽约黄金期货上涨 0.03%，收于每盎司 1235 美元；周二纽约黄金期货上涨 1.56%，收于每盎司 1254.3 美元；周三纽约黄金期货上涨 0.01%，收于每盎司 1254.4 美元；周四纽约黄金期货下跌 0.33%，收于每盎司 1250.3 美元。

四、区域合作

外交部与联合国亚太经社会签署“一带一路”合作文件。外交部部长王毅与联合国亚太经社会执行秘书阿赫塔尔在北京签署《中华人民共和国外交部与联合国亚洲及太平洋经济社会委员会关于推进地区互联互通和“一带一路”倡议的意向书》。《意向书》系我国与国际组织签署的首份“一带一路”合作文件，旨在扩大双方开展“一带一路”合作的共识，加强交流对接，深化务实合作。《意向书》强调，双方将共同规划推进互联互通和“一带一路”的具体行动，推动沿线各国政策对接和务实合作。

中韩经贸联委会第 21 次会议在韩国举行。4 月 20 日，中韩经贸联委会第 21 次会议在韩国首尔举行，双方就共同关心的经贸议题深入坦诚交换意见，达成广泛共识。双方一致认为，在两国领导人的共同关心和亲自推动下，中韩自贸协定已经正式生效并实现两次降税，给两国人民带来了实实在在的好处，为东亚和亚太地区经济一体化乃至全球经济发展作出了积极贡献。双方将继续密切配合，进一步落实好两国领导人达成的各项重要共识，积极对接两国发展战略、共建中韩产业园、成立中韩投资合作基金、共同开拓第三方市场、认真履行中韩自贸协定，共同促进投资贸易便利化和区域经济一体化进程，推动双边经贸合作不断向前发展。会议原则通过了《中韩经贸合作中长期发展规划（2016—2020）》。

五、全球宏观经济形势

2016 年第二次 G20 财长和央行行长会议在美国华盛顿举行。2016 年 4 月 14 日—15 日，G20 财长和央行行长会议在美国华盛顿举行。财政部部长楼继伟和中国人民银行行长周小川共同主持会议。会议主要讨论了当前全球经济形势、增长框架、国际金融架构、投资和基础设施、金融部门改革、国际税收合作、反恐融资、绿色金融及气候资金等议题，并发表了联合公报。

会议认为，全球经济继续复苏，金融市场基本恢复到 2016 年年初以前的水平。但增长依然温和且不均衡，全球经济前景持续面临下行风险和不确定性。会议欢迎一些 G20 成员所采取的支持增长和稳定市场的政策行动，重申将各自以及共同使用货币、财政和结构性改革政策等所有政策工具来增强信心和促进增长。会议承诺货币政策继续支持经济活动，保持价格稳定。同时，通过灵活实施财政政策促进增长、创造就业和提振市场信心，增强经济韧性，并确保债务占 GDP 的比重保持在可持续水平。会议承诺继续研究 G20 在必要时可能采取的适合各国国情的政策措施，就外汇市场密切讨论沟通，并重申避免竞争性贬值且不以竞争性目的来盯住汇率，同时反对各种形式的保护主义。会议承诺将仔细制定、清晰沟通在宏观经济和结构性改革方面的政策行为，以减少不确定性及负面溢出效应，并增加透明度。会议就结构性改革的优先领域达成共识，将进一步制定一套指导原则，并将以灵活的方式加以实施，以照顾各国具体国情。会议期待制定一套用于监测和评估结构性改革进展的指标体系，并报 7 月 G20 财长和央行行长会核准。会议承诺继续致力于有效、及时地落实增长战略，进一步探讨重振全球贸易、提升高质量投资和推动创新的措施，并将继续致力于增强包容性并减少过度的全球失衡。

会议重申推进投资议程并重点关注基础设施发展，坚持数量与质量并重。会议鼓励多边开发银行实施优化其资产负债表的行动计划，共同制定支持高质量项目的量化目标，并就启动全球基础设施互联互通联盟倡议和制定推进多元化投资工具政策指南开展进一步工作。会议欢迎并支持有效落实 G20/OECD 公司治理和中小企业融资原则以及 G20 中小企业融资行动计划。会议承诺继续增强国际货币体系的稳定性和韧性，进一步强化以 IMF 为核心的全球金融安全网，包括促进 IMF 和区域融资安排之间更为有效的合作。会议敦促在 2017 年年会前完成 IMF 第 15 次份额总检查，包括形成一个新的份额公式。会议期待世界银行按照达成一致的路线图和时间表实施股份审议的成果。为增强主权债重组的有序性、及时性和可预见性，会议承诺努力促进官方债权人和债务人之间的对话，推动将加强的合同条款纳入主权债券中。会议支持继续加强对资本流动及其波动所带来风险的检测和分析，以及对可能扩大特别提款权（SDR）的使用进行研究。

会议指出，应及时、全面且一致地落实已经议定的金融部门改革议程，并支持总结宏观审慎框架和工具方面的国际经验，以帮助促进实施有效的宏观审慎政策。会议重申致力于及时、广泛地落实 G20/OECD 税基侵蚀和利润转移（BEPS）项目，号召所有尚未承诺在 2017 年或 2018 年前落实税收情报自动交换标准的相关国家做出承诺并签署多边公约。会议重申坚决打击恐怖融资并应对恐怖融资的所有来源、技术和渠道。会议欢迎 G20 绿色金融研究小组在识别动员私人资本进行绿色投资的挑战上所取得的进展。会议强调《联合国气候变化公约》（UNFCCC）资金机制运营实体的重要性，对绿色气候基金（GCF）通过战略计划表示欢迎，并呼吁基金继续扩大业务规模。会议重申致力于在中期规范并逐步取消低效的、鼓励浪费的化石燃料补贴。

按照 2016 年 G20 财金渠道工作计划，2016 年第三次财长和央行行长会将于 7 月 23 日至 24 日在成都举行。

OECD 国家 2015 年第四季度就业率恢复到危机前水平。4 月 19 日，OECD 发布数据称，2015 年第四季度 OECD 国家就业率环比增长 0.2 个百分点至 66.5%，已恢复到全球金融危机爆发前的水平。数据显示，欧元区 2015 年第四季度就业率环比提高 0. 1 个百分点至 64. 7%，实现连续 9 个季度上涨。欧元区国家中，西班牙就业率增幅最大，在 2015 年第四季度增长 0. 6 个百分点至 58. 6%，其次为斯洛伐克，增长 0. 5 个百分点至 63. 4%，希腊增长 0. 4 个百分点至 51. 4%。其他国家中，墨西哥就业率增幅最大，增长 0. 6 个百分点至 61. 2%；其次为英国，提高 0. 5 个百分点至 73. 2%；日本、韩国、美国和土耳其等国就业率均有小幅增长。

第 17 周（2016/04/23—2016/04/29）

2016 年 4 月 23—29 日，国际财经要情有：美国第一季度实际 GDP 年化季率增长 0.5%；美联储维持利率不变；巴西央行维持基准利率 14.25% 不变；欧洲央行宣布维持利率不变；英国第一季度 GDP 增速放缓至 0.4%；俄罗斯第一季度 GDP 萎缩 1.4%；日本央行维持利率不变；韩国第一季度 GDP 环比增长 0.4%；IMF、OECD、联合国和世界银行将共同搭建全球税收合作平台；第十轮中欧投资协定谈判在布鲁塞尔举行；世界银行发布最新《大宗商品价格展望》。

一、区域观察

1. 北美地区

美国第一季度实际 GDP 年化季率增长 0.5%。4 月 28 日，美国商务部公布数据显示，美国第一季度实际 GDP 年化季率增长 0.5%，创两年来最低增速。此外，美国第一季度个人消费支出（PCE）增长 1.9%，环比下降 0.5 个百分点，为 2015 年来最低增速；第一季度核心 PCE 增长 2.1%，环比上升 0.8 个百分点。强势美元和全球经济持续低迷导致美国商业投资和出口下滑，消费支出增速放缓。

美联储维持利率不变。4 月 27 日，美联储发布 4 月份 FOMC 会议声明称，货币政策委员会决定将联邦基金利率的目标区间维持在 0.25%—0.5% 不变，仍保持宽松的货币政策以支持劳动力市场进一步改善和通货膨胀重回 2%。并且，FOMC 将维持美联储持有机构债券、机构抵押贷款支持证券（MBS）和到期国债拍卖后再投资本金的滚动投资，该政策会持续至联邦基金利率水平正常化取得顺利进展。

美国 4 月份服务业增长势头减弱。4 月 26 日，市场调查机构 Markit 发布数据显示，4 月份美国服务业部门活跃度为 52.1，环比增长 0.8 个百分点。活跃度增长速度略高于一季度平均值，但仍远低于 2009 年以来平均值。

加拿大 3 月份 CPI 同比增长 1.3%。4 月 22 日，加拿大国家统计局发布数据显示，加拿大 3 月份 CPI 同比增长 1.3%，环比增长 1.4%。食品和住房是 CPI 增长的主要原因。其中，石油价格同比下降 13.6%，环比增长 5.7%；食品价格同比增长 3.6%，环比增长 3.9%；交通业价格同比下降 1.0%，环比下降 0.5%。

2. 拉美地区

巴西央行维持基准利率 14.25%不变。4 月 27 日，巴西央行宣布维持基准利率 14.25%不变，符合预期，为连续第 6 个月维持利率不变。通货膨胀高企、经济低迷以及国内政治环境恶化使巴西央行别无选择。

3. 欧洲

欧洲央行宣布维持利率不变。4 月 21 日，欧洲央行宣布维持主要再融资利率 0%、隔夜贷款利率 0.25%、隔夜存款利率 -0.4% 不变。非常规货币政策方面，欧洲央行表示已开始扩大每月 QE 规模至 800 亿欧元。

欧洲央行公布企业债购债计划细节。4 月 21 日，欧洲央行公布企业债购债计划细节：从 2016 年 6 月份起，6 家央行将在欧洲央行协调下购买非银行企业投资级欧元计价债券。该项目将与其他非标准货币政策相结合，加强货币政策适应性，并使通货膨胀率在中期回归略低于 2% 水平。购债将同时在初级市场及次级市场进行，单一国际证券购买量不可超过其发行比例 70%。欧洲央行将按周、按月同步发布具体持仓数据，并留意对市场流动性的潜在影响。

欧元区 3 月份 M_3 年增长率为 5%。4 月 27 日，欧洲央行发布数据显示，欧元区 3 月份 M_3 年增长率为 5%，包括流通与隔夜存款货币的 M_1 年增长率为 10.1%，家庭贷款年增长率为 1.6%，非金融企业贷款年增长率为 1.1%。

德国 3 月份进口价格指数同比下降 5.9%。4 月 27 日，德国联邦统计局发布数据显示，德国 3 月份进口价格指数同比下降 5.9%，环比上升 0.7%。剔除原油与矿物油产品的进口价格指数同比下降 3.6%；出口价格指数同比下降 1.6%，环比上升 0.2%。

德国政府推出电动汽车购车补贴。4 月 27 日，德国联邦政府宣布，将推出电动汽车购车补贴，同时扩建充电基础设施，以促进电动汽车发展。德政府与汽车制造商将各出资 6 亿欧元作为电动汽车购车补贴。该政策有望于 2016 年 5 月份开始实行。德政府还将拿出约 3 亿欧元用于充电基础设施建设，包括新建大约 1.5 万个充电桩等。

英国第一季度 GDP 增速放缓至 0.4%。4 月 27 日，英国国家统计局公布数据显示，英国第一季度 GDP 增长 0.4%，符合预期，环比下降 0.2 个百分点。英国第一季度服务业产出增长 0.6%，成为经济增长的主要动力，但制造业和建筑业产出分别下降 0.4% 和 0.9%，为 2013 年年初以来最大降幅。

法国第一季度失业人数环比减少 4.95 万人。4 月 26 日，法国劳工部公布数据显示，法国第一季度失业人数环比减少 4.95 万人，降低 1.4%，为 2011 年以来首次单季度失业人数明显减少。劳工部称，经济增速回升以及法国政府推出旨在振兴经济、提高就业的“责任和团结公约”等改革举措，是法国失业人数下降的主要原因。法国政府为中小企业提供雇工补助也提振了就业市场。

俄罗斯第一季度 GDP 萎缩 1.4%。4 月 26 日，俄罗斯经济发展部公布数据显示，俄罗斯第一季度 GDP 下降 1.4%，经济仍处于萎缩状态。俄总理梅德韦杰夫表示，俄经济形势有积极信号显现，尤其是财政收入结构发生变化，减少了对能源和原材料出口的依赖。俄罗斯需要在国内外市场形成对俄产品的稳定需求。

4. 亚洲

日本央行维持利率不变。4 月 28 日，日本央行以 8∶1 的投票结果维持基础货币 80 万亿日元年增幅不变，并以 7∶2 的投票结果维持负利率 -0.1% 不变。央行还提出资产购买方针：一是购买日本政府债券时其发行量维持 80 万亿日元年增幅，根据金融市场情况以灵活的方式安排购买，且日本国债平均剩余期限将为 7 至 12 年；二是购买交易所交易基金和日本房地产信托基金，使交易基金发行量年增幅为 3.3 万亿日元，信托基金年增幅为 900 亿日元；三是维持商业票据发行量每年 2.2 万亿日元，企业债券发行量为 3.2 万亿日元。日本央行还表示，提供零息贷款 3000 亿日元支持灾区重建。

韩国第一季度 GDP 环比增长 0.4%。4 月 26 日，韩国央行发布数据显示，韩国第一季度 GDP 环比增长 0.4%，同比增长 2.7%。其中，最终消费支出环比增长 0.1%，同比增长 2.6%；固定资本形成环比增长 1.2%，同比增长 3.1%；货物及服务出口环比下降 1.7%，同比增长 0.1%；货物及服务进口环比下降 3.5%，同比增长 1.4%；农林渔业环比增长 5.9%，同比下降 3.0%；制造业环比下降 0.2%，同比增长 1.8%；服务业环比增长 0.5%，同比增长 2.5%。

韩国央行金融委员会纪要。4 月 27 日，韩国央行发布消息称，央行行长李柱烈主持召开金融委员会，涉及以下几点内容：一是国内金融市场相对稳定，但外部环境不确定性因素仍然很多；二是家庭贷款和集体贷款增速多年高于平均水平，韩将实施“银行按揭贷款准则”改善家庭债务结构；三是韩国央行将对金融中介贷款支持基金追加 9 万亿韩元；四是要迅速谨慎地进行企业重组，同时增强银行损失吸收能力，增加贷款损失准备金。

印度电子商务规模将在 2020 年前达到 1000 亿美元。4 月 25 日，印度政府称印电子商务规模将在 2020 年前达到 1000 亿美元。2015 年印度电子商务规模为 160 亿美元，较 2013 年的 29 亿美元增长超过 5 倍，年平均增速达 34%。促使印度电子商务规模快速扩张的主要原因包括：一是印政府 2016 年来实施的一系列改革与发展计划；二是商品与服务税的实施使得税负水平得到统一；三是支付手段发展；四是持续的创新与互联网发展以及智能手机普及率提高。

新加坡 3 月份 CPI 通货膨胀率为 -1.0%。4 月 25 日，新加坡国家统计局发布数据显示，新加坡 3 月份 CPI 通货膨胀率为 -1.0%，环比下降 0.2 个百分点。私人公路运输成本下降是 CPI 通货膨胀率下降的主要原因。私人公路运输成本 3 月份下降 5.9%，环比下降 2 个百分点。住房成本 3 月份下降 3.2%，环比几乎持平。此外，服务业通货膨胀率为 0.4%，环比下降 0.1 个百分点；食品通货膨胀率为 2.2%，环比增长 0.2 个百分点。

新西兰 3 月份贸易顺差为 1.17 亿美元。4 月 27 日，新西兰国家统计局发布数据显示，新西兰 3 月份贸易顺差为 1.17 亿美元，同比有所下降。其中，3 月份出口额同比下降 14%。奶粉出口下降是出口额下降的主要原因。

澳大利亚第一季度 CPI 环比下降 0.2%。4 月 27 日，澳大利亚国家统计局发布数据显示，澳大利亚第一季度 CPI 环比下降 0.2%，同比增长 1.3%。其中，交通运输价格环比下降 2.5%；文化娱乐价格环比下降 1.0%；食品和非酒精饮料价格环比下降 0.2%；中学教育价格环比增长 4.6%；医疗服务业价格环比增长 1.6%；药品价格环比增长 4.8%。

5. 非洲

南非 3 月份通货膨胀率为 6.3%。南非统计局公布数据显示，南非 3 月份通货膨胀率为 6.3%，环比下降 0.7 个百分点，仍高于 3%—6% 的通货膨胀目标。

二、国际组织

世界银行与联合国贸发会议加强投资贸易合作。4 月 25 日，世界银行与联合国贸发会议宣布将深化在投资贸易领域的合作。双方表示将加强协作，促进发展中国家贸易、经济增长和综合竞争力提升。双方将在贸发会议投资审查制度和世界银行投资促进框架下加强投资政策协调，推动发展中国家私营部门发展，改善当地投资环境，帮助各国政府实施进一步改革，促进投资，提高利用投资实现可持续发展的能力。还将利用自身机构优势，加强对发展中国家在服务业方面的政策建议和改革支持。

亚洲开发银行 2015 年度贷款总额创新高。4 月 22 日，亚洲开发银行发布《2015 年度报告》称，亚洲开发银行 2015 年总业务额激增至 271.7 亿美元，创历史新高，其中包括 162.9 亿美元贷款和赠款，1.41 亿美元技术援助和 107.4 亿美元联合融资，联合融资增速达到了创纪录的 16%。2015 年的给付额创下了 122.2 亿美元的新纪录，同比增长 22%。而作为亚洲开发银行促进区域增长长期战略的一大重点，私营部门业务由 2014 年的 19.2 亿美元跃升至 26.3 亿美元。2015 年，亚洲开发银行通过合并其提供优惠贷款的亚洲发展基金与普通资金源资产负债表，实现融资能力的大幅提升。自 2017 年 1 月起，这一改革将使亚洲开发银行的股本基数增加近两倍，使其对发展中成员体和赤贫成员体的援助能够分别提升 50% 和 70%。

IMF、OECD、联合国和世界银行将共同搭建全球税收合作平台。4 月 19 日，IMF、OECD、联合国以及世界银行宣布将共同搭建“全球税收合作平台”，深化在国际税收领域的合作。在这一平台下，四个国际组织将定期就国际税收标准的制定与实施进行讨论，加强自身对国际税收合作能力建设的支持，向各国提供联合发展建议，分享各项活动的相关信息。平台的一个优先任务是向发展中国家提供一系列“工具篮子”，帮助他们在国际税收事务中实施 G20/OECD“税基侵蚀和利润转移行动计划”（BEPS）中的各项标准。平台定于 2016 年 11 月份出台首个刺激税收的政策工具，将会与新的 BEPS 的实施框架保持紧密联系。平台成员将与来自发展中国家、区域税收组织、银行和投资者代表举行定期会晤，也会视需要与商界和民间团体进行磋商。

IMF：中东产油国收入将进一步减少。4 月 25 日，IMF 发布研究报告称，因油价下跌，中东地区原油出口国 2015 年收入减少约 3900 亿美元，2016 年或将进一步扩大至 5000 亿美元。IMF 表示，收入减少将导致中东地区产油国财政预算出现赤字和经济增速下滑，特别是沙特阿拉伯等财政开支高度依赖原油的国家。IMF 预计，2016 年海合会六个成员国经济增速将从 2015 年的 3.3% 下降至 1.8%，其中沙特阿拉伯经济增速预计为 2%。IMF 还预计，到 2020 年，中东地区原油出口国将有 1000 万年轻人进入就业市场，按照目前的经济增速，预计将有 300 万人无法就业。

联大举行实现可持续发展目标高级别主题辩论。联合国大会就如何实现可持续发展目标举行高级别主题研讨会。来自 130 多个国家的国家元首、政府首脑和高级代表在会上发言，共同探讨如何在未来 15 年落实 2030 年可持续发展议程，消除贫困，为所有人建设更安全与平等社会。此次高级别辩论为期一天，包括全体会议、分组互动讨论等议程，旨在为各国政府、商业界、民间社会代表提供平台，汇集应对气候变化《巴黎协定》和 2030 年可持续发展议程带来的合力，启动发展目标的落实进程，各方将从国家计划、战略和预算，资金和市场，伙伴关系，新技术，应对气候变化 5 个方面探讨如何落实可持续发展目标。

三、国际大宗商品

本周纽约原油期货累计上涨 5.3%。截至本周四，纽约原油期货累计上涨

5.3%。周一纽约原油期货下跌1.09美元，收于每桶42.64美元；周二纽约原油期货上涨1.40美元，收于每桶44.04美元；周三纽约原油期货上涨1.29美元，收于每桶45.33美元；周四纽约原油期货上涨0.70美元，收于每桶46.03美元，创2015年11月4日以来新高。

本周纽约黄金期货累计上涨3%。截至本周四，纽约黄金期货累计上涨3%。周一纽约黄金期货上涨0.83%，收于每盎司1240.2美元；周二纽约黄金期货上涨0.26%，收于每盎司1243.4美元；周三纽约黄金期货上涨0.56%，收于每盎司1250.4美元；周四纽约黄金期货上涨1.3%，收于每盎司1266.4美元，创2015年5月10日以来最高收盘价。

四、区域合作

英、法、德等32国发布自动交换受益所有权信息联合倡议。4月25日，英国财政部发布消息称，英、法、德等32国发布自动交换受益所有权信息联合倡议。倡议强调在欧洲和国际上应用更高透明度标准的重要性，承诺尽快建立一种税务管理和执法部门能够实行且公司、信托、基金会、壳公司和其他有关实体能被鉴定的登记制或其他机制，并呼吁其他国家和地区采用此类机制。

第十轮中欧投资协定谈判在布鲁塞尔举行。4月26日，第十轮中欧投资协定谈判在比利时布鲁塞尔举行，本轮谈判为期4天。双方将继续围绕文本展开谈判，力争取得尽可能多的进展。从2016年1月份开始，中欧双方以合并文本为基础，推进实质性的文本谈判。双方此前商定，2016年将举行5—6轮谈判。

中国和印尼举行副总理级对话机制第五次会议。4月26日，中国和印尼副总理级对话机制第五次会议在北京举行，国务委员杨洁篪和印尼政治、法律和安全事务统筹部长卢胡特共同主持了会议。杨洁篪表示，中印尼关系发展良好，两国高层交往密切，各领域合作不断拓展，在国际事务中密切沟通、相互支持。面对当前国际和地区形势，双方应从战略高度和长远角度出发，把握双边关系大局，加强两国政治安全领域战略性合作，拓展和深化各领域务实合作，为中印尼全面战略伙伴关系发展不断注入新动力。双方同意，积极对接两国发展战略，持续推进铁路、电力、矿业、航天、农业、渔业等领域务实合作；深化在防务、反恐、禁毒、执法、网络等领域安全合作；加强海上合作，建设相互尊重、互利互惠的海洋伙伴关系；积极推进东亚合作，推动中国－东盟关系持续稳定发展；在国际组织和多边机制中加强协调合作，为维护地区及全球和平、稳定与发展多做贡献。

五、全球宏观经济形势

世界银行发布最新《大宗商品价格展望》。4 月 26 日，世界银行发布最新一期《大宗商品价格展望》报告称，在市场情绪改善和美元走弱的情况下，预计原油市场供应过剩局面逐渐缓解，将 2016 年原油价格预测从上期的每桶 37 美元调高至每桶 41 美元。

世界银行高级经济学家、《大宗商品市场前景》报告主要作者约翰·巴菲斯表示，预计 2016 年市场在经历一段时间的供应过剩之后会重新恢复平衡，随之能源类大宗商品价格将会小幅上升。在国际大宗商品市场上，在伊拉克、尼日利亚原油生产中断和非石油输出国组织国家特别是美国页岩油减产之后，4 月份国际原油价格从 1 月中旬的每桶 25 美元低点回弹至每桶 40 美元。但若欧佩克大幅增产，而非欧佩克国家减产速度低于预期，能源价格有可能进一步下跌。

报告指出，2016 年世界银行跟踪的所有主要大宗商品价格预计都会比 2015 年出现下跌，主要原因在于供应持续高企，包括能源、金属和农业原材料在内的工业类大宗商品在新兴市场和发展中经济体增长前景疲软。大宗商品价格低迷削弱了很多资源出口国的增长前景，特别是大量借贷和大规模投资的国家，在面临大宗商品价格下跌导致收入减少和增长放缓的情况下，偿还债务和维持投资水平的压力进一步加大。

第 18 周（2016/04/30—2016/05/06）

2016 年 4 月 30 日—5 月 6 日，国际财经要情有：欧盟和欧元区第一季度 GDP 初值环比分别上升 0.5% 和 0.6%；法国第一季度 GDP 环比增长 0.5%；日本 3 月份 CPI 同比下降 0.1%；澳大利亚央行降低现金利率 25 个基点；亚洲开发银行与亚洲基础设施投资银行签署合作谅解备忘录；第十九届“10 +3”财长和央行行长会议在德国法兰克福召开；OECD 国家 3 月份年化通货膨胀率降至 0.8%。

一、区域观察

1. 北美地区

美国 4 月份 ISM 制造业和非制造业指数分别为 50.8% 和 55.7%。5 月 2 日，美国供应管理协会发布数据显示，美国 4 月份 ISM 制造业指数为 50.8%，环比下降 1 个百分点，新订单指数为 55.8%，环比下降 2.5 个百分点。美国 4 月份 ISM 非制造业指数为 55.7%，环比增长 1.2 个百分点。4 月份美国非制造业加速扩张。其中，非制造业商业活跃指数为 58.8%，环比下降 1 个百分点；新订单指数为 59.9%，环比增长 3.2 个百分点；就业指数为 53%，环比增长 2.7 个百分点；价格指数为 53.4%，环比增长 4.3 个百分点。

美国 3 月份货物及服务贸易逆差 404 亿美元。5 月 4 日，美国商务部发布数据显示，美国 3 月份货物及服务贸易逆差 404 亿美元，环比下降 65 亿美元，同比下降 10 亿美元。其中，出口额为 1766 亿美元，环比下降 15 亿美元，同比下降 305 亿美元；进口额为 2171 美元，环比下降 81 亿美元，同比下降 316 亿美元。数据还显示，3 月份货物逆差环比下降 60 亿美元至 585 亿美元，服务顺差环比增长 5 亿美元至 181 亿美元。

加拿大 2 月份 GDP 萎缩 0.1%。4 月 29 日，加拿大统计局公布数据显示，由于制造业、矿业、原油与天然气开采业表现不佳，加拿大 2 月份 GDP 环比下降 0.1%，结束此前 GDP 连续 4 个月增长趋势。

2. 拉美地区

2016 年巴西经济或萎缩 3.89%。5 月 2 日，巴西央行发布报告，下调 2016 年巴西经济增长预期至 -3.89%，同时将 2016 年通货膨胀预期下调至 6.94%。

3. 欧洲

欧盟和欧元区第一季度 GDP 初值环比分别上升 0.5% 和 0.6%。4 月 29 日，欧盟统计局发布数据显示，经季调，欧盟第一季度 GDP 初值环比上升 0.5%，同比上升 1.7%；欧元区第一季度 GDP 初值环比上升 0.6%，同比上升 1.6%。

欧盟和欧元区 3 月份零售贸易环比分别下降 0.7% 和 0.5%。5 月 4 日，欧盟统计局发布数据显示，经季调，欧盟 3 月份零售贸易额环比下降 0.7%，欧元区环比下降 0.5%；欧盟 3 月份零售指数同比增长 2.4%，欧元区同比增长 2.1%。食品、饮料和烟草以及非食品产品和汽油是欧盟和欧元区 3 月份零售贸易环比下降的主要原因。

欧洲央行发布月报称欧元区经济将持续复苏。5 月 5 日，欧洲央行公布例行经济月报称，3 月份货币政策方案公布后，欧元区整体融资条件正在改善，受家庭消费和投资反弹支撑，预计经济将持续复苏，但欧元区增长前景面临的风险仍偏向下行。欧洲央行将继续密切关注价格稳定前景，在使命范围内使用一切可能的工具，确保超低通货膨胀率不会使对薪资和定价产生过于负面的影响。此外，欧洲央行决定 2018 年年底终止 500 欧元面额纸币的发行。

欧元区 4 月份 PMI 终值为 51.7。5 月 2 日，市场调查机构 Markit 发布数据显示，欧元区 4 月份 PMI 终值为 51.7，环比上升 0.1 个百分点，为 3 个月以来新高。欧元区制造业第二季度初仍然低迷，但就业增长获得动力，通缩压力有所减轻。

德国 3 月份失业率为 4.2%。4 月 28 日，德国联邦统计局发布数据显示，经季调，德国 3 月份失业率为 4.2%，环比下降 0.1 个百分点，失业人数为 180 万人，环比下降约 1.7 万人。就业人数为 4320 万，同比上升 1.2%，经季调，环比上升 0.1%。

德国 4 月份制造业 PMI 为 51.8。5 月 2 日，市场调查机构 Markit 发布数据显示，德国 4 月份制造业 PMI 为 51.8，环比上升 1.1 个百分点。新企业增加和国内外市场需求上升是推动 PMI 上涨的主要原因。4 月份新出口订单继续增加，增长率为 1 月份以来最高，就业实现三个月以来首次增长，投入和产出价格下跌速度放缓。

英国财政部发布新国家基础设施交付计划。4 月 29 日，英国财政部发布新国家基础设施交付计划。该计划涵盖各领域共计 600 余个基础设施项目，投资总额为 4830 亿英镑。并首次将如何支持大规模住房与重建项目和关键社会基础设施包括在内。计划特别关注近 3000 亿英镑的管道建设。

法国第一季度 GDP 环比增长 0.5%。4 月 29 日，法国国家统计局发布数据显示，法国第一季度 GDP 环比增长 0.5%。其中，家庭消费支出环比上升 1.2%，固定资产形成总额环比增长 0.9%，进口环比增长 0.5%，出口环比下降 0.2%。

法国 4 月份制造业 PMI 为 48.0。5 月 2 日，市场调查机构 Markit 发布数据显示，法国 4 月份制造业 PMI 为 48.0，环比下降 1.6 个百分点，为一年以来新低，新订单下跌速度为 14 个月以来最快，产出价格下跌速度为 2009 年 7 月份以来最快。

意大利 3 月份失业率为 11.4%。4 月 29 日，意大利国家统计局发布数据显示，意大利 3 月份就业率为 56.7%，环比上升 0.2 个百分点；失业率为 11.4%，环比下降 0.3 个百分点。其中，青年失业率为 36.7%，环比下降 1.5 个百分点。

2016 年俄罗斯经济或萎缩 1.9%。5 月 3 日，欧盟委员会下调 2016 年俄罗斯经济增长预期至 -1.9%，同时上调 2017 年俄罗斯经济增速预期至 0.5%。欧盟委员会认为，影响俄罗斯经济增长的主要因素是地缘政治、油价回升乏力以及俄罗斯央行的货币政策。

4. 亚洲

日本 3 月份 CPI 同比下降 0.1%。4 月 28 日，日本总务省发布数据显示，日本 3 月份 CPI 为 103.3，环比增长 0.1%，同比下降 0.1%。其中，货物价格指数为 103.9，环比持平，同比下降 0.5%；服务业价格指数为 102.6，环比增长 0.1%，同比增长 0.4%。数据还显示，剔除生鲜食品，3 月份 CPI 为 102.7，环比增长 0.1%，同比下降 0.3%。

日本 4 月份制造业 PMI 终值为 48.2。5 月 2 日，市场调查机构 Markit 发布数据显示，日本 4 月份制造业 PMI 终值为 48.2，环比下降 0.9 个百分点，为 2013 年 1 月份以来最低值。日本制造业产出和新订单均大幅度下降，出口新订单缩减幅度为 39 个月以来最高水平。此外，投入价格降幅为三年半以来最高水平。

韩国 3 月份经常账户盈余 100.9 亿美元。5 月 2 日，韩国央行发布数据显示，韩国 3 月份经常账户盈余 100.9 亿美元，第一季度盈余 240.8 亿美元。其中，货物账户盈余 124.5 亿美元，环比增长 49.1 亿美元；服务账户赤字 10.0 亿美元，环比下降 2.4 亿美元；初次收入账户赤字 8.6 亿美元；二次收入账户赤字 5.1 亿美元。

韩国 4 月份官方外汇储备为 3725 亿美元。5 月 4 日，韩国央行发布数据显示，韩国 4 月份官方外汇储备为 3725 亿美元。其中，有价证券为 3413 亿美元，存款 222 亿美元，黄金储备 48 亿美元，SDRs 为 24 亿美元，IMF 储备头寸 18 亿美元。截至 3 月末，韩国外汇储备居世界第七位。

新西兰第一季度失业率为 5.7%。5 月 4 日，新西兰国家统计局发布数据显示，新西兰第一季度失业率为 5.7%，同比下降 0.1 个百分点。此外，第一季度劳动力环比增长 3.8 万人。

澳大利亚央行降低现金利率 25 个基点。5 月 3 日，澳大利亚央行行长史蒂文斯发表讲话称，自 5 月 4 日起，澳大利亚央行降低现金利率 25 个基点至 1.75%。这一举措表明通货膨胀压力低于预期。澳大利亚央行决定继续实行宽松货币政策，推动经济可持续发展，努力实现通货膨胀目标。

5. 非洲

南非 3 月份贸易顺差达 29 亿兰特。南非税务总署公布数据显示，南非 3 月份出口额为 961 亿兰特，环比增长 6.3%；进口额为 932 亿兰特，环比增长 1.6%，贸易顺差达 29 亿兰特。这是南非 2016 年来首次实现贸易顺差。

二、国际组织

亚洲开发银行与亚洲基础设施投资银行签署合作谅解备忘录。5 月 2 日，亚洲开发银行行长中尾武彦与亚洲基础设施投资银行行长金立群在出席亚洲开发银行理事会第 48 届年会之际，签署了一项加强双边融资合作的谅解备忘录，表示将共同推动域内基础设施建设。该备忘录指出，亚洲开发银行和亚洲基础设施投资银行将本着互惠互补、互利共赢的精神，在战略和技术层面上发挥所长，加强包括联合融资在内的一系列合作。通过加强各成员国之间的联合融资、知识共享和政策对话，亚洲开发银行和亚洲基础设施投资银行将在能源、交通、通信、乡村和农业发展、水资源、城市发展以及环境保护等领域开展进一步合作。目前，亚洲开发银行与亚洲基础设施投资银行已就道路和水利建设领域的多个共同融资项目展开洽谈。巴基斯坦 M4 高速公路被列入首批项目。该公路全长 64 公里，将连接巴国旁遮普省的绍尔果德市与哈内瓦尔市。

亚洲开发银行理事会第 49 届年会在德国法兰克福举行。5 月 2 日，亚洲开发银行理事会第 49 届年会在德国法兰克福举行。德国联邦经济合作与发展部国务秘书费希特主持了理事会会议，来自亚洲开发银行各成员理事及相关金融机构负责人出席了会议。财政部部长楼继伟率中国代表团出席会议。会议主要就亚太地区经济形势、亚洲国家推动结构性改革、进一步推动亚洲开发银行改革等议题进行了讨论。

楼继伟部长在发言中表示，当前全球经济依然面临严峻挑战。各国应加快推动结构性改革，增强经济的灵活性和韧性，通过创新为经济注入可持续增长动力。作为全球经济的火车头，亚太地区同样面临艰巨的结构性改革任务。作为本地区重要的多边开发机构，亚洲开发银行应主动适应形势变化，积极有所作为，制定包括中高收入国家合作战略在内的更具前瞻性的发展战略；开发更具创新性的政策工具，切实提高项目质量；加强亚洲开发银行治理结构和机构能力；全面拓展与现有多边发展援助机构，亚投行、金砖银行等新机构，以及采取 PPP 模式加强与私营部门的合作伙伴关系。楼部长强调，2016 年是亚洲开发银行成立 50 周年，也是中国和亚洲开发银行合作 30 周年。中方将一如既往地支持亚洲开发银行，并深化与亚洲开发银行的全方位合作。中国将对 ADF12 捐款 1 亿美元，支持亚洲开发银行低收入成员的减贫事业。希望亚洲开发银行能站在新的历史起点，以自身变革带动自身更好发展，并为亚太地区的减贫和发展做出新的更大贡献。

OECD：“脱欧”将拖累英国 GDP 增长。4 月 27 日，OECD 发表研究报告称，英国若退出欧盟将给英国经济带来巨大不确定性，导致到 2020 年英国国内生产总值（GDP）增长放缓 3%，给每个英国家庭带来折合 2200 英镑的收入减少，而到 2030 年，在折中的情况下，脱欧后英国 GDP 将比留在欧元区减少超过 5%，相当于每户家庭减少 3200 英镑的收入，而在不乐观的情况下，脱欧对 GDP 的负面影响可能超过 7.5%。

三、国际大宗商品

本周纽约原油期货累计下跌 3.5%。截至本周四，纽约原油期货累计下跌 3.5%。周一纽约原油期货下跌 1.14 美元，收于每桶 44.78 美元；周二纽约原油期货下跌 1.13 美元，收于每桶 43.65 美元；周三纽约原油期货上涨 0.13 美元，收于每桶 43.78 美元；周四纽约原油期货上涨 0.54 美元，收于每桶 44.32 美元。

本周纽约黄金期货累计下跌 1.4%。截至本周四，纽约黄金期货累计下跌 1.4%。周一纽约黄金期货上涨 0.41%，收于每盎司 1295.8 美元；周二纽约黄金期货下跌 0.31%，收于每盎司 1291.8 美元；周三纽约黄金期货下跌 1.35%，收于每盎司 1274.4 美元；周四纽约黄金期货下跌 0.2%，收于每盎司 1272.3 美元。

四、区域合作

第十九届“10+3”财长和央行行长会议在德国法兰克福召开。5 月 3 日，第十九届东盟与中日韩（10+3）财长和央行行长会议在德国法兰克福举行，重点讨论了全球和区域宏观经济形势以及“10+3”财金合作等议题，并发表了《第 19 届“10+3”财长和央行行长会联合声明》。会议认为，东亚经济将继续保持较快增长，但面对全球经济增长疲弱、货币政策分化、潜在通缩压力等挑战，下行风险仍然存在。对此，“10+3”各方将继续采取必要的财政政策、货币政策和结构性改革，以促进经济持续、包容增长，增强市场信心。同时，各方将密切监测短期资本流动，采取宏观审慎监管政策和资本流动管理措施，增强金融部门弹性，应对大规模资本逆向流动可能产生的风险。

各方对区域财金合作各项倡议进展情况表示满意。会议同意 2016 年启动五年一次的清迈倡议多边化协议（CMIM）定期评估，进一步加强 CMIM 的有效性和可用性，并探讨 CMIM 融入全球金融安全网有关问题。会议肯定了东盟与中日韩宏观经济研究办公室（AMRO）升级为国际组织及对增强区域经济金融稳定的重要性。会议对 AMRO 高层职位招聘工作结果表示满意，期待着以常军红女士为主任的 AMRO 新管理团队继续推动 AMRO 机构能力建设，感谢现任主任根本洋一先生在过去 4 年为 AMRO 发展所做出的贡献。会议肯定了亚洲债券市场倡议（ABMI）为区域本币债券市场发展所做出的贡献，并批准了 ABMI 未来三年发展的中期路线图。

会上，楼继伟部长宣布，为支持“10 + 3”地区强化机构能力建设和知识共享，进一步增强“10 + 3”财金合作的凝聚力和向心力，中国政府将在 AMRO 设立规模为 300 万美元的中国技术援助信托基金，用于人员交流、业务培训、专题研究和组织研讨，帮助区域成员加强宏观经济监测能力，增强 AMRO 机构能力，有效维护区域宏观经济和金融稳定。

《区域全面经济伙伴关系协定》（RCEP）第十二轮谈判在珀斯举行。4 月 17 日—29 日，《区域全面经济伙伴关系协定》（RCEP）第 12 轮谈判在澳大利亚珀斯举行。东盟 10 国、中国、日本、韩国、澳大利亚、新西兰、印度和东盟秘书处派代表团与会。各方就货物、服务、投资、知识产权、经济技术合作、电子商务、法律条款等领域进行了深入磋商，谈判取得积极进展。第 13 轮谈判将于 2016 年 6 月 12 日—18 日在新西兰奥克兰举行。

2016 年中美发展合作会议在北京举行。4 月 28 日，2016 年中美发展合作会议在北京举行。中美双方介绍了各自在发展领域的重要倡议，回顾了近年来中美发展合作进程，总结了合作经验，并围绕粮食安全、公共卫生、人道主义救援和减灾、多边机制项下合作以及联合国 2030 年可持续发展目标等全球发展议题进行了广泛深入地沟通和交流，探讨了下一步的合作。中方商务部、中央财办、外交部、财政部、农业部、卫生计生委、地震局、疾控中心等相关单位及美国国际发展署、财政部、健康与人类服务部、疾控中心、美国驻华使馆等机构派代表出席了会议。

普京签署欧亚经济联盟与越南自贸协定。5 月 1 日，俄罗斯总统普京签署法令批准了欧亚经济联盟与越南的自由贸易协定，协定从 5 月 1 日起正式生效。2015 年 5 月，欧亚经济联盟与越南正式签署了自贸协定，这是俄罗斯主导的欧亚经济联盟与第三方签署的第一个自贸区协定。根据该协定，欧亚经济联盟成员国与越南之间将通过减免协定商品名录中大部分商品的进口关税来实现贸易自由化。俄方预测称，该协定可使双方贸易额在未来几年内从目前的 40 亿美元提高到 100 亿美元。

五、全球宏观经济形势

OECD 国家 3 月份年化通货膨胀率降至 0.8%。5 月 3 日，OECD 发布数据显示，成员国 3 月份的年化通货膨胀率从 2 月份的 1.0% 微降至 0.8%。通货膨胀率下降主要受能源价格进一步下跌的影响（2 月份能源价格同比下降 8.9%，3 月份同比下降为 9.5%）。粮食价格同样下跌，从 2 月份的 0.9% 降至 0.7%。剔除粮食和能源因素，OECD 国家 3 月份年化通货膨胀率连续第 4 个月稳定在 1.9%。

主要成员国 3 月份年化通货膨胀率走势各异。日本通货膨胀率从 2 月份的 0.3% 跌至负 0.1%；加拿大和美国的通货膨胀率分别从 2 月份的 1.4% 和 1.0% 微降至 1.3% 和 0.9%；德国和英国的通货膨胀率有所上涨，分别从 2 月份的 0.0% 和 0.3% 升至 0.3% 和 0.5%；法国和意大利的负通货膨胀有所缓解，分别从 2 月份的负 0.2% 和负 0.3% 升至负 0.1% 和负 0.2%。二十国集团（G20）3 月份的年化通货膨胀率从 2 月份的 2.4% 降至 2.3%。非 OECD 国家中，俄罗斯、巴西和南非 3 月份的年化通货膨胀率分别降至 7.3%、9.4% 和 6.6%；沙特 3 月份的年化通货膨胀率微升至 4.3%；中国、印尼、印度的年化通货膨胀率分别稳定在 2.3%、4.4% 和 5.5%。

IMF 下调拉丁美洲经济增长预期。4 月 27 日，IMF 发布区域经济展望报告，下调了对拉丁美洲和加勒比地区的经济增长预期。IMF 称，受全球经济复苏乏力、大宗商品价格低位波动等因素影响，2016 年拉丁美洲和加勒比地区经济将持续衰退，预计 2016 年该地区 GDP 将萎缩 0.5%，这将是自拉丁美洲 1982—1983 年发生债务危机以来，首次出现连续两年经济负增长。但 IMF 指出，区域内许多经济体继续保持着温和增长态势，而巴西和阿根廷等区域大国面临的衰退状况拖累了地区的总体经济表现。IMF 预计，拉丁美洲和加勒比地区将在 2017 年实现 1.5% 经济增长。

第 19 周（2016/05/07—2016/05/13）

2016 年 5 月 7—13 日，国际财经要情有：美国 4 月份失业率为 5%；2016 年巴西经济或萎缩 3.86%；俄罗斯 2017 年 GDP 或增长 0.4%；日本央行发布 3 月份货币政策会议纪要；南非第一季度失业率达 8 年来高位；亚投行宣布与欧洲复兴开发银行首个联合融资项目；中国与加拿大等签署《转让定价国别报告多边主管当局间协议》；IMF 发布最新一期《亚太经济展望》。

一、区域观察

1. 北美地区

美国 4 月份失业率为 5%。5 月 6 日，美国劳工部发布数据显示，美国 4 月份失业率为 5%，失业人口为 790 万人；就业率为 59.7%，非农就业人口增加 16 万人。其中，商务服务业、医疗业、金融业等就业岗位增加，采矿业仍在裁员，建筑业、制造业、批发零售业等就业情况无明显变化。

耶伦称不排除极端情况下采取负利率。5 月 13 日，美联储主席耶伦在对美国国会议员书面提问的答复中表示，不排除在非常不利的情况下采取负利率的可能，但必须考虑负利率的意外后果。她强调，美联储正设法尽可能多地吸取其他国家采取负利率的经验和教训，但负利率只能作为最后的手段。耶伦重申，加息将采取循序渐进的路径，但如果经济前景突变，美联储将对货币政策进行调整。

美国 3 月份批发销售额环比上升 0.7%。5 月 10 日，美国商务部发布数据显示，经季调，美国 3 月份批发销售额为 4307 亿美元，环比上升 0.7%，同比下降 2.0%。其中，耐用品销售环比下降 0.2%，同比下降 0.4%；非耐用品销售环比上升 1.6%，同比下降 3.5%。硬件、管道和加热设备等销售额环比下降 2.2%；石油及石油制品销售额环比上升 13.5%；农产品原材料销售额环比上升 2.7%。

加拿大 4 月份失业率环比持平。5 月 6 日，加拿大国家统计局发布数据显示，加拿大 4 月份失业率为 7.1%，环比持平；就业率同比增长 0.8%，工时同比增长

0.9%。其中，制造业、商业、建筑业就业人数减少，批发业、零售业、住宿和食品业就业人数增加，自雇人数小幅下降。

2. 拉美地区

2016 年巴西经济或萎缩 3.86%。5 月 9 日，巴西央行发布报告，上调 2016 年巴西经济增长预期至 -3.86%，同时将 2016 年通货膨胀预期上调至 7%。

3. 欧洲

欧洲央行称欧元区应采取措施推动经济繁荣。5 月 9 日，欧洲央行副行长康斯坦西奥发表讲话称，欧元区吸收冲击能力增强，延续宽松货币政策需结构性改革与财政政策的支持。当前，欧元区应采取三项措施推动经济繁荣：一是提高生产率，如改善商业环境与提供充足公共基础设施；二是在遵从欧盟财政规则的前提下实施利于经济增长的财政政策；三是通过建立资本与货币市场联盟加强欧元区抵御冲击的能力。

欧洲央行自 2018 年年底永久停印 500 欧元面值纸币。欧洲央行发布消息称，考虑 500 欧元面值纸币的流通会滋生违法行为，决定自 2018 年年底起永久停印该面值纸币。流通中的 500 欧元面值纸币仍可无限期使用及兑换。

欧洲未来两年对希腊创新企业贷款 2000 万欧元。5 月 9 日，欧委会发布消息称，欧洲投资基金和 ProCredit 集团签订协定，将在未来两年内对希腊创新企业提供 2000 万欧元贷款。

德国 3 月份出口额同比下降 0.5%。5 月 10 日，德国联邦统计局发布数据显示，德国 3 月份出口额为 1070 亿欧元，同比下降 0.5%；进口额为 809 亿欧元，同比下降 4.3%。经季调，3 月份贸易盈余 236 亿欧元。

德国 3 月份制造业营业额环比下降 1.1%。5 月 11 日，德国联邦统计局发布数据显示，经季调，德国 3 月份制造业营业额环比下降 1.1%，同比增长 0.7%。其中，国内营业额环比下降 1.3%，同比下降 0.3%；海外营业额环比下降 0.8%，同比增长 1.8%。此外，德国第一季度制造业营业额同比增长 1.5%。其中，国内营业额同比增长 1.3%，海外营业额同比增长 1.6%。

英议会通过《2016 年英格兰银行与金融服务法案》。5 月 4 日，英国财政部发布消息称，英国议会通过《2016 年英格兰银行与金融服务法案》，明确英国央行在英国经济与金融体系中的核心地位。该法案包括以下三点措施：一是通过停止审慎监管局的附属地位，并首次允许国家审计署进行审查以加强央行的治理和问责制；二是更新央行和财政部间的解决方案与危机管理安排以保护纳税人不受企业失败影响；三是通过全面推行高管及认证机制，确保金融服务业的高级管理人员为其监管失败负责。

英国 3 月份贸易逆差 149 亿英镑。5 月 10 日，英国国家统计局发布数据显示，英国 3 月份出口额为 249 亿英镑，同比下降 12.3%；进口额为 398 亿英镑，同比增长 8.2%；贸易逆差 149 亿英镑。第一季度出口额为 713 亿英镑，同比下降 4.5%；进口额为 1070 亿英镑，同比增长 1.0%；贸易逆差 352 亿英镑，同比增长 14.4%。

意大利 3 月份私营部门贷款利率为 0.3%。5 月 10 日，意大利央行发布数据显示，意大利 3 月份私营部门贷款利率为 0.3%，环比下降 0.3 个百分点；家庭贷款利率为 1.1%，环比上升 0.1 个百分点；非金融企业贷款利率为 -0.3%，环比下降 0.6 个百分点。

瑞士 4 月份 CPI 环比上升 0.3%。5 月 9 日，瑞士国家统计局发布数据显示，瑞士 4 月份 CPI 为 100.4，环比上升 0.3%，同比下降 0.4%。

俄罗斯 2017 年 GDP 或增长 0.4%。5 月 10 日，俄罗斯经济发展部大幅下调俄 2017 年经济增长预期至 0.4%，并预计俄 2016 年、2017 年居民实际收入将持续减少。

4. 亚洲

日本央行发布 3 月份货币政策会议纪要。5 月 9 日，日本央行发布 3 月份货币政策纪要，主要有以下五点内容：一是维持货币基础每年 80 万亿日元增速，并继续对金融机构在银行活期账户实施 -0.1% 利率；二是出口和生产疲软，但日本经济保持缓慢复苏势头，CPI 同比持平；三是内需呈增长态势，家庭和企业收支形成良好循环；四是全球经济仍面临不确定性因素，金融市场动荡；五是日本央行将继续推行负利率 QQE，以实现 2% 通货膨胀目标。

日本 3 月份贸易顺差 9272 亿日元。5 月 12 日，日本财务省发布数据显示，日本 3 月份贸易顺差 9272 亿日元，同比增长 38.6%。其中，出口额为 63316 亿日元，同比下降 11.4%；进口额为 54044 亿日元，同比下降 16.6%。

日本 4 月份官方储备资产为 12625.09 亿美元。5 月 11 日，日本财务省发布数据显示，日本 4 月份官方储备资产为 12625.09 亿美元。其中，外汇储备为 12004.07 亿美元，IMF 储备头寸为 123.93 亿美元，SDRs 为 175.56 亿美元，黄金储备为 316.30 亿美元。

韩国 4 月份失业率为 3.9%。5 月 11 日，韩国国家统计局公布数据显示，韩国 4 月份就业人口 2615.3 万，同比增加 25.2 万人；失业率 3.9%，同比持平。其中，青年失业率达 10.9%，创历史新高。统计局表示，由于很多韩国青年计划参加将于 6 月份举行的公务员考试，青年失业率增长趋势或将持续一段时间。

韩国 4 月份进出口价格指数环比均有所下降。5 月 12 日，韩国央行发布数据显示，韩国 4 月份出口价格指数环比下降 3.4%，同比下降 5.7%；进口价格指数环比下降 1.9%，同比下降 7.2%。其中，农林渔业产品出口价格环比下降 0.9%，同比增长 14.2%；制造业产品出口价格环比下降 3.4%，同比下降 5.8%；原材料进口价格环比下降 0.9%，同比下降 24.0%；中间品进口价格环比下降 2.3%，同比下降 3.2%。

澳大利亚 3 月份货物及服务贸易逆差 21.63 亿澳元。澳大利亚国家统计局发布数据显示，经季调，澳大利亚 3 月份货物和服务贸易逆差 21.63 亿澳元，环比下降 29%。其中，出口额为 265.29 亿澳元，环比增长 4%；进口额为 286.92 亿澳元，环比增长 1%。

5. 非洲

南非第一季度失业率达 8 年来高位。5 月 10 日，南非统计局公布数据显示，南非第一季度失业人口达 270 万人，环比增加 35 万人，失业率攀升至 26.7%，达 8 年来高位。就业市场低迷令市场开始怀疑南非政府能否实现 2020 年前将失业人数减半的目标。

二、国际组织

亚洲基础设施投资银行宣布与欧洲复兴开发银行首个联合融资项目。5 月 11 日，在欧洲复兴开发银行（EBRD）年会期间，亚洲基础设施投资银行与 EBRD 签署谅解备忘录，并宣布双方首个联合融资项目为连接塔吉克斯坦首都杜尚别与乌兹别克斯坦边境的一条公路，该公路将成为中亚地区东西主干道的一部分。这也是继支持巴基斯坦高速公路项目后亚投行发放的第二笔贷款。亚洲基础设施投资银行行长金立群表示，该项目标志着亚投行与 EBRD 迈出了深入合作的重要一步，双方将共同致力于满足亚洲和世界对基础设施建设资金的需要。

亚洲开发银行发布 2015 年业绩报告。亚洲开发银行发布《2015 年业绩评估报告》，这是亚洲开发银行连续第 9 年发布年审报告。报告显示，2015 年亚洲开发银行设定的绩效目标共有 17 个，实际达成 13 个，同时 80% 的主权项目在预算内顺利开展。2015 年，亚洲开发银行兴修道路 1 万余公里，新增电站装机 400 兆瓦，其中半数为修复改造项目。受亚洲开发银行资助的水利、公共卫生和农业灌溉项目惠及数百万家庭，亚洲开发银行支援建设的教育设施为 700 万学生带来便利。同时，亚洲开发银行帮助各发展中成员国开展了 20 个公私合作项目（PPP），创历史新高。2015 年，亚洲开发银行新批准的贷款较 2014 年上升 20%，达到创纪录的 163 亿美元，贷款发放和联合融资均创新高。同时，亚洲开发银行缩短了主权和非主权项目的审批时间，内部行政成本减少 10%，节约了超过 100 万美元。但报告显示，尽管项目整体成功率达到 72%，但仍低于 80% 的目标值。项目实施平均拖延 2 年，超过 90% 的项目存在拖延问题。同时，主权项目贷款支付率出现下降。

IMF：腐败使全球经济每年损失上万亿美元。5 月 11 日，IMF 发布研究报告称，贪腐受贿等行为每年让全球经济损失 1.5 万亿—2 万亿美元，约占全球经济总量的 2%，而腐败造成的经济增长放缓、税款流失及扶贫不力等现象产生的经济和社会成本更高。报告呼吁，各经济体加大反腐力度，提高财政和金融透明度，同时配合清晰的法律框架，从而减少贪腐的发生，推动经济和社会健康发展。

联合国粮农组织：4 月份食品价格指数上涨 0.7%。联合国粮农组织发布报告称，4 月份全球主要食品价格出现上涨，粮农组织食品价格指数在结束 4 年跌势后连续第三个月出现上扬。数据显示，4 月份食品价格指数升至 151.8 点，比 3 月份略微增长了 0.7%，但低于 2015 年同期水平 10 个百分点，仅为 2011 年高峰时期的 2/3。粮农组织表示，食品价格增长的趋势并不平衡，4 月份的涨幅主要由棕榈油以及谷物价格上扬导致。

国际金融协会：全球企业债规模已达危险水平。国际金融协会发布报告称，全球企业债规模已达危险水平，部分指标甚至远超金融危机前泡沫时期水平。报告称，过去 10 年，新兴经济体企业债务规模增长了 5 倍，达到 25 万亿美元。美国和欧洲等发达经济体发行的垃圾债券规模创历史新高，美国企业整体盈利情况自 2014 年开始下滑，但依然在大量发债，通过发债筹集的资金大多被用来支付红利、回购股票和支持并购交易，而不是用于企业资本投资。

三、国际大宗商品

本周纽约原油期货累计上涨 4.6%。截至本周四，纽约原油期货累计上涨 4.6%。周一纽约原油期货下跌 1.22 美元，收于每桶 43.44 美元；周二纽约原油期货上涨 1.22 美元，收于每桶 44.66 美元；周三纽约原油期货上涨 1.57 美元，收于每桶 46.23 美元；周四纽约原油期货上涨 0.47 美元，收于每桶 46.7 美元。

本周纽约黄金期货累计下跌 1.8%。截至本周四，纽约黄金期货累计下跌 1.8%。周一纽约黄金期货下跌 2.12%，收于每盎司 1266.6 美元；周二纽约黄金期货下跌 0.14%，收于每盎司 1264.8 美元；周三纽约黄金期货上涨 0.85%，收于每盎司 1275.5 美元；周四纽约黄金期货下跌 0.34%，收于每盎司 1271.2 美元。

四、区域合作

中国与加拿大等签署《转让定价国别报告多边主管当局间协议》。5 月 12 日，中国与加拿大、印度、以色列和新西兰四国共同签署了《转让定价国别报告多边主管当局间协议》。根据该协议，签署国承诺将自动交换跨国企业集团按照各国国内法要求编制的转让定价国别报告。这是第十届税收征管论坛（FTA）大会的重要成果之一，也是经济合作与发展组织（OECD）协调举行的第二次多国集体签署仪式。截至目前，协议签署国已达 39 个。协议明确了跨国企业集团资料报送的义务以及各国税务部门信息交换的义务，有利于各国税务部门了解跨国企业集团全球经营状况，促进纳税遵从，确保国际税收体系公平。该协议的签署，是落实二十国集团（G20）领导人对税基侵蚀和利润转移（BEPS）项目的承诺，推进全球税收合作，打击国际逃避税，加强税收信息交换的重要举措。

中国—海合会自贸区第七轮谈判在广州举行。5 月 8 日，中国—海合会自贸区第七轮谈判在广州举行。本轮谈判是中海双方宣布恢复自贸区谈判后举行的第二轮谈判，在为期三天的谈判中，双方就服务贸易、投资、经济技术合作以及货物贸易遗留问题等内容进行了深入交流，谈判取得积极进展。2016 年 1 月 19 日，习近平主席对沙特进行国事访问期间，双方宣布恢复中海自贸区谈判，力争在 2016 年达成一个全面的一揽子协议。

五、全球宏观经济形势

IMF 发布最新一期《亚太经济展望》。IMF 发布最新一期《亚太经济展望》指出，亚洲仍是全球经济最具活力的地区。虽然全球复苏依然乏力、国际贸易增长放缓以及中国增长转型带来的短期影响令亚洲经济发展面临严重阻力，但只要加强改革，亚洲完全能够应对挑战。为了提高抵御全球风险的能力并保持经济活力，亚洲地区的政策制定者应推进结构性改革，以提高生产率和创造财政政策空间，同时在必要情况下推动需求增长。

2016—2017 年，受全球经济复苏乏力等因素影响，亚太地区经济体的 GDP 增长预计将小幅下降至 5. 25% 左右。由于外部需求仍相对疲软，而全球金融环境已开始收紧，亚洲地区多数经济体的国内需求预计将是经济活动的主要驱动力。当前，亚洲地区劳动力市场状况稳健，大宗商品价格下跌，可支配收入不断增长，一些经济体采取了宏观经济刺激措施，这些都将对国内需求特别是消费需求起到促进作用。报告认为，为确保亚洲继续引领全球增长，推进结构性改革至关重要。结构性改革有助于实现需求和供给的再平衡调整、减轻脆弱性并提高经济效益和潜在增长率。在一些经济体中，改革还有助于应对气候变化和改善环境，特别是在高度依赖化石燃料的国家。此外，亚洲需要实施新一轮有重大影响的改革，包括中国的国有企业改革，日本的劳动力和产品市场改革，以及印度和该地区其他经济体为消除增长瓶颈而实行的改革。

OECD 发布最新一期月度领先指标。5 月 11 日，OECD 发布最新一期月度领先指标称，新兴市场国家经济放缓显现缓解迹象：巴西和俄罗斯经济前景有所改善，中国增长前景企稳，但美国前景继续走弱；欧元区增长动能保持基本稳定。具体数据显示，美国领先指标从 98. 9 小幅降至 98. 8；欧元区领先指标降至 100. 4；英、法、德领先指标均与上月持平，意大利则从 100. 8 降至 100. 7；中国领先指标稳定在 98. 3；巴西从 98. 0 升至 98. 3；俄罗斯从 98. 4 升至 98. 6。OECD 国家整体指标从 99. 7 降至 99. 6。

第 20 周（2016/05/14—2016/05/20）

2016 年 5 月 14—20 日，国际财经要情有：美国 3 月份国际资本净流出 983 亿美元；欧盟和欧元区第一季度 GDP 环比均增长 0.5%；德国第一季度 GDP 环比增长 0.7%；意大利第一季度 GDP 初值环比增长 0.3%；日本第一季度实际 GDP 环比增长 0.4%；韩国央行保持基准利率 1.5% 不变；APEC 第二十二届贸易部长会议在秘鲁阿雷基帕举行；中国—格鲁吉亚自贸协定第二轮谈判在北京举行；联合国发布更新版《2016 年世界经济形势与展望》。

一、区域观察

1. 北美地区

美国 3 月份国际资本净流出 983 亿美元。5 月 16 日，美国财政部发布国际资本流动报告显示，美国 3 月份国际资本净流出 983 亿美元。其中，中国 3 月份减持美债 77 亿美元，所持美债总规模为 1.24 万亿美元；日本增持美债 40 亿美元，所持美债总规模为 1.14 万亿美元。中国、日本、开曼群岛、爱尔兰、巴西是美债的前五大持有者。

美国国际贸易委员会称 TPP 对美经济整体贡献有限。5 月 18 日，美国国际贸易委员会公布报告称，即使所有条款全部生效后，跨太平洋伙伴关系协定（TPP）对美国整体经济的贡献也十分有限。该报告假定 TPP 于 2017 年生效，利用模型来推测协定生效 15 年与 30 年后对美国经济的影响。报告显示，到 2032 年多数 TPP 条款均已生效时，协定将拉动美国实际 GDP 增长 0.15%，就业率增长 0.07%。到 2047 年 TPP 所有条款全部生效时，协定将拉动美国实际 GDP 增长 0.18%，就业率增长 0.09%。从具体行业来看，美国农业、食品业和服务业获益最大，但制造、自然资源与能源等行业将遭受损失。

美国出台《2016 年商业秘密保护法案》。5 月 13 日，美国商务部发布消息称，美众议院通过《2016 年商业秘密保护法案》，并已获总统奥巴马签署。此前商业秘密类案件由各州管辖，该法案将赋予联邦法院针对此类案件的管辖权，使受害人可根据自身需要，选择在地方法院或联邦法院提交诉讼。数据显示，每年由于商业秘密泄露造成的经济损失超过 3000 亿美元。

加拿大 3 月份制造业销售下滑 0.9%。5 月 17 日，加拿大统计局公布数据显示，由于交通设备及金属产业表现疲弱，加拿大 3 月份制造业销售下滑 0.9%，降幅小于预期。21 个产业中有 16 个产业销售额有所下滑，占制造业的 83.3%。

2. 拉美地区

2016 年巴西经济或萎缩 3.88%。5 月 16 日，巴西央行发布报告，下调 2016 年巴西经济增长预期至 -3.88%，同时维持 2016 年通货膨胀预期 7% 不变。

3. 欧洲

欧盟和欧元区第一季度 GDP 环比均增长 0.5%。5 月 13 日，欧盟统计局发布数据显示，经季调，欧盟和欧元区第一季度 GDP 环比均增长 0.5%。此外，欧盟第一季度 GDP 同比增长 1.7%，欧元区第一季度 GDP 同比增长 1.5%。

欧洲议会反对承认中国市场经济地位。欧洲议会通过决议，反对承认中国市场经济地位，这一决议凸显了欧洲向中国开放市场的政治性障碍。决议称，在中国满足欧盟关于市场经济地位的标准前，中国对欧出口仍按照“非标准”方式对待。在是否承认中国市场经济地位问题上，欧盟内部充满争议。反对者警告称，任何试图调和此问题的行为都将对制造业造成严重冲击。支持者认为，承认中国市场经济地位将有助于中国向欧盟投资，有利于欧洲基础设施建设和就业。任何承认中国市场经济地位的建议必须经过欧洲议会和欧盟委员会的同意，而这两个主体在看待中国贸易问题上存在分歧。

欧委会公布“欧洲投资计划”最新进展报告。欧盟委员会和欧洲投资银行公布有关“欧洲投资计划”最新进展的报告。报告显示，截至 2016 年 4 月底，“欧洲投资计划”中的欧洲战略投资基金完成投资金额 112 亿欧元，其中 78 亿欧元用于基础设施和创新项目，34 亿欧元用于中小企业项目。按具体领域划分，获得批准的基础设施和创新项目共 57 个，包括 22 个能源项目、11 个交通基础设施项目、7 个科技研发创新项目、4 个信息通信技术项目、4 个社会服务项目、3 个节能环保项目和 6 个创新中小企业项目。

德国第一季度 GDP 环比增长 0.7%。5 月 13 日，德国联邦统计局发布数据显示，经季调，德国第一季度 GDP 环比增长 0.7%。国内需求提振是 GDP 增长的主要原因。

德国 4 月份 CPI 同比下降 0.1%。5 月 13 日，德国联邦统计局发布数据显示，德国 4 月份 CPI 同比下降 0.1%，环比下降 0.4%。其中，食品价格同比增长

0.5%，环比增长 0.1%；货物价格同比下降 1.0%，环比增长 0.6%；服务业同比增长 0.8%，环比下降 1.2%。矿物油产品价格下降是 4 月份 CPI 下降的主要原因。

英国 4 月份 CPI 环比上升 0.1%。5 月 17 日，英国国家统计局发布数据显示，英国 4 月份 CPI 同比上升 0.3%，环比上升 0.1%。其中，娱乐及文化价格环比上升 0.8%，食品价格环比持平，运输价格环比下降 0.1%，服装价格环比下降 0.4%，房屋、水电、天然气及其他能源价格环比下降 0.2%。

英财政部获得向地方放贷权。5 月 12 日，英国财政部发布消息称，为推动治理精简化与现代化，英国将把向地方放贷权从公共工程贷款委员会转移至财政部。此举将确保英财政部长承担更多责任与提高中央对地方放贷效率。地方政府可继续直接获得贷款，财政部仍负责利率与还款条款制定。

意大利第一季度 GDP 初值环比增长 0.3%。5 月 13 日，意大利国家统计局发布数据显示，经季调，意大利第一季度 GDP 初值环比增长 0.3%，同比增长 1.0%。

意大利 4 月份 CPI 环比下降 0.1%。5 月 13 日，意大利国家统计局发布数据显示，意大利 4 月份 CPI 环比下降 0.1%，同比下降 0.5%。其中，货物价格环比下降 1.0%，同比下降 1.1%；服务业价格环比增长 0.7%，同比增长 0.4%；未加工食品和杂货价格环比增长 0.1%，同比下降 0.2%。

4. 亚洲

日本第一季度实际 GDP 环比增长 0.4%。5 月 18 日，日本内阁府发布数据显示，经季调，日本第一季度实际 GDP 环比增长 0.4%，年化季率为 1.7%；名义 GDP 环比增长 0.5%，年化季率为 2.0%。其中，个人最终消费支出环比增长 0.5%，年化季率为 1.9%；政府最终消费支出环比增长 0.7%，年化季率为 2.8%；固定资本形成环比下降 0.9%，年化季率为 -3.6%。

日本将追加 7780 亿日元财政预算支出用于熊本震后重建。5 月 17 日，日本财务省发布《2016 财年追加预算纲要》显示，为应对 2016 年 4 月份发生的熊本地震，日本政府将追加预算支出 7780 亿日元。其中，支援地震受灾者相关支出为 780 亿日元，筹建“熊本地震恢复储备基金”相关支出为 7000 亿日元。与之对应，财政预算固定支出中的国家债务服务支出将削减 7780 亿日元。此次追加预算将用于为受灾者提供住房和重建援助，以及为重建企业、修复基础设施、清理废墟等提供后备资金。

韩国央行保持基准利率 1.5%不变。5 月 13 日，韩国央行发布消息称，保持基准利率 1.5%不变，主要原因包括：一是当前全球经济平稳复苏；二是韩国出口继续呈下降趋势，内需提振，国内经济将保持发展趋势，但国外经济不确定性因素仍然较多；三是消费价格通货膨胀仍处于低水平，房地产销售价格与 3 月份持平；

四是国内股票价格和长期市场利率回落，韩元兑美元和日元升值，包括按揭贷款在内的家庭贷款增加。因此，韩国央行决定保持 1.5% 基准利率不变，以确保中期价格和金融形势稳定。

韩国 4 月份 PPI 环比上升 0.2%。5 月 19 日，韩国央行发布数据显示，韩国 4 月份 PPI 环比上升 0.2%，同比下降 3.1%。其中，农林渔业 PPI 环比上升 1.4%，制造业 PPI 环比上升 0.2%，水电燃气供应 PPI 环比下降 0.1%，服务业 PPI 环比上升 0.1%。

澳大利亚央行发布货币政策会议纪要。5 月 17 日，澳大利亚央行发布 5 月 3 日货币政策会议纪要，主要包括：一是国内通货膨胀低于预期，第一季度就业增速减缓，房地产市场发展稳定；二是当前全球通货膨胀率较低，中、美两国经济发展均进一步放缓，货物价格大幅上涨，但预计大宗商品价格不会持续升高；三是金融市场信心指数攀升，同时，大部分市场债券收益接近历史新低；四是各国普遍实施宽松货币政策，澳大利亚央行将继续实施宽松货币政策并下调汇率，以再平衡澳洲经济。

新西兰第一季度零售贸易量环比增长 0.8%。5 月 13 日，新西兰国家统计局发布数据显示，经季调，新西兰第一季度零售贸易量环比增长 0.8%。其中，电器和电子产品环比增长 3.8%；食品和饮料服务业环比增长 1.3%。数据还显示，4 月份零售贸易额为 202 亿美元，环比增长 0.6%，同比增长 4.7%。

5. 非洲

南非 4 月份通货膨胀率为 6.2%。5 月 18 日，南非国家统计局公布数据显示，南非 4 月份通货膨胀率降至 6.2%，通货膨胀水平持续下降为南非央行暂停财政紧缩周期提供了政策空间。

二、国际组织

APEC 第二十二届贸易部长会议在秘鲁阿雷基帕举行。5 月 17 日—18 日，APEC 第二十二届贸易部长会议在秘鲁阿雷基帕举行。本次贸易部长会议围绕秘鲁年“高质量增长和人类发展”的主题，就支持多边贸易体制、加强区域经济一体化、推动中小企业国际化及服务业合作等议程展开了深入讨论，特别在落实北京领导人会议共识方面，取得了务实的成果。会议发表了《APEC 贸易部长会议声明》和《关于支持多边贸易体制的主席声明》。

会议重申 APEC 反对保护主义、维护多边贸易体制的一贯立场，将 APEC 成员取消影响贸易的各类政策措施的承诺延长至 2020 年。承诺积极落实世贸组织历届部长级会议各项决定，推动世贸成员力争年底前完成《贸易便利化协定》国内审批程序。重申继续致力于多哈剩余议题谈判，提升多边贸易谈判功能，确保区域贸易协定的开放与包容，同时积极回应工商、产业界关注，推动电子商务等其他经贸议题多边讨论。

世界银行发行 50 亿美元 5 年期全球基准债券。5 月 17 日，世界银行宣布发行 50 亿美元的 5 年期全球基准债券。本次发债是世界银行继 2016 年 4 月成功发行规模总计 60 亿美元的 2 年期和 7 年期债券后又一次发行全球债券。据统计，有超过 105 个账户对债券进行认购，认购规模超过 67 亿美元。该 5 年期债券将于 2021 年 5 月 24 日到期，半年息票利率为 1.375%；半年实际利率为 1.429%，较 2021 年 4 月到期的美国国债利率高出 17.3 个基点。

联合国：发展中国家应对气候变化所需资金远超预期。5 月 16 日，《联合国气候变化框架公约》（UNFCCC）缔约国在《巴黎气候变化协议》达成后举行的首次正式会议在德国波恩开幕。会议将重点讨论《联合国气候变化框架公约》缔约方第二十二届会议的筹备进展情况，并就《巴黎气候变化协议》的具体实施方案展开讨论。联合国环境规划署当天发表报告称，截至 2050 年，发展中国家适应气候变化的成本可能会升至每年 2800 亿—5000 亿美元，这一数字比此前的测算高出 4—5 倍。

国际劳工组织发布《2016 就业和社会展望报告》。5 月 18 日，国际劳工组织发布《2016 就业和社会展望报告》称，包括中国在内的很多发展中国家在消除贫困领域取得重大进展，新兴经济体和发展中国家的极端贫困（日均生活费低于 1.9 美元）人口比例已从 1990 年总人口的 46.9% 降至 15%。但报告也指出，全球消除贫困速度不一，非洲和部分亚洲国家的贫困状况并未得到明显改善，而在发达国家，尤其是在欧洲，贫困人口数量甚至呈现增长趋势。报告强调，只有通过增强企业的可持续发展能力，创造更多高质量的就业机会，才能有助于彻底消除贫困，并助力联合国可持续发展目标在 2030 年之前得以实现。

国际能源署：原油供过于求的局面年内将缓解。国际能源署 5 月 12 日发布月度报告称，由于 2016 年全球原油需求将稳步增加而供应增速正在放缓，原油供过于求的情况将在 2016 年晚些时候大幅缓解，原油市场正朝着供需平衡的方向发展。报告认为，受印度原油需求飙升带动，2016 年全球原油需求将稳步增加，2016 年第一季度全球原油需求增量的近 30% 来自印度。2 月份以来，国际油价稳步上升，纽约油价已超过 46 美元，创半年来新高。

三、国际大宗商品

本周纽约原油期货累计上涨 4.2%。截至本周四，纽约原油期货累计上涨 4.2%。周一纽约原油期货上涨 1.51 美元，收于每桶 47.72 美元；周二纽约原油期货上涨 0.59 美元，收于每桶 48.31 美元；周三纽约原油期货下跌 0.12 美元，收于每桶 48.19 美元；周四纽约原油期货下跌 0.03 美元，收于每桶 48.16 美元。

本周纽约黄金期货累计下跌 1.4%。截至本周四，纽约黄金期货累计下跌 1.4%。周一纽约黄金期货上涨 0.12%，收于每盎司 1274.2 美元；周二纽约黄金期货上涨 0.21%，收于每盎司 1276.9 美元；周三纽约黄金期货下跌 0.2%，收于每盎司 1274.4 美元；周四纽约黄金期货下跌 1.54%，收于每盎司 1254.8 美元。

四、区域合作

中国—格鲁吉亚自贸协定第二轮谈判在北京举行。5 月 9 日—13 日，中国—格鲁吉亚自贸区第二轮谈判在北京举行。双方就货物贸易、服务贸易、投资、竞争、知识产权、环境、电子商务、原产地规则、海关程序和贸易便利化、技术性贸易壁垒和卫生与植物卫生措施、贸易救济以及法律问题等议题进行了磋商，并就部分议题达成了一致。双方商定，第三轮谈判将于 2016 年 7 月在格鲁吉亚首都第比利斯举行。

中国－白俄罗斯工业园协调工作组第七次会议在明斯克举行。5 月 12 日，中国－白俄罗斯工业园（以下简称“中白工业园”）协调工作组第七次会议在明斯克举行。中白双方一致表示，中白工业园是习近平主席与卢卡申科总统确定，由两国共建的战略性项目，对中白全面战略伙伴关系发展具有重要意义。经双方共同努力，一年来工业园建设快速推进，起步区基础设施建设已基本完工，有望提前完成 2016 年年底建设目标，并初步具备全面招商的条件，首批入园企业部分项目已开工建设，总体工作进展好于预期。

俄罗斯－东盟举行建立对话伙伴关系 20 周年纪念峰会。5 月 19 日，俄罗斯－东盟建立对话伙伴关系 20 周年纪念峰会在俄罗斯索契举行，越南、柬埔寨、缅甸、新加坡等东盟各国政要应邀参加，与会领导人将讨论国际和地区热点、俄与东盟 20 年合作成果和未来合作方向等问题。俄方表示，此次峰会希望能够达成三个目标：一是签署《索契宣言》，将俄罗斯与东盟的合作提升到新的战略水平；二是推出《俄罗斯—东盟 2020 年前发展计划》，制定未来合作路线图；三是协调东盟、欧亚经济联盟、上海合作组织和“一带一路”几大区域合作机制，做到“步伐一致”。

五、全球宏观经济形势

联合国发布更新版《2016 年世界经济形势与展望》。联合国发布更新版《2016 年世界经济形势与展望》报告称，全球经济增长持续疲软，预计 2016 年和 2017 年全球经济将分别增长 2.4% 和 2.8%。由于发达经济体总需求持续疲软将继续拖累全球经济增长，报告将 2016 年全球经济增速较 2015 年 12 月份的预测值下调了 0.5%。报告将美国、日本和欧盟 2016 年的经济增速分别下调 0.4 个百分点、0.8 个百分点和 0.1 个百分点，但维持对中国和印度经济增速预期，分别为 6.4% 和 7.3%。报告称，中国经济在 2016 年、2017 年将分别增长 6.4% 和 6.5%，与中国政府设立的增长目标基本一致。俄罗斯 2016 年 GDP 预计萎缩 1.9%。巴西由于政治危机加深，通货膨胀上升，财政赤字激增和高利率等因素，2016 年 GDP 预计将萎缩 3.4%。

报告指出，全球经济下行风险依然偏高。大型发展中经济体容易出现资本流动和汇率方面的压力，这些压力可能会随全球利率差异扩大而加剧。另外，大宗商品价格的进一步下降可能加剧某些依赖大宗商品出口的经济体的债务负担。鉴此，加强各国宏观政策协调可以减轻部分经济体宏观政策的负面溢出效应并遏制金融市场波动。

报告认为，大宗商品价格低迷、财政和经常账户日渐失衡、政策收紧等因素对非洲、独联体、拉美及加勒比地区许多大宗商品出口经济体的前景带来负面影响。恶劣天气、政治挑战和资金大量外流也在许多发展中国家和地区加剧了经济增长压力。报告预计，最不发达国家 2016 年、2017 年经济增速分别为 4.8% 和 5.5%，远低于可持续发展目标中“至少 7% 的 GDP 增长”。这将影响最不发达国家在教育、卫生和应对气候变化方面急需的公共开支和减贫进展。按人均计算，许多发展中国家和地区的 GDP 增长放缓尤为明显。在非洲，2015—2017 年人均 GDP 增速预计仅能达到每年 0.4%。

联合国负责经济发展的副秘书长蒙铁尔表示，全球经济前景黯淡给落实 2030 年可持续发展议程带来巨大挑战，因此，需要更加平衡的政策组合来恢复全球经济增长并创造有利于实现可持续发展议程的环境。

第 21 周（2016/05/21—2016/05/27）

2016 年 5 月 21—27 日，国际财经要情有：美国 4 月份失业率为 5.0%；加拿大央行宣布维持利率不变；巴西临时政府宣布首批经济措施；欧盟 3 月份经常账户盈余 176 亿欧元；英财政部称退欧将导致英国经济衰退；日本 4 月份进出口额同比分别下降 23.3% 和 10.1%；南非 2015 年第四季度 GDP 增长 0.4%；G7 财长和央行行长会议在日本举行；中国—马耳他经贸混委会第 10 次会议在瓦莱塔召开；联合国发布《2016 年世界就业和社会展望报告》。

一、区域观察

1. 北美地区

美国 4 月份失业率为 5.0%。5 月 20 日，美国劳工统计局发布数据显示，美国 4 月份失业率为 5.0%，环比持平，同比下降 0.4 个百分点。

美副财长就第八轮中美战略与经济对话经济议题发表讲话。5 月 24 日，美国副财长内森·席茨在布鲁金斯学会就美方对第八轮中美战略与经济对话（S&ED）经济议题的设想发表主旨演讲。席茨称，美中将就包括全球制造业产能过剩、市场开放和经济再平衡在内的重大问题进行磋商。美国将继续就以下议题向中国施压：一是通过消费友好型财政政策提高家庭收入，扩大内需；二是提高经济统计数据，特别是服务业的透明度，提高规范性文件制定流程的透明度；三是放松投资管制，进一步开放市场，推进双边投资协定（BIT）谈判，确保中国的国家安全审查机制不对外国投资者造成新的壁垒。美国也将推动中国政府：一是化解中国钢铁等行业的过剩产能；二是实施渐进有序的改革，推动汇率市场化；三是解决多部门和交叉领域的贸易壁垒与歧视性监管程序，如竞争政策；四是成为巴黎俱乐部正式成员，遵守其运行规则；五是建立一套新的出口信贷规则，为美国出口企业在第三方市场创建公平的竞争环境。美中两国也已就促进人民币在美交易和结算机制进行了磋商。

美国4月份新屋和成屋销售环比分别增长16.6%和1.7%。5月24日，美国商务部发布数据显示，经季调，美国4月份新屋销售年化总数为61.9万户，环比增长16.6%，同比增长23.8%。新屋售价中值为32.11万美元，售价均值为37.98万美元。美国4月份成屋销售年化总数为545万户，环比增长1.7%，同比上升6.0%。4月份成屋价格中值为23.25万美元，同比增长6.3%，连续50个月增长。

加拿大央行宣布维持利率不变。5月25日，加拿大央行发布消息称，将维持隔夜利率0.5%、银行利率0.75%、存款利率0.25%不变。加拿大央行表示，加拿大第一季度经济增速与预期相符；受阿尔伯塔省森林大火影响，第二季度经济增速将降至1.25%，大幅低于预期；预计第三季度经济将恢复。受石油价格变动影响，CPI近期有所上升，但仍低于2%目标。加拿大央行预计，2016—2018年加拿大GDP增速将分别为1.7%、2.3%和2.0%。

加拿大4月份CPI同比上升1.7%。5月20日，加拿大国家统计局发布数据显示，经季调，加拿大4月份CPI环比上升0.2%，同比上升1.7%。其中，能源价格同比下降3.2%；交通运输价格环比增长1.7%，同比上升0.9%；食品价格环比下降0.3%，同比上升3.2%。剔除汽油，4月份CPI同比增长2.0%。

2. 拉美地区

巴西临时政府宣布首批经济措施。5月24日，巴西代总统特梅尔宣布，为抑制迅速攀升的公共开支和恢复经济增长，新政府推出了其执政12天来的首批经济措施，希望国会加快审理与批准。关于降低公共债务，临时政府提出两项计划：一是从国家社会和经济发展银行中赎回1000亿雷亚尔；二是动用主权基金还债。此外，新措施为公共开支增幅设限，要求不得超过2015年的通货膨胀率，并强调为私人资本参与石油开发开辟道路。临时政府提出，2016年财政赤字目标为1705亿雷亚尔（约487亿美元），较前任政府高76%。

巴西第一季度失业率为10.9%。巴西地理统计局公布数据显示，2016年第一季度巴西失业率达10.9%，较2015年同期大幅上升。

3. 欧洲

欧盟3月份经常账户盈余176亿欧元。5月20日，欧盟统计局发布数据显示，经季调，欧盟3月份经常账户盈余176亿欧元，环比增长69亿欧元，同比增长99亿欧元。其中，货物账户盈余150亿欧元，环比增长63亿欧元；二次收入账户赤字76亿欧元，环比减少15亿欧元；服务账户盈余132亿欧元，环比减少5亿欧元；主要收入账户赤字31亿欧元，环比增加5亿欧元。

欧元区第一季度投资资金减少。5月24日，欧洲央行发布数据显示，欧元区第一季度非货币市场基金发行额为91780亿欧元，环比减少1280亿欧元。第一季度混合基金流入 150 亿欧元，债券型基金流入 30 亿欧元。

欧元区 5 月份制造业 PMI 初值为 51.5。5 月 23 日，市场调查机构 Markit 发布数据显示，欧元区 5 月份制造业 PMI 初值为 51.5，环比下降 0.2 个百分点，为 3 个月以来最低。新兴产业增速为 2015 年 1 月以来最低；制造业产出增速为 2015 年 2 月以来第二低值；就业情况较好，连续 19 个月增长。

德国 4 月份 PPI 同比下降 3.1%。5 月 20 日，德国联邦统计局发布数据显示，德国 4 月份 PPI 同比下降 3.1%，环比上升 0.1%。其中，能源价格同比下降 8.8%，中间品价格同比下降 2.6%，非耐用消费品价格同比下降 0.4%，资本品价格同比上升 0.6%，耐用消费品价格同比上升 1.3%。

德国 5 月份商业景气指数为 107.7。5 月 25 日，德国经济研究中心发布数据显示，德国 5 月份商业景气指数为 107.7，环比增长 1 个百分点。其中，制造业商业景气指数连续第三个月增长；批发业和零售业商业景气指数均环比上升；建筑业景气指数环比上升，为 1991 年以来最高。总体商业预期呈现日趋乐观的态势。

英财政部称退欧将导致英国经济衰退。5 月 23 日，英国财政部发布消息称，退欧将导致英国经济衰退、通货膨胀率飙升与失业率上升。若退出欧盟，英国 2018 年 GDP 将比预测值低约 3.6 个百分点，英镑将贬值约 12%，失业人口将上升约 50 万人。严重情形下，2018 年 GDP 将比预测值低 6 个百分点，英镑将贬值约 15%，失业人口将上升约 80 万人。

英国 4 月份公共部门净借款 72 亿英镑。5 月 24 日，英国国家统计局发布数据显示，剔除国有银行，英国 4 月份公共部门净借款为 72 亿英镑，同比减少 3 亿英镑。截至 4 月底，英国公共部门净负债为 15960 亿英镑，占 GDP 比为 83.3%，同比增加 496 亿英镑。

法国 5 月份商业景气指数环比上升 1 个百分点。5 月 24 日，法国国家统计局发布数据显示，法国 5 月份商业景气指数为 102，环比上升 1 个百分点。其中，制造业景气指数为 104，环比下降 1 个百分点；批发业景气指数为 101，环比上升 1 个百分点；建筑业景气指数为 95，环比持平；零售业景气指数为 106，环比上升 4 个百分点；服务业景气指数为 100，环比上升 2 个百分点。

俄罗斯发行 10 年期欧洲债券。5 月 24 日，俄罗斯财政部宣布发行一批价值 17.5 亿美元、年收益率为 4.75% 的 10 年期欧洲债券。这是俄罗斯在 2014 年遭到西方制裁以来首次发行欧洲债券。俄财长西卢安诺夫表示，本次发行债券的投标书总额已达 70 亿美元，其中 70% 为外国投资者，显示外国投资者对俄发行债券兴趣浓厚。

4. 亚洲

日本 4 月份进出口额同比分别下降 23.3% 和 10.1%。5 月 23 日，日本财务省发布数据显示，日本 4 月份出口额为 5.889166 万亿日元，同比下降 10.1%；进口额为 5.065692 万亿日元，同比下降 23.3%。其中，对中国出口额为 1.035241 万亿日元，同比下降 7.6%；对美国出口额为 1.200508 万亿日元，同比下降 11.8%；对欧盟出口额为 7025.16 亿日元，同比增长 9.9%。

日本发布《2015 财年制造业白皮书》。5 月 23 日，日本经济产业省发布《2015 财年制造业白皮书》称，从宏观经济层面看，“安倍经济学”成效渐显，企业收入进一步提高，中小企业增加，雇员薪酬占公司利润比重提高，经济良性循环渐入稳态。同时，全球经济形势变化，新兴经济体增速放缓，中期存在不确定因素。从国内制造业商业环境层面看，再生医疗和飞机等领域有望扩大投资，但制造业面临劳动力供给相关限制性因素，导致制造商回归国内生产受阻。

日本 5 月份制造业 PMI 为 47.6。5 月 23 日，市场调查机构 Markit 发布数据显示，日本 5 月份制造业 PMI 为 47.6，环比下降 0.6 个百分点，为 2012 年 12 月份以来最快降速；制造业产出指数为 46.9，环比下降 0.9 个百分点，为两年以来最快降速。其中，产出和新增订单均大幅下降，分别为 25 个月及 41 个月以来最快降速。

韩国 4 月份进出口额指数同比分别下降 15.5%和 13.5%。5 月 24 日，韩国央行发布数据显示，韩国 4 月份净易货贸易条件指数同比增长 2.4%，进出口量指数同比均下降 2.9%，进出口额指数同比分别下降 15.5% 和 13.5%。其中，农林渔产品进出口贸易额指数同比分别下降 8.7% 和 16.2%；制造业产品进出口贸易额指数同比分别下降 10.2% 和 13.5%。

韩国第一季度国际投资净头寸为 2158 亿美元。5 月 25 日，韩国央行发布数据显示，韩国第一季度国际投资净头寸为 2158 亿美元，环比增加 206 亿美元。韩国对外投资总资产为 1.1674 万亿美元，环比增加 325 亿美元。其中，直接投资为 2879 亿美元，证券投资组合为 2489 亿美元，储备资产为 3698 亿美元，金融衍生品及其他资产为 2608 亿美元。外国对韩国投资总资产为 9515 亿美元，环比增加 119 亿美元。其中，直接投资为 1777 亿美元，证券投资组合为 5636 亿美元，金融衍生品及其他资产为 2102 亿美元。

澳大利亚 4 月份失业率为 5.7%。澳大利亚统计局公布数据显示，澳 4 月份失业率为 5.7%，环比持平，低于预期，为连续第 2 个月维持在近 3 年低位。

新西兰公布 2016—2017 财年预算案。5 月 26 日，新西兰副总理兼财政部长英格利希向议会提交了 2016—2017 财年预算案。根据预算案，新西兰政府 2016—2017 财年财政盈余约为 7 亿新西兰元（约 4.71 亿美元）；未来 4 年，新西兰 GDP 平均增速或达 2.8%。预算案将拨款 7.6 亿新西兰元（约 5.1 亿美元）用于“创新新西兰”计划。这一计划将重点支持技术创新，拉动经济增长。此外，新政府将继续加大对医疗、社保和教育领域的投入，并为住房困难的群体提供资助。

5. 非洲

南非 2015 年第四季度 GDP 增长 0.4%。5 月 23 日，南非统计局公布数据显示，经修正，2015 年第四季度南非 GDP 增速为 0.4%，较前值下调 0.2 个百分点。此外，2015 年第一季度 GDP 增长为 1.9%，第二季度 GDP 增长为 -2%，第三季度 GDP 增长为 0.3%。

二、国际组织

G7 财长和央行行长会议在日本举行。5 月 20 日，G7 财长和央行行长会议在日本仙台市举行，日本、美国、德国等主要成员国未能就汇率波动及实施财政刺激等关键议题达成一致。汇率问题是本次会议的主要议题之一。各国财长和央行行长一致认为，过度的汇率波动将有损实体经济，同时承诺将避免竞争性货币贬值。本次会议还就目前全球经济面临的下行风险进行了讨论，并同意采取财政、货币政策及结构性改革等措施，共同支持全球经济增长。但在关键性的扩大财政支出问题上，各国财长和央行行长未能协商一致。此外，各方还就打击恐怖主义、难民危机及英国可能退出欧盟等全球经济增长面临的不确定因素交换了意见。

IMF：主要经济体应采取集体行动促进新兴经济体增长。5 月 24 日，IMF 第一副总裁大卫·利普顿发表演讲称，金融危机以来，全球经济和贸易增速放缓，市场动荡增多，全球化前景黯淡，主要新兴经济体经济增速放缓，人均收入增长停滞，未能继续保持追赶发达经济体收入水平的增长势头。为此，利普顿呼吁各主要经济体采取集体行动，帮助新兴经济体经济增长重回正轨，具体措施包括加强全球合作，继续推动全球经济一体化，克服贸易和金融保护主义，对全球化带来的溢出效应加强管理，建立满足新兴经济体诉求的国际金融安全网，解决短期资本流动过度波动的问题，扩大从发达经济体向新兴经济体的技术转移等。

三、国际大宗商品

本周纽约原油期货累计上涨 2.2%。截至本周四，纽约原油期货累计上涨 2.2%。周一纽约原油期货下跌 0.33 美元，收于每桶 48.08 美元；周二纽约原油期货上涨 0.54 美元，收于每桶 48.62 美元；周三纽约原油期货上涨 0.94 美元，收于每桶 49.56 美元；周四纽约原油期货下跌 0.08 美元，收于每桶 49.48 美元。

本周纽约黄金期货累计下跌 2.6%。截至本周四，纽约黄金期货累计下跌 2.6%。周一纽约黄金期货下跌 0.1%，收于每盎司 1251.5 美元；周二纽约黄金期货下跌 1.78%，收于每盎司 1229.2 美元；周三纽约黄金期货下跌 0.44%，收于每盎司 1223.8 美元；周四纽约黄金期货下跌 0.28%，收于每盎司 1220.4 美元。

四、区域合作

中国—马耳他经贸混委会第 10 次会议在瓦莱塔召开。5 月 24 日，中马经贸混委会第 10 次会议在马耳他首都瓦莱塔举行。中马双方围绕落实两国领导人共识，就在“一带一路”框架下对接两国经济发展战略、扩大贸易投资规模、推进投资便利化、加强务实合作、深化中欧经贸关系等共同关心的经贸议题交换意见，达成广泛共识。为进一步深化中马经贸合作，中方建议：一是合作共建“一带一路”，加强两国经济发展战略对接；二是扩大贸易投资规模；三是拓展务实合作领域。马方表示愿积极参与“一带一路”建设，深化两国金融、海事、旅游、文化等领域合作。

以色列与韩国开启自贸谈判。5 月 24 日，韩以双方共同宣布正式开启自贸谈判。自贸协定将消除双边贸易和投资中大部分关税和非关税贸易壁垒，极大推动以色列与韩国及其他亚洲国家的经贸发展。2016 年以来，以色列相继与越南、中国启动自贸谈判，从地域上看，亚洲正在超越美国，成为以色列第二大贸易伙伴。

五、全球宏观经济形势

联合国发布《2016 年世界就业和社会展望报告》。联合国国际劳工组织发布报告《2016 年世界就业和社会展望报告》称，由于全球范围内缺乏高质量的就业机会，且多个区域的经济前景恶化，世界各国数十年来在减贫方面取得的进展受到了威胁，在发达国家，相对贫困现象也在抬头。报告显示，目前在新兴经济体和发展中国家，有 36% 的人口生活在贫困中，每天的收入购买力不足 3.1 美元。要实现到 2030 年消除贫困的可持续发展目标，需要每年投入 6000 亿美元。但贫困难题不能仅通过调配收入来解决，而需要更多和更高质量的就业机会。

报告指出，在发展中国家，1/3 的赤贫和中贫人口都有工作，但是主要集中在低技能职业，几乎完全依靠出卖体力。这些工作缺乏社会保障，甚至工资发放也得不到保障。在发达国家，尽管工人的收入相对稳定，但也难以防止他们陷入相对贫困。经济危机爆发后，欧盟的相对贫困人口已上升 1 个百分点。目前亚洲、拉丁美洲和阿拉伯地区一些国家，以及资源依赖型国家的经济前景恶化，突显了就业和社会进步方面的脆弱性。报告强调，减贫事业不仅受到经济增长前景欠佳的影响，也面临缺乏高质量就业机会的结构性阻碍。此外，收入不平等在经历数十年的改善后再度抬头，也对减贫事业构成威胁。报告建议各经济体对生产部门进行多样化改革，提高生产率，促进非正规企业可持续地转变为正规企业，减少就业市场不确定性。此外，要重视提高工人，特别是农业部门和农村地区工人的劳动技能。

联合国发布《2016 年非洲经济展望》。5 月 23 日，联合国发布《2016 年非洲经济展望》称，2015 年，非洲的经济增速仅次于东亚地区，位居世界第二。报告预测，在全球经济增长回升以及大宗商品市场回暖的背景下，非洲 2016 年和 2017 年的经济增速将达到 3.7% 和 4.5%。2015 年，非洲净资金流入达到 2080 亿美元，官方发展援助增长 4% 至 560 亿美元。境外汇款依然是非洲最稳定和最重要的单项外部资金来源，在 2015 年达到 640 亿美元。

报告显示，非洲大陆正在经历该地区历史上最快速的城市化进程，并伴随着前所未有的人口增长。过去 20 年，非洲的城市常住人口翻了一番，在 2015 年达到 4.72 亿人。到 2050 年，2/3 的非洲人口将居住在城市。城市化进程和相应管理对非洲未来的经济增长和发展起到至关重要的作用。但与快速城市化相对的是缓慢的结构性转型。由于缺乏有效的城市规划，人口的急剧增长为城市发展带来沉重负担。报告指出，城市化将促使非洲社会发生深远变革。非洲地区急需加大在所需基础设施方面的投资，并制定全新的、覆盖面广的城市政策，以使城市化成为非洲整体增长和可持续发展的动力。

OECD 国家第一季度 GDP 增速稳定在 0.4%。5 月 20 日，OECD 发布季度报告称，OECD 国家 2016 年第一季度实际 GDP 增速与 2015 年第四季度持平，环比稳定在 0.4%，但各经济体增长势头出现分化。数据显示，英国和美国第一季度 GDP 增速分别从 2015 年第四季度的 0.6% 和 0.3% 放缓至 0.4% 和 0.1%；日本 GDP 增速起伏明显，从 2015 年第四季度的 -0.4% 反弹至 0.4%；德国、法国、意大利、欧盟和欧元区国家的 GDP 增速分别从 2015 年第四季度的 0.3%、0.3%、0.2%、0.4% 和 0.3% 升至 0.7%、0.5%、0.3%、0.5% 和 0.5%。

同比方面，OECD 国家 2016 年第一季度 GDP 同比增速放缓至 1.8%，低于 2015 年第四季度同比 2.0% 的增速。七大主要经济体中，英国和美国分别以 2.1% 和 1.9% 的同比增速位居第一、二位，日本以 0% 的同比增速垫底。

第 22 周（2016/05/28—2016/06/03）

2016 年 5 月 28 日—6 月 3 日，国际财经要情有：美国第一季度实际 GDP 年化季率修正值为 0.8%；巴西第一季度 GDP 同比萎缩 5.4%；欧洲央行维持主要再融资利率等不变；英国第一季度 GDP 初值同比增长 2%；法国第一季度 GDP 环比上升 0.6%；意大利第一季度 GDP 同比上升 1.0%；韩国第一季度实际 GDP 环比上升 0.5%；印度第一季度 GDP 增速为 7.9%；南非 4 月份贸易顺差达 4.3 亿兰特；欧投行与亚投行签署合作框架文件；第十四届中韩经济合作部长级会议在韩国举行；OECD 下调 2016 年全球增长预期至 3%。

一、区域观察

1. 北美地区

美国第一季度实际 GDP 年化季率修正值为 0.8%。5 月 27 日，美国商务部发布数据显示，经价格因素调整，美国第一季度实际 GDP 年化季率下调至 0.8%。个人消费支出、住宅固定投资和地方政府支出是第一季度实际 GDP 增长的主要原因；非住宅固定投资、进出口、私人存货投资和联邦政府支出有所下降。

美联储理事：若经济向好应逐步加息。5 月 26 日，美联储理事鲍威尔在华盛顿发表讲话称，美国经济自危机后稳步恢复，目前美国经济总量已较 2007 年峰值超出 10%。美劳动力市场强劲，失业率降至 5%，接近充分就业，表明美国经济根基扎实；消费和 GDP 数据不甚乐观，但潜在经济增长或更为强劲。预计美国经济将继续以 2% 速度增长，劳动力市场将持续向好；随着经济收紧，通货膨胀率将向 2% 目标迈进。若经济数据符合预期，应逐步加息，使货币政策回归正常。

美国 4 月份个人收入环比增长 0.4%。5 月 31 日，美国商务部发布数据显示，美国 4 月份个人收入环比增长 0.4%，增加 698 亿美元；个人可支配收入环比增长 0.5%，增加 635 亿美元；个人消费支出环比增长 1.0%，增加 1192 亿美元。

美国 5 月份 ISM 制造业指数环比增长 0.5 个百分点。6 月 1 日，美国供应管理协会发布数据显示，美国 5 月份 ISM 制造业指数为 51.3%，环比增长 0.5 个百分点，连续 3 个月增长，整体经济连续 84 个月增长。新订单指数为 55.7%，环比下降 0.1 个百分点；生产指数为 52.6%，环比下降 1.6 个百分点；就业指数为 49.2%，环比持平；原材料库存为 45%，环比下降 0.5 个百分点；物价指数为 63.5%，环比增长 4.5 个百分点。

加拿大第一季度 GDP 年化季率环比增长 2.4%。5 月 31 日，加拿大国家统计局发布数据显示，加拿大第一季度实际 GDP 环比增长 0.6%，年化季率为 2.4%。其中，出口环比增长 1.7% 是 GDP 增长的主要原因。此外，国内最终需求环比增长 0.3%；非住宅固定投资环比下降 2.5%，连续 5 个季度下降；住宅投资环比上升 2.7%；政府最终消费支出环比增长 0.4%。

2. 拉美地区

巴西第一季度 GDP 同比萎缩 5.4%。6 月 1 日，巴西国家统计局公布数据显示，巴西第一季度 GDP 环比萎缩 0.3%，同比萎缩 5.4%。分析人士称，全球对巴西经济的担忧情绪持续加剧。

3. 欧洲

欧委会：G7 合作伙伴应遵守自由贸易原则。5 月 26 日，欧委会发布消息，欧委会主席容克在 G7 峰会上发表讲话称，尽管全球环境艰难，欧盟经济仍在稳步恢复。欧洲投资计划在一年时间内推动投资 1000 亿欧元，欧盟或将延长此计划至 2018 年之后。此外，鉴于中国钢铁部门产能过剩，欧盟或将启用贸易防御措施，但 G7 合作伙伴应遵守自由贸易原则，反对歧视和不公平竞争，在开放竞争的前提下实现互利共赢。

欧洲央行维持主要再融资利率等不变。6 月 2 日，欧洲央行宣布，维持主要再融资利率 0%、隔夜存款利率 -0.4%、隔夜贷款利率 0.25% 不变，符合市场预期。欧洲央行行长德拉吉表示，欧洲央行将维持每月 800 亿欧元购债规模至少到 2017 年 3 月，直至通货膨胀达到合适水平。此外，欧洲央行上调 2016 年欧元区 GDP 增长预期和 CPI 增长预期分别至 1.6% 和 0.2%。

欧元区 5 月份制造业 PMI 终值为 51.5。6 月 1 日，市场调查机构 Markit 发布数据显示，欧元区 5 月份制造业 PMI 终值为 51.5，环比下降 0.2 个百分点，为 3 个月以来新低。其中，法国和希腊 PMI 最低。欧元区制造业仍然低迷，新出口订单增速为 16 个月以来最低。

德国 4 月份失业率为 4.2%。5 月 31 日，德国联邦统计局发布数据显示，经季调，德国 4 月份失业率为 4.2%。就业人口为 4330 万人，同比上升 54.8 万人。失业人口为 180 万人，同比下降 27.2 万人。

德国 5 月份制造业 PMI 为 52.1。6 月 1 日，市场调查机构 Markit 发布数据显示，德国 5 月份制造业 PMI 为 52.1，环比上升 0.3 个百分点。就业、新订单与产出增长，新出口业务小幅增加，投入成本下降幅度为 2016 年以来最低。

德国 4 月份 PPI 同比下降 3.1%。5 月 20 日，德国联邦统计局发布数据显示，德国 4 月份 PPI 同比下降 3.1%，环比上升 0.1%。其中，能源价格同比下降 8.8%，中间品价格同比下降 2.6%，非耐用消费品价格同比下降 0.4%，资本品价格同比上升 0.6%，耐用消费品价格同比上升 1.3%。

英国第一季度 GDP 初值同比增长 2%。5 月 26 日，英国国家统计局发布数据显示，英国 2016 年第一季度 GDP 初值同比增长 2%，环比增长 0.4%，为连续 13 个季度正增长。

英国 5 月份制造业 PMI 为 50.1。6 月 1 日，市场调查机构 Markit 发布数据显示，英国 5 月份制造业 PMI 为 50.1，环比上升 0.7 个百分点。中间品部门新业务和产出进一步增加，消费品部门有所扩张，投资货物产业仍低迷，产出与新订单均有所下降，但成本与平均销售价格均走高。

法国第一季度 GDP 环比上升 0.6%。5 月 30 日，法国国家统计局发布数据显示，经季调，法国第一季度 GDP 环比上升 0.6%。其中，家庭消费支出环比上升 1%，固定资本形成总额环比上升 1.6%，出口环比持平，进口环比上升 0.6%，库存环比下降 0.2%。

法国 5 月份 PMI 为 48.4。6 月 1 日，市场调查机构 Markit 发布数据显示，法国 5 月份制造业 PMI 终值为 48.4，环比上升 0.4%。法国制造业新订单下降导致产出下降；新出口订单连续 5 个月收缩；制造业部门就业持续下降。

意大利第一季度 GDP 同比上升 1.0%。5 月 31 日，意大利国家统计局发布数据显示，意大利第一季度 GDP 同比上升 1.0%，经季调，环比上升 0.3%。其中，最终消费支出同比上升 1.4%，环比上升 0.2%；固定总资本同比上升 1.8%，环比上升 0.2%；进口同比上升 1.2%，环比下降 0.9%；出口同比下降 0.4%，环比下降 1.5%。

俄罗斯央行行长称俄经济有望在二季度恢复增长。5 月 30 日，俄罗斯央行行长纳比乌林娜表示，在没有新外部冲击的情况下，俄罗斯经济将在二季度恢复增长。目前，俄货币政策已取得明显成效，国际收支已完全适应新的环境，资金外流现象有所缓解，通货膨胀水平持续下降。受中期财政政策不确定性影响，俄罗斯下半年的通货膨胀预期依旧较高。但在 2017 年通货膨胀水平将控制在 4% 左右。在货币信贷方面，俄罗斯面临流动性从结构性不足转变为结构性过剩的新挑战，但俄罗斯央行拥有足够监控手段。她表示，当前俄金融体系稳定，居民存款和银行对实体经济部门放款量均在回升，俄银行系统拥有足够资金以支持俄经济重返增长。

4. 亚洲

日本再次推迟上调消费税。6 月 1 日，日本首相安倍晋三表示，将推迟上调消费税至 2019 年以后。他认为，2019 年 10 月是上调消费税的最合适时机。此外，安倍晋三称，日本经济必须提高逃离通缩的速度，必须采取广泛的、大胆的经济措施。

韩国第一季度实际 GDP 环比上升 0.5%。6 月 2 日，韩国央行发布数据显示，韩国第一季度实际 GDP 同比增长 2.8%，环比增长 0.5%，较预期高出 0.1 个百分点。实际 GNI 和名义 GNI 环比分别上升 3.4% 和 2.7%。

韩国央行行长发表"就业与增长"讲话。5 月 30 日，韩国央行行长李柱烈发表讲话称，为确保就业驱动韩国经济增长，需推行以下三方面政策：一是通过积极实行政策扩大就业，增加家庭收入，进而拉动总需求；二是减少工资及就业环境不平等现象并强化社会安全网建设；三是培育创新型人力资源，利用人工智能和大数据等数字技术推动增长与就业的良性循环。

印度第一季度 GDP 增速为 7.9%。5 月 31 日，印度国家统计局发布数据显示，按不变价计，印度 2015—2016 财年 GDP 增速为 7.6%；按现价计，增速为 8.7%。按不变价计，2016 年第一季度 GDP 增速为 7.9%；按现价计，增速为 10.4%。

澳大利亚第一季度 GDP 环比增长 1.1%。6 月 1 日，澳大利亚国家统计局发布数据显示，经季调，澳大利亚第一季度 GDP 环比增长 1.1%，同比增长 3.1%。出口是推动经济增长的主要原因。经济由矿业投资向矿业生产转变，其中，工程建设环比下降 6.4%，矿业生产环比增长 6.2%。此外，服务业对经济增长贡献显著。

新西兰 4 月份贸易顺差 2.92 亿纽元。5 月 25 日，新西兰国家统计局发布数据显示，新西兰 4 月份货物贸易顺差 2.92 亿纽元。其中，货物进口额为 40 亿纽元，环比增长 1.5%；货物出口额为 43 亿纽元，环比增长 4%。

5. 非洲

南非 4 月份贸易顺差达 4.3 亿兰特。5 月 31 日，南非税务总署发布数据显示，由于出口数量下降程度高于进口，南非 4 月份贸易顺差为 4.3 亿兰特，创历史纪录。

海洋经济与基础设施建设将成为南非经济增长点。5 月 27 日，南非农村发展及土地改革事务部部长恩昆蒂表示，海洋经济及基础设施建设将有潜力在 2019—2030 年促进南非 GDP 增长。他预计，南非海洋经济将为南非增加 260 亿兰特 GDP，创造 6.5 万个就业岗位，发展海洋经济具体可分为发展海洋运输和制造业，离岸油气开采以及水产养殖。

二、国际组织

G20 贸易与投资工作组非正式会议在法国巴黎举行。5 月 31 日，G20 贸易投资工作组非正式会议在法国巴黎召开。二十国集团成员，西班牙、荷兰、新加坡、新西兰、埃及、哈萨克斯坦等嘉宾国，以及世贸组织、联合国贸发会议、经合组织、世界银行等国际机构代表与会，各方就支持多边贸易体制、投资促进和便利化、全球价值链能力建设等议题进行了深入讨论。二十国集团贸易投资工作组由中方 2016 年倡议成立，此前已于 1 月份和 4 月份在北京、南京召开两次会议。7 月 6 日—7 日，工作组将在上海举行中国年最后一次会议，为 7 月 9 日—10 日举行的贸易部长会议做最后阶段准备工作。

G7 峰会在日本举行。5 月 27 日，G7 峰会在日本三重县伊势志摩闭幕。会议通过首脑宣言，决定在全球经济、反恐、难民等问题上加强合作。在经济议题上，会议达成伊势志摩经济倡议，就正确认识世界经济面临风险的重要性达成一致。宣言称，为规避新的危机发生，应增强经济韧性，适时采取一切可能政策加以应对。宣言表示，将通过实施机动的财政干预和果断的结构改革，扩大世界市场需求，同时强调避免竞争性货币贬值的重要性。宣言称，G7 将继续努力推动《巴黎气候协定》早日生效采取必要措施，同时继续发展清洁能源，减少二氧化碳排放。会议还就共同应对难民、恐怖主义等全球问题达成一致，呼吁从根本原因着手，在全球范围内采取广泛、长期的战略性对策，共同应对难民问题。宣言对恐怖主义表示强烈谴责，承诺促进情报共享、强化国际警备，重申不向恐怖主义分子支付赎金的原则以断绝恐怖主义资金来源。

欧洲投资银行与亚洲基础设施投资银行签署合作框架文件。5 月 30 日，欧洲投资银行与亚洲基础设施投资银行在北京签署合作框架协议。双方一致同意拓宽合作，支持对具有战略性意义的项目投资，寻求联合融资项目，并在双方机构均有项目的国家加强合作。目前，欧洲投资银行和亚洲基础设施投资银行已经建立起了强有力的合作关系，包括技术和金融方面的专业信息共享，新的框架协议将基于现有的合作，寻求进一步的合作与发展，包括提高联合融资项目效率和确保双方定期进行对话等。

OPEC 会议未能就产量限额达成一致。6 月 2 日，OPEC 会议在维也纳举行，OPEC 成员未能就冻原油产量限额达成协议，OPEC 继续奉行不干涉政策，由各成员国自行决定产量。会议选举尼日利亚候选人巴尔金都为 OPEC 新任秘书长，巴尔金都表示将推动 OPEC 更好地参与国际原油市场，重新赢回国际社会对 OPEC 的信任。

三、国际大宗商品

本周纽约原油期货累计下跌 0.3%。截至本周四，纽约原油期货累计下跌 0.3%。周一纽交所因阵亡将士纪念日休市；周二纽约原油期货下跌 0.23 美元，收于每桶 49.10 美元；周三纽约原油期货下跌 0.09 美元，收于每桶 49.01 美元；周四纽约原油期货上涨 0.16 美元，收于每桶 49.17 美元。

本周纽约黄金期货累计下跌 0.3%。截至本周四，纽约黄金期货累计下跌 0.3%。周一纽交所因阵亡将士纪念日休市；周二纽约黄金期货上涨 0.07%，收于每盎司 1217.5 美元；周三纽约黄金期货下跌 0.23%，收于每盎司 1214.7 美元；周四纽约黄金期货下跌 0.17%，收于每盎司 1212.6 美元。

四、区域合作

欧亚经济联盟峰会在阿斯塔纳举行。5 月 31 日，欧亚经济委员会最高理事会例行会议，即欧亚经济联盟成员国国家元首峰会在哈萨克斯坦首都阿斯塔纳举行。哈萨克斯坦总统纳扎尔巴耶夫、俄罗斯总统普京、白俄罗斯总统卢卡申科、吉尔吉斯斯坦总统阿塔姆巴耶夫和亚美尼亚总统萨尔基相共同出席了会议，五国元首就如何进一步加强本组织内各国之间的一体化以及扩大本组织的对外交往等问题进行了深入交流，还通过了与中国启动经贸合作伙伴协定谈判的决议。俄罗斯总统普京表示，欧亚经济联盟非常支持哈萨克斯坦在担任主席国期间提出的关于进一步加强联盟与其他国家和一体化组织的经贸合作建议，特别是加强与上合组织和东盟国家之间的合作。

第十四届中韩经济合作部长级会议在韩国举行。5 月 27 日，第十四届中韩经济合作部长级会议在韩国举行，双方就围绕中国“一带一路”建设与韩国“欧亚倡议”，共同开发第三方市场两项战略对接，中韩创业与创投合作、信息通信技术及“网上丝绸之路”、中韩城市及园区合作等议题坦诚深入交换了意见，进一步落实了中韩两国领导人达成的一系列共识。会议签署四项备忘录：一是建设数字化丝绸之路；二是促进投资；三、四项分别是在大田 - 沈阳和瑞山 - 合肥开展文化、旅游、工业合作。

五、全球宏观经济形势

OECD 下调 2016 年全球增长预期至 3%。6 月 1 日，OECD 宣布将 2016 年全球经济增长预期从此前的 3.3% 下调至 3%，连续第二年创 2008 年危机以来的最低增速。OECD 表示，全球经济增长疲弱，可能面临新一轮的深度衰退，为此，经合组织敦促各国政府扩大投资，采取措施提高竞争力、刺激劳动力流动、强化金融稳定性。OECD 首席经济学家曼恩表示，全球经济增长在低速的陷阱中徘徊越久，就越难摆脱负面循环的怪圈。

OECD 将 2016 年美国经济增长预期从此前的 2% 下调至 1.8%；将欧元区经济增速预期从 1.4% 上调至 1.6%；预计日本 2016 年和 2017 年经济增速将分别只有 0.7% 和 0.4%；OECD 国家整体 2016 年和 2017 年的经济增长率分别为 1.8% 和 2.1%。而中国经济 2016 年和 2017 年增速分别为 6.5% 和 6.2%；巴西 2016 年预计将萎缩 4.3%，2017 年仍将萎缩 1.7%；印度在新兴经济体中的表现则是一枝独秀，2016 年和 2017 年的经济增速都可能达到 7.5%。针对 5 月 23 日举行的英国“退欧”公投，OECD 指出“退欧”将成为可能对英国、欧盟乃至全球经济产生重要影响的主要风险，如果英国最终退出欧盟，将对英国经济增长造成冲击，并导致全球金融市场波动。鉴于公投的不确定性，OECD 将 2016 年英国经济增长预估由 2 月时的 2.1% 下调至 1.7%，前提是英国公投选择留在欧盟。

OECD：2016 年第一季度全球商品贸易继续下滑。5 月 31 日，OECD 发布最新数据显示，受原油价格持续下跌的影响，G20 季调后以美元计价的国际商品贸易总额在 2016 年第一季度进一步缩水，降至 6 年来最低水平。其中出口下降 3.8%，为连续第 7 个季度下滑；进口下降 4.1%，为连续第 8 个季度下滑。除德国外，G20 国家第一季度的进口均出现下滑。中国、韩国、南非、印度、英国和巴西的进口降幅较大，分别减少 14.7%、8.2%、7.7%、7.4%、6.5% 和 5.2%，其中南非与巴西均为连续第 8 个季度下滑。欧盟 28 国、俄罗斯及美国也分别出现连续 7 个季度以上的进口下降。俄罗斯出口连续第 7 个季度减少，第一季度跌幅为 16.8%；中国、南非和英国的出口也分别出现 9.3%、7.4% 和 7.2% 的下降；巴西、德国和日本的出口出现 0.3%、0.5% 和 1.1% 的微涨，部分抵消了前几个季度的颓势；继 2011 年第一季度后，日本首次出现贸易顺差，但当季进出口总额仍远低于 2011 年的历史水平。

第 23 周（2016/06/04—2016/06/10）

2016 年 6 月 4—10 日，国际财经要情有：美国 5 月份失业率为 4.7%；巴西央行维持基准利率 14.25% 不变；欧盟和欧元区第一季度 GDP 环比分别增长 0.5% 和 0.6%；德国 2016 年 GDP 或增长 1.7%；俄罗斯央行下调基准利率至 10.5%；日本第一季度实际 GDP 终值环比增长 0.5%；印度央行维持基准利率不变；新西兰央行维持基准利率 2.25% 不变；南非第一季度 GDP 萎缩 1.2%；2017 年 G20 峰会将在德国汉堡举行；第八轮中美战略与经济对话在北京举行；世界银行下调全球经济增长预期。

一、区域观察

1. 北美地区

美国 5 月份失业率为 4.7%。6 月 3 日，美国劳工部发布数据显示，美国 5 月份失业率为 4.7%，环比下降 0.3%，非农就业人口环比增长了 3.8 万人。其中，医疗保健业就业增加；矿业就业自 2014 年 9 月份以来持续减少；信息业就业因罢工减少。

耶伦：对美国经济乐观，美联储或缓慢加息。6 月 6 日，美联储主席耶伦发表题为《美国经济的现状与展望》的讲话称，2008 年金融危机后，尽管美国经济复苏曲折，但美联储在实现充分就业和稳定物价方面已取得较大进展。从就业看，2015 年美国劳动力市场整体向好，就业岗位增加，失业率降至 5% 以下，工资水平呈上升趋势，家庭收入不断增长。但近期就业岗位增速放缓值得关注。从物价看，通货膨胀率仍维持在 2% 以下，但随着国际油价回升和美元汇率趋于稳定，未来几年有望实现 2% 的通货膨胀目标。为实现就业和通货膨胀目标，美联储或将逐渐提升联邦基金利率。美国经济仍面临内需驱动不足、生产率增长不明朗和通货膨胀率回归 2% 速度不可控等不确定性因素，以及中国经济增速放缓和英国退欧等外部不确定性因素。

美国第一季度非农商业部门生产力同比减少 0.6%。6 月 7 日，美国劳工部发布数据显示，美国第一季度非农商业部门生产力同比下降 0.6%；经季调，单位劳动成本同比增长 4.5%。制造业生产力同比增长 1.3%；单位劳动成本同比增长 1.1%。

美国 4 月份商品和服务贸易赤字 374 亿美元。6 月 3 日，美国商务部发布数据显示，美国 4 月份商品和服务贸易赤字 374 亿美元，环比增加 19 亿美元，同比减少 16 亿美元。其中，4 月份出口额为 1828 亿美元，环比增加 26 亿美元；进口额为 2202 亿美元，环比增加 45 亿美元。

加拿大 5 月份失业率降至 6.9%。6 月 10 日，加拿大统计局发布数据显示，加拿大 5 月份失业率降至 6.9%，为近一年来最低水平。此外，加拿大 5 月份就业人数增加 1.38 万人，高于预期，劳动参与率为 65.7%。

2. 拉美地区

巴西央行维持基准利率 14.25%不变。6 月 8 日，巴西央行宣布，维持基准利率 14.25%不变，符合市场预期。巴西央行表示，过去 12 个月通货膨胀率高企使央行无法采取更多行动，当前通货膨胀预期与目标相距甚远。

3. 欧洲

欧盟和欧元区第一季度 GDP 环比分别增长 0.5%和 0.6%。6 月 7 日，欧盟统计局发布数据显示，欧盟第一季度 GDP 环比增长 0.5%，同比增长 1.8%。其中，家庭最终消费支出环比上升 0.6%，固定资本形成总额环比上升 0.5%，出口环比上升 0.4%，进口环比上升 0.9%。欧元区第一季度 GDP 环比增长 0.6%，同比增长 1.7%。其中，家庭最终消费支出环比上升 0.6%，固定资本形成总额环比上升 0.8%，出口环比上升 0.4%，进口环比上升 0.7%。

欧盟和欧元区 4 月份零售贸易额同比分别增长 2.4%和 1.4%。6 月 3 日，欧盟统计局发布数据显示，经季调，欧盟零售贸易额环比增长 0.5%，同比增长 2.4%；欧元区 4 月份零售贸易额环比维持不变，同比增长 1.4%。

欧洲央行：实现宏观审慎监管需特定政策手段配合。6 月 6 日，欧洲央行副行长康斯坦西奥表示，宏观审慎政策的一个首要原则是采取先发制人和强有力的反周期行动以应对系统性风险的积累。实现宏观审慎监管需特定政策手段配合以发挥这一作用。欧洲央行应避免监管改革对银行业以外的风险杠杆的刺激。

德国 2016 年 GDP 或增长 1.7%。6 月 3 日，德国央行发布月度报告称，德国经济潜在周期性趋势强劲。预计 2016—2018 年，德国经济增速将分别为 1.7%、1.4% 和 1.6%。预计 2017 年和 2018 年，调和 CPI 将分别为 1.5% 和 1.7%。

默克尔称德国希望参与中国结构性改革。德国总理默克尔接受专访称，中国正在推进的结构性改革“非常重要，也非常有勇气”，德国愿意参与其中。默克尔表示，中国东北地区正经历结构性改革，德国也曾经历相似过程。北莱茵－威斯特法伦州（北威州）曾非常依赖钢铁工业，中国东北地区也面临同样问题。她希望了解中方有何对策，德方能否提供意见与切实帮助。此外，默克尔高度认可德中政府磋商机制的重要性，该机制拓宽了德中双方合作基础，扩大了双方的合作空间。

英国 4 月份贸易逆差为 32.94 亿英镑。6 月 9 日，英国国家统计局公布数据显示，英国 4 月份贸易逆差为 32.94 亿英镑，为 2015 年 9 月份以来最低。其中，商品贸易逆差为 105.26 亿英镑；对欧盟国家贸易逆差为 79.24 亿英镑；对非欧盟国家贸易逆差为 26.02 亿英镑。

意大利 2016 年 GDP 增速或为 1.1%。6 月 6 日，意大利央行发布消息称，预计 2016—2018 年，意大利经济增速将分别为 1.1%、1.2% 和 1.2%，通货膨胀率将分别为 0%、0.9% 和 1.5%。预计 2018 年失业率将降至 10.8%。

俄罗斯央行下调基准利率至 10.5%。6 月 10 日，俄罗斯央行宣布，下调基准利率 50 个基点至 10.5%，这是近 11 个月以来俄罗斯央行首度放宽货币政策。俄罗斯央行表示，近来俄罗斯在稳定通货膨胀方面取得积极成效，通货膨胀预期和通货膨胀风险双双降低，俄罗斯经济释放积极信号，因此央行决定下调基准利率。俄罗斯央行将研究进一步降低基准利率的可能性，但仍将采取适度紧缩的货币政策。

4. 亚洲

日本第一季度实际 GDP 终值环比增长 0.5%。6 月 8 日，日本内阁府发布数据显示，日本第一季度实际 GDP 终值环比增长 0.5%，年化季率为 1.9%。其中，个人最终消费支出环比增长 0.6%，政府最终消费支出环比增长 0.7%，固定资本形成环比下降 0.7%。

日本 4 月份经常账户盈余同比增长 41.7%。6 月 8 日，日本财务省发布数据显示，日本 4 月份经常账户盈余 18785 亿日元，同比增长 41.7%。其中，货物及服务贸易账户盈余 2959 亿日元，主要收入账户盈余 17805 亿日元，二次收入账户赤字 1979 亿日元。经季调，经常账户盈余 16258 亿日元，环比下降 14.1%。其中，货物及服务贸易账户盈余 3727 亿日元，主要收入账户盈余 14198 亿日元，次要收入账户赤字 1667 亿日元。

韩国 5 月份官方外汇储备为 3709 亿美元。6 月 3 日，韩国央行发布数据显示，韩国 5 月份官方外汇储备为 3709 亿美元，环比减少 158 亿美元。其中，证券为 3353.5 亿美元，存款为 263.7 亿美元，黄金为 47.9 亿美元，SDRs 为 25.5 亿美元，IMF 储备头寸为 18.2 亿美元。

印度央行维持基准利率不变。6 月 7 日，印度央行宣布，维持基准利率 6.5% 及存款准备金率 4% 不变，符合市场预期。分析人士认为，对通货膨胀的担忧是印度央行暂停降息步伐的主要原因。

新西兰央行维持基准利率 2.25%不变。6 月 9 日，新西兰央行宣布，维持基准利率 2.25% 不变，这是 1999 年以来新西兰基准利率的最低水平。新西兰央行行长惠勒表示，目前新西兰国内经济活动主要依靠移民数量增加、旅游业和建筑业持续平稳发展等因素支撑，国际市场乳制品价格跌破多数奶农收支平衡点，对经济产生负面影响，不过这种影响已得到一定程度缓解。

5. 非洲

南非第一季度 GDP 萎缩 1.2%。6 月 8 日，南非统计局公布数据显示，受采矿业拖累，南非第一季度 GDP 环比下降 1.2%。其中，采矿业下滑 18.1%。干旱继续冲击南非农业，电力工业萎缩 2.8%，只有金融、房地产和商业服务实现 1.9% 的增长。

二、国际组织

2017 年 G20 峰会将在德国汉堡举行。6 月 10 日，德国政府宣布 2017 年 G20 峰会将于 2017 年 7 月 7 日—8 日在北部港口城市汉堡举行。汉堡是德国第二大城市，也是德国最大的外贸中心，汉堡港是德国最大港口和欧洲第三大港口。汉堡有外国领事机构 99 个，是仅次于纽约和香港设领最多的城市，同时是国际海洋法法庭的所在地，国际化程度很高。在 9 月份中国举办 G20 峰会后，德国将从中国手中接任 G20 主席国，这也是德国首次主办 G20 峰会。

粮农组织：全球粮食价格企稳。联合国粮农组织发布《粮食展望报告》称，当前全球粮食库存充足、产量前景向好，预计 2017 年全球粮食市场保持稳定，价格和供应将总体趋稳。同时由于主要出口国之间对市场份额的竞争，国际粮食价格上涨或得到抑制。报告显示，由于粮食价格和运费低于 2015 年水平，2016 年全球的粮食进口费用在交易量增加的情况下有所下降，自 2009 年来首次低于 1 万亿美元。2016 年，小麦产量将连续 4 年超过消耗量，而中国和美国小麦储量的大幅增加使世界谷物库存量创下 15 年来的新高；大米价格在连续两个季度出现停滞后，或于 2016 年 5 月份反弹；奶制品价格预计继续疲软，鱼品价格有望保持稳定；肉类产量总体稳定；由于南美的大豆产量和东南亚的棕榈油产量受厄尔尼诺现象影响损失惨重，植物油价格存在上行压力。

三、国际大宗商品

本周纽约原油期货累计上涨 0.9%。截至本周五，纽约原油期货累计上涨 0.9%。周一纽约原油期货上涨 1.07 美元，收于每桶 49.69 美元；周二纽约原油期货上涨 0.67 美元，收于每桶 50.36 美元；周三纽约原油期货上涨 0.87 美元，收于每桶 51.23 美元；周四纽约原油期货下跌 0.67 美元，收于每桶 50.56 美元；周五纽约原油期货下跌 1.49 美元，收于每桶 49.07 美元。

本周纽约黄金期货累计上涨 2.7%。截至本周五，纽约黄金期货累计上涨 2.7%。周一纽约黄金期货上涨 0.4%，收于每盎司 1247.4 美元；周二纽约黄金期货下跌 0.03%，收于每盎司 1247 美元；周三纽约黄金期货上涨 1.2%，收于每盎司 1262.3 美元；周四纽约黄金期货上涨 0.8%，收于每盎司 1272.7 美元；周五纽约黄金期货上涨 0.3%，收于每盎司 1275.9 美元。

四、区域合作

第八轮中美战略与经济对话在北京举行。6 月 6 日—7 日，第八轮中美战略与经济对话在北京举行。中国国家主席习近平特别代表国务院副总理汪洋、国务委员杨洁篪，美国总统奥巴马特别代表国务卿克里、财政部长雅各布·卢共同主持了本轮战略与经济对话。在本轮经济对话中，双方就两国经济和世界经济中的重点议题开展坦诚、深入地沟通，达成了 60 多项成果。经济对话的成果为两国克服国际金融危机深层次影响发挥了重要作用，有效促进了中美关系稳定发展，为世界经济复苏注入了“正能量”。

双方认识到，结构性改革对保持两国经济持续增长的重要性。中方将在适度扩大总需求的同时，着力加强供给侧结构性改革。美方承诺，货币政策正常化过程中，充分考虑对国际金融市场的外溢性影响，注意提高政策透明度和可预期性。双方认识到，钢铁和其他行业的产能过剩是全球性问题，是世界经济复苏缓慢和需求低迷的结果，需要集体应对。双方同意，加快推进双边投资协定谈判，力争早日达成一个互利共赢的高水平协定。双方重申，继续通过中美高技术与战略贸易工作组详细讨论出口管制问题。双方将继续推动省州和城市间贸易和投资双边合作，进一步加强在基础设施建设、知识产权保护、农业、中小企业、清洁能源研发创新、经济政策研究等方面的沟通合作。双方将加强在美人民币交易与清算合作，欢迎金融交易平台之间的持续合作，致力于加强两国金融市场和产品的互联互通，同意开展绿色金融合作。两国金融监管机构愿意推进信息共享和跨境执法合作。

第 12 届亚欧财长会在蒙古举行。6 月 10 日，第十二届亚欧财长会议在蒙古国首都乌兰巴托举行，会议就亚欧宏观经济发展与前景、全球与区域金融稳定以及亚欧互联互通等议题进行了交流和讨论。本次会议主题为“构建促进亚欧互联互通繁荣发展的伙伴关系”。来自亚欧 43 个国家的财长或代表，东盟秘书处与欧盟委员会代表，以及国际货币基金组织（IMF）、世界银行、亚洲开发银行、经济合作与发展组织、欧洲中央银行、亚洲基础设施投资银行、东盟与中日韩宏观经济研究办公室等机构代表出席会议。中国财政部部长助理许宏才率中方代表团出席会议。

会议认为，全球经济复苏缓慢且不均衡。在必要情况下，亚欧各国应单独或集体采取货币、财政和结构改革政策措施，增强市场信心，促进经济增长。与会代表强调，将继续推动结构改革，扩大投资特别是高质量的基础设施投资，以提高潜在增长率。会议肯定清迈倡议多边化与欧洲稳定机制等区域金融安排在维护区域金融稳定方面的重要性，强调区域金融安排之间开展对话的必要性，支持区域金融安排与 IMF 进一步加强合作。与会代表一致认为，亚欧互联互通是推动全球和区域经济增长的重要引擎，要发挥亚欧区域现有机制和倡议的作用，支持政府和社会资本合作（PPP）创新融资模式，强化亚欧投资与贸易关系，促进亚欧区域基础设施发展，加强区域互联互通。会议决定，第十三届亚欧财长会议将于 2018 年在保加利亚举行。

五、全球宏观经济形势

世界银行下调全球经济增长预期。6 月 7 日，世界银行发布最新一期《全球经济展望》报告，将 2016 年全球经济增长预测从 1 月份的 2.9% 大幅调降至 2.4%，与 2015 年经济增速持平。同时将 2017 年的全球经济增长预期从 3.1% 下调至 2.8%。

报告认为，2016 年以来，世界经济面临的下行风险愈发显著，挑战越来越多，包括商品出口国的经济形势恶化，大型新兴经济体的民间债务上升，以及政策面和地缘政治局势的不确定性上升等。本次下调全球经济增长预期的主要原因是美国等发达经济体商业支出疲软以及新兴市场经济体中的大宗商品出口国增长挑战增加。而全球经济增长预期被下调 0.5 个百分点，主要是由于世界银行将发达经济体的 2016 年经济增速从 2.2% 下调至 1.7%，这一增速甚至低于 2015 年的 1.8%。报告认为，美国 2016 年经济增速从 1 月份预测的 2.7% 降至 1.9%，欧元区经济增长下调至 1.6%，而受消费支出和出口疲弱的影响，世界银行将日本增长预期从 1 月份的 1.3% 下调至 0.5%。

新兴经济体方面，世界银行维持 1 月份对中国、印度经济 2016 年将保持中高速增长的原有判断，增长预期分别稳定在 6.7% 和 7.6%。巴西、俄罗斯、尼日利亚、安哥拉等依赖大宗商品出口的经济体则将继续受到石油、金属等商品价格下跌的压力，预计巴西和俄罗斯经济衰退较 1 月份的预期更为严重，经济增速预计分别为 -4% 和 -1.2%，南非经济增速从 1 月份的 1.4% 下调至 0.6%。

世界银行认为，尽管大宗商品价格 2016 年以来有所反弹，但反弹幅度远无法抵消近年来大宗商品的巨大跌幅，世界银行预计 2016 年国际油价的平均水平为 41 美元，大大低于 1 月份预测的 51 美元。世界银行高级副行长兼首席经济学家巴苏表示，全球经济仍受困于低速增长，而且下行风险明显上升，诸多风险因素让经济复苏举步维艰。

OECD 国家 4 月份年化通货膨胀率稳定在 0.8%。OECD 发布数据显示，OECD 国家 4 月份的年化通货膨胀率稳定在 0.8%。剔除粮食和能源因素的影响，OECD 国家 4 月份年化通货膨胀率从 3 月的 1.9% 微降至 1.8%。

国别方面，OECD 主要国家 4 月份通货膨胀率走势各异。受能源价格跌幅缩小的影响，加拿大和美国的通货膨胀率分别从 3 月份的 1.3% 和 0.9% 上涨至 4 月份的 1.7% 和 1.1%；德国、意大利、法国和英国的通货膨胀率分别从 3 月份的 0.3%、-0.2%、-0.1% 和 0.5% 降至 -0.1%、-0.5%、-0.2% 和 0.3%，这一降幅主要反映了除粮食和能源价格以外核心通货膨胀率的变化；受粮食价格下跌的影响，日本通货膨胀率从 -0.1% 下滑至 -0.3%。二十国集团（G20）4 月份的年化通货膨胀率与 3 月持平，稳定在 2.3%。非 OECD 国家中，印度尼西亚 4 月份的通货膨胀率跌幅最大，降至 3.6%；巴西、俄罗斯、南非和沙特通货膨胀率降至 9.3%、7.2%、6.5% 和 4.2%；印度 4 月份通货膨胀率涨至 5.8%；中国 4 月份的通货膨胀率则连续第三个月稳定在 2.3%。

第 24 周 （2016/06/11—2016/06/17）

2016 年 6 月 11—17 日，国际财经要情有：美联储维持联邦基金利率 0.25%—0.5% 区间不变；日本维持“QQE + 负利率”政策不变；南非第一季度贸易额萎缩 7.1%；亚洲开发银行批准与亚投行首个联合融资项目；区域全面经济伙伴关系协定（RCEP）第 13 轮谈判在奥克兰举行；第四轮中德政府磋商在北京举行；OECD：2016 年第一季度 G20 国家 GDP 环比增速为 0.7%。

一、区域观察

1. 北美地区

美联储维持联邦基金利率 0.25%—0.5%区间不变。6 月 15 日，美联储发布消息称，联邦公开市场委员会将维持联邦基金利率 0.25%—0.5% 区间不变，保持宽松货币政策以支持改善劳动力市场和重回 2% 通货膨胀目标，主要原因有以下三点：一是美国经济活动虽有复苏迹象，但劳动力市场增速放缓，失业率虽有所下降，但就业岗位不见增加；二是虽然家庭支出增速加快，住宅部门持续发展，经济受净出口拖累程度减轻，但商业固定投资疲软；三是受能源价格和非能源进口价格下降影响，通货膨胀仍然低于 2% 长期目标。

美国 5 月份 PPI 指数环比增长 0.4%。6 月 15 日，美国劳工部发布数据显示，经季调，美国 5 月份 PPI 环比增长 0.4%。其中，商品价格环比增长 0.7%；服务价格环比增长 0.2%。

加拿大第二季度经济增长或小幅下降。6 月 15 日，加拿大央行行长波洛兹发表讲话称，受阿尔伯塔野火影响，加拿大第二季度经济增长可能持平甚至小幅下滑，GDP 或下降 1 个—1.25 个百分点，但第三季度经济将强劲复苏。整体而言，加拿大经济正在适应低油价的过程中取得进展。

2. 拉美地区

巴西临时政府将出台总额 120 亿雷亚尔的特许经营项目。6 月 14 日，巴西代总统特梅尔公布第一批特许经营招标项目，包括萨尔瓦多市、佛塔莱萨市、阿雷格勒港市和佛罗利亚诺波利斯市 4 个州府机场、戈亚斯州至米纳斯吉拉斯州的第 364 号公路以及累西腓港口的客运码头，预计总投资金额达 120 亿雷亚尔。上述项目的经济可行性研究均已通过联邦审计法院审核，招投标条件较为成熟。

3. 欧洲

欧盟和欧元区第一季度就业率环比均增长 0.3%。6 月 14 日，欧盟统计局发布数据显示，经季调，欧盟和欧元区第一季度就业率环比均增长 0.3%，同比增长 1.4%。欧盟第一季度就业人数达 2.313 亿人，为 2008 年第三季度以来最高值；欧元区第一季度就业人数达 1.526 亿人，为 2008 年第四季度以来最高值。

欧盟理事会呼吁商业领袖就新单一市场立法达成一致。6 月 13 日，欧盟理事会发布消息称，欧洲商业领袖齐聚阿姆斯特丹，就如何从欧盟单一市场中获取更多收益展开讨论。荷兰首相兼欧盟理事会主席吕特和欧盟委员会主席容克呼吁欧洲商业领袖明确承诺于 2018 年年底前完成新单一市场立法，并在每年 6 月欧盟峰会上评估完成欧盟单一市场进展。

欧洲央行：政策一致对推动潜在增长至关重要。6 月 9 日，欧洲央行行长德拉吉发表讲话称，政策一致对推动经济增长至关重要。以下四点对于货币政策能否刺激需求和通货膨胀至关重要：一是金融系统能否有效推动经济发展；二是财政政策对总需求的导向及力度；三是结构政策是否正确实施；四是欧元区机构稳定性的不确定性。欧元区生产率增长主要有两个渠道：一是基于技术与管理创新的企业内部增长；二是基于资源转移的企业间增长。为提高生产率，欧元区应优先实行以下三点政策：一是破除机构壁垒以推动知识传播；二是为先进企业扩张及吸引资源创造条件；三是提高人力资本。

德国 5 月份 CPI 同比上升 0.1%。6 月 10 日，德国联邦统计局发布数据显示，德国 5 月份 CPI 同比上升 0.1%，环比上升 0.3%。其中，能源价格同比下降 7.9%，食品价格同比持平，商品价格同比下降 0.9%，服务价格同比上升 1.2%。此外，调和 CPI 同比持平，环比上升 0.4%。

德国 4 月份出口额同比增长 3.8%。6 月 9 日，德国联邦统计局发布数据显示，德国 4 月份出口额为 1043 亿欧元，同比增长 3.8%；进口额为 787 亿欧元，同比持平。经季调，4 月份出口额环比持平，进口额环比下降 0.2%，贸易赤字 240 亿欧元。

英国基础设施和项目管理局推出新项目启动路线图。6 月 15 日，英国财政部发布消息称，英国基础设施和项目管理局推出新项目启动路线图，以改善重大项目交付工作。新路线图是国家基础设施交付计划组成部分，规划未来5年政府如何交付关键项目和方案。新路线图新增风险管理和资产管理两个模块，以补充现有五个模块。新路线图推出后，基础设施和项目管理局将扩大其范围，包括政府重大项目投资组合中的建设和改造项目。

英国5月份CPI环比增长0.2%。6月14日，英国国家统计局发布数据显示，英国5月份CPI同比增长0.3%，环比增长0.2%。其中，运输价格环比增长0.9%，餐饮及住宿价格环比增长0.5%，通信价格环比增长0.9%，服装价格环比下降0.2%，娱乐及文化价格环比下降0.4%，食品及非酒精饮料价格环比下降0.4%。

法国5月份CPI环比增长0.4%。6月15日，法国国家统计局发布数据显示，经季调，法国5月份CPI环比增长0.4%，同比持平。其中，食品价格环比增长1%，能源价格环比增长2.2%，服务价格环比增长0.1%，产成品价格环比增长0.1%。核心通货膨胀指标连续三个月环比增长0.1%。

意大利5月份CPI同比下降0.3%。6月14日，意大利国家统计局发布数据显示，意大利5月份CPI同比下降0.3%，环比上升0.3%。其中，货物价格同比下降1.0%，服务价格同比上升0.4%。此外，剔除能源与未加工食品，核心通货膨胀率同比上升0.6%，调和CPI同比下降0.3%，环比上升0.3%。

俄罗斯央行上调外币负债存款准备金率1个百分点。6月10日，俄罗斯央行发布消息称，自2016年7月1日起，上调信贷机构外币负债存款准备金率1个百分点，以阻止信贷机构负债中外币负债增长。

4. 亚洲

日本维持“QQE+负利率”政策不变。6月16日，日本央行发布货币政策会议决议称，日本央行将维持“QQE+负利率”政策不变，旨在实现2%物价稳定目标。日本央行将主要采取以下三点措施：一是进行货币市场操作以每年80万亿日元速度增加货币基础；二是以每年80万亿日元速度购买日本国债，分别以每年3.3万亿日元和每年900亿日元速度购买交易所交易基金和日本房地产信托；三是维持负利率-0.1%不变。

日本2015年家庭月均实际消费支出同比下降2.3%。6月10日，日本国家统计局发布数据显示，日本2015年两人及以上家庭月均消费支出为287373日元，按实际价值计同比下降2.3%，为连续第二年下降。其中，工人家庭月均收入为525669日元，同比增长0.1%，为两年以来首次增长；月均消费支出为315379日元，同比下降2.1%，连续第二年下降。无职业家庭月均收入为209421日元，同比增长1.2%，为4年以来首次增长；月均消费支出为248232日元，同比下降

0.4%，连续第二年下降。

韩国将着力增强国家产业竞争力。6月9日，韩国企划财政部部长柳一镐在第八届部长级经济会议上发表讲话称，韩国政府将从三方面着手增强国家产业竞争力：一是放松对资产超过10万亿韩元企业管制，以鼓励中型企业增加投资、拓展业务领域；二是通过鼓励风投创投、增加对智能技术的投资及促进产业集聚来发展信息安全产业，并参照国际标准调整国内标准，促进信息安全技术产品出口；三是加速企业重组进程。

韩国5月份出口价格指数同比下降4.0%。6月15日，韩国央行发布数据显示，韩国5月份出口价格指数环比增长2.4%，同比下降4.0%。其中，农林渔产品价格指数环比增长2.2%，同比增长15.5%；制造业产品价格指数环比增长2.4%，同比下降4.1%。进口价格指数环比增长3.5%，同比下降5.1%。其中，原材料价格指数环比增长6.9%，同比下降20.7%；半成品价格指数环比增长2.9%，同比下降1.2%；资本品价格指数环比增长1.6%，同比增长9.0%；消费品价格指数环比增长1.7%，同比增长3.1%。

印度5月份CPI环比增长1.02%。6月13日，印度国家统计局发布数据显示，印度5月份CPI为128.6，环比增长1.02%。其中，农村地区CPI为130.3，环比增长1.01%；城市地区CPI为126.6，环比增长1.04%。

澳大利亚5月份失业率为5.7%。6月16日，澳大利亚统计局公布数据显示，经季调，澳大利亚5月份失业率为5.7%，基本保持稳定。

5. 非洲

南非第一季度贸易额萎缩7.1%。南非统计局公布数据显示，由于矿产品、贵金属及交通设施出口减少，南非第一季度进出口贸易额萎缩7.1%。

二、国际组织

亚洲开发银行批准与亚洲基础设施投资银行首个联合融资项目。6月15日，亚洲开发银行董事会批准向巴基斯坦高速公路项目提供1亿美元贷款。6月下旬，经董事会批准后，亚洲基础设施投资银行也将提供1亿美元的贷款。上述贷款将用于修建连接旁遮普省绍尔果德和哈内瓦尔的剩余64公里的M-4国家高速公路。该项目是总长1800公里的中亚交通走廊的重要组成部分，英国国际发展部（DFID）也承诺为该项目提供3400万美元赠款。

世界银行：2015年私人资本投资发展中国家基础设施超千亿美元。世界银行发布数据显示，2015年全球私人资本参与发展中国家基础设施投资为1116亿美元，与2014年基本持平，但比之前5年平均水平下降了10%，排名前五的国家分别为土耳其、哥伦比亚、秘鲁、菲律宾和巴西。其中，可再生能源领域吸引了私人资本投资总额的近 2/3，太阳能项目投资额比过去 5 年平均水平增长 72%。在 2015 年的 300 个项目中，能源项目数量最多，达 205 个，其次为交通项目 55 个，供水与污水处理项目 40 个。可再生能源占投资总额的 63%，交通行业吸引投资承诺额最高。

OPEC：预计原油市场在 2016 年年底恢复平衡。6 月 13 日，OPEC 发布月报称，对 2016 年原油市场前景展望乐观，预计 2016 年年底原油市场有望逐渐恢复平衡。OPEC 预计全球经济将持续改善，全年有望实现 3.1% 的增长，拉动原油需求增长 120 万桶/日，而 5 月份 OPEC 原油产量减少了 10 万桶/日。随着需求增加和供给相对减少，原油市场的供大于求的状况很可能在未来几个季度得到缓解。随后在国际能源署（IEA）在最新一期月报中也表示，2016 年下半年原油供应和需求将趋于平衡。

第十届夏季达沃斯论坛主题聚焦第四次工业革命。6 月 16 日，世界经济论坛，宣布第十届新领军者年会即夏季达沃斯论坛将于 6 月 26 日至 28 日在天津举行，本届论坛的主题为“第四次工业革命：转型的力量”。在为期三天的 200 多场会议中，将有来自全球 90 个国家及地区的 1700 多位公共部门和私营部门领袖围绕第四次工业革命展开讨论，并探讨相应的转型与变革方案。届时，论坛将围绕如何重设体系、重塑增长、反思创新这三大议程展开。

三、国际大宗商品

本周纽约原油期货累计下跌 5.8%。截至本周四，纽约原油期货累计下跌 5.8%。本周纽约原油期货四连跌，周一纽约原油期货下跌 0.19 美元，收于每桶 48.88 美元；周二纽约原油期货下跌 0.39 美元，收于每桶 48.49 美元；周三纽约原油期货下跌 0.48 美元，收于每桶 48.01 美元；周四纽约原油期货下跌 1.8 美元，收于每桶 46.21 美元，创近 5 周以来新低。

本周纽约黄金期货累计上涨 1.8%。截至本周四，纽约黄金期货累计上涨 1.8%。周一纽约黄金期货上涨 0.9%，收于每盎司 1286.9 美元；周二纽约黄金期货上涨 0.1%，收于每盎司 1288.1 美元；周三纽约黄金期货上涨 0.02%，收于每盎司 1288.3 美元；周四纽约黄金期货上涨 0.8%，收于每盎司 1298.4 美元，创近 17 个月以来最高收盘价。

四、区域合作

区域全面经济伙伴关系协定（RCEP）第 13 轮谈判在奥克兰举行。6 月 10

日—18 日，区域全面经济伙伴关系协定（RCEP）第 13 轮谈判在新西兰奥克兰举行。东盟 10 国、中国、日本、韩国、澳大利亚、新西兰、印度和东盟秘书处派代表团与会。各方就货物、服务、投资、知识产权、经济技术合作、竞争、电子商务、法律条款等领域进行了深入磋商。RCEP 第 4 次部长会议将于 8 月初在老挝举行。RCEP 谈判于 2012 年 11 月宣布启动，成员国人口约占全球人口 50%，国内生产总值、贸易额和吸引外资接近全球 1/3，是当前亚洲地区规模最大的自由贸易协定谈判，也是我国参与的成员最多、规模最大、影响最广的自贸区谈判。

第四轮中德政府磋商在北京举行。6 月 13 日，第四轮中德政府磋商在北京举行，中国国务院总理李克强与德国总理默克尔共同主持了本轮磋商。两国总理认真听取了双方外交、经济、工业、财金、教育、科技、交通、环保等 26 个部门负责人的汇报。双方对中德合作取得的进展感到满意，并就深化各领域合作达成一系列新的共识。李克强表示，中德政府磋商启动以来，为两国各领域合作发挥了重要的统筹和推动作用，给两国和两国人民带来实实在在的利益。希望双方抓住机遇，就各领域务实合作提出新的思路和倡议，聚焦下阶段合作重点和难点，实现中德友好与合作不断提质升级。默克尔表示，《德中合作行动纲要》将两国全方位战略伙伴关系提升到新的合作水平。德方愿本着创新精神，与中方深入进行对话，广泛开展智能制造、新能源汽车、第三方市场等合作，使德中合作全面向前发展。磋商后，两国总理共同见证了中德经贸、能源、第三方市场合作、创新、智能制造等 10 多个领域 20 多份合作文件的签署。双方还发表了第四轮中德政府磋商联合声明。

五、全球宏观经济形势

OECD：2016 年第一季度 G20 国家 GDP 环比增速为 0.7%。6 月 13 日，OECD 发布数据显示，2016 年第一季度 G20 国家 GDP 环比增速为 0.7%，与 2015 年第四季度持平。欧元区国家第一季度 GDP 增速从 2015 年第四季度的 0.4% 升至 0.6%。其中，德国、法国和意大利分别从 2015 年第四季度的 0.3%、0.4% 和 0.2% 增至 0.7%、0.6% 和 0.3%。澳大利亚、加拿大、印度、日本和墨西哥分别从 2015 年第四季度的 0.7%、0.1%、1.8%、-0.4% 和 0.5% 增至 1.1%、0.6%、2.1%、0.5% 和 0.8%，其中印度 2016 年第一季度环比增速创下 5 年来最高值。

中国第一季度 GDP 环比增速放缓至 1.1%，为自 1995 年以来的最低水平；土耳其、韩国、美国、印度尼西亚和英国第一季度增速也分别从 2015 年第四季度的 1.2%、0.7%、0.3%、1.3% 和 0.6% 下滑至 0.8%、0.5%、0.2%、1.2% 和 0.4%；巴西第一季度环比 GDP 继续萎缩，增速为 -0.3%，但萎缩幅度为近 5 个季度以来的最小。

同比方面，G20 国家第一季度 GDP 同比增速持平，仍为 3.0%；印度 GDP 同比增速最快，达 8.0%；巴西 GDP 持续萎缩，同比萎缩 5.1%。

OECD 发布《欧盟和欧元区国家经济报告》。OECD 发布最新《欧盟和欧元区国家经济报告》称，欧洲经济正在逐步复苏，但 2008 年金融危机未解决的遗留问题仍制约着欧洲经济增长，同时全球市场出现了多个新风险点，各国需要采取进一步政策措施。报告指出，尽管欧洲的经济增速逐步回升，但失业率仍居高不下，绝大多数国家的投资情况仍未回到危机前水平，且信贷增长持续疲软。OECD 预计，欧盟国家 2016 年和 2017 年的 GDP 增速分别为 1.8% 和 1.9%，欧元区国家 2016 年和 2017 年的 GDP 增速分别为 1.6% 和 1.7%。

报告建议，存在财政调节空间的国家应当增加预算支出以促进经济增长，并就税制结构和公共预算支出实施广泛改革；同时，深化欧洲单一市场，促进劳动力的自由流动，以降低失业率并提高生产率。此外，OECD 还建议推进域内交通网和能源网的整合、鼓励互联网行业的良性竞争、出台鼓励研发和数字一体化市场发展的刺激政策。而在风险方面，OECD 认为目前最大的风险点是即将进行的英国脱欧公投。

第 25 周（2016/06/18—2016/06/24）

2016 年 6 月 18—24 日，国际财经要情有：耶伦表示当前谨慎调整货币政策是合适的；英国公投最终结果为脱离欧盟；欧元区 5 月份通货膨胀年率为 -0.1%；英国央行维持基准利率 0.5% 不变；澳大利亚央行维持现金利率 1.75% 不变；新西兰第一季度 GDP 环比上升 0.7%；第三次 G20 财政和央行副手会在福建厦门举行；第 25 轮中美投资协定谈判在华盛顿举行；2015 年全球外国直接投资强劲复苏。

一、区域观察

1. 北美地区

耶伦表示当前谨慎调整货币政策是合适的。6 月 21 日，美联储主席耶伦在美国参议院金融委员会半年度货币政策报告听证会上作证时表示，当前谨慎调整货币政策是合适的。主要有两点原因：一是美国通货膨胀继续低于目标水平，劳动力市场及经济增长形势复杂；二是联邦基金利率仍接近有效下限，若通货膨胀率走低、劳动力市场疲软形势持续，委员会下调联邦基金利率政策空间将有限。当前，海外经济发展状况、国内生产率增长疲弱等限制性因素仍存，所以利率暂时仍将保持在较低水平；当这些限制性因素消失，美联储会考虑逐渐加息。此外，耶伦特别指出，即将到来的英国退欧公投将对投资者心理产生巨大影响。

美国 5 月份 CPI 环比增长 0.2%。6 月 16 日，美国劳工部统计局发布数据显示，经季调，美国 5 月份 CPI 环比增长 0.2%，同比增长 1%。其中，食物指数环比下降 0.2%；能源指数环比增长 1.2%；住房指数环比增长 0.4%。

美国第一季度经常账户赤字 1247 亿美元。6 月 16 日，美国商务部发布数据显示，美国第一季度经常账户赤字 1247 亿美元。经常账户赤字占 GDP 比为 2.7%，环比增长 0.2 个百分点。其中，货物贸易赤字 1864 亿美元，环比减少 20 亿美元；服务贸易盈余 646 亿美元，环比增加 4 亿美元。

加拿大 5 月份 CPI 环比增长 1.5%。6 月 17 日，加拿大国家统计局发布数据显示，加拿大5月份CPI环比增长1.5%；剔除汽油，CPI同比增长1.9%。其中，汽油价格环比增长4.1%，连续三个月持续增长；同比下降7.1%。

加拿大4月份零售环比增长0.9%。6月22日，加拿大国家统计局发布数据显示，加拿大4月份零售额为443亿美元，环比增长0.9%。其中，加油站销售对销售额贡献较大。剔除加油站，销售额增长0.4%；剔除价格变动因素，销售量基本持平。

2. 拉美地区

巴西联邦政府拨款29亿雷亚尔支持里约热内卢奥运会。6月21日，巴西代理总统特梅尔批准由巴西联邦政府向深陷财政困难中的里约州紧急转移拨付29亿巴西雷亚尔（约8.49亿美元），以确保即将在8月初开幕的里约热内卢奥运会能够顺利举行。由于财政状况恶化，里约州在上周宣布进入“公共财政紧急状态”，并因此削减了包括教育、医疗、警务等重要领域的支出。

3. 欧洲

英国公投最终结果为脱离欧盟。6月24日，英国脱欧公投结果显示，脱欧阵营获得超过1680万张选票，得票率为51.9%，赢得公投胜利。结果公布后，英国首相卡梅伦宣布辞职。从流程看，英国与欧盟将进行初步磋商，随后英国首相向欧洲理事会主席致信，表达英国希望基于欧盟条约第50项条款商谈退出欧盟的想法。除非欧盟27国一致同意延长谈判，否则英国将在两年之后自动退出欧盟。英国退出欧盟将为英国同欧盟经贸、人员往来及双边关系带来巨大冲击。英国将失去欧盟成员国身份，退出关税同盟以及单一市场。

欧盟4月份经常账户盈余134亿欧元。6月17日，欧盟统计局发布数据显示，经季调，欧盟4月份经常账户盈余134亿欧元。其中，货物账户盈余121亿欧元，环比下降34亿欧元；服务账户盈余109亿欧元，环比下降12亿欧元；二次收入账户赤字84亿欧元，环比上升5亿欧元；主要收入账户赤字12亿欧元，环比下降10亿欧元。

欧元区5月份通货膨胀年率为－0.1%。6月16日，欧盟统计局发布数据显示，欧元区5月份通货膨胀年率为－0.1%，环比增长0.1个百分点，同比下降0.4个百分点。其中，服务业环比增长0.1个百分点，食品环比增长0.1个百分点，能源环比增长0.6个百分点，非能源工业产品环比持平。

欧元区4月份经常账户盈余362亿欧元。6月17日，欧盟统计局发布数据显示，经季调，欧元区4月份经常账户盈余362亿欧元。12个月累积盈余3294亿欧元。金融账户中，直接投资与证券投资资产增长990亿欧元，负债减少300亿欧元。

德国 5 月份 PPI 同比下降 2.7%。6 月 20 日，德国国家统计局发布数据显示，德国 5 月份 PPI 同比下降 2.7%，环比增长 0.4%。其中，能源价格同比下降 8%；非耐用消费品价格同比下降 0.2%；资本品价格同比上升 0.6%；耐用消费品价格上升 1.3%。剔除能源，PPI 同比下降 0.8%，环比增长 0.2%。

英国央行维持基准利率 0.5%不变。6 月 16 日，英国央行发布消息称，英国央行货币政策委员会一致决定维持基准利率 0.5% 不变。同时，维持央行资产购买规模 3750 亿英镑不变。

英国 2015 财年公共部门净借款减少 167 亿英镑。6 月 21 日，英国国家统计局发布数据显示，剔除银行部门，英国 2015 财年公共部门净借款额为 749 亿英镑，较 2014 财年减少 167 亿英镑。截至 2016 年 5 月底，英国公共部门债务净额达 16069 亿英镑，占 GDP 比为 83.7%。

英国 5 月份零售销售同比上升 6.0%。6 月 16 日，英国国家统计局发布数据显示，英国 5 月份零售销售同比上升 6.0%，环比上升 0.9%。核心零售销售同比上升 5.7%，环比上升 1.0%。零售销售额为 292 亿英镑，同比增长 3.1%，环比增长 1.3%。

法国 2016 年经济或增长 1.6%。6 月 16 日，法国国家统计和经济研究所公布研究报告，预测 2016 年法国经济或增长 1.6%，工业、建筑业和服务业等多个行业将进一步改善。报告称，2016 年年底，法国失业率或为 9.8%，法国家庭购买力将提高 1.7%，企业投资将保持稳定增长。

意大利 4 月份出口环比上升 1.8%。6 月 17 日，意大利国家统计局发布数据显示，经季调，意大利 4 月份出口环比上升 1.8%。其中，对欧盟国家出口环比上升 1.8%，对非欧盟国家出口环比上升 3.9%。进口环比上升 3.4%。其中，对欧洲国家进口环比上升 3.4%，对非欧盟国家进口环比上升 4.7%。此外，4 月份进口价格指数环比上升 0.2%，同比下降 6.5%。

4. 亚洲

日本 6 月份制造业 PMI 初值为 47.8。6 月 23 日，市场调查机构 Markit 发布数据显示，日本 6 月份制造业 PMI 初值为 47.8，环比增长 0.1 个百分点；制造业产出指数初值为 47.8，环比增长 1.5 个百分点。国际需求锐减、4 月份熊本地震负面影响尚存、负利率政策带来不确定性等因素导致日本制造业进一步衰退，产量及新订单量大幅下降，就业增长为 9 个月以来最弱。

日本 5 月份出口额初值同比下降 11.3%。6 月 20 日，日本财务省发布数据显示，日本 5 月份进口额初值为 51316.73 亿日元，同比下降 13.8%；出口额初值为 50909.53 亿日元，同比下降 11.3%；贸易逆差 407.2 亿日元。其中，对美国出口额为 9698.69 亿日元，同比下降 10.7%；对欧盟出口额为 5777.98 亿日元，同比下降4.0%；对中国出口额为9019.38亿日元，同比下降14.9%。

韩国5月份PPI同比下降3.1%。6月20日，韩国央行发布数据显示，韩国5月份PPI同比下降3.1%，环比持平。其中，农林渔产品PPI环比下降4.2%，制造业产品PPI环比上升0.5%，水电燃气PPI环比下降1.9%，服务业PPI环比上升0.1%。

印度政府推出全面外资改革措施。6月20日，印度商务部发表声明称，印度将推出全面外资改革措施，开放大多数制造业和服务业，以促进经济开放和创造就业。声明表示，印度将在民航、防务、医药、保险、电子商务、畜牧业、通信、广播、贸易等方面对外资全面开放，全部或部分取消关于投资项目技术标准，以及外国品牌在印生产必须使用当地设计生产等要求。目前，印度只允许外资在合资企业中拥有49%股份，并对投资项目技术含量有诸多要求。

澳大利亚央行维持现金利率1.75%不变。6月21日，澳大利亚央行发布6月份货币政策会议纪要显示，澳大利亚央行货币政策委员会决定维持现金利率1.75%不变。主要有以下四点原因：一是澳大利亚贸易伙伴经济增速相对放缓，主要经济体为实现通货膨胀目标将继续实行宽松货币政策；二是4月份货币政策会议降低现金利率、调整通货膨胀预期后澳元显著贬值，美国货币政策收紧预期增大，商品价格降低；三是低利率和澳元贬值支持下，非矿业活动强劲扩张，国内经济增速较快，产出增长回暖，失业率降低，但通货膨胀率仍较低；四是住房信贷增速放缓，而商业信贷有所增加。

新西兰第一季度GDP环比上升0.7%。6月16日，新西兰国家统计局发布数据显示，新西兰第一季度GDP环比上升0.7%。其中，建筑业产出环比上升4.9%，医疗保健业产出环比上升2.7%，制造业产出环比下降0.4%。

5. 非洲

南非4月份零售业销售增长1.5%。南非统计局公布数据显示，受经济下滑、失业率高企、生活成本增加以及利率上升的影响，南非4月份零售业销售增长1.5%，不及预期，增幅为2014年6月份以来最低。

二、国际组织

亚洲基础设施投资银行公布首批四个项目。6月23日，亚洲基础设施投资银行公布首批四个项目，分别为：位于孟加拉国境内的电力配送升级和扩容项目；预计将与世界银行联合融资的、位于印度尼西亚的国家贫民窟升级项目；与亚洲开发银行和英国贸易发展部联合融资的、位于巴基斯坦境内、连接旁遮普省的绍尔果德与哈内瓦尔的M-4高速公路项目；以及与欧洲复兴开发银行联合融资的，位于塔吉克斯坦境内，连接杜尚别与塔吉克斯坦和乌兹别克斯坦边境的一条公路项目。上述四个项目总额 5.09 亿美元，亚投行董事会将于 6 月 24 日讨论批准上述项目，预计亚洲基础设施投资行 2016 年放贷总额约 12 亿美元。

第三次 G20 财政和央行副手会在福建厦门举行。6 月 22 日—23 日，G20 财政和央行副手会在福建省厦门市举行。这是中国接任 2016 年 G20 主席国后主办的第三次财政和央行副手会。会议由财政部副部长朱光耀和人民银行副行长易纲共同主持，来自 G20 成员国、嘉宾国的财政和央行副手以及相关国际组织的代表参加了会议。各方主要就当前全球经济形势，“强劲、可持续、平衡增长框架”，投资和基础设施，国际金融架构，金融部门改革，国际税收合作，以及绿色金融、气候资金和反恐融资等议题进行了讨论。会议就 2016 年 G20 财金渠道主要预期成果达成基本共识，有关成果将提交 7 月在成都举行的第三次 G20 财长和央行行长会议核准。

IMF：英国脱欧将蒙受巨大经济损失。IMF 发布报告指出，离开欧盟将会让英国遭受巨大经济损失，而其溢出效应也将影响欧盟经济。报告预计，如果英国选择留在欧盟，英国 2016 年和 2017 年经济增速预计分别为 1.9% 和 2.2%；如果英国离开欧盟，在影响有限的情形下，2016 年和 2017 年经济增速预计分别为 1.7% 和 1.4%，而在极端情形下，2016 年增速预计仅为 1.1%，2017 年增速将降至 -0.8%。一旦脱欧，英国的失业率、财政赤字、通货膨胀率等经济指标将趋向恶化，贸易和投资壁垒可能增加，生产率提高受阻。而英国“脱欧”的溢出效应主要集中于欧盟国家，尤其是与英国有密切贸易和投资联系的国家，如爱尔兰、塞浦路斯、马耳他、荷兰和比利时等国。

WTO：需警惕贸易保护主义抬头。6 月 21 日，WTO 发布报告称，金融危机以来全球保护主义情绪有所抬头，近一年来上升趋势明显加快。2008 年以来，G20 国家共出台 1583 项贸易限制措施，同期仅取消 387 项。其中，仅 2015 年 10 月份至 2016 年 5 月份就出台了 145 项限制措施，相当于平均每月有近 21 项新措施出台，月均新措施数量创 2009 年开始统计该数据以来新高，显示全球贸易保护主义正在抬头。在 145 项措施中，贸易救济类 89 项，超过 40 项措施涉及钢铁等金属贸易。

OPEC：成员国 2015 年经常账户赤字总额近千亿美元。6 月 23 日，OPEC 发布报告称，2015 年 OPEC 石油出口收入下跌 46%，创 10 年来新低，经常账户 1998 年来首次出现赤字，13 个成员国赤字总额高达 996 亿美元，而 2014 年 OPEC 成员国经常账户盈余总额为 2381 亿美元。

三、国际大宗商品

本周纽约原油期货累计上涨 4.5%。截至本周四，纽约原油期货累计上涨 4.5%。周一纽约原油期货上涨 1.39 美元，收于每桶 49.37 美元；周二纽约原油期货下跌 0.52 美元，收于每桶 48.85 美元；周三纽约原油期货上涨 0.15 美元，收于每桶 49 美元；周四纽约原油期货上涨 1.13 美元，重新回到 50 美元上方，收于每桶 50.13 美元。

本周纽约黄金期货累计下跌 2.5%。截至本周四，纽约黄金期货累计下跌 2.5%。周一纽约黄金期货下跌 0.2%，收于每盎司 1292.1 美元；周二纽约黄金期货下跌 1.5%，收于每盎司 1272.5 美元；周三纽约黄金期货下跌 0.2%，收于每盎司 1270 美元；周四纽约黄金期货连续 5 个交易日下跌，跌幅 0.5%，收于每盎司 1263.1 美元。

四、区域合作

第 25 轮中美投资协定谈判在华盛顿举行。6 月 14 日—17 日，第 25 轮中美投资协定谈判在华盛顿举行。本轮谈判中，双方交换了第二轮负面清单改进出价，并就各自改进出价进行了磋商。双方将按照第八轮中美战略与经济对话就推动谈判达成的重要共识，加快推进谈判进程，以期早日达成一项互利共赢的高水平协定。

中亚区域智库发展论坛在哈萨克斯坦举行。6 月 20 日—21 日，由中亚区域经济合作学院和亚洲开发银行联合举办的第一届“中亚区域智库发展论坛”在哈萨克斯坦首都阿斯塔纳举行。来自包括中亚区域经济合作机制（CAREC）10 个成员国的政府官员和智库代表，亚洲开发银行官员，以及金融、经济、交通、能源、贸易领域的知名学者参加了本次论坛。本次智库论坛以深入推进中亚国家经济发展合作，实现经济一体化为主题，重点讨论了区域经济形势、加强基础设施互联互通和建立知识共享网络等议题，并提出了构建次区域智库网络的具体倡议。

五、全球宏观经济形势

2015 年全球外国直接投资强劲复苏。6 月 21 日，联合国贸发会议发布《2016 世界投资报告》称，得益于全球跨境并购增长，2015 年全球外国直接投资（FDI）总规模达 1.76 万亿美元，相较 2014 年增长 38%，创 2008 年全球金融危机以来的最高水平。其中，跨国并购金额从 2014 年的 4320 亿美元猛增至 2015 年的 7210 亿美元，成为全球 FDI 强劲反弹的主要动力。

报告显示，2015 年亚洲吸收 FDI 达 5410 亿美元，比 2014 年增长 16%，创历史新高。亚洲继续成为全球最大的 FDI 流入地，外资流入主要集中在东亚和南亚经济体。2015 年，中国吸收外资全球排名从第一降到第三，但仍保持着稳定增长。全年中国外资流入量增长 6%，达到了 1356 亿美元。且外资流入的行业和区域结构继续优化，质量有所提高，具体表现为中西部地区占比提高；服务业吸引外资比重提升；外资持续向先进制造业、高端服务业等倾斜。据贸发组织调查显示，中国仍是全球最具吸引力的投资目的地之一。

报告显示，2015 年 FDI 流向的另一个重要特点是流入发达经济体的外资规模超过发展中经济体。2015 年流入发达经济体的 FDI 规模几乎增长了一倍，达到 9620 亿美元，占总投资的 55%，扭转了此前 5 年间发展中经济体一直作为外资主要流入地的格局。发展中经济体同期共吸收 7650 亿美元外资，增长速度略有放缓。发达经济体中，欧洲的外资流入量增长强劲，美国则在其 2014 年的历史低位基础上翻了两番。

报告预计，考虑到脆弱的全球经济形势以及疲软的市场需求，2016 年发达经济体将很难重现 2015 年的大规模企业并购的情况。再加上美国等针对避税行为出台新的监管措施以及英国“脱欧”公投等市场不确定因素增加，贸发会议预计，2016 年发达经济体吸引的外资规模将缩水约 11%，预计全球 FDI 规模将下降 10%—15%。中期来看，全球 FDI 有望于 2017 年恢复增长，在 2018 年达到或超过 1.8 万亿美元的水平。

第 26 周 (2016/06/25—2016/07/01)

2016 年 6 月 25 日—7 月 1 日，国际财经要情有：美国第一季度实际 GDP 年化季率终值 1.1%；加拿大 4 月份 GDP 月率增长 0.1%；阿根廷第一季度 GDP 环比下降 0.7%；英国财政大臣就英国退欧公投结果发表声明；法国第一季度 GDP 环比增长 0.6%；亚投行首届理事会年会在北京举行；中日韩自贸区第十轮谈判首席谈判代表会议在首尔举行；G7 将合作应对英国脱欧可能引发的金融市场波动。

一、区域观察

1. 北美地区

美国第一季度实际 GDP 年化季率终值 1.1%。6 月 28 日，美国商务部发布数据显示，美国第一季度实际 GDP 年化季率终值为 1.1%。实际国民总收入环比增长 2.9%；实际国内采购总值环比增长 0.9%；国内采购价格指数环比增长 0.2%，剔除食品和能源，环比增长 1.4%；以当前美元计 GDP 增长 1.4%。

美国 5 月份商品贸易赤字 605.9 亿美元。6 月 27 日，美国商务部发布数据显示，经季调，美国 5 月份商品贸易赤字 605.9 亿美元，环比下降 30.62 亿美元。其中，出口额为 1190.37 亿美元，环比下降 2.5 亿美元；进口额为 1796.30 亿美元，环比增长 28.11 亿美元。

美国 5 月份个人收入增长 371 亿美元。6 月 29 日，美国商务部发布数据显示，美国 5 月份个人收入增长 371 亿美元，环比增长 0.2%；个人可支配收入增长 339 亿美元，环比增长 0.2%；个人消费支出增长 535 亿美元，环比增长 0.4%；实际个人可支配收入环比增长 0.1%。

加拿大 4 月份 GDP 月率增长 0.1%。6 月 30 日，加拿大统计局公布数据显示，由于油价反弹企稳，加拿大 4 月份 GDP 月率增长 0.1%，符合预期；年率上升 1.5%，高于预期，结束连续两个月负增长。

2. 拉美地区

阿根廷第一季度 GDP 环比下降 0.7%。6 月 29 日，阿根廷国家统计局发布数据报告称，阿根廷 2016 年第一季度 GDP 环比下降 0.7%，同比增长 0.5%。阿根廷政府大力推进市场化经济改革，先后实施了汇率并轨、取消外汇和进口管制、减免农产品出口税、调整公共服务价格等一系列措施，结束了债务违约并重返国际资本市场，宏观经济环境有所改善。但紧缩性调整的副作用陆续出现，包括比索贬值，通货膨胀压力加剧等。

3. 欧洲

欧洲理事会已对英国退欧做好准备。6 月 24 日，欧洲理事会主席图斯克发表讲话表示，已对英国退欧做好准备，27 个成员国会继续保持团结。在英国正式脱欧前，欧盟法律仍适用于英国。英国退欧的所有程序在条约中均有明确安排，具体事宜在欧洲峰会期间做进一步讨论。

欧元区 6 月份综合 PMI 初值为 52.8。6 月 23 日，市场调查机构 Markit 发布数据显示，欧元区 6 月份综合 PMI 初值为 52.8，为 17 个月以来最低值；制造业 PMI 初值为 52.6，为 6 个月以来最高值；服务业 PMI 初值为 52.4，为 18 个月以来最低值。6 月份欧元区商业活动增长小幅放缓，是自 2015 年 1 月以来最低值。

欧元区 5 月份 M_3 年增长率为 4.9%。6 月 27 日，欧洲央行发布数据显示，欧元区 2016 年 5 月份 M_3 年增长率为 4.9%，环比增长 0.3 个百分点；M_1 年增长率为 9.1%，环比下降 0.6 个百分点；家庭贷款年增长率为 1.6%，环比增长 0.1 个百分点；非金融企业贷款增长率为 1.4%，环比增长 0.2 个百分点。

德国 6 月份 CPI 初值同比增长 0.3%。6 月 29 日，德国国家统计局发布数据显示，德国 6 月份 CPI 初值同比增长 0.3%，环比增长 0.1%；调和 CPI 初值环比增长 0.1%，同比增长 0.2%。

德国 6 月份综合 PMI 初值为 54.1。6 月 23 日，市场调查机构 Markit 发布数据显示，德国 6 月份综合 PMI 初值为 54.1；服务业 PMI 为 53.2，为 13 个月以来最低值；制造业 PMI 为 54.4，为 28 个月以来最高值。PMI 数据表明，通缩压力见底，原材料及劳动力成本上升对通货膨胀造成上行压力。

英国财政大臣就英国退欧公投结果发表声明。6 月 27 日，英国财政大臣奥斯本就英国退欧公投结果发表声明称，英国当前主要面临三项挑战：一是金融市场波动性仍将持续，财政部、央行、金融行为监管局、审慎监管局及各主要金融机构已做好应急预案，将相互协作，安排充足的互换货币信贷额度确保央行能在必要时以外币贷款，同时提供 2500 亿英镑资金支援商业银行和市场；二是英国在未来数月亟须与欧洲各国建立新关系，鉴于首相延迟第 50 号条款及将事务交付给继任者的决定，启动《里斯本条约》，新首相上台之后再决定应对公投经济冲击的具体措施是明智的；三是需通过尽可能好的货物服务贸易条件，确保英国能与欧洲其他国家在长期经济关系上协调一致，同时保持与北美、英联邦国家、中国及印度等贸易大国合作关系。英国经济在过去6年稳健增长、就业率显著提高、银行资本充足、财政赤字大幅缩减，坚实的经济基础足以支持英国应对未来挑战。

法国第一季度 GDP 环比增长 0.6%。6月24日，法国国家统计局发布数据显示，法国第一季度 GDP 环比增长0.6%。其中，家庭最终消费支出明显回升，环比增长1.1%；固定资本形成总额环比增长1.4%；出口额环比持平；进口额增速下降，环比增长0.8%。

法国6月份综合 PMI 初值为 49.4。6月23日，市场调查机构 Markit 发布数据显示，法国6月份综合 PMI 为49.4，为4个月以来最低值；服务业 PMI 为49.9，为3个月以来最低值；制造业 PMI 为47.3，为16个月以来最低。

意大利6月份消费信心指数为 110.2。6月28日，意大利国家统计局发布数据显示，意大利6月份消费信心指数为110.2，环比下降2.3个百分点。其中，制造业指数为102.8，环比增长0.7个百分点；建筑业指数为121.6，环比增长1.2个百分点；市场服务指数为105.0，环比下降2.3个百分点；零售贸易指数为99.7，环比下降1.3个百分点。

4. 亚洲

日本对英国退欧公投决定保持警惕。6月24日，日本财长麻生太郎和日本央行行长黑田东彦就英国退欧公投决定发表声明称，日本将对英国退欧对全球经济及金融外汇市场造成的各种风险保持警惕。日本财务省将密切关注外汇市场动向，并在必要时采取措施，与 G7 和 G20 保持行动一致。同时，为规避外汇清偿基金相关风险，日本央行将在必要时启动货币互换网络。

日本5月份制造业输入价格指数初值同比下降 8.4%。6月28日，日本央行发布数据显示，日本5月份制造业输入价格指数初值为90.1，环比增长0.4%，同比下降8.4%。其中，货物输入价格指数初值为89.3，环比增长0.4%，同比下降9.1%；服务输入价格指数初值为100.6，环比下降0.1%，同比持平。制造业产出价格指数初值为95.6，环比增长0.1%，同比下降5.0%。

韩国5月份进出口额指数同比分别下降 9.6%和 5.4%。6月24日，韩国央行发布数据显示，韩国5月份净易货贸易条件指数同比增长1.0%，进出口量指数同比分别增长2.2%和5.8%，进出口额指数同比分别下降9.6%和5.4%。其中，农林渔产品进出口贸易额指数同比分别下降4.4%和增长28.0%；制造业产品进出口贸易额指数同比分别增长0.2%和下降5.4%。

印度央行发布 2016 年金融稳定报告。6月28日，印度央行发布2016年金融稳定报告显示，印度金融系统保持稳定，但银行系统仍受到来自世界经济不确定性和地缘政治风险的影响，国内政策和结构性改革是保持宏观经济稳定的关键。报告认为，印度经济具有巨大的增长和投资潜力，农业部门增长稳健。虽然 2015—2016 年度企业部门显示出平稳发展迹象，但仍需警惕需求下降和偿债能力减弱带来的风险。

新西兰 5 月份货物贸易顺差 3.58 亿纽元。6 月 27 日，新西兰国家统计局发布数据显示，新西兰 5 月份货物贸易顺差 3.58 亿纽元。其中，货物进口额增长 2.29 亿纽元至 42 亿纽元，环比增长 5.7%；货物出口额增长 2.20 亿纽元至 46 亿纽元，环比增长 5.1%。

5. 非洲

南非 2015 年仅吸引外商投资 18 亿美元。联合国贸易和发展会议公布世界投资报告显示，受经济不景气、大宗商品价格低迷、高电价影响，2015 年南非获得的外商直接投资大幅下降 69% 至 18 亿美元，达 10 年以来最低水平。

二、国际组织

亚投行首届理事会年会在北京举行。6 月 25 日，亚投行首届理事会年会在北京举行。亚投行各成员国理事或代表以及意向成员国和国际组织代表出席本次会议。楼继伟部长作为本届理事会主席主持会议。史耀斌副部长作为中国副理事在会上发言。各国理事对亚投行开业以来取得的进展表示充分肯定，包括董事会批准首批贷款总额为 5.09 亿美元的 4 个项目。会议决定第二届理事会年会将于 2017 年 6 月在韩国济州举行。会议选举韩国理事为第二届理事会主席，格鲁吉亚和英国理事为副主席，同时选举产生了新一届董事会。亚投行吸收新成员也将于本届年会后启动，有意愿加入的各方需在 2016 年 9 月 30 日前提出申请，预计理事会将于 2017 年年初讨论首批新成员。

中国财政部与亚投行签署项目准备特别基金捐款协议。6 月 25 日，中国财政部副部长史耀斌与亚投行行长金立群在北京签署《中华人民共和国财政部与亚投行关于亚投行项目准备特别基金的协议》。根据该协议，中方将向该基金捐款 5000 万美元，分 3 年支付。该基金将主要用于帮助亚投行低收入成员国准备主权贷款项目。2016 年 1 月 16 日，中国国家主席习近平在亚投行开业仪式上致辞时表示，中方将向亚投行即将设立的项目准备特别基金出资 5000 万美元，用于支持欠发达成员国开展基础设施项目准备。

上合组织成员国元首理事会第十六次会议在乌兹别克斯坦举行。6 月 24 日，上海合作组织成员国元首理事会第十六次会议在乌兹别克斯坦塔什干举行。国家主席习近平同哈萨克斯坦总统纳扎尔巴耶夫、吉尔吉斯斯坦总统阿坦巴耶夫、俄罗斯总统普京、塔吉克斯坦总统拉赫蒙、乌兹别克斯坦总统卡里莫夫出席会议。习近平在会上发表重要讲话指出，上合组织成立 15 年来，取得了令人瞩目的发展成就。开创性倡导和践行互信、互利、平等、协商、尊重多样文明、谋求共同发展的“上海精神”。相互坚定支持自主选择的发展道路和维护核心利益的努力，全面推进经贸、金融、能源、交通等各领域合作深入发展，扩大民间交往和人文交流，努力拓展对外交往，朋友圈日益扩大，启动首次扩员进程，国际影响力进一步提升。与会领导人重申支持建设丝绸之路经济带的倡议，一致同意继续就落实这一倡议开展工作，推动上海合作组织区域经济合作，对接各国发展战略，推动交通基础设施建设合作，促进构建国际运输走廊，打造连接亚洲和欧洲的枢纽，深化经贸、产能、能源、投资、农业、文化、科技、环保等领域合作。

2016 年 G20 峰会第三次协调人会议在厦门举行。6 月 23 日—25 日，G20 峰会第三次协调人会议在厦门举行。G20 成员、嘉宾国和国际组织协调人等中外代表 300 多人与会。会议通报了杭州峰会框架日程等有关安排，就领导人公报基本框架和要素达成原则共识，就峰会核心成果深入交换意见并锁定相关进展，实现了预期目标，并在“创新增长方式”“更高效的全球经济金融治理”“强劲的国际贸易和投资”和“包容和联动式发展”等议题下取得了积极的进展。会议期间，协调人和财金副手召开了联席会议，通报各自渠道成果推进情况，加强协调人和财金“双轨”沟通与协调，并就峰会领导人公报框架交换意见。按照日程安排，第四次协调人会议将于 9 月 1 日—2 日在杭州举行。

G20 能源部长会议在北京举行。6 月 29 日，2016 年 G20 能源部长会议在北京开幕。本次能源部长会主题为“构建低碳、智能、共享的能源未来”，来自 27 个国家和有关国际组织官员参加了开幕式。中共中央政治局常委、国务院副总理张高丽出席开幕式并致辞。张高丽表示，当前新一轮能源革命蓬勃兴起，世界能源未来发展将呈现能源供给消费低碳化、能源开发利用智能化和能源发展成果共享化等新特征。要丰富和完善 G20 能源部长会议各项机制，加强国际能源合作，开创宽领域、深层次、高水平的开放共享新格局。

2016 年天津夏季达沃斯论坛开幕。6 月 27 日，2016 年天津夏季达沃斯论坛开幕，来自 90 多个国家和地区 2000 多名各界代表围绕“第四次工业革命：转型的力量”这一主题展开了 200 多场活动，深入讨论第四次工业革命的影响力、探讨促进经济转型升级的方法，为中国经济转型升级，为世界经济实现长期健康发展建言献策。中国国务院总理李克强出席开幕式并发表特别致辞，李克强表示，夏季达沃斯论坛经过 10 年成长，枝繁叶茂，硕果累累，向世界展示了中国改革开放和现代化进程和成就，也为中国和世界的发展繁荣贡献了智慧和力量。中国经济正处于新旧动能转换和转型升级的关键时期，长期向好的基本面没有改变，中国愿同各国紧紧抓住世界新一轮科技革命和产业变革的机遇，推动世界经济在转型升级中实现稳定复苏。

IMF 和世界银行分别就英国脱欧表态。6 月 24 日，IMF 总裁拉加德与世行行长金墉分别发表声明称，IMF 和世界银行密切关注英国“脱欧”公投后续事态发展，已准备好为成员国提供帮助。拉加德在声明中称，IMF 敦促英国与欧洲当局协同努力保证英国与欧盟平稳过渡到新的经济关系，IMF 强烈支持英国央行和欧洲央行为银行体系提供流动性和减少金融市场过度波动的承诺，IMF 将继续密切关注事态发展，并准备在需要时为 IMF 成员提供帮助。金墉在声明中说，世界银行正密切关注全球各地事态发展，随时准备为世界银行成员提供支持。世界银行将继续与英国政府、欧盟为实现 2030 年消除极端贫困的共同目标展开密切合作，以帮助全球最弱势人群。

三、国际大宗商品

本周纽约原油期货累计上涨 1.4%。截至本周四，纽约原油期货累计上涨 1.4%。周一纽约原油期货下跌 1.31 美元，收于每桶 46.33 美元；周二纽约原油期货上涨 1.52 美元，收于每桶 47.85 美元；周三纽约原油期货上涨 2.03 美元，收于每桶 49.88 美元；周四纽约原油期货下跌 1.55 美元，收于每桶 48.33 美元。截至 6 月 30 日，纽约原油期货第二季度累计上涨 26.1%，创 2009 年第二季度以来最大单季涨幅，2016 年上半年累计上涨 30.5%。

本周纽约黄金期货累计上涨 0.2%。截至本周四，纽约黄金期货累计上涨 0.2%。周一纽约黄金期货上涨 0.2%，收于每盎司 1324.7 美元；周二纽约黄金期货下跌 0.5%，收于每盎司 1317.9 美元；周三纽约黄金期货上涨 0.7%，收于每盎司 1326.9 美元，创 2014 年 7 月以来最高收盘位价；周四纽约黄金期货下跌 0.14%，收于每盎司 1325 美元。截至 6 月 30 日，国际金价上半年累计上涨 24.6%，创 1980 年以来半年涨幅新高。

四、区域合作

中日韩自贸区第十轮谈判首席谈判代表会议在首尔举行。6 月 27 日，中日韩自贸区第十轮谈判首席谈判代表会议在韩国首尔举行。在为期一天半的谈判中，三方将就货物贸易、服务贸易、投资、协定领域范围等议题深入交换意见。中日韩自贸区谈判于 2012 年 11 月启动，目前已进行至第十轮。三方均认为，建立中日韩自贸区有助于充分发挥三国间的产业互补性，挖掘提升三国贸易投资水平的潜力，促进区域价值链进一步融合，符合三国整体利益，有利于本地区的繁荣与发展。2015 年 11 月，三国领导人发表联合宣言，重申将进一步努力加速三国自贸区谈判，最终缔结全面、高水平和互惠的自贸协定。

第十一轮中欧投资协定谈判在青岛举行。6 月 28 日，第十一轮中欧投资协定谈判在山东省青岛市举行，本轮谈判为期 4 天。双方将继续围绕文本开展谈判，努力推进谈判取得积极进展。中欧投资协定谈判于 2013 年 11 月份第 16 次中欧领导人会晤期间宣布启动，目前已经进行了十轮谈判和三次会间会。在第 17 次中欧领导人会晤中，双方领导人设定了“争取在 2015 年年底前就协定范围达成一致，并形成合并文本”的目标。此次青岛第十一轮谈判是 2016 年以来的第三轮谈判，也系首次在北京和布鲁塞尔之外的城市举行。

五、全球宏观经济形势

国际清算银行：全球经济面临“三元风险”。6 月 26 日，国际清算银行（BIS）发布年度报告称，全球经济正面临生产率增速疲软、负债规模处于历史高位和政策回旋空间有限这三元风险（risky trinity），而英国脱欧也将增加全球政治和经济领域的不确定性。BIS 警告称，推动全球结构性改革已刻不容缓。

报告显示，在过去的一年中，货币政策变得更加膨胀。由于发达经济体在危机后过度依靠货币政策，而不及时推进结构性改革、改善资源分配，因此经济增速非常疲软。货币政策的扩张不仅加速了债务累积，也对生产率提高形成了阻碍。且发达经济体宽松的货币政策产生的轮动效应正在向新兴市场经济体扩展。BIS 数据显示，从 2009 年到 2015 年第三季度，新兴经济体信贷规模不断扩张，目前部分新兴市场经济体已经开始去杠杆进程，但面临的政策挑战很大。BIS 建议，全球经济应当减少对货币政策的依赖，将经济和金融改革摆到优先位置，通过结构性改革实现强劲和可持续增长。

G7 将合作应对英国脱欧可能引发的金融市场波动。6 月 24 日，G7 财长与央行行长发表联合声明称，G7 财长与央行行长尊重英国民众退出欧盟的选择，正关注英国脱欧公投后全球金融市场的发展，并认识到汇率市场的过度波动和无序变动会对经济与金融稳定带来负面影响。声明称，G7 国家央行已采取措施保障流动性充裕和支持市场正常运转，并准备好使用既有的流动性工具以支持上述目标。G7 财长与央行行长将继续就应对市场波动和维护金融稳定密切磋商，并适当采取合作。

第 27 周（2016/07/02—2016/07/08）

2016 年 7 月 2—8 日，国际财经要情有：美联储发布 6 月份 FOMC 会议纪要；欧委会提交欧盟 2017 年预算草案；澳大利亚央行维持现金利率 1.75% 不变；亚洲开发银行与新开发银行签署合作备忘录；中日韩自贸协定谈判取得新进展；OECD 国家 5 月份年化通货膨胀率稳定在 0.8%。

一、区域观察

1. 北美地区

美联储发布 6 月份 FOMC 会议纪要。7 月 6 日，美联储发布 6 月份 FOMC 会议纪要称，当前美国经济活动保持稳健增长，实际 GDP 增速加快，但劳动力市场改善步伐放缓；家庭支出进一步增加，但商业固定投资疲软；通货膨胀率仍低于 2% 的长期目标。与会官员基本支持中期最大限度实现就业和达到 2% 通货膨胀率的目标，将根据实际经济情况对货币政策进行调整，并考虑英国“退欧”对全球金融市场和美国经济的潜在影响。会议决定维持联邦基金利率 0.25%—0.5% 目标区间不变，继续实施宽松货币政策，以促进劳动力市场改善，直至通货膨胀恢复至 2% 的水平。

美国 5 月份贸易赤字扩大至 411 亿美元。7 月 6 日，美国商务部发布数据显示，由于美元走强影响出口，美国 5 月份贸易赤字扩大至 411 亿美元，高于预期。其中，美国 5 月份进口额为 2235 亿美元，出口额为 1823.5 亿美元。

美国 6 月份 ISM 制造业与非制造业指数环比分别增长 1.9 个百分点和 3.6 个百分点。7 月 1 日，美国供应管理协会发布数据显示，美国 6 月份 ISM 制造业指数为 53.2%，环比增长 1.9 个百分点，连续 4 个月增长。新订单指数为 57%，环比增长 1.3 个百分点；出产指数为 54.7%，环比增长 2.1 个百分点；就业指数为 50.4%，环比增长 1.2 个百分点；原材料库存为 48.5%，环比增长 3.5 个百分点；物价指数为 60.5%，环比下降 3.0 个百分点。美国 6 月份 ISM 非制造业指数为 56.5%，创 7 个月新高，环比上升 3.6 个百分点，连续 17 个月增长。商业活动指数为 59.5%，环比上升 4.4 个百分点，连续 83 个月增长；新订单指数为 59.9%，环比上升 5.7 个百分点；就业指数为 52.7%，环比上升 3 个百分点；物价指数为 55.5%，环比下降 0.1 个百分点。

加拿大 5 月份出口额为 411 亿美元。7 月 6 日，加拿大国家统计局发布数据显示，加拿大 5 月份出口额为 411 亿美元，环比下降 0.7%；进口额为 444 亿美元，环比下降 0.8%。加拿大 5 月份贸易逆差为 33 亿美元，环比持平。

加拿大 6 月份制造业 PMI 创 3 个月来新低。7 月 4 日，加拿大皇家银行发布数据显示，经季调，加拿大 6 月份制造业 PMI 为 51.8，环比下降 0.3 个点。其中，制造业产出和新订单增速放缓，产成品库存量下降速度为 2010 年 10 月份以来最快。虽然制造业 PMI 连续 4 个月高于荣枯线，但 6 月份制造业扩张速度为 3 月份以来最慢。

2. 拉美地区

特梅尔：为使巴西重回"正轨"需采取非正常措施。7 月 5 日，巴西代总统特梅尔发表讲话称，政府将在合适的时机采取一些非正常措施使巴西重回"正轨"。特梅尔表示，目前有很多外国投资者都在等待时机在巴西市场大展拳脚。因此，政府应致力于恢复投资者对巴西经济的信心，并提供一个稳定的国内环境，增强企业家和劳动者之间的互动。

3. 欧洲

欧盟和欧元区 5 月份零售贸易量环比均增长 0.4%。7 月 5 日，欧盟统计局发布数据显示，经季调，欧盟 5 月份零售贸易量环比增长 0.4%，同比增长 2.8%；欧元区 5 月份零售销售环比增长 0.4%，同比增长 1.6%。其中，欧盟非食品产品环比增长 3.8%；汽车燃料环比增长 3.7%；欧元区非食品产品环比增长 2.5%；汽车燃料环比增长 2.2%。

欧盟 5 月份 PPI 环比增长 0.6%。7 月 4 日，欧盟统计局发布数据显示，欧盟 5 月份 PPI 环比增长 0.6%，同比下降 3.7%；欧元区 5 月份 PPI 环比增长 0.6%，同比下降 3.9%。

欧委会提交欧盟 2017 年预算草案。6 月 30 日，欧委会提交欧盟 2017 年预算草案，支付款为 1349 亿欧元，着重关注经济增长、就业和应对难民危机。其中，746 亿欧元将用于促进就业、投资和经济增长；52 亿欧元将用于巩固欧盟外部边界、应对难民问题；此外，草案拟投入 1.117 亿欧元用于支持欧洲刑警组织，并投入 6180 万欧元用于加强欧盟安全体系建设。

欧委会出台提高税收透明度措施。7 月 5 日，欧委会出台提高税收透明度措施以打击欧盟境内偷漏税行为。主要措施有以下六点：一是向税务当局提供必要信息，包括公司、信托及基金最终受益人、实际所有权和尽调信息等国家反洗钱信息；二是扩大当局可用信息范围，现有账户及新账户均应纳入尽调控制；三是增加实际控制权跨境透明度；四是加强对税收顾问活动监管；五是促进全球税收治理水平提高，并劝诫不合作的税收辖区；六是完善检举者保护机制。

欧元区 6 月份通货膨胀年率为 0.1%。6 月 30 日，欧盟统计局发布数据显示，欧元区 6 月份通货膨胀年率为 0.1%，环比增长 0.2 个百分点。其中，服务价格年增长率为 1.1%，环比增长 0.1 个百分点；食物、烟酒价格年增长率为 0.9%，环比持平；非能源工业产品价格年增长率为 0.4%，环比下降 0.1 个百分点；能源价格年增长率为 -6.5%，环比上升 1.6 个百分点。

德国 5 月份工业产出环比下降 1.3%。7 月 6 日，德国联邦统计局发布数据显示，经季调，德国 5 月份制造业新订单初值环比持平。具体看，国内订单环比减少 1.9%；国外订单环比增长 1.4%。其中，欧元区订单环比增长 4.0%；其他国家订单环比减少 0.3%。分产品看，中间品订单环比减少 2.9%；资本品订单环比增长 1.9%；消费品订单环比减少 0.4%。

英国财政部：将在困难时期支持商业和家庭贷款。7 月 5 日，英国财政大臣奥斯本及主要贷款机构领袖发表联合声明称，英格兰银行金融政策委员现已使用政府赋予的新逆周期资本缓冲能力，以支持金融系统在不同时期均能提供充足贷款。当前英国主要贷款机构已同意在困难时期准备额外资本支持英国商业和家庭贷款。

英国央行行长：英将不遗余力维持货币金融稳定。6 月 30 日，英国央行行长卡尼发表讲话称，英国央行将不遗余力地维持货币金融稳定。当前全球面临三大不确定性因素：地缘政治、经济及政策不确定性。近几年全球政策的不确定性对产出、就业、总需求、生产率、总供给等方面均有负面影响。英国央行将采取以下措施应对不确定性：一是在金融政策方面，通过银行筹集高质量的流动资金增强金融系统弹性；二是在货币政策方面，货币委员会确立以稳增长和促进通货膨胀率逐步接近目标值的政策基调。

法国 6 月份 CPI 同比增长 0.2%。6 月 30 日，法国国家统计局发布数据显示，法国 6 月份 CPI 初值同比增长 0.2%，环比增长 0.1%。其中，石油产品价格连续 4 个月上涨及服务价格季节性反弹是 CPI 增长的主要原因。

意大利 6 月份服务业 PMI 升至 51.9。7 月 5 日，市场调查机构 Markit 公布数据显示，意大利 6 月份 PMI 升至 51.9，环比上升 1.1 个百分点，或表明意大利第二季度经济持续温和增长。

4. 亚洲

日本 5 月份经济动向指数评级为"疲软"。7 月 7 日，日本内阁府发布数据显示，日本 5 月份经济动向指数评级为"疲软"。其中，领先指数为 100.0，环比持平，同比下降5.6个百分点；同步指数为110.5，环比下降1.5个百分点，同比下降1.2个百分点；滞后指数为113.7，环比下降1.6个百分点，同比下降1.4个百分点。

日本5月份CPI同比下降0.4%。7月1日，日本国家统计局发布数据显示，日本5月份CPI为103.6，环比上升0.1%，同比下降0.4%。

韩国6月份CPI同比上升0.8%。7月1日，韩国国家统计局发布数据显示，韩国6月份CPI为110.67，环比持平，同比上升0.8%。

印度6月份服务业PMI创新低。7月6日，市场调查机构Markit发布数据显示，由于新行业增长放缓，行业利润下降，印度6月份服务业PMI下降至50.3，为7个月以来最低水平。

澳大利亚央行维持现金利率1.75%不变。7月5日，澳大利亚央行发布货币政策决议称，货币政策委员会决定维持现金利率1.75%不变。主要原因有：一是全球经济尤其是新兴经济体增速放缓，全球货币政策相当宽松；英国退欧公投后金融市场出现波动，但大部分市场表现正常，退欧公投结果对全球经济影响仍有待观察；二是澳大利亚近期经济整体呈进一步增长趋势，除商业投资下降较多，其他内需领域和出口均呈扩张态势；劳动力市场指标与短期内就业温和扩张保持一致；三是国内商品价格虽有所回升，但通货膨胀和易货价格仍较低，鉴于劳动力成本增长疲软及其他地区的劳动力低成本压力，低通货膨胀将持续一段时间。

澳大利亚5月份商品及服务贸易逆差22.18亿澳元。7月5日，澳大利亚国家统计局发布数据显示，澳大利亚5月份商品及服务贸易逆差18.85亿澳元，环比下降13%。经季调，5月份商品及服务贸易逆差22.18亿澳元，环比增长24%。其中，商品及服务出口为261.7亿澳元，环比增长1%；商品及服务进口为283.87亿澳元，环比增长2%。

5. 非洲

埃及政府2016—2017财年GDP增长目标为5.2%。埃及议会就2016—2017财年预算草案进行讨论。草案显示，预计新财年GDP增长5.2%，失业率为11.9%，2017—2018财年GDP增长率为6%，投资增长率为19%。埃及政府鼓励外国资本在能源、交通、外贸、物流、工业等领域进行投资。

二、国际组织

G20贸易投资工作组第三次会议在上海举行。2016年7月6日，G20贸易投资工作组第三次会议在上海召开。来自G20成员国，西班牙、荷兰、新加坡、新西兰、塞内加尔、埃及、哈萨克斯坦等嘉宾国，以及世贸组织、联合国贸发会议、经合组织、世界银行、国际贸易中心等国际机构的200多名代表与会，二十国集团工商界（B20）也派代表参加。商务部副部长王受文指出，2016 年以来，各方就加强二十国集团贸易投资机制建设、促进全球贸易增长、支持多边贸易体制、促进全球投资政策合作与协调、促进包容协调的全球价值链等五大议题开展了深入讨论。中方期待与各方共同努力，在上述领域实现积极务实成果，提交即将于 7 月 9 日—10 日在上海召开的 G20 贸易部长会议。G20 贸易投资工作组在 2016 年成立，此前已于 1 月和 4 月在北京和南京召开两次会议，并于 5 月 31 日—6 月 1 日在法国巴黎召开一次非正式会议。本次会议是 G20 贸易部长会议的准备会议。

亚洲开发银行与新开发银行签署合作备忘录。7 月 4 日，亚洲开发银行行长中尾武彦会见新开发银行行长卡马特，双方共同签署了亚洲开发银行与新开发银行合作备忘录。双方将通过联合融资和知识共享等方式，在可再生能源、清洁交通、污水处理等领域展开合作。中尾武彦表示，该备忘录的签署是亚洲开发银行和新开发银行合作关系的重要里程碑，未来双方将加强合作，共同推动相关国家实现可持续发展和减贫目标。卡马特表示，新开发银行非常高兴能与亚洲开发银行拓展合作，希望备忘录的签署可以深化双方合作，促进互利共赢。

新开发银行将发行首批人民币计价绿色债券。7 月 5 日，金砖国家新开发银行副行长兼首席风险官巴蒂斯塔表示，新开发银行将在 2016 年 7 月份、8 月份发行首批债券。债券将是以人民币计价的绿色债券，发债收入将用于具有环保属性的绿色项目融资，规模约为 20 亿—30 亿元人民币。下一步新开发银行还将探索在其他创始成员国市场发行以成员国本币计价的债券，并考虑在 2016 年年底发行以美元计价的债券。

IMF 公布第一季度国际外汇储备数据。IMF 公布第一季度国际外汇储备数据。2016 年第一季度全球外汇储备小幅增至 10.94 万亿美元，其中已分配外汇储备占比 65.67%，未分配外汇储备占比 34.33%。在已分配储备中，美元占比降至 63.6%，约合 4.57 万亿美元；欧元在国际外汇储备中占比从 2015 年第四季度的 19.8% 小幅升至 20.4%，扭转了连续 8 个季度的下滑趋势，但距 2009 年 28% 的最高占比仍有很大差距；英镑第一季度占比 4.79%，日元占比 4.1%，加元占比 1.95%，澳元占比 1.90%，瑞郎占比 0.28%，其他货币占比 3.04%。而第一季度未分配外汇储备总额从 2015 年第四季度的 4.11 万亿美元降至 3.75 万亿美元。

OECD 与联合国粮农组织共同发布《全球农业展望》报告。OECD 与联合国粮农组织共同发布《全球农业展望》报告称，由于全球作物产量增长超过需求增长，未来 10 年全球农产品实际价格将有所下降。报告认为，随着越来越多的新兴经济体主要农产品人均消费趋于饱和，以及全球经济复苏缓慢，农产品的需求将有所减弱。而农作物单产的提高使亚洲、欧洲、北美和南美农产品产量增加。此外，油价下跌降低了能源和化肥费用，也给粮食价格带来下行压力。

三、国际大宗商品

本周纽约原油期货累计下跌 7.9%。截至本周四，纽约原油期货累计下跌 7.9%。周一纽交所因美国独立日休市；周二纽约原油期货下跌 2.39 美元，收于每桶 46.60 美元；周三纽约原油期货上涨 0.83 美元，收于每桶 47.43 美元；周四纽约原油期货下跌 2.29 美元，收于每桶 45.14 美元，创近两个月以来新低。

本周纽约黄金期货累计上涨 1.7%。截至本周四，纽约黄金期货累计上涨 1.7%。周一纽交所因美国独立日休市；周二纽约黄金期货上涨 1.5%，收于每盎司 1358.7 美元；周三纽约黄金期货上涨 0.6%，收于每盎司 1367.1 美元；周四纽约黄金期货下跌 0.4%，收于每盎司 1362.1 美元。

四、区域合作

中日韩自贸协定谈判取得新进展。7 月 5 日，中国商务部发布消息称，在 6 月 27 日—28 日举行的第十轮谈判首席谈判代表会议上，中日韩三方已就协定范围领域达成一致，将金融服务、电信、自然人移动等 5 个议题升级为分工作组，并决定自下一轮谈判起，就重要服务部门的市场准入壁垒情况进行信息交流。中方始终高度重视中日韩自贸协定谈判，愿与日、韩共同努力，在充分考虑三国发展水平和产业竞争力存在差异的基础上，不断扩大共识、弥合分歧，落实领导人的要求，最终达成一份全面、高水平和互惠的自贸协定。

五、全球宏观经济形势

IMF：英国脱欧不确定性将影响欧洲和全球经济增长。IMF 首席发言人莱斯表示，英国脱欧带来的不确定性将影响英国经济增长前景，同时将制约欧洲和全球经济前景。在英国脱欧公投后，全球资本市场走势波动较大，但并未过度失序，各国央行应该做好准备，确保市场流动性并减少过度波动。莱斯表示，IMF 将于 7 月 19 日发布最新版《全球经济展望》报告，英国退欧对英国、欧洲乃至全球经济的影响都将在新版报告中有所反映。预计 IMF 将再次下调全球经济增长预期，而美国、德国等经济体的增长前景也将受到一定影响。

OECD 国家 5 月份年化通货膨胀率稳定在 0.8%。7 月 5 日，OECD 发布数据显示，OECD 国家 5 月份年化通货膨胀率稳定在 0.8%。剔除粮食和能源因素的影响，OECD 国家 5 月份年化通货膨胀率从 2016 年 4 月份的 1.8% 微升至 1.9%。

国别方面，OECD 主要国家 5 月份通货膨胀率走势各异。7 月 1 日新加入

OECD 的拉脱维亚，5 月份通货膨胀率为 -0.8%；加拿大、美国和日本的通货膨胀率分别从 4 月份的 1.7%、1.1% 和 -0.3% 下降至 5 月份的 1.5%、1.0% 和 -0.4%；德国、法国和意大利的通货膨胀率分别从 4 月份的 -0.1%、-0.2% 和 -0.5% 上升至 0.1%、0.0% 和 -0.3%；而英国通货膨胀率相对稳定，保持在 0.3%。G20 国家 5 月份的年化通货膨胀率与 2015 年 4 月份持平，稳定在 2.3%。非 OECD 国家中，巴西、俄罗斯和南非通货膨胀率稳定在 9.3%、7.3% 和 6.5%；印度 5 月份通货膨胀率涨幅最大，从 4 月份的 5.9% 涨至 6.6%；而印度尼西亚、中国和沙特阿拉伯的通货膨胀率则分别从 4 月份的 3.6%、2.3% 和 4.2% 跌至 3.3%、2.0% 和 4.1%。

第 28 周（2016/07/09—2016/07/15）

2016 年 7 月 9—15 日，国际财经要情有：美国 6 月失业率为 4.9%；欧委会敦促英政府应尽快对当前局势做出声明；韩国央行维持基准利率 1.25% 不变；新加坡第二季度 GDP 环比增长 0.8%；G20 贸易部长会议在上海举行；G20 劳工就业部长会议在北京举行；世界银行集团 2016 财年贷款额突破 610 亿美元；IMF 下调欧元区 2016 年和 2017 年经济增速。

一、区域观察

1. 北美地区

美国 6 月失业率为 4.9%。7 月 8 日，美国劳工部发布数据显示，美国 6 月份非农就业增加 28.7 万人，创 8 个月来新高。失业率为 4.9%，同比上升 0.2 个百分点；失业人口为 780 万人，同比上升 34.7 万人。其中，娱乐休闲、医疗保健、社会援助、金融活动，以及信息服务部门就业增加，采矿业仍在裁员。此外，私营非农部门时薪上升至 25.61 美元。

美联储褐皮书：美国经济继续适度扩张。7 月 13 日，美联储发布褐皮书显示，5 月中旬至 6 月底，美国大部分地区经济活动继续适度扩张，预计未来仍保持适度增长势头；就业市场适度复苏，工资和价格上涨压力仍比较有限；大部分地区消费适度增长；各地区制造业活动表现不一，对制造业前景持谨慎乐观态度。

加拿大 6 月份失业率降至 6.8%。7 月 8 日，加拿大国家统计局发布数据显示，加拿大 6 月份失业率为 6.8%，环比下降 0.1 个百分点，为 2015 年 7 月份以来最低值。第二季度就业人数增加 1.1 万人，环比增长 0.1%。6 月份就业人数同比增加 10.8 人，同比上升 0.6%；其中兼职人数增加 7.7 万人，同比上升 2.3%。分行业看，建筑业、制造业就业人数减少，住宿和食品业、信息服务业和文化娱乐业就业人数增加，自雇人数有所增加。

2. 拉美地区

委内瑞拉再次延长经济紧急状态 60 天。7 月 13 日，委内瑞拉政府宣布，由于当前委内瑞拉面临经济、政治和社会秩序等方面的特殊情况，自 7 月 14 日起，委内瑞拉将继续维持 60 天的经济紧急状态，并在到期后视情况决定是否继续延长。委政府表示，在新一轮的经济紧急状态中，政府将在保证人民基本权利和生活不受影响的情况下采取一系列新措施保证物资供应与经济稳定。

3. 欧洲

欧委会推出两项金融工具促进创业及城市可持续发展。7 月 11 日，欧委会发布消息称，欧委会将采用两项金融工具降低初创企业及城市发展项目融资门槛：一是设立联合投资基金为初创和中小企业提供融资，预计单个中小企业可获得最多 1500 万欧元公共及私人投资。二是设立城市发展基金以支持公共交通、能源效率及城区再生等城市可持续发展项目，预计单个项目可获得最多 2000 万欧元公共及私人投资。基金主要来源为欧洲结构和投资基金（ESIF）和私人资本。

欧委会：英政府应尽快对当前局势做出声明。7 月 11 日，欧委会委员莫斯科维奇发表公开评论称，英国退欧公投结果增加了市场和政治不确定性，且不确定性持续时间越长，经济损失越严重。不论是出于政治还是经济原因，欧委会呼吁英国政府新首相特雷莎·梅对当前局势进行声明，并尽快基于《欧洲联盟条约》第 50 条宣布其退欧意向，这是启动一切英欧未来关系谈判的前提。预计截至 2017 年，不确定性增加将使英国 GDP 下降 1%—2.5%，使欧盟 27 国和欧元区 GDP 下降 0.2%—0.5%。

德国 6 月份 CPI 同比上升 0.3%。7 月 12 日，德国联邦统计局发布数据显示，德国 6 月份 CPI 为 107.3，同比上升 0.3%，环比上升 0.1%，通货膨胀率连续两个月上升。

德国 5 月份贸易顺差 210 亿欧元。7 月 8 日，德国国家统计局发布数据显示，德国 5 月份贸易顺差 210 亿欧元。其中，商品出口额为 972 亿欧元，环比下降 1.8%，同比增长 1.6%；进口额为 762 亿欧元，环比增长 0.1%，同比下降 0.1%。

英国 5 月份商品货物和服务贸易赤字 23 亿英镑。7 月 8 日，英国国家统计局发布数据显示，英国 5 月份商品和服务贸易赤字 23 亿英镑，环比增长 3 亿英镑。其中，出口额环比下降 20 亿英镑，进口额环比下降 17 亿英镑。货物贸易赤字 99 亿英镑，环比增长 5 亿英镑。

法国 5 月份工业产出为 1.2%。7 月 8 日，法国国家统计局发布数据显示，法国 5 月份工业产出为 1.2%。过去 3 个月，制造业产出环比下降 0.9%，同比增长 0.3%。其中，焦炭和精炼石油产出环比下降 23%；运输设备产出环比下降 1.1%；

机械设备产出环比增加 1.8%。

意大利 5 月份工业产出指数环比下降 0.6%。7 月 11 日，意大利国家统计局发布数据显示，经季调，意大利 5 月份工业产出指数环比下降 0.6%；经日历因素调整，工业产出指数同比下降 0.6%。

瑞士 6 月份 CPI 环比增长 0.1%。7 月 7 日，瑞士联邦统计局发布数据显示，瑞士 6 月份 CPI 为 100.7，环比增长 0.1%。瑞士 6 月份通货膨胀率同比下降 0.4%。

俄罗斯上半年预算赤字率超 4%。俄罗斯财政部公布数据显示，俄罗斯 2016 年上半年联邦预算收入减少近 12%，赤字率已超过 4%，高于 3% 的目标。2016 年 1 月份至 5 月份，俄联邦预算赤字额为 8936.16 亿卢布（约 139.6 亿美元），同比增长 5.7%。

4. 亚洲

日本 5 月份经常账户盈余同比下降 2.4%。7 月 8 日，日本财务省发布数据显示，日本 5 月份经常账户盈余 18091 亿日元，同比下降 2.4%。其中，货物及服务贸易账户盈余 1574 亿日元，同比增长 311.7%；主要收入账户盈余 18982 亿日元，同比下降 5.3%；二次收入账户赤字 2465 亿日元，同比增长 30.3%。

日本 6 月份 PPI 同比下降 4.2%。7 月 12 日，日本央行发布数据显示，日本 6 月份 PPI 为 99.2，环比下降 0.1%，同比下降 4.2%。其中，食品、饮料、烟草、饲料 PPI 为 107.9，同比持平；交通运输设备 PPI 为 98.7，同比下降 0.7%；化学制品 PPI 为 91.6，同比下降 8.7%。以现价计，6 月份出口价格指数为 89.6，环比持平，同比下降 4.4%。其中，交通运输设备出口价格指数同比下降 0.5%；电子产品出口价格指数同比下降 5.1%；通用、生产、商用机械出口价格指数同比下降 0.3%。6 月份进口价格指数为 80.8，环比增长 1.8%，同比下降 12.9%。其中，石油、煤炭及天然气进口价格指数同比下降 30.3%；电子产品进口价格指数同比下降 7.3%；金属及相关产品进口价格指数同比下降 18.0%。

韩国央行维持基准利率 1.25%不变。7 月 14 日，韩国央行宣布，维持基准利率 1.25%不变，下调韩国 2016 年 GDP 增长预期至 2.7%，下调 CPI 增长预期至 1.1%，韩国经济增长前景仍存在很高的不确定性。韩国央行行长李柱烈表示，韩国家庭负债增速持续上升，消费有所改善，通货膨胀逐步增长，韩经济将稳步增长。

韩国出台服务业发展计划。韩国企划财政部发布消息称，韩国政府出台服务业发展计划，着力通过促进制造业与服务业融合促进高附加值产业发展。计划主要有三个要点：一是促进制造业与服务业融合，包括加大对服务业的税收和财政支持、发展广告设计等为制造品增加高附加值的服务业、整合制造业和服务业以提高生产率并培育新型商业模式；二是创造适宜服务业发展的商业环境，包括增加对私营部门的研发投入、修订商业法规、培养专业劳动力；三是将医疗保健、旅游、教育、金融服务、软件和物流等朝阳产业打造为经济增长新引擎，为其提供税收、财政及人力资源开发支持。

新加坡第二季度 GDP 环比增长 0.8%。7 月 14 日，新加坡贸工部公布数据显示，因制造业和建筑业疲软，经季调，新加坡第二季度 GDP 年率初值环比增长 0.8%，低于预期；同比增长 2.2%，符合预期。

澳大利亚 6 月份失业率为 5.8%。7 月 14 日，澳大利亚国家统计局发布数据显示，经季调，澳大利亚 6 月份失业率为 5.8%，环比增长 0.1 个百分点；就业人口增长 7900 人；劳动参与率为 64.9%。

5. 非洲

埃及 6 月份通货膨胀率为 14.8%。埃及国家统计局公布数据显示，埃及 6 月份消费者价格指数增长 0.8%，达 14.8%。其中，蔬菜价格增长 2.3%；水果价格增长 1.4%；肉、禽类、乳制品、奶酪和鸡蛋价格增长 1.2%；成衣价格增长 2.7%。

二、国际组织

G20 贸易部长会议在上海举行。2016 年 7 月 9 日，2016 年二十国集团（G20）贸易部长会议在上海举行。G20 成员国、二十国集团成员和嘉宾国，WTO、世界银行、IMF、OECD、联合国贸发会议、国际贸易中心等国际组织，以及二十国集团工商界（B20）代表共 500 多人参会。会议讨论了加强 G20 贸易投资机制建设、支持多边贸易体制、促进全球贸易增长、促进全球投资政策的协调与合作、促进包容协调的全球价值链等议题，并发布了 G20 历史上首份贸易部长声明，还批准了“三份文件”，达成了“两项共识”，取得了重要历史性成果。第一，会议批准了《G20 贸易投资工作组工作职责》，实现 G20 贸易投资政策合作机制化；第二，会议批准了《G20 全球贸易增长战略》，为促进全球贸易和经济可持续发展指明了方向；第三，会议批准了首份《G20 全球投资指导原则》，为加强全球投资政策协调做出历史性贡献；第四，会议就加强多边贸易体制达成重要共识；第五，会议就综合施策、帮助发展中国家和中小企业融入全球价值链达成共识；此外，贸易部长们注意到钢铁和其他行业产能过剩是一个全球性问题，同意加强沟通与合作，采取有效措施应对。会议就加强多边贸易体制达成重要共识，明确反对贸易保护主义，决定将不采取新的保护主义的措施延长至 2018 年；会议承诺 2016 年年底前，G20 成员全部批准《贸易便利化协定》；同意继续推进多哈回合剩余议题谈判。

G20 劳工就业部长会议在北京举行。7 月 12 日，G20 劳工就业部长会议在北京举行，本次会议是 G20 机制建立以来举办的第七次劳工就业部长会议。G20 成员、嘉宾国的劳工就业部长和相关国际组织、社会伙伴及参与组织的官员和代表参加了会议。各方围绕“创新：让就业机会更加充分、就业能力更加适应、就业质量更高”这一主题，就扩大就业机会、增强就业能力、提高就业质量等议题进行了深入讨论。主要成果包括通过了《G20 创业行动计划》和“G20 高质量学徒制倡议”等文件，并推动各国根据国情采取相应的促进就业政策措施。会议还通过了题为《创新与包容性增长：让就业机会更加充分、就业能力更加适应、就业质量更高》的部长宣言，并将向 G20 杭州峰会提交。

世界银行集团 2016 财年贷款额突破 610 亿美元。7 月 12 日，世界银行集团宣布 2016 财年（2015 年 7 月 1 日至 2016 年 6 月 30 日）世界银行集团用于支持发展中国家及私营企业的贷款、赠款、股权投资和担保资金承诺额突破 610 亿美元。其中，国际复兴开发银行（IBRD）资金承诺额达到 297 亿美元，较 2015 年大幅增加。国际开发协会（IDA）在 2016 财年优惠贷款总额达 162 亿美元。据初步统计，国际金融公司（IFC）长期投资升至破纪录的 186 亿美元，其中利用自有资金长期投资超过 110 亿美元，向其他投资者动员资金约 76 亿美元。多边投资担保机构（MIGA）2016 财年政治风险保险及信用增强合同额达到创纪录的 43 亿美元。

IMF 发布与美国“第四条款磋商”报告。7 月 12 日，IMF 发布与美国第四条款磋商报告称，美国经济继续改善，但英国“脱欧”带来的不确定性可能导致美国经济下行风险加大。如果美国经济下行风险变成现实，IMF 建议美联储推迟加息。报告预计，美国 2016 年和 2017 年经济增速分别为 2.2% 和 2.5%。美国经济短期面临的风险包括美元进一步升值、未来油价走势及其对能源行业投资的影响，而生产率增速低迷、劳动参与率下降、贫困人口增加以及贫富差距扩大等长期问题将制约美国中长期经济前景。

新开发银行在华首发绿色金融债券。7 月 12 日，金砖国家新开发银行（NDB）在上海宣布发行第一只绿色金融债券，这是多边开发银行首次获准在中国银行间债券市场发行人民币绿色金融债券，也是金砖国家新开发银行在资本市场的首次亮相。金砖国家新开发银行将在 7 月 18 日正式发行的绿色债券，债券规模为 30 亿元人民币，期限为 5 年，牵头主承销商及簿记管理人为中国银行，中国工商银行、中国建设银行、国家开发银行、汇丰银行和渣打银行为联席主承销商。

三、国际大宗商品

本周纽约原油期货累计上涨 0.6%。截至本周四，纽约原油期货累计上涨

0.6%。周一纽约原油期货下跌 0.65 美元，收于每桶 44.76 美元；周二纽约原油期货上涨 2.04 美元，收于每桶 46.80 美元；周三纽约原油期货下跌 2.05 美元，收于每桶 44.75 美元；周四纽约原油期货上涨 0.93 美元，收于每桶 45.68 美元。

本周纽约黄金期货累计下跌 1.9%。截至本周四，纽约黄金期货累计下跌 1.9%。周一纽约黄金期货下跌 0.1%，收于每盎司 1356.6 美元；周二纽约黄金期货下跌 1.6%，收于每盎司 1335.3 美元；周三纽约黄金期货上涨 0.6%，收于每盎司 1343.5 美元；周四纽约黄金期货下跌 0.9%，收于每盎司 1332.2 美元。

四、区域合作

第 30 届中国—欧盟经贸混委会在京举行。7 月 12 日，第 30 届中欧经贸混委会在京举行，本次会议正值第十八次中欧领导人会晤前夕，双方就多双边经贸议题深入交换意见，为领导人会晤做好经贸方面筹备工作，并为下半年举行的第六次中欧经贸高层对话确定了工作安排。双方高度评价在上海成功举行的 G20 贸易部长会议及取得的积极成果，认为这将为 9 月份 G20 杭州峰会奠定良好基础。双方同意加快中欧投资协定谈判进程，显示灵活性，照顾彼此重要关切，争取在 2016 年年底前就文本核心问题和主要条款达成一致。双方同意加快中欧地理标志协定谈判进程，相向而行，尽快达成一致。中方要求欧方按期履行《中国加入世贸组织议定书》第 15 条义务，于 2016 年 12 月 11 日取消对华反倾销“替代国”做法。欧方表示将履行世贸组织规定的国际义务，不采取任何针对中国的歧视性措施，并抓紧研究第 15 条问题的立法建议。双方积极评价海关合作，愿意继续支持安智贸等项目合作，降低贸易成本，便利双方企业。双方一致同意按照内罗毕部长会议精神，积极推进多哈回合剩余议题谈判，同时共同努力加强沟通，推动《环境产品协定》谈判早日取得进展。双方还就钢铁产能过剩和贸易摩擦管控等议题坦诚、深入地交换了意见，一致认为钢铁产能过剩问题是全球面临的共同问题，需要各国加强合作，交流经验和信息；避免滥用贸易救济措施，通过对话和磋商解决贸易摩擦。

五、全球宏观经济形势

IMF 下调欧元区 2016 年和 2017 年经济增速。IMF 发布与欧元区“第四条款磋商”报告称，在低油价及宽松货币政策的支持下，欧元区经济将有望继续复苏。但受到内外因素影响，欧元区面临的风险加大，英国“脱欧”公投带来不确定性将会持续，同时全球经济增长放缓也有可能拖累欧元区经济复苏。基于此，IMF 将欧元区 2016 年和 2017 年经济增速分别下调至 1.6% 和 1.4%。

报告指出，受高失业率、高债务及深层次结构性问题影响，欧元区中期经济前景和生产率提升并不乐观。通货膨胀率维持低位，投资需求疲软、失业率高、人口老龄化加剧等因素将继续拖累生产率提升，加大欧元区经济增长停滞的风险。IMF 预计未来 5 年欧元区经济增速仅为 1.5%。IMF 呼吁欧元区采取综合性和更为平衡的政策措施来应对风险和促进增长，呼吁在采用货币政策的同时还需加大力度推进结构性改革，以促进生产率提高并减少宏观经济失衡。

第29周（2016/07/16—2016/07/22）

2016 年 7 月 16—22 日，国际财经要情有：美财政部发布美欧监管合作联合声明；美国 6 月份 CPI 环比增长 0.2%；巴西央行维持利率 14.25% 不变；欧盟和欧元区 6 月份通货膨胀年率环比分别增长 0.1 个百分点和 0.2 个百分点；欧洲央行维持利率水平不变；英国央行维持 0.5% 利率不变；金砖国家新开发银行首届理事会年会在上海举行；第二十六轮中美投资协定谈判在北京举行；IMF 下调 2016 年和 2017 年全球经济增速预期。

一、区域观察

1. 北美地区

美财政部发布美欧监管合作联合声明。7 月 19 日，美国财政部发布加强美欧监管合作的联合声明，提出要加强有目的性的双边监管合作，进一步促进金融稳定，为消费者和投资者提供保护，建立公平、有序、高效的市场，推动大西洋两岸资本形成。美国欧盟金融监管论坛应致力于提高双方法律政策制定的可行性，提高透明度，降低不确定性，确认需要跨境解决的问题，还应避免监管套利，促进不同标准兼容并包，实现国内国际标准一致。声明指出，这一论坛还应该促进信息交流与共享；共享数据驱动的经济和风险分析；就规则提案对经济潜在影响展开讨论；加强双边合作中特定领域监管问题和多边合作问题的交流。

美国 5 月份国际资本净流出 110 亿美元。7 月 18 日，美国财政部发布国际资本流动报告显示，美国 5 月份国际资本净流出 110 亿美元。其中，资本流入 149 亿美元，资本流出 260 亿美元。海外居民 5 月份增持美国长期国债 115 亿美元。其中，海外私人投资者净买入 324 亿美元，外国政府净卖出 209 亿美元。报告还显示，中国 5 月份增持美国国债 12 亿美元，美债总规模为 1244 亿美元，仍为美债第一大持有国。

美国 6 月份 CPI 环比增长 0.2%。7 月 15 日，美国劳工统计局发布数据显示，经季调，美国 6 月份 CPI 环比增长 0.2%，同比增长 1%。其中，食品价格环比下降 0.1%；能源价格环比增长 1.3%。

加拿大 5 月份海外投资者净买入证券 147 亿加元。7 月 18 日，加拿大国家统计局发布数据显示，加拿大 5 月份海外投资者净买入证券 147 亿加元，加拿大投资者买入海外证券 51 亿加元，国际证券交易净流入 96 亿加元。5 月份海外投资主要对象为加拿大证券，2016 年以来投资总额达 746 亿加元。

2. 拉美地区

巴西央行维持利率 14.25% 不变。7 月 21 日，巴西央行宣布，维持指标利率 14.25% 不变，为近 10 年来最高水平，符合市场预期。巴西央行重申，目前巴西还没有降息空间，央行将以高利率对抗通货膨胀。

3. 欧洲

欧洲央行维持利率水平不变。7 月 21 日，欧洲央行发布消息称，欧洲央行将维持主要再融资利率 0% 不变，隔夜贷款利率 0.25% 不变，隔夜存款利率 -0.4% 不变。此外，欧洲央行将维持每月 800 亿欧元资产购买规模不变。

欧盟和欧元区 6 月份通货膨胀年率环比分别增长 0.1 个百分点和 0.2 个百分点。7 月 15 日，欧盟统计局发布数据显示，欧盟 6 月份通货膨胀年率为 0.0%，环比增长 0.1 个百分点，同比下降 0.1 个百分点。欧元区 6 月份通货膨胀年率为 0.1%，环比增长 0.2 个百分点，同比下降 0.1 个百分点。其中，餐饮环比增长 0.11%，交通能源环比下降 0.41%，采暖用油和气环比分别下降 0.16% 和 0.13%。

欧盟和欧元区 5 月份贸易盈余分别为 64 亿欧元和 246 亿欧元。7 月 15 日，欧盟统计局发布数据显示，欧盟 5 月份贸易盈余 64 亿欧元。欧元区 5 月份贸易盈余 246 亿欧元。其中，欧元区商品出口为 1674 亿欧元，环比增加 2%；欧元区商品进口为 142 亿欧元，环比下降 2%。

欧盟 5 月份经常账户盈余 105 亿欧元。7 月 20 日，欧盟统计局发布数据显示，经季调，欧盟 5 月份经常账户盈余 105 亿欧元，环比下降 24 亿欧元，同比增长 11 亿欧元。其中，货物账户盈余 111 亿欧元；主要收入账户赤字 44 亿欧元；服务账户盈余 106 亿欧元。

欧盟制定新一揽子计划支持欧洲农户。7 月 18 日，欧委会发布消息称，欧盟制定新一揽子计划，着力于为欧洲农户解决市场困难，计划总额为 5 亿欧元。该计划主要为以下三点：一是鼓励欧盟减少乳制品生产；二是有条件地调整对成员国的资金援助；三是通过技术手段增加灵活性、缓解现金流转问题、加强安全网络工具。

德国 6 月份 PPI 环比上升 0.4%。7 月 20 日，德国联邦统计局发布数据显示，德国 6 月份 PPI 环比上升 0.4%。其中，能源价格下降 6.5%；中间品价格下降

2.0%；非耐用品价格下降0.2%；资本品价格上升0.6%；耐用品价格上升1.3%。剔除能源品，PPI同比下降0.7%，环比上升0.2%。数据还显示，德国工业PPI环比下降2.2%。

英国央行维持0.5%利率不变。7月14日，英国央行发布消息称，英国央行维持0.5%利率不变，资产购买计划规模维持在3750亿英镑不变。英国央行货币政策委员会多数成员希望8月份放宽货币政策，具体措施将在英国央行8月份通货膨胀报告中发布。

英国3—5月份失业率下降至4.9%。7月20日，英国国家统计局发布数据显示，英国3—5月份失业率为4.9%，同比下降0.7个百分点。失业人数为165万人，环比减少5.4万人，同比减少20.1万人，为8年以来最低水平。数据还显示，英国3—5月份16—64岁人口就业率为74.4%，为1971年以来最高；总就业人数为3170万人，环比增加17.6万人，同比增加62.4万人。

英国6月份CPI同比上涨0.5%。7月19日，英国国家统计局发布数据显示，英国6月份CPI同比上升0.5%，前值上升0.3%。其中，航空费用、燃油价格和文娱消费价格上升是上涨的主要因素；家装和住宿消费下降对CPI上升起抵消作用。

法国6月份CPI环比上升0.1%。7月13日，法国国家统计局发布数据显示，法国6月份CPI为100.63，环比上升0.1%，同比上升0.2%。其中，食品CPI为100.76，环比下降0.6%，同比上升0.6%；烟草CPI为100.09，环比同比均持平；制造品CPI为100.23，环比下降0.3%，同比下降0.5%；能源CPI为99.39，环比上升2.2%，同比下降3.1%；服务业CPI为101.06，环比上升0.3%，同比上升1.0%。

俄经济发展部长称投资者对俄恢复信心。7月19日，俄经济发展部长乌柳卡耶夫表示，2016年5月份俄罗斯出现资本净流入，表明投资者已对俄恢复信心。乌表示，投资者对俄金融资产表现出浓厚兴趣，俄经济发展部将全力支持这一稳定局面。

4. 亚洲

日本召开第12次经济财政咨询会议。7月13日，日本首相安倍晋三主持召开经济财政咨询会议时指出，日本未来经济政策重心在于投资，主要有以下四点优先事项：一是加快全民“积极努力型”社会构建；二是建设适应21世纪的基础设施以促进旅游和农产品出口，提前完成中央新干线超导磁悬浮建设；三是为中小企业提供融资支持，以应对英国退欧等带来的不确定性；四是推进熊本县震后恢复，强化灾难预防措施。

日本发布《2016财年中期经济预测》。7月14日，日本内阁府发布《2016财年中期经济预测》报告显示，预计日本 2016 财年实际 GDP 增速约为 0.9%，名义 GDP 增速约为 2.2%；消费者价格增长率将上升至约 0.4%。该预测主要基于以下原因：一是由于就业、收入和企业收益等状况改善，日本经济基本面向好；但受全球经济增长不确定性影响，国内私人消费和商业固定投资等私人需求领域仍缺乏增长势头；二是预计日本经济未来将在稳健增长的私人需求支持下实现复苏；就业和收入条件改善将使经济良性循环进一步延伸；三是尽管当前由于油价下跌，通货膨胀率仍同比下降，但经济复苏将使通货膨胀逐渐提高。此外，日本当前还面临新兴经济体增速放缓、英国退欧、金融资本及商品市场走向，以及地缘政治不确定性等经济下行压力。日本政府将在 2016 年 7 月底之前推出一系列综合大胆的经济措施，旨在推进投资加速和结构性改革，以避免退回通缩状态。

韩国 6 月份 PPI 同比下降 2.7%。7 月 19 日，韩国央行发布数据显示，韩国 6 月份 PPI 同比下降 2.7%，环比上升 0.2%。其中，农林渔产品 PPI 环比下降 1.7%，同比上升 0.4%；制造业产品 PPI 环比上升 0.5%，同比下降 4.8%；水电燃气 PPI 环比持平，同比下降 7.3%；服务业 PPI 环比上升 0.1%，同比上升 1.1%。

印度政府再次向国有银行注资。印度政府发布消息称，政府将再次向 13 家印度国有银行注资 2292 亿卢比（约 34 亿美元）。预计印度国家银行、印度海外银行将分别收到 758 亿卢比和 310 亿卢比。印度政府向国有银行提供大量资金支持，主要是为帮助其满足巴塞尔Ⅲ协议中对资本的要求。

新西兰央行：或需采取进一步货币宽松政策。7 月 21 日，新西兰央行发布最新经济报告称，移民流入、建筑业和旅游业以及宽松货币政策对新西兰国内经济增长起支持作用，但奶制品价格下跌降低了乳业收入，并增加了农场经营成本。新西兰经济在未来仍面临全球经济增长、大宗商品价格、金融市场和政治风险等国际层面不确定性因素，以及通货膨胀预期、移民持续快速增长、房市压力和纽元汇率等国内层面不确定性因素。为此，新西兰央行将维持宽松的货币政策，或需采取进一步宽松政策以确保未来平均通货膨胀接近目标区间中值。

新西兰 6 月份 CPI 环比增长 0.4%。7 月 18 日，新西兰国家统计局发布消息称，新西兰 6 月份 CPI 环比增长 0.4%，同比持平。其中，石油价格环比增长 5.3%；货物与服务价格环比增长 0.6%。经季调，新西兰 6 月份 CPI 环比增长 0.2%。

5. 非洲

南非再次成为非洲第二大经济体。7 月 17 日，IMF 发布数据显示，南非与尼日利亚的 GDP 差距缩小至 600 亿美元，南非经济总量赶超埃及，重回非洲第二大经济体的位置。

二、国际组织

金砖国家新开发银行首届理事会年会在上海举行。7 月 20 日—21 日，金砖国家新开发银行首届理事会年会在上海举行，新开发银行各成员理事或代表出席本次会议。中国财政部部长楼继伟作为中国理事出席并主持了本届理事会。各国理事对新开发银行开业以来的进展表示充分肯定。会议讨论了新开发银行首个五年战略、吸收新成员等问题，修订了理事会、董事会议事规则，通过了理事会主席、副主席的选举规则，选举印度理事为第二届理事会主席，中国理事为副主席。楼继伟部长表示，开业一年以来，新开发银行董事会和管理层在理事会的授权与指导下，精诚合作，在建章立制、人事招聘、项目准备、发债融资等方面开展了卓有成效的工作，特别是于 2016 年 4 月份批准了首批项目，并于年会前成功在华发行了首期 30 亿元人民币绿色债券。结合新开发银行首个五年战略，楼继伟部长从重视研究与知识服务、拓宽融资渠道、精简业务程序、处理好效率与风险的平衡等方面，对新开发银行未来发展提出了期望。

欧洲投资银行批准 94 亿欧元新贷款。7 月 19 日，欧洲投资银行董事会宣布批准对欧洲和全球 56 个项目提供 94 亿欧元贷款。其中，28 亿欧元来自欧洲战略投资基金（EFSI）。欧投行还将为欧洲域外 8 个项目提供 7. 5 亿欧元投资。在 94 亿欧元贷款中，有 29 亿欧元贷款将支持中小企业发展，德国、意大利等 8 国的中小企业将从中获益。欧投行行长霍伊尔表示，鉴于全球经济疲软及欧洲经济面临的不确定性上升，欧盟银行业将继续为实体经济项目提供定向融资和长期投资。

联合国贸发会议第十四届会议在肯尼亚举行。7 月 17 日，联合国贸易和发展会议（贸发会议）第十四届会议在肯尼亚首都内罗毕开幕，来自 100 多个国家的超过 7000 名代表将在为期 6 天的会议期间就推动全球可持续发展相关话题展开讨论。本次会议的主题为“塑造全人类的繁荣，重燃全球可持续发展的引擎”，将举办部长级会议、高级别圆桌会议、世界投资论坛、民间团体论坛、青年论坛等一系列活动，并关注联合国 2030 年可持续发展议程的实施。联合国秘书长潘基文在开幕式上表示，当前全球经济形势不容乐观，大宗商品价格下降和全球贸易放缓已成为全球发展的新难题，贸易保护主义、就业难等问题依然严峻。2016 年是联合国 2030 年可持续发展议程正式实施的第一年，他呼吁世界各国深化合作，推动创新和可持续发展，在贸易、投资、科技、金融等领域有所作为。

世贸组织对中国进行第六次贸易政策审议。7 月 20 日，世贸组织（WTO）开始对中国进行第六次贸易政策审议。在两天的审议中，中国代表团将介绍过去两年中方的贸易政策和具体做法，回答 WTO 其他成员提出的问题，共有 100 多位 WTO 成员驻日内瓦大使或代表出席此次审议会议。WTO 贸易政策审议是成员之间相互了解彼此贸易政策和宏观经济走向的重要舞台，也是履行 WTO 透明机制的要求。中国作为排名全球前四位货物贸易国每两年接受一次审议。中方代表团介绍了自 2014 年 7 月份进行的上次审议以来中国经济发展形势，贸易投资领域的新进展，主要改革和对外开放措施，以及积极参与多边贸易体制，发挥负责任大国作用的有关情况。

SWIFT：6 月份人民币全球交易占比降至两年最低。7 月 21 日，环球银行金融电讯协会（SWIFT）发布数据显示，6 月份人民币在全球交易中使用占比下降至 1.72%，创 2014 年 10 月份以来新低，位居美元、欧元、英镑、日元和加拿大元之后，排在全球第六位，且与 2015 年 8 月份的历史高点 2.79% 相比，下降超 1%。

三、国际大宗商品

本周纽约原油期货累计下跌 3.1%。截至本周四，纽约原油期货累计下跌 3.1%。周一纽约原油期货下跌 0.71 美元，收于每桶 45.24 美元；周二纽约原油期货下跌 0.59 美元，收于每桶 44.65 美元；周三纽约原油期货上涨 0.29 美元，收于每桶 44.94 美元；周四纽约原油期货下跌 0.4 美元，收于每桶 44.54 美元。

本周纽约黄金期货累计上涨 0.1%。截至本周四，纽约黄金期货累计上涨 0.1%。周一纽约黄金期货上涨 0.1%，收于每盎司 1329.3 美元；周二纽约黄金期货上涨 0.2%，收于每盎司 1332.3 美元；周三纽约黄金期货下跌 1%，收于每盎司 1319.3 美元；周四纽约黄金期货上涨 0.9%，收于每盎司 1331 美元。

四、区域合作

第二十六轮中美投资协定谈判在北京举行。7 月 11 日—17 日，第二十六轮中美投资协定谈判在北京举行。谈判中，双方就协定文本的遗留问题取得了积极进展，并围绕上月中旬交换的负面清单改进出价展开了深入磋商。下一步，双方将继续致力于落实两国领导人就谈判达成的重要共识，加快推进谈判，以达成一项互利共赢的高水平投资协定，造福两国业界和人民。

五、全球宏观经济形势

IMF 下调 2016 年和 2017 年全球经济增速预期。7 月 19 日，IMF 发布最新版《全球经济展望》报告，再次下调 2016 年和 2017 年全球经济增速预期，将 2016 年、2017 年全球经济增速预期分别下调至 3.1% 和 3.4%，较 4 月份预期均下调 0.1 个百分点。

报告显示，英国“脱欧”事件带来的不确定性或对全球宏观经济造成负面影响，发达经济体经济增速放缓趋势或更加明显。IMF 将英国 2016 年经济增速下调至 1.7%，较 4 月份预期下调 0.2 个百分点；将 2017 年经济增速预期下调至 1.3%，较 4 月份预期下调 0.9 个百分点。欧元区 2016 年经济增速上调 0.1 个百分点至 1.6%，但下调 2017 年经济增速预期 0.2 个百分点至 1.4%。日本 2016 年经济增速预期由 0.5% 下调至 0.3%，2017 年经济增速预期受消费税推迟上调影响，由 -0.1% 上调至 0.1%。由于美国第一季度增速低于预期，IMF 将美国 2016 年增速预期下调 0.2 个百分点至 2.2%，2017 年预期仍保持在 2.5%。IMF 认为，对面临经济疲软、通货膨胀走弱的发达经济体而言，把提振短期需求和推动结构性改革有机结合起来，重振中期经济增长至关重要；同时，IMF 敦促发达国家发挥政策工具的协同效应，避免过度依赖货币政策刺激经济。

新兴市场方面，IMF 将中国 2016 年经济增速预期上调 0.1 个百分点至 6.6%，2017 年依旧保持在 6.2%。IMF 认为，中英之间贸易及金融联系相对有限，中国宏观经济受英国“脱欧”影响较小。但若“脱欧”事件对欧盟经济产生显著影响，对中国的传导效应也将扩大。IMF 还上调了巴西和俄罗斯经济增长预期，IMF 预计这两个大宗商品出口国将于 2017 年摆脱深度衰退。

亚洲开发银行发布《2016 年亚洲发展展望》补充报告。7 月 18 日，亚洲开发银行发布《2016 年亚洲发展展望》补充报告称，南亚、东亚和东南亚稳定发展将抵消美国经济疲软和英国脱欧对市场造成的负面影响，预计 2016 年和 2017 年亚太地区发展中国家经济将保持稳定增长，2016 年经济增速为 5.6%，略低于 3 月 5.7% 的预期。

报告预计，中国政府将继续使用财政和货币政策支持经济增长，以实现 2016 年和 2017 年 6.5% 和 6.3% 增长目标。印度 2016 年和 2017 年经济增速将分别为 7.4% 和 7.8%，东南亚经济增速将维持 4.5% 和 4.8% 不变。亚洲开发银行首席经济学家魏尚进表示，尽管“英国脱欧”对亚洲发展中国家的货币和股票市场产生了一定影响，但短期内对实体经济影响有限。政策制定者需要对主要工业化经济体成长乏力保持警惕，并做好准备应对外部冲击，维持该地区稳健的增长趋势。

亚洲开发银行预计，2016—2017 年，南亚地区将引领亚太地区的增长。受益于消费市场繁荣和农村经济增长，印度 2016 财年有望实现 7.4% 的增长预测目标。在印度的带动下，南亚有望成为 2016—2017 年亚洲经济增长最快的区域。在中亚地区，大宗商品价格持续疲软和俄罗斯经济衰退进一步制约了该区域的增长前景。在太平洋地区，由于斐济经济受到气候灾害影响，该区域 2016 年的经济增速预计将从 2015 年的 7.1% 放缓至 3.9%。

由于石油和粮食价格回升，亚洲开发银行对亚洲发展中国家 2016 年和 2017 年的通货膨胀率预测分别调整为 2.8% 和 3.0%，较之前的预测调高 0.3 个百分点。

第 30 周（2016/07/23—2016/07/29）

2016 年 7 月 23—29 日，国际财经要情有：美联储维持联邦基金利率 0.25%—0.5% 目标区间不变；阿根廷 2016 年 GDP 或下降 1.5%；英国第二季度 GDP 环比增长 0.6%；俄罗斯第二季度 GDP 或萎缩 0.6%；韩国第二季度实际 GDP 环比增长 0.7%；2016 年第三次 G20 财长和央行行长会议在成都举行；中格自贸协定第三轮谈判在格鲁吉亚举行；世界银行发布最新版《大宗商品市场展望》报告；OECD 国家第一季度就业率升至 66.8%。

一、区域观察

1. 北美地区

美联储维持联邦基金利率 0.25%—0.5% 目标区间不变。7 月 27 日，美联储发布 FOMC 会议声明称，美国经济活动温和扩张，劳动力市场增强。由于早期能源价格下降，短期通货膨胀仍将保持较低水平，但随着能源和进口价格下降的暂时性影响逐步消散，以及劳动力市场进一步增强，中期通货膨胀有望升至 2%。短期经济风险有所减小。因此，FOMC 决定维持联邦基金利率 0.25%—0.5% 目标区间不变，继续实施宽松货币政策，以支撑劳动力市场进一步改善和通货膨胀恢复到 2% 的水平。

美财政部发布美欧金融监管论坛联合声明。7 月 25 日，美国财政部发布美欧金融监管论坛联合声明称，将加强美欧金融监管发展合作，主要内容有：一是评估银行业资本和流动性问题，包括净稳定融资率和杠杆率立法与规则制定相关问题；二是认可跨境银行清算取得的进步，重申深化美欧技术方面清算的合作；三是就中央对手方清算交换意见；四是讨论了在欧盟市场金融工具框架下，美国衍生品交易互换交易平台平等性的重要性；五是就向美国基金经理授予欧盟另类投资基金经理指令提出建议；六是欢迎继续深入欧美审慎保险和再保险问题的谈判，以达成适用协定；七是认可跨大西洋合作审计监督取得的进步；八是支持美欧持续性数据传输，在不断变化的数据保护背景下实现管理、监督和执行的目的；九是强调支持 G20 建立一个更强大、更有弹性金融体系。

美国 6 月份新屋和成屋销售年化总数环比分别增长 3.5%和 1.1%。7 月 26 日，美国商务部发布数据显示，经季调，美国 6 月份新屋销售年化总数为 59.2 万户，环比增长 3.5%，同比增长 25.4%。新屋售价中位数为 30.67 万美元，售价均值为 35.82 万美元。新屋库存为 24.4 万户，相当于目前 4.9 个月的销量。6 月份全美成屋销售年化总数为 557 万户，环比增长 1.1%，同比增长 3%，连续 4 个月增长，为 2007 年 2 月份以来最高年销售增速。

加拿大 6 月份 CPI 同比上升 1.5%。7 月 22 日，加拿大国家统计局发布数据显示，经季调，加拿大 6 月份 CPI 环比上升 0.2%，同比上升 1.5%。剔除汽油价格，6 月份 CPI 同比上升 1.9%。其中，住房价格同比上升 1.6%，食品价格同比上升 1.3%，交通运输价格同比上升 1.1%。

加拿大 5 月份零售额环比上升 0.2%。7 月 22 日，加拿大国家统计局发布数据显示，加拿大 5 月份零售额为 443 亿美元，环比上升 0.2%。剔除价格变动因素，零售额环比上升 0.1%。其中，食品饮料环比上升 2.1%，为连续 4 个月增长；服饰和配件环比上升 2.8%；汽车和零部件环比下降 2%；家具和家居用品环比下降 3.5%；日用品环比下降 0.5%，为 5 个月来最低。

2. 拉美地区

阿根廷 2016 年 GDP 或萎缩 1.5%。IMF 发布报告，下调阿根廷 2016 年 GDP 增长预期 0.5 个百分点至 -1.5%。报告认为，阿货币贬值及公共费用大幅上调加剧通货膨胀并进一步影响个人消费。

3. 欧洲

欧元区 7 月份经济景气指数升至 104.6。7 月 28 日，欧盟统计局发布数据显示，欧元区 7 月份经济景气指数为 104.6，环比上升 0.2 个百分点，高于预期。具体来看，欧元区 7 月份消费者信心指数终值为 -7.9，符合预期；欧元区 7 月份工业景气指数为 -2.4，为 2015 年 12 月来最高水平。

欧元区 7 月综合 PMI 初值为 52.9。7 月 22 日，市场调查机构 Markit 发布数据显示，欧元区 7 月份综合 PMI 初值为 52.9，环比下降 0.2 个百分点。其中，欧元区 7 月份制造业 PMI 初值为 51.9，环比下降 0.9 个百分点；服务业 PMI 初值为 52.7，环比下降 0.1 个百分点。

德国 7 月份制造业 PMI 下降至 53.7。7 月 22 日，市场调查机构 Markit 发布数据显示，德国 7 月份制造业 PMI 为 53.7，环比下降 0.8 个百分点。就业市场和新业务扩张速度减缓，库存购买力快速下降和交货时间略微放慢是制造业 PMI 下降的主要原因。此外，制造业产出 PMI 由 55.7 上升至 56.8。

英国第二季度 GDP 环比增长 0.6%。7 月 27 日，英国国家统计局发布数据显示，经季调，英国第二季度 GDP 同比增长 2.2%，环比增长 0.6%。其中，主要工业部门产出环比上升 2 个百分点；服务业环比上升 0.5%；建筑业和农业环比分别下降 0.4% 和 1.0%。

法国 7 月份商业信心指数有所提高。7 月 21 日，法国国家统计局发布数据显示，法国 7 月份商业景气指数为 102，环比上升 2 个百分点。其中，制造业和建筑业环比上升 1 个百分点；批发贸易环比上升 2 个百分点；零售业与服务环比上升 3 个百分点。

俄罗斯第二季度 GDP 或萎缩 0.6%。7 月 28 日，俄罗斯经济部表示，预计俄罗斯第二季度 GDP 萎缩 0.6%，降幅收窄。俄罗斯经济部称，工业产出、交通和农业将在第二季度支持 GDP 增长，而建筑业和零售业继续影响产出，俄消费者信心依旧低迷。

4. 亚洲

日本对英国退欧公投决定保持警惕。6 月 24 日，日本财长麻生太郎和日本央行行长黑田东彦就英国脱欧公投决定发表声明称，日本将对英国脱欧对全球经济及金融外汇市场造成的各种风险保持警惕。日本财务省将密切关注外汇市场动向，并在必要时采取措施，与 G7 和 G20 保持一致行动。同时，为规避外汇清偿基金相关风险，日本央行将在必要时启动货币互换网络。

日本 7 月份制造业 PMI 初值环比增长 0.9 个百分点。7 月 22 日，市场调查机构 Markit 发布数据显示，日本 7 月份制造业 PMI 初值为 49.0，环比增长 0.9 个百分点，为 4 个月以来最低，显示制造业经营条件恶化。7 月份制造业产出指数为 49.3，环比增长 1.2 个百分点，生产收缩速度为 3 月份以来最慢。7 月份生产和新订单继续减少，但状况稍好于 6 月份。同时，日元升值降低日本国际竞争力，国际需求下降，且降速为三年半以来最快。从积极面看，日元走强使进口商品价格下降，有助于缓解通货膨胀压力；就业也有所改善。

韩国第二季度实际 GDP 环比增长 0.7%。7 月 26 日，韩国央行发布数据显示，韩国第二季度实际 GDP 环比增长 0.7%，同比增长 3.2%。支出方面，私人消费环比增长 0.9%，建筑投资环比增长 2.9%，设施投资环比增长 2.9%，出口环比上升 0.9%，进口环比上升 1.9%；生产方面，农林渔业产出环比下降 6.1%，制造业产出环比增长 1.3%，水电燃气供应环比增长 0.3%，建筑业产出环比增长 0.5%，服务业产出环比增长 0.5%。

韩国政府拟追加 11 万亿韩元支持产业重组及创造就业。7 月 22 日，韩国企划财政部发布消息称，韩国政府计划追加 11 万亿韩元以支持造船业重组及应对重组对就业造成的冲击。其中，1.9 万亿韩元用于支持产业重组并刺激投资；1.9 万亿韩元用于消化造船业重组带来的就业冲击，加强对青年就业支持，并增加临时社会服务岗位；2.3 万亿韩元用于通过公共项目融资和支持中小企业刺激地方经济；3.7 万亿韩元用于补贴地方政府；1.2 万亿韩元用于偿还政府债务。本次追加预算中，9.8 万亿韩元来自本年度税收，1.2 万亿韩元来自上年度预算盈余。

印度计划重新谈判到期双边投资协定。7 月 26 日，印度商工部部长希塔拉曼表示，印度将对到期的双边投资协定（BIT）进行重新谈判，以新 BIT 代替到期协定。希塔拉曼称，目前印度签署的 83 个协定里，58 个已经到期，印度已通过外交渠道向相关国家通报了重新谈判的想法。新 BIT 模板是在考虑了投资者权益、政府义务、保护印度投资者海外利益及外国投资者来印投资利益的平衡后确定的。同时，印度将与美国开展 BIT 谈判。

新加坡 6 月份 CPI 同比下降 0.7%。7 月 25 日，新加坡国家统计局发布数据显示，新加坡 6 月份 CPI 为 99.7，环比上升 0.7%，同比下降 0.7%。其中，住房及公共设施 CPI 为 96.7，环比上升 2.1%，同比下降 4.2%；食品 CPI 为 101.8，环比上升 0.1%，同比上升 2.1%；交通运输 CPI 为 100.7，环比上升 1.4%，同比下降 4.3%。6 月份核心 CPI 为 100.0，同比上升 1.1%。

澳大利亚第二季度 CPI 环比上升 0.4%。7 月 27 日，澳大利亚国家统计局发布数据显示，澳大利亚第二季度 CPI 环比上升 0.4%，同比上升 1%。其中，医疗服务价格环比上升 4.2%，汽车燃料价格环比上升 5.9%，烟草价格环比上升 2.1%，旅行住宿价格环比下降 3.7%，机动车价格环比下降 1.3%，通信设备和服务价格环比下降 1.5%。

新西兰第二季度货物出口环比增长 5.8%。7 月 26 日，新西兰国家统计局发布数据显示，经季调，新西兰第二季度货物出口额为 127 亿纽元，环比增长 5.8%。其中，肉类及可食用副产品出口额环比增长 8.3%，为货物出口增长的主要原因。货物进口额为 128 亿纽元，环比增长 0.5%。其中，资本品进口额环比增长 15%，中间品进口额环比下降 3.8%。第二季度贸易赤字为 1.73 亿纽元，占出口额的 1.4%，为 2014 年 3 月份以来连续第 9 个季度出现贸易赤字。

5. 非洲

南非经济陷入低增长陷阱。7 月 23 日，南非央行行长康亚戈接受媒体采访表示，目前南非经济处在低增长陷阱中，央行对经济增长无能为力。他认为，南非经济增长放缓与货币政策能解决的技术性因素无关，主要是由结构性障碍造成的。

二、国际组织

“1 +6” 圆桌对话会在北京举行。7 月 22 日，中国国务院总理李克强在北京与世界银行行长金墉、国际货币基金组织总裁拉加德、世界贸易组织总干事阿泽维多、国际劳工组织总干事赖德、经济合作与发展组织秘书长古里亚和金融稳定理事会主席卡尼共同举行“1 +6” 圆桌对话会。各方围绕“全球经济形势和挑战”与“中国经济转型中的增长新动能”两个议题进行充分讨论，一致认为应合力推进结构性改革、稳定金融、引导预期、促进中国和全球经济强劲、可持续、平衡增长。

2016 年第三次 G20 财长和央行行长会议在成都举行。7 月 23 日—24 日，2016 年第三次 G20 财长和央行行长会议在成都举行。财政部部长楼继伟和中国人民银行行长周小川共同主持会议。此次会议是 G20 杭州峰会前的最后一次财长和央行行长会议，会议主要讨论了当前全球经济形势、“强劲、可持续和平衡增长框架”、国际金融架构、投资和基础设施、金融部门改革、国际税收合作、绿色金融、气候资金、反恐融资等议题，核准了各议题下的主要成果，并发表了会议公报，为杭州峰会做好了财金成果准备。

WTO 对中国第六次贸易政策审议顺利结束。7 月 22 日，WTO 对中国第六次贸易政策审议在日内瓦顺利结束。中方介绍了自 2014 年 7 月进行的上次审议以来中国经济发展形势，贸易投资领域的新进展，主要改革和对外开放措施，以及积极参与多边贸易体制的有关情况。WTO 成员高度关注本次中国贸易政策审议，向中国提交了 1964 个书面问题，涉及中国宏观经济体制和经贸领域的政策措施。59 个成员代表在会上发言，对中国成为其重要经贸合作伙伴表示高度重视，对中国进一步深化改革和扩大对外开放表示充分肯定，对中国经济保持快速增长并为其他成员带来市场机遇给予积极评价，对中国坚持多边贸易体制表示赞赏，对中国支持最不发达国家贸易发展、促进南南合作，积极发挥负责任大国作用表示感谢。同时，一些成员对中国贸易政策透明度、国有企业和补贴、知识产权保护、产能过剩、TBT、SPS 等进口非关税措施、外资环境及制度安排、中国参与多边贸易体制等方面表示关注，提出了问题和建议。

联合国安理会对下任联合国秘书长候选人进行首次意向性投票。联合国安理会对角逐下任秘书长职务的 12 名候选人进行首次意向性投票，据外媒报道，联合国前难民事务高级专员古特雷斯、斯洛文尼亚前总统图尔克、联合国教科文组织总干事博科娃等候选人得票较高。根据《联合国宪章》规定，联合国秘书长候选人必须首先由安理会推荐，然后由联合国大会任命。在安理会 15 个成员国中，候选人要得到全部 5 个常任理事国和至少 4 个非常任理事国的支持才能当选，安理会预计还将举行数轮意向性投票。

三、国际大宗商品

本周纽约原油期货累计下跌 6.9%。截至本周四，纽约原油期货连续四个交易日下跌，累计跌幅 6.9%。周一纽约原油期货下跌 1.06 美元，收于每桶 43.13 美元；周二纽约原油期货下跌 0.21 美元，收于每桶 42.92 美元；周三纽约原油期货下跌 1 美元，收于每桶 41.92 美元；周四纽约原油期货下跌 0.78 美元，收于每桶 41.14 美元。

本周纽约黄金期货累计上涨 0.7%。截至本周四，纽约黄金期货累计上涨 0.7%。周一纽约黄金期货下跌 0.3%，收于每盎司 1319.5 美元；周二纽约黄金期货上涨 0.1%，收于每盎司 1320.8 美元；周三纽约黄金期货上涨 0.5%，收于每盎司 1326.7 美元；周四纽约黄金期货上涨 0.4%，收于每盎司 1332.6 美元。

四、区域合作

中格自贸协定第三轮谈判在格鲁吉亚举行。7 月 18 日—22 日，中国—格鲁吉亚自贸协定第三轮谈判在格鲁吉首都第比利斯举行。中格双方就货物贸易、原产地规则、海关程序和贸易便利化、技术性贸易壁垒、贸易救济、服务贸易、知识产权、环境、法律和机制条款等议题进行了磋商。其中，货物贸易和服务贸易就最终出要价进一步交换意见，其他大部分议题已基本达成一致。

五、全球宏观经济形势

世界银行发布最新版《大宗商品市场展望》报告。7 月 26 日，世界银行发布最新版《大宗商品市场展望》报告称，由于第二季度部分产区供应中断和需求旺盛的影响，世界银行将 2016 年原油价格预测从每桶 41 美元上调至 43 美元。实际上，受部分产区供应中断、特别是受加拿大山火和尼日利亚石油设施遭袭的影响，2016 年第二季度油价已上涨了约 37%。

世界银行预计，2016 年包括石油、天然气和煤炭在内的能源价格将下跌 16.4%，比 4 月份预测的 19.3% 降幅收窄。金属矿产、农产品和化肥等非能源大宗商品预计 2016 年下降 3.7%，比上期报告预测的 5.1% 降幅收窄。受需求疲软和新增产能的影响，金属价格预计 2017 年将下降 11%，比 4 月份预测的 8.2% 降幅扩大。农产品价格降幅较 4 月份有所收窄，主要原因是南美作物减产和生物燃料需求企稳。

世界银行高级经济学家约翰·巴菲斯称，随着原油市场供应过剩逐渐消失，世界银行预计 2016 年下半年油价会小幅上涨。但原油库存量仍然很大，消化库存需要时间。世界银行发展预测局局长阿伊汗·高斯称，新兴市场和发展中经济体正在努力适应能源类大宗商品持续低价的情况。由于能源价格与农业类大宗商品之间存在一定的价格联系，农业生产国在能源价格低迷时期可以预期农产品价格将进一步走低。能源和农业类大宗商品出口国都需要努力推进经济多元化发展，以增强经济韧性，抵御大宗商品价格波动。

OECD 国家第一季度就业率升至 66.8%。OECD 发布数据显示，OECD 国家第一季度就业率为 66.8%，环比增长 0.3%，实现连续 12 个季度增长。

具体来看，欧元区国家第一季度就业率为 65.1%，环比增长 0.4%，为连续 10 个月增长；美国和日本就业率分别为 69.3% 和 74.0%，环比均增长 0.4%；加拿大和英国就业率分别为 72.5% 和 73.3%，环比均增长 0.1%；墨西哥就业率为 51%，环比下降 0.3%。部分国家就业率显著增长：匈牙利就业率环比增长 0.8% 至 65.6%；捷克共和国和斯洛伐克共和国环比均增长 0.7% 至 71.4% 和 64.2%；波兰环比增长 0.6% 至 64.2%；土耳其环比增长 0.6% 至 51.0%。

第一季度 OECD 国家青年（15—24 岁）就业率环比增长 0.2% 至 40.7%。欧元区青年就业率稳定在 30.8%，但各国情况不一：爱尔兰、意大利、葡萄牙、西班牙青年就业率环比增长 0.5%，卢森堡、爱沙尼亚、德国、希腊、比利时和奥地利青年就业率环比降幅超 0.5%。

联合国拉加经委会：预计拉美经济 2016 年继续萎缩。7 月 26 日，联合国拉加经委会发布《2016 年拉美及加勒比地区经济研究》报告称，继 2015 年萎缩 0.5% 之后，2016 年拉美地区经济将维持负增长局面，全年预计萎缩 0.8%。其中区域第一大经济体巴西预计衰退 3.5%，委内瑞拉和阿根廷经济降幅分别为 8% 和 1.5%。有个别国家经济前景较为乐观，如多米尼加和巴拿马的经济增速有望分别达到 6.0% 和 5.9%。受经济低迷的影响，报告预计拉美及加勒比地区失业率将从 2015 年的 7.4% 升至 8.1%，通货膨胀率则为 6.6%，与 2015 年基本持平。

第 31 周（2016/07/30—2016/08/05）

2016 年 7 月 30 日—8 月 5 日，国际财经要情有：美国第二季度实际 GDP 年化季率终值为 1.2%；欧盟和欧元区第二季度 GDP 环比分别增长 0.4%和 0.3%；英国央行下调利率至 0.25%；法国第二季度 GDP 环比增长 0%；俄罗斯央行维持基准利率 10.5%不变；日本内阁通过新一轮经济刺激计划；澳大利亚央行下调现金利率 25 个基点至 1.5%；IMF：中国征收碳排放税势在必行；第 19 次东盟—中日韩经贸部长会议在老挝举行；OECD 国家 6 月份年化通货膨胀率微升至 0.9%。

一、区域观察

1. 北美地区

美国第二季度实际 GDP 年化季率终值为 1.2%。7 月 29 日，美国商务部发布数据显示，美国第二季度实际 GDP 年化季率终值为 1.2%。第二季度实际 GDP 增速加快表明美国个人消费支出增加，出口回升，非住房固定投资和联邦政府支出小幅下降。以现价美元计，美国第二季度 GDP 环比增长 3.5%；国内采购价格指数环比增长 2%；个人消费支出价格指数环比增长 1.9%；个人存款率为 5.5%，环比下降 0.6 个百分点。此外，2012 年第四季度至 2016 年第一季度，实际 GDP 年均增幅为 2.2%；实际国民总收入年均增幅为 2.1%；个人消费支出价格指数年均增幅为 0.9%。2012—2015 年，实际个人可支配收入年均增幅为 1.8%。

美国 6 月份个人消费支出环比增长 0.4%。8 月 2 日，美国商务部发布数据显示，美国 6 月份个人消费支出环比增长 0.4%，个人收入环比增长 0.2%，个人可支配收入环比增长 0.2%。实际个人消费支出环比增长 0.3%；实际个人可支配收入环比增长 0.1%。

美国 7 月份 ISM 制造业与非制造业指数环比分别下降 0.6 个百分点和 1 个百分点。8 月 1 日，美国供应管理协会发布数据显示，美国 7 月份 ISM 制造业指数为 52.6%，环比下降 0.6 个百分点，为连续 5 个月扩张。其中，新订单指数为

56.9%，环比下降0.1个百分点；产出指数为55.4%，环比增长0.7个百分点；就业指数为49.4%，环比下降1个百分点；原材料库存为49.5%，环比增长1个百分点；物价指数为55%，环比下降5.5个百分点。

美国7月份ISM非制造业指数为55.5%，环比下降1个百分点，为连续78个月扩张。商业活动指数为59.3%，环比下降0.2个百分点，连续84个月增长；新订单指数为60.3%，环比上升0.4个百分点；就业指数为51.4%，环比下降1.3个百分点；物价指数为51.9%，环比下降3.6个百分点，物价连续4个月增长。

加拿大7月份制造业PMI为51.9。8月2日，市场调查机构Markit发布数据显示，经季调，加拿大7月份制造业PMI为51.9，环比上升0.1个点。制造业产出增速有所加快，自3月份以来一直保持上升走势；出口销售再度下降；投入成本通货膨胀仍保持平稳。虽然制造业PMI连续5个月高于荣枯线，整体商业状况有所改善，但仍低于2010年10月份以来平均水平。

2. 拉美地区

巴西2016年GDP或萎缩3.24%。8月1日，巴西央行发布报告，上调巴西2016年GDP增长预期至-3.24%，维持通货膨胀预期7.21%不变。

3. 欧洲

欧盟和欧元区第二季度GDP初值环比分别增长0.4%和0.3%。7月29日，欧盟统计局发布数据显示，经季调，欧元区2016年第二季度GDP初值环比增长0.3%，同比增长1.6%；欧盟第二季度GDP初值环比增长0.4%，同比增长1.8%。

欧盟和欧元区6月份失业率分别为8.6%和10.1%。7月29日，欧盟统计局发布数据显示，经季调，欧盟6月份失业率为8.6%，环比下降0.9个百分点；欧盟6月份就业人数环比减少91000人，同比减少114000人。欧元区6月份失业率为10.1%，环比下降0.9个百分点；欧元区6月份失业人数环比减少37000人，同比减少1363000人。

欧盟和欧元区6月份零售销售环比分别下降0.2%和持平。8月3日，欧盟统计局发布数据显示，经季调，欧盟6月份零售销售环比下降0.2%，同比增长2.4%；欧元区零售销售环比持平，同比增长1.6%。

德国央行：德国银行业需改变其商业模式。8月1日，德国央行执委成员多姆布雷特在采访中称，德国银行业需改变其商业模式。虽然压力测试显示欧洲银行业较过去更加稳定，但面临低利率、数字化、更为严格的规章制度和强竞争力挑战。因此，德国银行业仍需获得更多资金。受欧洲价格发展趋势影响，低利率情况短时间内将不会有所改变。此外，为应对银行破产造成的不利影响，欧洲已出台一系列规定以确保以下两点：一是减轻纳税人对银行破产的费用负担；二是强制关闭破产银行，减少对其他银行造成的风险。

德国 2015 年公共债务较 2014 年下降 1.0%。8 月 1 日，德国联邦统计局发布数据显示，截至 2015 年底，公共债务为 20226 亿欧元，较 2014 年底下降 1.0%。应欧盟要求，一般政府部门债券持有企业均并入 2015 年公共债务统计中。

英国央行下调利率至 0.25%。8 月 4 日，英国央行发布消息称，为加大对经济和就业的支持，实现通货膨胀目标，英国央行货币政策委员会出台一揽子举措，主要包括以下四点：一是将利率下调 25 个基点，至 0.25%；二是出台新融资方案以确保顺利实施利率下调；三是购买至多 100 亿英镑的英国公司债券；四是将资产购买规模提升 600 亿英镑，至 4350 英镑。

法国第二季度 GDP 环比增长 0%。7 月 29 日，法国统计局公布数据显示，第二季度法国 GDP 环比增长 0%，再次陷入停滞。这主要是由于消费者支出低迷和企业投资下滑。

俄罗斯央行维持基准利率 10.5%不变。7 月 29 日，俄罗斯央行宣布，维持基准利率 10.5%不变。俄罗斯央行表示，通货膨胀预期下降的趋势已经停止，维持基准利率不变和温和偏紧的货币政策将有助于实现通货膨胀目标。截至 7 月 25 日，俄罗斯通货膨胀率为 7.2%。

4. 亚洲

日本内阁通过新一轮经济刺激计划。8 月 2 日，日本内阁通过总规模为 28.1 万亿日元的新一轮经济刺激计划，希望通过该计划重启“安倍经济学”，使日本摆脱通货紧缩。该计划中约有 6.2 万亿日元用于基础设施建设；3.4 万亿日元用于改善人口结构、补助低收入人群；1.3 万亿日元为可能受英国脱欧影响的中小企业提供低利率融资；2.7 万亿日元用于支持地震灾后重建等。

日本央行采取进一步宽松货币政策。7 月 29 日，日本央行发布货币政策会议纪要显示，日本央行采取如下三项新措施：一是央行将以每年 6 万亿日元增速购买交易所交易基金（ETFs）；二是央行将借贷计划规模增至 240 亿美元；三是央行将创立新基金向金融机构出借日本政府证券（JGSs），将其作为“美元资金供应操作”质押品。日本财长麻生太郎就日本央行采取进一步宽松货币措施发表声明称，日本央行货币政策决定对日本在全球经济和金融市场存在诸多不确定性情况下实现物价稳定目标是必要的。日本政府当前已处在制定综合大胆经济刺激计划最后阶段。为战胜通缩并实现经济可持续增长，在实施货币、财政以及结构性改革方面各项政策时应与日本央行保持密切合作。

日本 6 月份 CPI 同比下降 0.4%。7 月 29 日，日本国家统计局发布数据显示，日本 6 月份 CPI 为 103.3，环比下降 0.2%，同比下降 0.4%。其中，食品 CPI 为

107.5，环比下降0.5%，同比上升1.1%；住房CPI为99.0，环比持平，同比下降0.1%；水电燃料CPI为107.8，环比下降1.0%，同比下降8.7%。剔除生鲜，CPI为103.0，环比下降0.1%，同比下降0.5%。剔除食品及能源，CPI为101.6，环比下降0.2%，同比上升0.4%。

韩国6月份经常账户盈余121.7亿美元。8月1日，韩国央行发布数据显示，韩国6月份经常账户盈余121.7亿美元。其中，货物账户盈余由107.4亿美元增至128.2亿美元；服务账户赤字由11.4亿美元增至13.8亿美元；主要收入账户盈余由9.1亿美元增至12.6亿美元；二次收入账户赤字5.2亿美元。

印度7月份服务业PMI环比增长1.6个百分点。8月3日，市场调查机构Markit发布数据显示，经季节性因素调整，印度7月份服务业PMI为51.9，环比增长1.6个百分点，为3个月以来最高水平。产出增长和信心提振促使新业务快速增长是服务业回暖的主要原因。

澳大利亚央行下调现金利率25个基点至1.5%。8月2日，澳大利亚央行发布货币政策决议显示，澳大利亚央行货币政策委员会决定下调现金利率25个基点至1.5%，主要有四点原因：一是全球经济增速放缓，新兴经济体更艰难，中国经济潜在增长率呈下行趋势；大宗商品价格及易货价格水平仍较低；全球货币政策非常宽松。二是尽管澳大利亚国内商业投资大幅下降，但经济仍呈温和增长态势，内需和出口增长较快，劳动力市场数据与近期劳动力市场温和扩张趋势一致；三是受劳动力成本增长缓慢以及其他国家低劳动力成本压力的影响，国内低通货膨胀将持续一段时间；四是当局已加强对住房市场贷款标准监管，放款者态度更为审慎。随住房供给增加，房价增速放缓，低利率不会加剧住房市场风险。

澳大利亚6月份货物及服务贸易逆差31.95亿澳元。8月2日，澳大利亚国家统计局发布数据显示，澳大利亚6月份货物及服务贸易逆差23.59亿澳元，环比下降1%。经季调，6月份货物及服务贸易逆差31.95亿澳元，环比增长32%。其中，货物及服务出口额为258.03亿澳元，环比下降1%；货物及服务进口额为289.98亿澳元，环比增长2%。

5. 非洲

尼日利亚央行提高基准利率200个基点至14%。为应对通货膨胀高企与货币贬值，尼日利亚央行一次性大幅提高基准利率200个基点至14%的超高水平，加息幅度超过预期。原油价格持续低迷对该国经济造成巨大的负面影响。

二、国际组织

世界银行：确保全球经济可持续发展。8月1日，世界银行发布报告称，尽管近几十年经济高速增长提高了人类平均寿命，降低了婴儿死亡率并改善了其他先行指标，但政策制定者和执行者仍担心可持续发展道路能否延续，发展中国家人口能否享受高收入国家的生活水平。报告建议，可持续发展道路应当坚持以下四点：一是经济可持续发展要求向低碳经济转型，更多地使用太阳能、风能等清洁能源；二是各国需要更关注环境保护，弥补过去几十年忽视环境保护带来的负面影响；三是取消化石能源补贴。IMF 研究表明，取消化石能源补贴能够降低 21%的二氧化碳排量；四是重视科技创新。科技创新是实现可持续发展的重要驱动力。使用节能和可再生能源的新技术可以更好地实现节能减排目标。

IMF：中国征收碳排放税势在必行。IMF 发布研究报告称，中国征收碳排放税势在必行。中国已承诺在 2017 年对大型工业排放企业实行全国范围的排放交易制度。但相比之下，碳排放税能够全面覆盖燃料排放，对环境和财政收入的积极影响是同等规模排放交易体系的两倍。报告认为，征收碳排放税不仅能够大幅减少温室气体排放，减轻政府的财政负担，降低疾病风险，还能够促进经济“绿色增长”。随着中国继续向可持续增长模式转型，碳排放税必将成为支持经济再平衡和改善环境的重要政策工具。

第 48 届东盟经济部长系列会议在老挝举行。8 月 3 日，第 48 届东盟经济部长系列会议老挝首都万象开幕。本届会议是东盟共同体成立后召开的首次经济部长会议，将讨论共同体建成后实现其 2025 年愿景的相关方案，进一步推动东盟经济一体化进程。东盟轮值主席国老挝总理通伦在开幕式上致辞说，2015 年年底东盟共同体的建成是东盟经济一体化进程中的重大里程碑，同时也是一个新的起点，东盟各国要更具战略性地推动一体化进程。本届东盟经济部长会议将着力讨论《东盟共同体愿景 2025》的落实工作，包括改善商业环境、促进贸易便利化、缩小发展差距、增进和对话伙伴之间的商贸合作等在内的一系列举措。本届东盟经济部长系列会议为期 4 天，其中包括中国—东盟（10 +1）经贸部长会议、东盟与中日韩（10 +3）经贸部长会议、东亚峰会经贸部长会议和区域全面经济伙伴关系协定部长会议等。

非开行发布《2015 年非洲发展报告》。非开行发布的《2015 年非洲发展报告》称，非洲经济在过去 10 年中大幅增长，但对减少贫困和不平等作用有限。非洲经济增长并没有带来经济社会的结构性转变，数以百万计的非洲民众无法享受经济发展成果，尤其是女性和青年。国家间资源禀赋差异，性别差异，城乡差距，青年就业问题以及各种形式的不平等严重制约了非洲经济的全面繁荣。报告建议，非洲应通过合理的宏观经济政策使社会各部门都能从经济增长中受益。同时，非洲应注重优化经济结构，提高初级产品出口的附加值。

三、国际大宗商品

本周纽约原油期货累计上涨0.8%。截至本周四，纽约原油期货累计上涨0.8%。周一纽约原油期货下跌1.54美元，收于每桶40.06美元；周二纽约原油期货下跌0.55美元，收于每桶39.51美元，创近4个月以来最低收盘价；周三纽约原油期货上涨1.32美元，收于每桶40.83美元；周四纽约原油期货上涨1.1美元，收于每桶41.93美元。

本周纽约黄金期货累计上涨0.7%。截至本周四，纽约黄金期货累计上涨0.7%。周一纽约黄金期货上涨0.2%，收于每盎司1359.6美元；周二纽约黄金期货上涨1%，收于每盎司1372.6美元；周三纽约黄金期货下跌0.6%，收于每盎司1364.7美元；周四纽约黄金期货上涨0.2%，收于每盎司1367.3美元。

四、区域合作

第19次东盟—中日韩经贸部长会议在老挝举行。8月4日，第19次东盟—中日韩经贸部长会议在老挝举行。中国商务部部长高虎城率团出席，东盟10国经贸部门负责人、东盟秘书长及韩国产业通商资源部长官周亨焕、日本经济产业省有关官员出席了会议。高虎城强调，中国将继续坚定支持东盟在东亚合作中的主导地位，支持“10+3”在东亚合作中的主渠道作用。中方愿与各方一道，加强推进区域经济一体化进程，促进区域经济繁荣和世界经济增长。为此，中方提出了一是支持东盟发挥核心作用，推动RCEP在年内完成谈判；在“一带一路”框架下加强本地区跨境基础设施合作，加快互联互通建设；不断加强东亚区域内的产能合作；开展贸易便利化和物流供应链合作，促进贸易投资；加强中日韩合作，为“10+3”经贸合作增添动力等五点倡议。

印尼和马来西亚签署协议放宽双方银行市场准入。8月1日，印尼金融服务管理局发布声明称，印尼金融监管机构以及马来西亚央行的负责人在雅加达签署协议放宽双方银行市场准入。协议将根据互惠原则，允许满足一定条件的银行在两国开展业务。此举或将使东南亚地区两个最大的伊斯兰银行体系联结起来。印尼作为全球最大的伊斯兰国家，目前仍对外国银行设限。

世界伊斯兰经济论坛在印尼举行。8月2日，世界伊斯兰经济论坛在印尼雅加达举行，伊斯兰合作组织成员国及部分非成员国政府首脑出席本次论坛，印尼总统佐科在开幕式上致辞。佐科表示，印尼作为世界上拥有最多穆斯林人口的国家，既是伊斯兰国家巨大的潜在市场，也是伊斯兰经济发展的晴雨表。当前全球政治经济局势复杂多变，伊斯兰国家必须坚持发展的道路，与其他社会群体融合，通过创新和共同努力，应对严峻的风险和挑战。

五、全球宏观经济形势

OECD 国家 6 月份年化通货膨胀率微升至 0.9%。8 月 2 日，经济合作与发展组织（OECD）发布数据显示，OECD 国家 6 月份年化通货膨胀率从 5 月的 0.8% 微升至 0.9%。剔除食品和能源因素的影响，6 月份年化通货膨胀率保持在 1.8%。

国别方面，法国、德国、英国的通货膨胀率分别从 5 月份的 0.0%、0.1%、0.3% 增长至 6 月份的 0.2%、0.3%、0.5%；加拿大、美国、日本通货膨胀率相对稳定，保持在 1.5%、1.0%、-0.4%；意大利通货膨胀率从 5 月份的 -0.3% 降至 6 月份的 -0.4%。根据调和消费物价指数（HICP）测算，欧元区通货膨胀率从 5 月份的 -0.1% 增长至 6 月份的 0.1%。剔除食品和能源因素的影响，欧元区通货膨胀率从 5 月份的 0.8% 增长至 6 月份的 0.9%。欧盟统计局 7 月份发布报告，预计欧元区 7 月份年化通货膨胀率还将持续上升至 0.2%。

G20 国家年化通货膨胀率连续 4 个月持平，6 月份保持在 2.3%。非 OECD 国家中，南非、沙特阿拉伯通货膨胀率稳定在 6.5%、4.1%；巴西、印度、中国的通货膨胀率分别从 5 月份的 9.3%、6.6%、2.0% 下降至 6 月份的 8.8%、6.1%、1.9%；而印尼、俄罗斯的通货膨胀率则分别从 5 月份的 3.3%、7.3% 微升至 3.5%、7.5%。

第 32 周 （2016/08/06—2016/08/12）

2016 年 8 月 6—12 日，国际财经要情有：美国 7 月份失业率 4.9%；韩国央行维持基准利率 1.25% 不变；印度央行维持利率 6.5% 不变；新西兰下调官方现金利率至 2%；中尾武彦连任亚洲开发银行行长；RCEP 第四次部长级会议在老挝举行；非洲开发银行发布《2016 年非洲经济展望》。

一、区域观察

1. 北美地区

美国 7 月份失业率 4.9%。8 月 5 日，美国劳工统计局发布数据显示，美国 7 月份非农就业增加 25.5 万人。失业率为 4.9%，环比持平；失业人口为 780 万人，环比持平。其中，专业和商业服务、医疗保健、金融部门就业增加，而采矿业仍在裁员。此外，私营非农部门时薪上升至 25.69 美元，同比上升 2.6%。

美国 7 月份财政赤字同比下降 364 亿美元。8 月 10 日，美国财政服务局发布数据显示，美国 7 月份财政赤字 1128 亿美元，同比下降 364 亿美元。其中，财政收入约 2100 亿美元，同比下降 6.9%；财政支出 3228 亿美元，同比下降 13.8%。财政支出主要用于国防、社保、医疗以及国债利息偿付等。此外，美国 2016 年财年前 10 个月财政赤字 5140 亿美元。其中，财政收入总额约 26790 亿美元，财政支出 31920 亿美元。

美国 6 月份商品和服务贸易赤字 445 亿美元。8 月 5 日，美国商务部发布数据显示，经季调，美国 6 月份商品和服务贸易赤字 445 亿美元，环比上升 35 亿美元。其中，出口额为 1832 亿美元，环比上升 7 亿美元；进口额为 2277 亿美元，环比上升 42 亿美元。

加拿大 7 月份失业率升至 6.9%。8 月 5 日，加拿大国家统计局发布数据显示，加拿大 7 月份失业率为 6.9%，环比上升 0.1 个百分点。7 月份就业人数同比增加 7.1 万人，上升 0.4%。分行业看，公共管理部门就业人数减少，医疗保健和社会援助就业人数增加，自雇人数基本不变。

加拿大 6 月份商品贸易赤字 36 亿加元。8 月 5 日，加拿大国家统计局发布数据显示，加拿大 6 月份商品贸易赤字 36 亿加元，环比增加 10 亿加元。加拿大第二季度商品贸易赤字 107 亿加元，环比增加 43 亿加元。其中，进口额为 1347 亿加元，环比下降 1.4%；出口额为 1240 亿加元，环比下降 4.7%，为 2009 年第二季度以来最大降幅。

2. 拉美地区

巴西和阿根廷签署贸易便利化协定。巴西工贸服务部与阿根廷生产部签署贸易协定，双方同意减少贸易监管，降低贸易成本以促进商品进出口。此外，双方还签署了巴西、阿根廷与泛美开发银行之间的贸易便利化合作协议，承诺为贸易发展中的技术信息和经验交流提供便利。

3. 欧洲

德国 6 月份出口额同比上升 1.2%。8 月 9 日，德国联邦统计局发布数据显示，德国 6 月份出口额为 1068 亿欧元，同比上升 1.2%，环比上升 0.3%；进口额为 820 亿欧元，同比上升 0.3%，环比上升 1.0%。其中，德国对欧盟出口额同比上升 2.3%，进口额同比上升 3.3%；对非欧盟国家出口额同比减少 0.4%，进口额同比减少 5.4%。此外，德国 6 月份经常账户盈余 263 亿欧元。经季调，对外贸易顺差 249 亿欧元。

英国 6 月份货物和服务贸易赤字 51 亿英镑。8 月 9 日，英国国家统计局发布数据显示，英国 6 月份货物和服务贸易赤字 51 亿英镑，环比增加 9 亿英镑。其中，货物贸易赤字 124 亿英镑，环比增加 9 亿英镑。英国第二季度货物和服务贸易赤字环比增加 4 亿英镑。其中，对欧盟国家货物赤字环比增加 4 亿英镑，对非欧盟国家货物赤字环比减少 3 亿英镑。

英国第二季度工业产出环比上升 2.1%。8 月 9 日，英国国家统计局发布数据显示，英国第二季度工业产出环比上升 2.1%。其中，制造业产出环比上升 1.8%。英国 6 月份工业产出同比上升 1.6%，环比上升 0.1%。其中，制造业产出同比上升 0.9%，环比下降 0.3%。

法国 6 月份制造业产出环比下降 1.2%。8 月 10 日，法国国家统计局发布数据显示，经季节性因素和工作日调整，法国 6 月份制造业产出环比下降 1.2%，工业产出环比下降 0.8%。法国第二季度制造业产出环比下降 0.2%，同比上升 0.3%；工业产出环比下降 0.1%，同比上升 0.4%，整体产出趋于稳定。其中，焦炭和精炼石油行业产出大幅下跌，环比下降 11.7%，同比下降 13.2%；食品和饮料行业产出有所下降，环比下降 2.7%，同比下降 3.0%。

俄罗斯资本流出大幅减少。8 月 9 日，俄罗斯中央银行公布数据显示，2016 年 1 月—7 月，俄罗斯资本净流出额为 109 亿美元，同比大幅减少。俄罗斯央行表示，2016 年以来俄罗斯若干经济领域对外资需求呈现复苏态势。此外，2016 年前 7 个月，由于资源类商品出口价格下跌，俄罗斯国际收支经常项目顺差为 164 亿美元，同比大幅收窄。

4. 亚洲

日本 2016 年上半年经常项目顺差达 10.63 万亿日元。8 月 8 日，日本财务省发布数据显示，由于国际油价低迷以及大量外国游客访日推高贸易顺差，2016 年上半年日本经常项目顺差 10.63 万亿日元，同比增长 31.3%，为 2007 年下半年以来最高水平。其中，出口额 33.82 万亿日元，同比下滑 10.8%；进口额 31.47 万亿日元，同比大幅减少 17.8%。

日本 7 月份出口额初值同比下降 14%。8 月 8 日，日本财务省发布数据显示，日本 7 月份出口额初值为 34964.08 亿日元，同比下降 14%；进口额初值为 33900.62 亿日元，同比下降 14.4%；贸易顺差 1063.46 亿日元，同比增长 1.1%。

韩国央行维持基准利率 1.25%不变。8 月 11 日，韩国央行发布货币政策决议称，韩国央行货币政策委员会决定维持基准利率 1.25%不变，符合预期。

印度央行维持利率 6.5%不变。8 月 9 日，印度央行发布货币政策声明称，基于对当前宏观经济状况及其展望的评估，印度央行决定分别维持关键政策利率（央行回购利率）6.5%不变，维持存款准备金率 4%和逆回购利率 6%不变，维持边际贷款工具利率和银行利率 7%不变。

印度国会通过商品服务税法案。8 月 8 日，印度国会通过商品与服务税（GST）宪法修正案，标志着印度中央及各邦税种税率简化进程再进一步。商品与服务税宪法修正案，旨在简化目前印度复杂、混乱的税收制度，在中央和地方建立税率相同、简单明晰的统一消费税征收体系，被认为是印度建国以来最重大的税改措施。印度总理莫迪表示，这一法案将有利于改变各邦“各自为政”的碎片化税收格局，减少跨邦间贸易手续，提高全国范围内的物流效率，改善印度投资环境。

印度尼西亚第二季度 GDP 同比增长 5.18%。8 月 5 日，印度尼西亚中央统计局发布数据显示，印度尼西亚第二季度 GDP 同比增长 5.18%，环比增长 4.02%。其中，建筑业同比增长 6.21%，环比增长 1.55%；制造业同比增长 4.74%，环比增长 3.63%；农林渔业同比增长 3.23%，环比增长 11.9%。

新西兰下调官方现金利率至 2%。8 月 11 日，新西兰央行宣布下调官方现金利率 25 个基准点至 2%，继续实施宽松货币政策，主要基于以下四点原因：一是在空前规模的货币刺激下，全球经济增长仍低于预期，国际大宗商品价格持续低迷并存在较大不确定性，且政治风险并存；二是全球经济疲软和低利率给新西兰经济带来压力，贸易加权汇率显著高于预期，将抑制进出口行业，同时全球通货膨胀低迷，会对贸易部门产生消极影响；三是新西兰国内经济增长继续受移民、工程建筑、旅游业和宽松货币环境支撑，然而低迷的乳制品价格导致乳制品行业收入下降，并影响到农业开支与投资，移民数量虽然支撑了劳动力市场供给但限制了工资增长；四是房价通货膨胀形势严峻，且影响范围将进一步扩大，恐影响金融市场稳定，整体通货膨胀受消极的贸易通货膨胀影响，低于2%的目标水平。

澳大利亚6月份零售销售额环比增长0.1%。8月4日，澳大利亚国家统计局发布数据显示，经季调，澳大利亚6月份零售销售额环比增长0.1%。其中，服装鞋类零售环比增长3.5%，家庭用品零售环比增长0.3%，百货商店零售环比增长0.7%，食品零售环比下降0.6%。

5. 非洲

南非2016年上半年维持贸易顺差。南非统计局公布数据显示，由于兰特走弱，南非2016年1月份至6月份出口强势增长11%，进口增长4%，保持贸易顺差，成为南非低增长环境中的亮点。此外，南非6月份贸易顺差为125亿兰特，其中蔬菜产品、机械和电子出口增加，矿产品、贵金属、车辆及交通设备出口有所减少。

二、国际组织

中尾武彦连任亚洲开发银行行长。8月5日，亚洲开发银行发布消息称，亚洲开发银行理事会一致通过中尾武彦连任亚洲开发银行行长，新一届任期自2016年11月24日开始，为期5年。在中尾武彦的首个任期内，亚洲开发银行通过《2020战略》中期检查，通过合并亚洲发展基金业务和普通资金来源的资产负债表提高了贷款能力，还实施包括赋予驻地代表处更多权力、简化采购等业务程序、设立公共—私营部门合作办公室等多项改革。2015年，亚洲开发银行批准的贷款和赠款达到了创纪录的163亿美元，其中私营部门业务高达26亿美元，创历史新高。2016年5月，亚洲开发银行理事会批准对亚洲发展基金增资38亿美元。

亚洲开发银行：2015年全球应对气候变化融资达810亿美元。8月9日，亚洲开发银行发布消息称，2015年世界6大多边开发银行（亚洲开发银行、非洲开发银行、欧洲复兴开发银行、欧洲投资银行、美洲开发银行和世界银行）共资助气候融资项目810亿美元，其中250亿美元为多边开发银行直接融资，560亿美元为其他投资者间接融资。根据《2015年多边开发银行气候融资联合报告》，非欧盟的欧洲和中亚地区得到的资金份额最大，为20%；南亚地区占19%；拉美和加勒比地区占15%；东亚和太平洋地区占14%；欧盟占13%；撒哈拉以南非洲地区占

9%；中东和北非地区占 9%；其他地区占 2%。此外，多边开发银行还将进一步扩大气候融资涉及的行业和领域，如可再生能源、低碳交通和食品安全等。

安理会就遴选联合国秘书长举行第二轮意向性投票。8 月 5 日，联合国安理会对竞争下任联合国秘书长的 11 名候选人举行第二轮意向性投票，11 名候选人将从各自的提名国家获悉自己的得票情况并决定是否继续参选。随着克罗地亚前外长普希奇宣布退选，目前共有 11 位候选人角逐下任联合国秘书长一职。根据《联合国宪章》，秘书长必须首先由安理会推荐，然后由联合国大会任命。在安理会 15 个成员国中，候选人要得到全部 5 个常任理事国和至少 4 个非常任理事国的支持才能当选。

OPEC：全球原油市场正趋向平衡。8 月 8 日，OPEC 主席、卡塔尔能源部长萨达称，近期炼油厂利润下滑、库存过剩导致油价下跌，英国退欧对包括原油在内的大宗商品市场造成冲击，但原油市场仍趋向恢复平衡。有分析预测第三、四季度原油需求将增加，供给相对下降，原油价格下跌只是暂时的，下半年总体仍将趋于上行。OPEC 将与所有成员国保持密切联系以稳定市场，并将于 9 月 26 日—28 日在阿尔及利亚国际能源论坛期间召开非正式会议。

三、国际大宗商品

本周纽约原油期货累计上涨 4%。截至本周四，纽约原油期货累计上涨 4%。周一纽约原油期货上涨 1.22 美元，收于每桶 43.02 美元；周二纽约原油期货下跌 0.25 美元，收于每桶 42.77 美元；周三纽约原油期货下跌 1 美元，收于每桶 41.77 美元；周四纽约原油期货上涨 1.72 美元，收于每桶 43.49 美元，创近三周以来最高收盘价。

本周纽约黄金期货累计上涨 0.4%。截至本周四，纽约黄金期货累计上涨 0.4%。周一纽约黄金期货下跌 0.1%，收于每盎司 1342.6 美元；周二纽约黄金期货上涨 0.4%，收于每盎司 1346.7 美元；周三纽约黄金期货上涨 0.4%，收于每盎司 1351.9 美元；周四纽约黄金期货下跌 0.1%，收于每盎司 1350 美元。

四、区域合作

RCEP 第四次部长级会议在老挝举行。8 月 5 日，“区域全面经济伙伴关系协定”（RCEP）第四次部长级会议在老挝万象举行。东盟 10 国、中国、澳大利亚、印度、日本、韩国、新西兰等 16 方经贸部长出席会议。根据领导人在 2015 年 11 月 RCEP 联合声明中关于进一步加紧工作和争取 2016 年结束 RCEP 谈判的指示，会议强调在接下来的谈判中实质性推进 RCEP 谈判的重要性，以根据《RCEP 谈判指导原则和目标》，尽早达成高质量的协议。会议对推进谈判进程，特别是对货物、服务、投资等核心领域提供了既有战略性又有针对性的指导，并敦促成员国以积极和建设性的姿态继续参与谈判进程。会议重申了尽早结束谈判、达成一个高质量、互利、具有商业意义的区域自由贸易协定的承诺。目前各方已进行了 13 轮谈判。RCEP 第 14 轮谈判将于 2016 年 8 月 10 日—19 日在越南胡志明市举行，第 15 轮谈判将于 2016 年 10 月 16 日—22 日在中国天津举行。

中国—斯里兰卡自贸区第三轮谈判在斯里兰卡举行。8 月 2 日—4 日，中国—斯里兰卡自贸区第三轮谈判在斯里兰卡首都科伦坡举行。在本轮谈判中，中斯双方就货物贸易、服务贸易、投资、经济技术合作、原产地规则、海关程序和贸易便利化、技术性贸易壁垒和卫生与植物卫生措施、贸易救济以及法律相关议题等充分交换了意见，谈判取得积极进展。

五、全球宏观经济形势

非洲开发银行发布《2016 年非洲经济展望》。非洲开发银行（非开行）发布《2016 年非洲经济展望》。报告的主题是城市可持续发展和结构性改革，重点关注非洲独特的城市化进程和如何更好地利用资源，提高经济效益。报告认为，2015 年非洲经济表现平稳，在全球经济疲软的背景下，2016 年非洲经济将继续走强，经济增速仅次于东亚地区。报告预测，2016 年非洲经济增速有望达到 3. 7%，若全球经济走强，大宗商品价格逐渐回升，2017 年非洲经济增速有望达到 4. 5%。

报告指出，城市化是非洲经济发展的大趋势，将为非洲社会带来深刻变革。如果规划得当，城市化进程可以通过提高农业生产率、促进工业和服务业发展、改善外国直接投资等方式，拉动非洲经济发展。但非洲的城市化需要配合结构性改革措施，并加快工业化进程，扩大基础设施投资。

第 33 周（2016/08/13—2016/08/19）

2016 年 8 月 13—19 日，国际财经要情有：美国 7 月份 CPI 环比增长 0%；欧洲央行：担忧英国退欧和欧洲银行业风险影响全球经济；欧盟和欧元区第二季度 GDP 环比分别增长 0.4% 和 0.3%；德国第二季度 GDP 环比上升 0.4%；日本第二季度实际 GDP 增长为 0.0%；G20 领导人第十一次峰会和金砖国家领导人非正式会晤及有关活动将在浙江杭州举行；IMF：结构性改革对中国中长期发展至关重要；BIS：新兴市场在 2018 年年底之前面临 3400 亿美元债务偿付压力。

一、区域观察

1. 北美地区

美国 7 月份 CPI 环比增长 0%。8 月 16 日，美国劳工统计局发布数据显示，经季调，美国 7 月份 CPI 环比持平，同比增长 0.8%。其中，食品价格环比持平；能源价格环比下降 1.6%。此外，剔除食品和能源，美国 7 月份核心 CPI 环比增长 0.1%，同比增长 2.2%。

美国 6 月份国际资本净流出 2028 亿美元。8 月 15 日，美国财政部发布国际资本流动报告显示，美国 6 月份国际资本净流出 2028 亿美元。其中，私人资本净流出 1624 亿美元，政府资本净流出 404 亿美元。海外居民 6 月份增持美国长期国债 76 亿美元。其中，海外私人投资者净买入 360 亿美元，外国政府净卖出 284 亿美元。数据还显示，中国 6 月份减持美国国债 32 亿美元，总规模为 12408 亿美元，仍为美债第一大持有国。

美国 7 月份零售销售同比上升 2.3%。8 月 12 日，美国商务部发布数据显示，经季调，美国 7 月份零售和食品服务销售额为 4577 亿美元，环比基本持平，同比上升 2.3%。其中，汽车及零部件销售环比上升 1.1%；健康和个人护理销售环比增加 7.8%；食品饮料销售环比下降 0.6%；加油站销售环比下降 2.7%；服饰及其配件销售环比下降 0.5%。

加拿大 6 月份制造业销售环比增长 0.8%。8 月 16 日，加拿大国家统计局发布数据显示，6 月份加拿大制造业销售额为 502 亿加元，环比增长 0.8%。其中，耐用品环比增长 1.6%，非耐用品环比下降 0.1%。此外，机械设备销售增长 5.8%，运输设备销售增长 1.4%，为制造业销售增长的主要原因。

2. 拉美地区

巴西 2016 年 GDP 或萎缩 3.2%。8 月 15 日，巴西央行发布报告，上调巴西 2016 年 GDP 增长预期至 -3.2%，上调通货膨胀预期至 7.31%。

3. 欧洲

欧洲央行：担忧英国退欧和欧洲银行业风险影响全球经济。8 月 18 日，欧洲央行公布 7 月货币政策会议纪要称，由于英国退欧，欧元区经济面临新的不利因素。英国退欧可能以不可预知的方式影响世界经济。欧洲央行将密切关注刺激政策如何通过银行传导到实体经济中去，同时，欧洲央行担忧欧洲银行业过于脆弱，将影响信贷供应规模和贷款成本的降低。欧洲央行称将在必要时实施新一轮刺激计划，尽管经济下行风险增加，但欧洲央行仍需更多时间来关注事态发展，目前阶段讨论新一轮刺激计划还为时过早。

欧盟和欧元区第二季度 GDP 环比分别增长 0.4%和 0.3%。8 月 12 日，欧盟统计局发布数据显示，经季调，欧盟第二季度 GDP 环比增长 0.4%，同比增长 1.8%；欧元区第二季度 GDP 环比增长 0.3%，同比增长 1.6%。

欧盟和欧元区 6 月份工业产出环比分别增长 0.5%和 0.6%。8 月 12 日，欧盟统计局发布数据显示，经季调，欧盟 6 月份工业产出环比增长 0.5%，同比增长 0.5%；欧元区 6 月份工业产出环比增长 0.6%，同比增长 0.4%。

德国第二季度 GDP 环比上升 0.4%。8 月 12 日，德国联邦统计局发布数据显示，经价格因素调整，德国第二季度 GDP 环比上升 0.4%，同比上升 3.1%，为 5 年以来最大涨幅。其中，出口增长和进口下降是第二季度 GDP 上升的主要原因。家庭和政府最终消费支出均上升，但固定资本形成总额下降。第二季度德国就业人口为 4350 万人，同比增加 1.2%。

德国 7 月份 CPI 同比上升 0.4%。8 月 12 日，德国联邦统计局发布数据显示，德国 7 月份 CPI 同比上升 0.4%，环比上升 0.3%。其中，食品价格同比上升 1.1%，环比上升 0.3%；服务价格同比上升 1.4%。货物价格同比下降 0.7%；能源价格同比下降 7.0%，环比下降 1.2%。剔除能源价格影响，通货膨胀率为 1.3%。

英国 7 月份 CPI 同比上升 0.6%。8 月 16 日，英国国家统计局发布数据显示，英国 7 月份 CPI 同比上升 0.6%，为 2014 年 11 月份以来最高水平。其中，汽车燃料、酒精饮料和住宿服务价格上升是上涨的主要因素。

英国第二季度失业率为 4.9%。8 月 17 日，英国国家统计局发布数据显示，英国第二季度就业人口为 3175 万人，环比增加 1.72 万人，就业率为 74.5%，为 1971 年以来最高值。此外，第二季度失业人口为 164 万人，环比减少 5.2 万人，失业率为 4.9%。

法国 7 月份 CPI 环比下降 0.4%。8 月 11 日，法国国家统计局发布数据显示，法国 7 月份 CPI 环比下降 0.4%，同比上升 0.2%。其中，CPI 环比下降主要受制造业产品价格季节性下跌影响；受石油产品影响，能源价格回落。旅游业相关服务价格受季节性因素影响上升，食品价格略有上升。

意大利第二季度 GDP 环比增长 0.0%。8 月 12 日，意大利国家统计局发布数据显示，经季调，意大利第二季度 GDP 初值环比持平，同比增长 0.7%。

4. 亚洲

日本第二季度实际 GDP 增长为 0.0%。8 月 15 日，日本内阁府发布数据显示，日本第二季度实际 GDP 增长初值为 0.0%，环比持平，年化季率为 0.2%。其中，个人最终消费支出环比上升 0.2%，政府最终消费支出环比上升 0.6%，固定资本形成环比上升 0.9%。

日本 6 月份 CPI 年率下调至 0.7%。8 月 15 日，日本央行发布数据显示，剔除生鲜食品和能源，日本 6 月份 CPI 年率下调至 0.7%。日本 2016 年通货膨胀自 2 月份以来呈持续下降趋势。

日本 7 月份货物贸易顺差 5135.1 亿日元。8 月 18 日，日本财务省发布数据显示，未经季调，日本 7 月份货物贸易顺差 5135.1 亿日元，环比降低 25.9%。其中，出口环比降低 4.9%，同比降低 14%；进口环比降低 2.2%，同比降低 24.7%。

印度进一步放开金融服务业投资门槛。印度内阁通过审议，将进一步放开金融服务业投资门槛，受印度国家金融机构（包括但不限于央行、证监会、基金管理局等）监管的金融服务业外商投资可自由进入印度市场；其余金融服务业外商投资仍需通过政府审批进入印度市场。

菲律宾第二季度 GDP 同比增长 7%。8 月 18 日，菲律宾统计局公布数据显示，由于内需强劲，投资大幅提振，菲律宾第二季度 GDP 同比增长 7%，为近三年最快增速，成为 2016 年第二季度亚洲经济增速最高的经济体。

澳大利亚 7 月份失业率为 5.7%。8 月 18 日，澳大利亚统计局发布数据显示，经季调，澳大利亚 7 月份失业率为 5.7%，环比下降 0.1 个百分点，劳动参与率为 64.9%，保持不变。7 月份就业人口环比增加 2.62 万人，总工时环比增加 0.2%。

5. 非洲

南非 6 月份制造业产量同比增长 4.5%。8 月 18 日，南非统计局公布数据显示，南非 6 月份制造业产量同比增长 4.5%，环比增长 0.7%，为连续两个月上涨。制造业产量增加主要得益于石油产品、化工产品、橡胶和塑料制品，以及木制品、纸类产量上升。

二、国际组织

G20 领导人第十一次峰会和金砖国家领导人非正式会晤及有关活动将在浙江杭州举行。8 月 15 日，中国外交部宣布，G20 领导人第十一次峰会将于 9 月 4 日—5 日在浙江杭州举行。峰会主题为“构建创新、活力、联动、包容的世界经济”。G20 成员和嘉宾国领导人及有关国际组织负责人将应邀与会。中国国家主席习近平将出席并主持会议，并出席金砖国家领导人非正式会晤等有关活动。在领导人峰会前，G20 工商峰会将于 9 月 3 日—4 日在浙江杭州举行。中国国家主席习近平将出席开幕式并发表主旨演讲。部分 G20 成员和嘉宾国领导人及有关国际组织负责人将应邀与会。

世界银行在华发行首个特别提款权债券。8 月 12 日，世界银行集团宣布中国人民银行批准世界银行在中国国内债券市场首发以特别提款权（SDR）计价的债券。世界银行是首个获批发行 SDR 债券的机构，计划发行规模为 20 亿 SDR（约相当于 185 亿人民币）。计划内所有债券以 SDR 计价，以人民币支付。单个债券的确切发行时间及条款将根据市场状况而定。世界银行行长金墉称，在华发行 SDR 债券对于中国的债券市场和 SDR 作为国际储备资产来说，都是里程碑式的发展。世界银行在中国发行 SDR 债券，将支持 G20 实现扩大 SDR 使用范围的目标，帮助促进中国国内资本市场的发展，也将拓展中国投资者在国内债券市场获得外币债券的渠道，并为在中国寻求优质投资产品的国际投资者创造新的投资机会。

IMF：结构性改革对中国中长期发展至关重要。IMF 中国研究部主管丹尼尔表示，2016 年中国将保持 6.6% 的经济增长，但中国需加快结构性改革的进程以刺激中长期增长。依赖信贷增长非长久之计，若改革进程滞后，短期虽能维持高速增长，但中期可能将面临增速放缓甚至衰退。IMF 对中国经济前景持乐观态度，认为中国能够调动丰富的资源，追赶高收入经济体。中国经济动能持续从投资转向消费，从工业转向服务业。IMF 预测，中国经济增速将从 2016 年的 6.6% 小幅下滑至 2018 年的 6.0%。IMF 预计，若结构性改革进程未达预期，中国经济增速在中期将出现放缓，而积极的改革方案将促进中期增速达到 6.5% 左右。

东盟举行成立 49 周年系列纪念活动。8 月 15 日，东盟成立 49 周年系列纪念活动于印尼雅加达东盟秘书处举办，本次活动是东盟共同体成立后的首次周年活动。东盟秘书长黎良明指出，过去49年中，东盟致力于减少争端，维护地区和平稳定。随着安全问题逐步得到解决，东盟更加重视推动东南亚地区经贸发展与文化合作。印尼外长蕾特诺强调，东盟团结一致对实现愿景文件《东盟2025：携手前行》至关重要，向心力是东盟更实际地为人民谋求福祉的关键准则。

三、国际大宗商品

本周纽约原油期货累计上涨8.4%。截至本周四，纽约原油期货累计上涨8.4%。周一纽约原油期货上涨1.25美元，收于每桶45.74美元；周二纽约原油期货上涨0.84美元，收于每桶46.58美元；周三纽约原油期货上涨0.21美元，收于每桶46.79美元；周四纽约原油期货上涨1.43美元，收于每桶48.22美元，较8月稍早低点反弹约22%，标志着纽约原油期货市场进入技术性牛市。

本周纽约黄金期货累计上涨1%。截至本周四，纽约黄金期货累计上涨1%。周一纽约黄金期货下跌0.3%，收于每盎司1347.5美元；周二纽约黄金期货上涨0.7%，收于每盎司1356.9美元；周三纽约黄金期货下跌0.6%，收于每盎司1348.8美元；周四纽约黄金期货上涨0.6%，收于每盎司1357.2美元。

四、区域合作

RCEP第14轮谈判在越南举行。8月10日—19日，RCEP第14轮谈判在越南胡志明市举行。东盟10国、中国、日本、韩国、澳大利亚、新西兰、印度和东盟秘书处派代表团与会。在8月5日RCEP第四次部长会议成果的基础上，各方就货物、服务、投资三大核心领域市场准入问题展开深入讨论，并继续推进知识产权、经济技术合作、竞争、电子商务、法律条款等领域案文磋商。RCEP第15轮谈判将于10月11日—22日在中国天津举行。

中国—伊朗经贸联委会第16次会议在北京举行。8月16日，中伊经济贸易合作联合委员会第16次会议在北京举行。双方就落实两国领导人在经贸领域达成的共识，共建“一带一路”，扩大双边贸易投资，深化能源、基础设施、互联互通、金融等领域合作深入交换了意见。会后双方共同签署了《中伊经贸联委会第16次会议纪要》。

五、全球宏观经济形势

BIS：新兴市场在2018年年底之前面临3400亿美元债务偿付压力。国际清算银行（BIS）发布研究报告称，在美国以外的 9.7 万亿美元的美元债务中，新兴市场经济体债务规模占 1/3，而在 2018 年年底前，新兴市场经济体面临的美元债务偿付压力就达 3400 亿美元。在主要新兴市场经济体中，2015 年企业债务占 GDP 的比例升至 110%，这一数据在 2006 年还不到 60%，10 年间已接近翻倍。债务水平的上升令新兴市场国家更易受到资本外流冲击，尤其是巴西、中国和土耳其等经济体。

第 34 周（2016/08/20—2016/08/26）

2016 年 8 月 20—26 日，国际财经要情有：美联储维持利率 0.25%—0.5% 不变；德国第二季度 GDP 环比增长 0.4%；南非再度成为非洲最大经济体；亚洲基础设施投资银行将于 9 月份启动扩员程序；世界银行执董会批准新环境与社会保障政策框架；第八次中印财金对话在京举行；OECD 国家第二季度 GDP 环比增长 0.3%。

一、区域观察

1. 北美地区

美联储维持利率 0.25%—0.5% 不变。8 月 18 日，美联储公布 7 月份 FOMC 会议纪要，维持利率 0.25%—0.5% 不变，符合预期。美联储认为，在采取进一步行动之前，应谨慎收集更多数据，以衡量劳动力市场表现和经济活动情况。在加息问题上，美联储内部仍存在分歧。数位委员表示，美国接近或已经处于充分就业状态，应尽快甚至立刻加息。少数委员则希望出现通货膨胀有持续向 2% 目标靠拢的证据后再加息。一些委员认为，如迟迟不加息，投资者会错误地分配投资，导致资产价格扭曲，产生金融泡沫。

美国正接近充分就业和通货膨胀目标。8 月 21 日，美联储副主席费希尔发表讲话称，美国正接近充分就业和通货膨胀目标。过去 6 年就业岗位大幅增加，失业率自 2015 年 8 月份以来徘徊在 5% 左右，接近充分就业水平；虽然经济在向 2% 的通货膨胀目标迈进的过程中表现欠佳，但核心个人消费支出（PCE）通货膨胀率为 1.6%，接近 2% 水平，核心 CPI 通货膨胀已超过 2%。货币政策并不能有效解决长期问题，有效的财政和监管政策能更多地在刺激生产率增长和经济发展的长期潜力方面发挥作用。改善公共基础设施和教育，鼓励私人投资和更为有效的监管措施，或在促进生产率和生活水平快速增长中起到重要作用。

美国 7 月份新屋销售环比增长 12.4%。8 月 23 日，美国商务部发布数据显示，经季调，美国 7 月份新屋销售年化总数为 65.4 万户，环比增长 12.4%，同比增长

31.3%。新屋售价中位数为29.46万美元，售价均值为35.58万美元。新屋库存为23.3万户。

加拿大7月份CPI同比上升1.3%。8月19日，加拿大国家统计局发布数据显示，经季调，加拿大7月份CPI环比下降0.2%，同比上升1.3%。剔除汽油，7月份CPI同比上升1.9%。其中，交通运输价格同比下降0.2%，服饰鞋类价格同比下降0.4%，食品价格同比上升1.6%。

加拿大6月份零售额环比下降0.1%。8月19日，加拿大国家统计局发布数据显示，加拿大6月份零售额为441亿美元，环比下降0.1%。其中，食品饮料销售额环比下降1.5%；日用品销售额环比下降1.5%；建筑材料和花园设备销售额环比下降1.9%；服饰和配件销售额环比下降1.7%；汽车和零部件销售额环比上升2%；加油站销售额环比上升1.8%，连续三个月增长。

2. 拉美地区

巴西2016年GDP或萎缩3.2%。8月22日，巴西央行发布报告，维持巴西2016年GDP增长预期-3.2%不变，维持通货膨胀预期7.31%不变。

3. 欧洲

欧元区8月份制造业初值PMI为51.8。8月23日，市场调查机构Markit发布数据显示，欧元区8月份制造业PMI初值为51.8，环比下降0.2个百分点，为3个月以来最低值。制造业产出PMI初值为54，环比增长0.1个百分点，为8个月以来最高值。其中，制造业订单增速放缓，劳动力需求下降。由于需求增长疲软，制造商降低库存，产成品降速为6年来最高。

德国第二季度GDP环比增长0.4%。8月24日，德国联邦统计局发布数据显示，经季调，德国第二季度GDP环比增长0.4%。其中，货物和服务出口环比增长1.2%，进口环比下降0.1%；家庭最终消费支出环比增长0.2%；政府最终消费支出环比增长0.6%。

德国2016年上半年政府财政盈余185亿欧元。8月24日，德国联邦统计局发布数据显示，德国2016年上半年政府财政盈余185亿欧元，财政盈余占GDP比为1.2%。其中，政府财政收入为6929亿欧元，同比增加279亿欧元，增长4.2%；政府财政支出为6744亿欧元，同比增加235亿欧元，增长3.6%。

德国8月份制造业PMI初值为53.6。8月23日，市场调查机构Markit发布数据显示，德国8月份制造业PMI初值为53.6，环比下降0.2个百分点，为3个月以来最低值；制造业产出PMI初值为56.6，环比下降0.4个百分点。国内外需求增加推动新订单持续增长。但整体新业务扩张步伐略有放缓。随着产出和订单进一步增长，制造业新增就业岗位速度高于长期平均水平，但为3个月以来最低。此外，投入成本连续 4 个月上涨。

法国 8 月份制造业 PMI 初值为 48.5。8 月 23 日，市场调查机构 Markit 发布数据显示，法国 8 月份制造业 PMI 初值为 48.5，环比下降 0.1 个百分点；制造业产出 PMI 初值为 50，环比增加 0.2 个百分点，为 5 个月以来最高值。制造业新订单连续 8 个月下跌。私营部门制造业投入成本价格进一步温和上涨，产出价格进一步下降。

瑞士 8 月份经济景气指数为 -2.8。8 月 17 日，德国欧洲经济研究中心（ZEW）和瑞银信贷（CS）发布数据显示，瑞士 8 月份经济景气指数为 -2.8，环比下降 8.7 个百分点，2016 年 2 月份以来首次降为负值。此外，瑞士通货膨胀预期下调。

俄罗斯政府预算执行或面临困难。8 月 23 日，俄罗斯总理梅德韦杰夫表示，俄罗斯 2016 年经济财政形势复杂，危机因素对经济的影响仍然存在，预算执行面临较大困难。2016 年，预计俄预算收入水平低于预期 1.5 万亿卢布，如果油价持续低于每桶 50 美元，俄 2016 年预算赤字率或超 3%，梅德韦杰夫表示，俄 2016 年上半年退休基金收入低于预期，因此需增加转移支付规模，以正常支付退休金。

4. 亚洲

日本内阁发布 8 月份经济报告。8 月 24 日，日本内阁发布 8 月份经济报告，认为日本经济继续温和复苏。由于家庭支出疲弱、日元走强，报告下调消费者通货膨胀预期。此外，政府推出振兴经济措施，带动公共工程支出有所增加。

日本 8 月份制造业 PMI 初值环比增长 0.3 个百分点。8 月 23 日，市场调查机构 Markit 发布数据显示，日本 8 月份制造业 PMI 初值为 49.6，环比增长 0.3 个百分点；制造业产出指数初值为 50.6，环比增长 1.2 个百分点，为 2 月份以来首次增长。制造业产出为 6 个月以来首次扩张，企业新业务和出口额降速有所放缓。但就业出现了自 2015 年 9 月份以来首次下降。此外，相对疲软的客户需求和日元走强促使企业大幅削减销售价格，以吸引新业务。

韩国 7 月份净易货贸易条件指数同比增长 0.4%。8 月 23 日，韩国央行发布数据显示，韩国 7 月份净易货贸易条件指数同比增长 0.4%，进出口量指数同比分别下降 4.9% 和增长 0.8%，进出口额指数同比分别下降 13.1% 和 7.6%。其中，农林渔产品进出口额指数同比分别下降 11.1% 和增长 1.1%；制造业产品进出口额指数同比分别下降 9.1% 和 7.6%。

新西兰央行或下调利率 35 个基点。8 月 23 日，新西兰央行行长惠勒发表讲话称，为实现 1%—3% 区间通货膨胀目标，未来新西兰央行可能下调利率 35 个基点。惠勒还表示，若最新信息和风险导致判断改变，新西兰央行将修改政策设定和展望。

新西兰 7 月份货物贸易逆差 4 亿纽元。8 月 24 日，新西兰国家统计局发布数据显示，新西兰 7 月份货物贸易逆差 4 亿纽元。其中，货物出口额为 40 亿纽元，同比下降 4.9%；货物进口额为 44 亿纽元，同比下降 10.3%。其中，肉类及可食用副产品出口总额为 4.08 亿纽元，同比下降 19%，是出口下降的主要原因；中间品进口额同比下降 15%，是进口下降的主要原因。

5. 非洲

南非再度成为非洲最大经济体。国际货币基金组织（IMF）发布数据显示，按照当前汇率水平，南非 2015 年 GDP 总量为 3010 亿美元，取代尼日利亚，再度成为非洲第一大经济体。此前，南非位居尼日利亚、埃及之后，为非洲第三大经济体，但经济结构、科研水平、金融管理、基础设施等各方面均优于其他非洲国家。

二、国际组织

亚洲基础设施投资银行将于 9 月份启动扩员程序。8 月 25 日，亚洲基础设施投资银行行长金立群表示，亚洲基础设施投资银行将从 9 月份开始启动有关 30 多个国家提交的成员国资格申请审议程序，届时成员数量有望达到 90 个。金立群表示，作为第一个由亚洲发展中国家主导的新型多边开发机构，亚洲基础设施投资银行创新治理机制，确保董事会所有职能得到切实发挥的前提下，建立了非常驻董事会制度；在提升决策效率的同时，建立起非常明确清晰的问责机制；向全球开放项目采购和人员招聘；结合国际标准和发展中国家的实际情况，确立了一套环境与社会政策，充分体现绿色发展理念；主要以基础设施为支持对象，推动互联互通。

世界银行执董会批准新环境与社会保障政策框架。世界银行执董会批准了环境与社会保障政策新框架，将加强世界银行贷款项目中对受众与环境的保护。该政策框架是世界银行集团提升发展成效和简化业务流程的最新进展，新框架的覆盖面更加广泛，可及性更强，能够惠及更多民众，使发展效益更加持久。同时，世界银行将加强与其他多边开发银行、发展伙伴和双边援助机构的合作伙伴关系。新框架将用于支持借款国能力建设，加强与发展伙伴的战略伙伴关系。新框架使世界银行环境和社会保障政策与其他开发机构的保障政策更加统一，并在透明度、非歧视性、社会包容、公众参与和问责申诉机制等方面迈出了重要一步。该框架预计将于 2018 年生效。

世界银行启动下届行长遴选流程。8 月 23 日，世界银行执董会宣布收到现任行长金墉提出的连任意向，并决定启动下届行长遴选流程。2012 年，金墉获得美国总统奥巴马提名，成为世界银行行长候选人，并最终当选世界银行行长，任期到2017年6月30日结束。8月25日，美国财政部发表声明，提名金墉连任世界银行行长，并称赞金墉在担任世界银行行长期间积极推动以创新方式解决极端贫困、社会不平等、气候变化等全球发展问题。

亚洲开发银行与中方签署贷款协议支持中国小额信贷。8月22日，亚洲开发银行宣布与中国扶贫基金会签署了一项5000万美元的贷款协议，用于支持开展小额信贷项目，为中国农村地区约13万个体农工商户提供支持。该贷款将循环发放，转贷总额预计将超过2亿美元，是亚洲开发银行在中国小额信贷领域发放的首笔非主权贷款，对提高中国农村地区收入水平，改善就业情况有积极意义。

SWIFT：7月份人民币全球支付货币排名重回第五。8月24日，环球银行间金融通信协会（SWIFT）发布数据显示，按金额计算，7月份人民币全球支付货币排名重新回到第五位，市场份额由6月份的1.72%升至1.90%。报告显示，7月份全球人民币支付金额较6月份下滑0.68%，但同期全球所有货币的支付总额则下降10.08%。2015年8月份，人民币在全球支付市场占有率达到2.79%的历史最高纪录，一度超越日元成为第四大全球支付货币。但由于人民汇率波动和中国经济下行压力加大，市场份额出现一定下降，排名也一度降至第六位。

三、国际大宗商品

本周布伦特原油期货累计下跌2.4%。截至本周四，布伦特原油期货累计下跌2.4%。周一布伦特原油期货上涨1.72美元，收于每桶49.16美元；周二布伦特原油期货上涨0.80美元，收于每桶49.96美元；周三布伦特原油期货下跌0.91美元，收于每桶49.05美元；周四布伦特原油期货上涨0.62美元，收于每桶49.67美元。

本周纽约黄金期货累计下跌1.6%。截至本周四，纽约黄金期货累计下跌1.6%。周一纽约黄金期货下跌0.2%，收于每盎司1343.4美元；周二纽约黄金期货上涨0.2%，收于每盎司1346.1美元；周三纽约黄金期货下跌1.2%，收于每盎司1329.7美元，创近一个月以来最低收盘价；周四纽约黄金期货下跌0.4%，收于每盎司1324.6美元。

四、区域合作

第八次中印财金对话在京举行。8月19日，第八次中印财金对话在北京钓鱼台国宾馆举行。中国财政部副部长史耀斌与印度副财长沙克坎塔·达斯共同主持对话，来自中印两国财政部、外交部、中央银行、金融监管部门和相关金融机构的代表出席对话。双方围绕落实两国领导人共识、继续拓展和深化中印财金合作的主题，就全球经济面临的新挑战、中印宏观经济形势与政策及结构性改革进展、中印在多边框架和双边财金领域的合作等问题进行了深入探讨，加深了相互理解和借鉴，达成一系列共识并发表了联合声明。

中土合作委员会第四次会议在天津举行。8 月 23 日，中土合作委员会第四次会议在天津举行，中共中央政治局常委、国务院副总理张高丽同土库曼斯坦副总理卡卡耶夫共同主持了本次会议。双方总结了中土合作委员会第三次会议以来的工作成果，一致认为两国各领域务实合作不断深化，战略伙伴关系更加稳固。双方强调，中土合作委员会将继续发挥规划、指导和协调作用，继续认真落实好两国元首达成的共识，共同推进“一带一路”建设，重点加强双方能源、经贸、人文、安全合作，为深化中土战略伙伴关系不断作出新的贡献。

中国—孟加拉国经贸联委会第 14 次会议在孟加拉举行。8 月 22 日，中国—孟加拉国经贸联委会第 14 次会议在孟加拉达卡举行。双方就落实两国领导人在经贸合作领域达成的共识，共建“一带一路”，深化贸易投资、援助、重大项目、产业园区合作及自贸区建设等议题深入交换意见。会后，双方签署了《中华人民共和国政府和孟加拉人民共和国政府关于中国向孟加拉国提供物资援助的换文》。

五、全球宏观经济形势

OECD 国家第二季度 GDP 环比增长 0.3%。8 月 25 日，经济合作与发展组织（OECD）发布数据显示，OECD 国家 2016 年第二季度实际 GDP 环比增长 0.3%，较第一季度下降 0.1 个百分点。

七大主要经济体中，英国（退欧前）和美国第二季度 GDP 环比增速分别从第一季度的 0.4% 和 0.2% 升至 0.6% 和 0.3%，其他经济体大多增速放缓。日本 GDP 增长降幅明显，从第一季度的 0.5% 骤降至 0.0%；法国、德国和意大利的 GDP 增速分别从第一季度的 0.7%、0.7% 和 0.3% 降至 0.0%、0.4% 和 0.0%，欧元区国家 GDP 增速从第一季度的 0.6% 降至 0.3%；欧盟总体 GDP 增速从第一季度的 0.5% 微降至 0.4%。

第二季度，OECD 国家 GDP 增速同比放缓至 1.6%，达 2013 年第三季度以来最低点。七大主要经济体中，英国 GDP 同比增长 2.2%，增速最高；美国 GDP 同比增长 1.2%，达三年内最低点。

国际劳工组织：2016 年全球青年失业率将出现三年来的首次上升。8 月 24 日，国际劳工组织发布报告称，预计 2016 年全球范围内 15—24 岁之间的青年失业人数将增加 100 万至 7100 万，为三年来首次上升。同时，全球大约有 1.56 亿有工作的青年人生活处于中等或者极端贫困的生活水平，即人均可支配收入低于 3.1 美元/日。

国际劳工组织认为，新兴经济体发展速度放缓，是导致青年人失业率增加的重要因素。2016 年全球经济平均增速为 3.2%，比 2015 年年底预计增速低 0.4%。主要新兴市场经济体商品出口大幅下滑，俄罗斯和巴西经济甚至处在衰退之中，预计 2017 年才能恢复增长，而部分发达经济体增长也陷入停滞。但相比与人口老龄化严重的发达经济体，新兴市场经济体人口结构中年轻人比例更高，青年失业率上升尤为明显，为新增年轻劳动力提供足够就业岗位，已成为新兴经济体政府的沉重负担。

第 35 周（2016/08/27—2016/09/02）

2016 年 8 月 27 日—9 月 2 日，国际财经要情有：美国第二季度实际 GDP 年化季率为 1.1%；加拿大第二季度 GDP 环比下降 0.4%；巴西第二季度 GDP 环比增长 -0.6%；英国第二季度 GDP 环比增长 0.6%；法国第二季度 GDP 零增长；印度第二季度 GDP 增长 7.1%；2016 年 G20 峰会第四次协调人会议在杭州举行；世界银行在中国发行 SDR 计价债券；第六届非洲发展东京国际会议在肯尼亚举行；OECD：2016 年第二季度全球商品贸易温和增长。

一、区域观察

1. 北美地区

美国第二季度实际 GDP 年化季率为 1.1%。8 月 26 日，美国商务部发布数据显示，美国第二季度实际 GDP 年化季率下修 0.1 个百分点至 1.1%，环比增长 0.3 个百分点。其中，消费者支出快速上升和出口增长是 GDP 增长的主要原因。

耶伦称美联储将就额外政策工具展开研究。8 月 26 日，美联储主席耶伦在杰克逊霍尔全球央行年会上就美联储货币政策工具发表讲话称，家庭消费稳定增长支撑美国经济持续扩张，但投资和国外需求仍然疲弱，美元升值抑制出口。尽管经济增速不快，但劳动力市场进一步改善。2016 年多数时间，失业率稳定在 5% 左右。受能源和进口价格下降影响，通货膨胀率低于 2% 目标水平。美联储公开市场委员会预计美国经济将温和增长，劳动力市场将进一步增强，通货膨胀率未来几年能达到 2% 目标。此外，美联储将就是否需要额外政策工具展开研究和讨论。

美国 7 月份个人可支配收入环比增长 0.4%。8 月 29 日，美国商务部发布数据显示，美国 7 月份个人可支配收入环比增加 601 亿美元，增长 0.4%；个人消费支出环比增加 420 亿美元，增长 0.3%。个人消费支出价格指数环比持平。剔除食物和能源，个人消费支出价格指数环比增长 0.1%。

加拿大第二季度 GDP 环比下降 0.4%。8 月 31 日，加拿大国家统计局发布数据显示，加拿大第二季度 GDP 环比下降 0.4%，为 2009 年第二季度以来最大降幅。其中，货物和服务出口环比下降 4.5%，是 GDP 下降的主要原因；进口环比增长 0.3%；家庭最终消费支出环比增长 0.5%；政府最终消费支出环比增长 1%。

加拿大第二季度经常账户赤字 199 亿加元。8 月 30 日，加拿大国家统计局发布数据显示，经季调，加拿大第二季度经常账户赤字 199 亿加元，环比增加 33 亿加元。其中，货物贸易赤字达 113 亿加元，环比增加 48 亿加元，连续三个季度增加；服务贸易赤字为 51 亿加元，环比减少 3 亿加元，为 2011 年年末以来最低水平。

2. 拉美地区

巴西第二季度 GDP 环比增长 -0.6%。8 月 31 日，巴西国家统计局发布数据显示，经季调，巴西第二季度 GDP 为 1.5 万亿雷亚尔，环比增长 -0.6%，同比增长 -3.8%。

3. 欧洲

欧盟和欧元区 7 月份失业率分别为 8.6%和 10.1%。8 月 31 日，欧盟统计局发布数据显示，经季调，欧盟 7 月份失业率为 8.6%，环比持平，同比下降 0.8 个百分点；欧元区 7 月份失业率为 10.1%，环比持平，同比下降 0.7 个百分点。欧盟和欧元区失业人数环比分别减少 2.9 万人和 4.3 万人；同比分别减少 168.8 万人和 103.4 万人。

欧盟和欧元区 8 月份经济景气指数分别为 103.8 和 103.5。8 月 30 日，欧盟统计局发布数据显示，欧盟 8 月份经济景气指数为 103.8，环比下降 0.9 个百分点。其中，工业信心指数环比下降 1.8 个百分点；服务业信心指数环比下降 1.2 个百分点；消费者信心指数环比下降 0.6 个百分点；零售业信心指数环比下降 2.7 个百分点；建筑业信心指数环比增长 0.2 个百分点。欧元区 8 月份经济景气指数为 103.5，环比下降 1 个百分点。

欧元区 8 月份通货膨胀年率初值为 0.2%。8 月 31 日，欧盟统计局发布数据显示，欧元区 8 月份通货膨胀年率初值为 0.2%，环比持平。其中，食品价格同比增长 1.3%；服务价格同比增长 1.1%；非能源工业品价格同比增长 0.3%；能源价格同比下降 5.7%。

德国 8 月份 CPI 初值同比增长 0.4%。8 月 30 日，德国联邦统计局发布数据显示，德国 8 月份 CPI 初值同比增长 0.4%，环比持平。其中，能源价格同比下降 5.9%；食品价格同比上升 0.9%；服务价格同比上升 1.3%。此外，HICP 同比增长 0.3%，环比下降 0.1%。

德国 7 月份就业人口同比增长 1.2%。8 月 31 日，德国联邦统计局发布数据显示，德国 7 月份就业人口为 4360 万人，同比增加 53.3 万人，增长 1.2%；环比增加 3.6 万人，增长 0.1%。德国 7 月份失业人口为 190 万人，同比减少 6 万人。此外，经季调，德国 7 月份失业人口为 182 万人，环比减少 7000 人，失业率为 4.2%。

英国第二季度 GDP 环比增长 0.6%。8 月 26 日，英国国家统计局发布数据显示，英国第二季度 GDP 环比增长 0.6%，连续 14 个季度增长；第二季度 GDP 同比增长 2.2%；人均 GDP 环比增长 0.4%。

法国第二季度 GDP 零增长。8 月 26 日，法国国家统计局发布数据显示，经季调，法国第二季度 GDP 环比维持不变。其中，固定资本形成总额环比下降 0.2%；进口额环比下降 2%；出口额环比下降 0.1%。

法国 8 月份消费者信心指数为 97。8 月 26 日，法国国家统计局发布数据显示，法国 8 月份消费者信心指数为 97，环比增长 1 个百分点，低于长期平均值。法国家庭对过去 12 个月财务状况评价明显提升。数据还显示，消费者对未来生活水平预期不乐观，居民对失业的担忧加剧。

意大利 6 月份零售销售环比增长 0.2%。8 月 30 日，意大利国家统计局发布数据显示，经季调，意大利 6 月份零售销售环比增长 0.2%。其中，食品销售环比下降 0.1%；非食品销售环比增长 0.4%。

西班牙第二季度 GDP 年率终值为 3.2%。8 月 25 日，西班牙国家统计局发布数据显示，西班牙第二季度 GDP 年率终值为 3.2%，环比下降 0.2 个百分点；第二季度 GDP 季率终值为 0.8%，环比持平。

瑞士第二季度就业率同比增长 0.6%。8 月 30 日，瑞士联邦统计局发布数据显示，瑞士第二季度就业率同比增长 0.6%，环比增长 0.2%。其中，全职就业率同比下降 0.1%。

4. 亚洲

日本 7 月份 CPI 环比下降 0.2%。8 月 26 日，日本国家统计局发布数据显示，日本 7 月份 CPI 环比下降 0.2%，同比下降 0.4%。其中，食品价格指数为 101，环比下降 0.1%，同比增长 1.1%；能源价格指数为 92.1，环比下降 0.8%，同比下降 7.7%；交通通讯价格指数为 98.5，环比增长 0.1%，同比下降 2.6%。此外，东京 8 月份 CPI 初值为 99.6，环比增长 0.1%，同比下降 0.5%。

日本央行将充分利用现有工具实现通货膨胀目标。8 月 31 日，日本央行审议委员布野幸利表示，日本央行将充分利用现有政策工具，鼓励家庭和企业增加支出，以实现通货膨胀目标。就业市场复苏将逐步推动企业增加薪资，帮助提振民间消费。受家庭支出低迷影响，一些企业暂停提高商品售价，但一旦消费回升，许多企业或将恢复提价。此外，布野幸利认为，日本经济仍面临一系列外部风险，包括新兴市场经济增长疲弱，美国加息步伐具有不确定性等。

韩国财政部公布 2017 年预算草案。8 月 30 日，韩国企划财政部公布 2017 年韩国预算草案，表示将关注创造就业并小幅增加支出。预算案显示，2017 年韩预算支出将增长 3.7% 至 400.7 万亿韩元。其中，医疗保健、福利和劳工方面的支出达 130 万亿韩元，较 2016 年增长 5.3%，占比最大；17.5 万亿韩元将专门用于创造就业。

印度第二季度 GDP 增长 7.1%。8 月 31 日，印度统计局公布数据显示，印度第二季度 GDP 增长 7.1%，低于市场预期，为 2014 年 6 月份以来最低水平。市场分析人士认为，第二季度采掘业及农业成为拖累经济增长的主要原因。目前印度经济主要依靠国家投资拉动，私人投资和消费较为疲软。同时，由于国内外需求持续放缓，截至六月份，印度出口已连续第 18 个月同比萎缩。但是，气候条件改善、薪资增长以及税制改革有望推动印经济在第三季度企稳反弹。

澳大利亚第二季度营建完工环比下降 1.9%。8 月 24 日，澳大利亚国家统计局发布数据显示，经季调，澳大利亚第二季度营建完工环比下降 1.9%。其中，房屋营建完工季率环比增长 1.4%；工程营建完工环比下降 5.1%。

5. 非洲

南非央行：南非货币政策效果有限。南非央行副行长格洛普表示，南非面临的高通货膨胀和低增长使货币政策进退两难。提高利率可能会对已经疲弱的经济产生进一步负面影响，但央行不作为又有可能导致通货膨胀预期上升，从而引起实际通货膨胀水平上升。他强调，货币政策已经难以促进南非经济增长，如果增长问题本质上是结构性的，货币政策的效果将非常有限。

二、国际组织

2016 年 G20 峰会第四次协调人会议在杭州举行。9 月 1 日，2016 年 G20 峰会第四次协调人会议在杭州开幕。这是 G20 杭州峰会前的最后一次协调人会，核心任务是为峰会做最后的政治准备，特别是就峰会最重要的政治成果——领导人公报进行磋商，并在各方达成一致后向峰会提交。本次会议对峰会成功具有特殊的重要意义。G20 领导人第十一次峰会将于 9 月 4 日至 5 日在浙江杭州举行。各方正通过协调人和财金“双轨”渠道进行磋商，努力为杭州峰会打造一份高含金量的成果清单，为促进世界经济增长、完善全球经济治理、推进可持续发展做出贡献。

亚洲基础设施投资银行：欢迎加拿大申请加入亚洲基础设施投资银行。8 月 31 日，亚洲基础设施投资银行发布消息称，加拿大财政部长莫诺与亚洲基础设施投资银行行长金立群举行会晤，并宣布加拿大正式申请加入亚洲基础设施投资银行，金立群对加拿大申请加入亚洲基础设施投资银行表示欢迎。金立群表示，加拿大在处理多边议题上经验丰富，其加入将为亚洲基础设施投资银行发展作出显著贡献。按照亚洲基础设施投资银行相关安排，亚洲基础设施投资银行将从 9 月份开始启动有关国家提交的成员国资格申请审议程序，到 2016 年年底成员国数量将超过 90 个。

世界银行在中国发行 SDR 计价债券。8 月 31 日，世界银行发布消息称，世界银行 8 月 31 日在中国银行间债券市场成功发行首期特别提款权（SDR）计价债券。该 SDR 债券名为“木兰债”（Mulan Bond），总规模为 20 亿 SDR，票面价值约相当于 28 亿美元。第一期簿记建档集中配售 5 亿 SDR 计价债券，期限为三年，面值为 100SDR，债券票面年利率的申购指导区间为 0.4%—0.7%，实际为 0.49%。所有交易结算货币皆为人民币。本次发行认购倍数达到 2.5，吸引了银行（53%）、央行及政府机构（29%）、证券与资管公司（12%）、保险公司（6%）等约 50 家机构的积极认购。

中国支持金墉连任世界银行行长。8 月 31 日，中国财政部官网宣布，中国支持金墉连任世界银行行长。中方认为，世界银行是重要的国际多边开发机构，长期致力于支持全球减贫和发展进程。中方支持世界银行按照“公开、透明、择优”的原则遴选新任行长。中方赞赏金墉博士在该任期内所取得的突出业绩和所展示出的领导力，并支持其连任世界银行行长。中方希望，世界银行在国际发展议程中发挥更加重要的作用，为国际发展合作、全球减贫事业以及世界经济复苏与增长做出更大贡献。

BIS：人民币已成为交易最活跃的新兴市场货币。9 月 1 日，国际清算银行发布数据显示，人民币已成为交易最活跃的新兴市场货币，在全球主要货币中排名第八。与 2013 年相比，人民币在全球外汇交易中的占比翻番至 4%，平均日成交量从三年前 1200 亿美元升至 2020 亿美元。其他主要货币中，美元全球交易份额从 2013 年的 87% 上升至 88%，欧元仍然排位第二，但份额下降至 31%，日元、英镑、澳元、加元、瑞士法郎分列第 3—7 位。

非开行与日本共同宣布第三期 EPSA 计划。8 月 26 日，非洲开发银行与日本政府共同宣布将在未来三年为非洲的私营部门提供 30 亿美元的资金和其他资源，以刺激非洲经济增长并消除贫困。资金等将通过第三期“强化对非洲私营部门援助计划”（EPSA）提供。在 30 亿美元中，日本计划在三年内通过日本国际协力机构（JICA）提供 15 亿美元的资金，同时非开行预期将提供至少 13 亿美元的资金。此外，日本还将额外提供 3 亿美元，用于与非开行一同帮助非洲国家发展清洁能源技术。EPSA 计划目前共三期，主要关注交通、能源等经济基础设施建设，以及医疗、教育、营养等社会发展领域。

三、国际大宗商品

本周纽约原油期货累计下跌 9.4%。截至本周四，纽约原油期货累计下跌

9. 4%。周一纽约原油期货下跌 0. 66 美元，收于每桶 46. 98 美元；周二纽约原油期货下跌 0. 63 美元，收于每桶 46. 35 美元；周三纽约原油期货下跌 1. 65 美元，收于每桶 44. 70 美元；周四纽约原油期货下跌 1. 54 美元，收于每桶 43. 16 美元，创近三周以来新低。

本周纽约黄金期货累计下跌 0. 7%。截至本周四，纽约黄金期货累计下跌 0. 7%。周一纽约黄金期货上涨 0. 1%，收于每盎司 1327. 1 美元；周二纽约黄金期货下跌 0. 8%，收于每盎司 1316. 5 美元；周三纽约黄金期货下跌 0. 4%，收于每盎司 1311. 4 美元，创主力合约 6 月 23 日以来最低收盘价；周四纽约黄金期货上涨 0. 4%，收于每盎司 1317. 1 美元。

四、区域合作

第六届非洲发展东京国际会议在肯尼亚举行。8 月 28 日，第六届非洲发展东京国际会议在肯尼亚首都内罗毕召开，34 个非洲国家元首或政府领导人出席了会议，会议期间日非共签署 70 多项合作协议。日本首相安倍晋三在会上宣布，日本计划在未来 3 年向非洲投资 300 亿美元，其中 100 亿美元将投向与非盟合作的基础设施项目。非洲发展东京国际会议由日本主导，自 1993 年首届会议以来，逐渐成为日本对非开展外交的“支柱”，而此次会议也是首次在非洲举办，会期由以往的每 5 年举行缩短为 3 年。

东盟—日本联合合作委员会（JCC）第十次会议在印尼举行。8 月 29 日，东盟—日本联合合作委员会（JCC）第十次会议在印度尼西亚首都雅加达举行，会议重申加强东盟与日本的合作关系，并将根据东盟经济共同体新战略互信关系，对《东盟日本十年经济合作战略蓝图（2012—2022）》进行修订。预计到 2022 年，双边贸易投资总额有望实现翻番。

五、全球宏观经济形势

OECD：2016 年第二季度全球商品贸易温和增长。8 月 30 日，OECD 发布数据显示，经季调，第二季度 G20 国家商品贸易总额以美元计价温和增长，为 2014 年年初以来首次增长，但仍低于危机前水平。受油价上行影响，第二季度 G20 国家出口额增长 1. 5%，为近 7 个季度以来首次增长；进口额增长 2. 0%，为近 8 个季度首次增长。

出口方面，除阿根廷、加拿大和中国外，G20 国家第二季度出口额均有所增长。加拿大出口持续 7 个季度下降，降至 6 年来最低点；印度、南非和土耳其均实现 5. 0% 以上增长。所有 G20 国家出口水平均低于危机前高点 15% 左右。进口方面，阿根廷、法国、印度、印尼、墨西哥第二季度进口总额略有下降；俄罗斯进口降幅达 5.0%；其他 G20 国家第二季度进口额均有所增长，中国涨幅达 6.6%，但仍低于历史高点 20% 左右。

拉加德：采取有力政策行动，避免全球经济陷入低增长陷阱。9 月 1 日，IMF 总裁拉加德撰文称，2016 年将是全球 GDP 增速连续低于长期均值 3.7%（1990—2007 年）的第 5 年，2017 年很可能延续的增长态势。发达经济体仍没有摆脱经济危机的影响，需求不振，劳动生产率增速放缓。新兴经济体增长压力加大，大宗商品价格大幅下跌严重影响了大宗商品出口国的可支配收入，中国经济进入从投资转向消费、从外需转向内需的再平衡过程。在全球增长疲软和不平等加剧的相互作用下，一种阻挠改革、各自采取内向型政策的政治气候在形成。在这一背景下，即将举行的 G20 杭州峰会可谓恰逢其时，领导人将在峰会上讨论增长疲软、不平等加剧以及结构性改革等一系列重要议题，实施改革议程需要政治勇气，拉加德呼吁主要经济体采取强有力的政策行动，避免全球经济陷入低增长陷阱。

第 36 周（2016/09/03—2016/09/09）

2016 年 9 月 3—9 日，国际财经要情有：美国 8 月份失业率为 4.9%；加拿大央行维持隔夜利率 0.5% 不变；欧盟和欧元区第二季度 GDP 同比分别增长 1.8% 和 1.6%；欧元区 8 月份制造业 PMI 终值为 51.7；日本第二季度实际 GDP 年化季率为 0.7%；日本 8 月份官方外汇储备为 12560.5 亿美元；中美气候变化《巴黎协定》批准文书交存仪式在杭州举行；金砖国家领导人非正式会晤在杭州举行；第 19 次中国—东盟领导人会议在老挝举行；G20 领导人第十一次峰会在杭州举行。

一、区域观察

1. 北美地区

美国 8 月份失业率为 4.9%。9 月 2 日，美国劳工部发布数据显示，经季调，美国 8 月份失业率为 4.9%，连续三个月维持不变；失业人口数约为 780 万人；非农就业人口仅增加 15.1 万人，不及预期。其中，长期失业人口为 200 万人，占总失业人口的 26.1%，劳动参与率为 62.8%。

美国 8 月份 ISM 非制造业指数为 51.4%。9 月 7 日，美国供应管理协会发布数据显示，美国 8 月份 ISM 非制造业指数为 51.4%，环比下降 4.1 个百分点，非制造业持续低速增长。其中，美国 8 月份非制造业企业活动指数为 51.8%，环比下降 7.5 个百分点，为连续 85 个月增长，但增速明显放缓；价格指数为 51.8%，环比下降 0.1 个百分点；新订单指数为 51.4%，环比下降 8.9 个百分点；就业指数为 50.7%，环比下降 0.7 个百分点。

美国 7 月份货物与服务贸易逆差降至 395 亿美元。9 月 2 日，美国商务部发布数据显示，美国 7 月份货物与服务贸易逆差 395 亿美元，环比下降 52 亿美元。其中，进口额为 2258 亿美元，环比减少 177 亿美元；出口额为 1863 亿美元，为 10 个月以来新高，环比上升 38 亿美元。数据还显示，美国对欧盟出口下滑了 9.5%，对英国出口下滑了 9.2%，对中国出口增长了 3.8%，对中国的进口增长了 2.4%。

美中贸易逆差 303 亿美元，环比上升 1.9%。

加拿大央行维持隔夜利率 0.5%不变。9 月 8 日，加拿大央行发布利率决议显示，加拿大央行分别维持隔夜利率 0.5%、银行利率 0.75%和存款利率 0.25%不变。尽管加拿大第二季度经济出现萎缩，央行仍预计 2016 年下半年会有大幅反弹；通货膨胀率大致与央行预期吻合，CPI 涨幅低于 2%的目标，核心通货膨胀率维持在 2%左右。

加拿大 7 月份贸易逆差 24.9 亿加元。9 月 2 日，加拿大统计局发布数据显示，加拿大 7 月份贸易逆差为 24.9 亿加元，环比减少 14.8 亿加元。其中，出口额为 427 亿加元，环比增长 3.7%；进口额为 452 亿加元，环比下降 0.1%。加拿大对美国出口额为 325 亿加元，环比上升 3.3%；进口额为 299 亿加元，环比下降 0.5%，贸易顺差 26 亿加元。

2. 拉美地区

巴西 5—7 月份失业率为 11.6%。巴西地理统计局发布数据显示，5—7 月份，巴西全国失业率为 11.6%，较 2—4 月份上升 0.4%，同比上升 3%。失业人口 1180 万人，较 2—4 月份增加 43.6 万人，上涨 3.8%；同比增加 320 万人，上涨 37.4%。各行业全部就业人口的月工资总额为 1753 亿雷亚尔，环比维持不变；同比下降 4.0%。

3. 欧洲

欧盟和欧元区第二季度 GDP 同比分别增长 1.8%和 1.6%。9 月 6 日，欧盟统计局发布数据显示，经季调，欧盟第二季度 GDP 同比增长 1.8%，环比增长 0.4%；欧元区第二季度 GDP 同比增长 1.6%，环比增长 0.3%。其中，欧盟家庭最终消费支出环比增长 0.4%；固定资本形成总额环比增长 0.2%；出口环比增长为 0.1%。欧元区家庭最终消费支出环比增长 0.2%；固定资本形成总额环比持平；出口环比增长为 0.1%。

欧盟和欧元区 7 月份零售销售环比分别增长 1%和 1.1%。9 月 5 日，欧盟统计局发布数据显示，经季调，欧盟 7 月份零售销售环比增长 1%，同比增长 3.5%；欧元区 7 月份零售销售环比增长 1.1%，同比增长 2.9%。

欧元区 8 月份制造业 PMI 终值为 51.7。9 月 1 日，市场调查机构 Markit 发布数据显示，欧元区 8 月份制造业 PMI 终值为 51.7，环比下降 0.3 个百分点，为 3 个月以来最低值。制造业新出口订单增速为 5 月份以来最低值；新增就业为 3 月份以来最低值。

德国 8 月份制造业 PMI 终值为 50.4。9 月 1 日，市场调查机构 Markit 发布数据显示，经季调，德国 8 月份制造业 PMI 终值为 50.4，环比增长 1.7 个百分点。

制造业新订单为 2014 年 8 月份以来首次增长；新出口订单增速为 25 个月以来最高值；海外需求增加带动货物产出和就业增长。

英国 8 月份制造业 PMI 终值为 53.3。9 月 1 日，市场调查机构 Markit 发布数据显示，经季调，英国 8 月份制造业 PMI 终值为 53.3，环比增加 5 个百分点，为 10 个月以来最高值。制造业产出和新订单增长强劲，英镑贬值推动出口订单增加，海内外需求增加推动就业增长。

法国 8 月份制造业 PMI 终值为 48.3。9 月 1 日，市场调查机构 Markit 发布数据显示，法国 8 月份制造业 PMI 终值为 48.3，环比下降 0.3 个百分点，连续 6 个月低于 50。制造业产出连续 4 个月下滑后企稳；新增就业连续 8 个月下滑，下滑速度为 5 月份以来最高值。

意大利第二季度 GDP 环比持平。9 月 2 日，意大利国家统计局发布数据显示，经季调，意大利第二季度 GDP 环比持平，同比增长 0.8%。其中，固定资本形成总值环比下降 0.3%，同比增长 2.1%；进出口环比分别增长 1.5% 和 1.9%，同比分别增长 2.1% 和 0.8%；最终消费支出环比持平，同比增长 1.1%。

瑞士 6 月份 CPI 环比增长 0.1%。9 月 6 日，瑞士联邦统计局发布数据显示，瑞士 6 月份 CPI 为 100.7，环比增长 0.1%，同比下降 0.4%。

4. 亚洲

日本第二季度实际 GDP 年化季率为 0.7%。9 月 8 日，日本内阁府发布数据显示，经季调，日本第二季度实际 GDP 环比增长 0.2%，年化季率为 0.7%。个人消费支出环比增长 0.2%，个人住宅投资环比增长 5%，政府消费支出环比增长 0.1%，公共投资环比增长 2.6%；民间企业投资环比增长 0.1%，货物与服务出口额环比增长 1.5%。

日本 8 月份官方外汇储备为 12560.5 亿美元。9 月 7 日，日本财务省发布数据显示，日本 8 月份官方储备资产为 12560.5 亿美元，环比下降 86.9 亿美元。其中，外汇储备为 11933.4 亿美元；IMF 储备头寸为 120.3 亿美元；特别提款权价值 179.4 亿美元；黄金储备为 322.1 亿美元；其他储备资产为 5.3 亿美元。

韩国第二季度 GDP 环比增长 0.8%。9 月 2 日，韩国第央行公布数据显示，韩国第二季度 GDP 环比增长 0.8%，同比增长 3.3%，均高于预期，为 2015 年第三季度以来最高值。其中，制造业环比增长 1.2%，建筑业环比增长 1%，服务业环比增长 0.6%。

印度 8 月份制造业 PMI 终值为 52.6。9 月 1 日，市场调查机构 Markit 发布数据显示，经季调，印度 8 月份制造业 PMI 终值为 52.6，环比增加 0.8 个百分点，为 13 个月以来最高值。国内外市场需求增加推动产出增加；出口订单扩张速度为一年来最高值；新增就业较少，多数企业维持员工数量不变。

澳大利亚第二季度 GDP 环比增长 0.5%。9 月 7 日，澳大利亚国家统计局发布数据显示，经季调，澳大利亚第二季度 GDP 环比增长 0.5%，同比增长 3.3%。国内最终需求环比增长 0.6%；家庭支出与公共消费是 GDP 增长的主要原因；进口强劲增长，出口增速放缓；总投资持平；非金融企业利润增长和澳大利亚贸易条件的改善是收入增长的主要动力。

澳大利亚 7 月份货物与服务贸易逆差环比下降 26%。9 月 8 日，澳大利亚国家统计局发布数据显示，经季调，澳大利亚 7 月份货物与服务贸易逆差 24.1 亿澳元，环比下降 26%。其中，出口额为 264.3 亿澳元，环比上升 3%；进口额为 288.4 亿澳元，环比减少 1.2 亿澳元。

5. 非洲

南非 7 月份 CPI 同比增长 6%。8 月 25 日，南非统计局公布最新数据显示，南非 7 月份 CPI 同比增长 6%，环比下降 0.3 个百分点，达到南非央行 3%—6% 的 CPI 目标区间。

二、国际组织

第 28 届和第 29 届东盟峰会在老挝万象举行。9 月 6 日—8 日，第 28 届和第 29 届东盟领导人峰会将在老挝首都万象背靠背举行。这是 2015 年 12 月 31 日东盟共同体正式成立以来的首届峰会，轮值主席国为老挝。会议期间，东盟领导人将审议《东盟共同体 2025 年愿景》首个年度的执行情况，并就执行过程中面临的挑战提供政策建议；讨论继续加强共同体内部团结和统一问题，以应对复杂多变的地缘政治环境；通过多项重要文件，围绕东盟宪章“以人为本，以人民为中心”的精神，着力改善东盟人民福祉。此外，东盟领导人还将会见中、美、澳、印（度）、日、韩等国领导人、并在“10 +3”峰会上与有关国家领导人会面。此次峰会的其他议题还包括东盟 2017 年金禧观光旅游活动标志、《东盟一体化工作计划第三份倡议》以及《东盟互联互通总体规划 2025》等。

中美气候变化《巴黎协定》批准文书交存仪式在杭州举行。9 月 3 日，中美气候变化《巴黎协定》批准文书交存仪式在杭州举行。中国国家主席习近平同美国总统奥巴马、联合国秘书长潘基文共同出席交存仪式。习近平和奥巴马先后向潘基文交存中国和美国气候变化《巴黎协定》批准文书。潘基文在致辞中表示，中美率先批准《巴黎协定》，将极大推动该协定于 2016 年内生效。联合国高度赞赏中美两国在应对气候变化挑战方面发挥的领导作用。富有雄心的《巴黎协定》将为全球提供可持续发展新的稳定框架，将为我们共同的家园提供安全保护。《巴黎协定》于 2015 年 12 月 12 日在气候变化巴黎大会上通过。2016 年 4 月 22 日，中美同时签署《巴黎协定》。目前已有 26 个国家、相当于占 39% 排放总量的国家批准了这一协定。

三、国际大宗商品

本周纽约原油期货累计上涨 7.2%。截至本周四，纽约原油期货累计上涨 7.2%。周一纽约原油市场因劳工节假期休市；周二布伦特原油期货上涨 0.39 美元，收于每桶 44.83 美元；周三布伦特原油期货上涨 0.67 美元，收于每桶 45.5 美元；周四布伦特原油期货上涨 2.12 美元，收于每桶 47.62 美元。

本周纽约黄金期货累计上涨 1.1%。截至本周四，纽约黄金期货累计上涨 1.1%。周一纽约黄金期货因劳工节假期休市；周二纽约黄金期货上涨 2.1%，收于每盎司 1354 美元；周三纽约黄金期货下跌 0.4%，收于每盎司 1349.2 美元；周四纽约黄金期货下跌 0.6%，收于每盎司 1341.6 美元。

四、区域合作

金砖国家领导人非正式会晤在杭州举行。9 月 4 日，金砖国家领导人非正式会晤在杭州举行，国家主席习近平、印度总理莫迪、南非总统祖马、巴西总统特梅尔、俄罗斯总统普京出席。会晤由金砖国家机制轮值主席国印度总理莫迪主持。习近平主席指出，2016 年以来，金砖国家合作保持良好发展势头，领域进一步拓展，成果进一步显现。金砖国家是新兴市场国家和发展中国家的领头羊，也是 G20 重要成员。我们要顺应历史潮流，把握国际大势，加强协调和配合，共同把金砖国家和 G20 这两个重要平台建设好、维护好、发展好，推动新兴市场国家和发展中国家在国际事务中发挥更大作用。与会领导人认为，金砖国家经济增长的前景和动力依旧，将继续作为全球经济增长重要引擎。金砖国家应该在开放、团结、平等、相互理解、包容、互利合作等原则指导下，进一步加强战略伙伴关系，推动在国际法基础上构建平等公正的国际秩序。与会领导人祝贺并支持中国担任 2016 年 G20 主席国，对杭州峰会取得丰硕成果充满信心，赞赏中国作为主席国重视发展议程，赞同在 G20 框架下就金砖国家共同关心的全球问题密切协调，加强同其他新兴市场经济体和发展中国家的对话和合作。

第 19 次中国—东盟领导人会议在老挝举行。9 月 7 日，第十九次中国—东盟（10 +1）领导人会议暨中国与东盟建立对话关系 25 周年纪念峰会在老挝举行，中国国务院总理李克强与老挝总理通伦共同主持会议，东盟十国领导人与会。李克强在发言中表示，中国—东盟关系经受住国际风云变幻的考验，树立了大小国家平等相待、共谋发展的典范。李克强还就中国—东盟关系发展，从经贸合作、人文交流、区域合作领域提出了五点建议。与会东盟国家领导人表示，感谢中方长期以来支持东盟一体化建设和在国际事务中发挥积极作用。赞赏中方在双方经济合作中发挥引领作用，支持中方提出的“一带一路”、产能合作、互联互通等一系列倡议，进一步密切经贸合作。希望加快东盟中国自贸区升级谈判成果落实和区域全面经济伙伴关系协定（RCEP）谈判进程。会议通过了《第十九次中国—东盟领导人会议暨中国—东盟建立对话关系 25 周年纪念峰会联合声明》《中国—东盟产能合作联合声明》《中国与东盟国家应对海上紧急事态外交高官热线平台指导方针》和《中国与东盟国家关于在南海适用〈海上意外相遇规则〉的联合声明》等 4 个文件。

第十九次东盟与中日韩领导人会议在老挝举行。9 月 7 日，第十九次东盟与中日韩（10 +3）领导人会议在老挝举行，东盟十国领导人以及中国国务院总理李克强、日本首相安倍晋三、韩国总统朴槿惠共同出席。老挝总理通伦主持会议。通伦在致开幕词时说，东盟与中日韩（10 +3）合作已成为本地区一个重要的合作机制，自 1997 年建立以来为本地区稳定和繁荣，推动地区合作作出了重要贡献。李克强表示，中方愿与各方共同努力，继续以“10 +3”为主渠道推进东亚一体化建设，维护地区和平、稳定与发展，更好造福本地区各国人民。并就金融安全合作、贸易投资合作、农业和减贫合作、互联互通建设、产能合作和人文交流等领域提出了 6 大建议。

中国—东盟建立对话关系 25 周年纪念仪式在老挝举行。9 月 7 日，中国—东盟建立对话关系 25 周年纪念仪式在老挝万象举行，东盟国家领导人和中国国务院总理李克强共同出席纪念仪式。李克强表示，中国和东盟自 1991 年建立对话关系以来，高举发展与合作旗帜，坚持相互尊重、理解、信任和支持，双方关系大踏步前进，有力地促进了地区和平稳定和繁荣发展。过去的 25 年，是中国—东盟政治互信不断加强的 25 年，也是中国—东盟务实合作硕果累累的 25 年。中方始终视东盟为维护地区和平稳定、促进区域一体化和世界多极化发展的重要力量，将继续把东盟作为周边外交优先方向，坚定支持东盟共同体建设，支持东盟在区域合作中的中心地位，支持东盟在国际地区事务中发挥更大作用。中方愿与东盟国家共同努力，进一步加强战略沟通，深入推进落实“2 +7 合作框架”，大力加强人文交流，不断为双方合作注入新动力，共同建设更为紧密的中国—东盟命运共同体。与会东盟国家领导人积极评价东盟与中国建立对话关系 25 年来所取得的令人瞩目成就，对双方关系发展前景充满信心，并表示，在“10 +1”领导人会议期间共同庆祝双方建立对话关系 25 周年很有意义。东盟与中国关系的发展惠及东盟每个国家，有利于东盟共同体建设。东盟愿与中方抓住机遇，巩固基础，发掘潜力，增进政治互信，深化经贸合作，扩大人文交往，将东盟与中国关系提升到新的水平，共同促进地区和平与发展。

五、全球宏观经济形势

G20 领导人第十一次峰会在杭州举行。9 月 4 日—5 日，二十国集团领导人第十一次峰会在杭州国际博览中心举行。二十国集团成员和嘉宾国领导人、有关国际组织负责人参加了本次峰会，中国国家主席习近平主持会议并致开幕辞。习近平强调，面对当前挑战，二十国集团要与时俱进、知行合一、共建共享、同舟共济，为世界经济繁荣稳定把握好大方向，推动世界经济强劲、可持续、平衡、包容增长。

各成员国、嘉宾国领导人和国际组织负责人就创新增长方式，更高效的全球经济金融治理，强劲的国际贸易和投资，包容和联动式发展等议题深入交换意见，共同讨论气候变化、难民、反恐融资、全球公共卫生等影响世界经济的其他突出问题，达成广泛共识：第一，G20 成员决心为世界经济指明方向，规划路径。面对当前世界经济的风险和挑战，G20 成员要继续加强宏观政策沟通和协调，发扬同舟共济、合作共赢的伙伴精神，凝聚共识，形成合力，促进世界经济强劲、可持续、平衡、包容增长。要标本兼治，综合施策，运用好财政、货币、结构性改革等多种有效政策工具，向国际社会传递 G20 成员共促全球经济增长的积极信号；第二，G20 成员决心创新增长方式，为世界经济注入新动力。G20 成员一致通过了《二十国集团创新增长蓝图》，支持以科技创新为核心，带动发展理念、体制机制、商业模式等全方位、多层次、宽领域创新，推动创新成果交流共享。G20 成员决定大力推进结构性改革，为全球增长开辟新路径，全面提升世界经济中长期增长潜力；第三，G20 成员决心完善全球经济金融治理，提高世界经济抗风险能力。G20 成员同意继续推动国际金融机构份额和治理结构改革，加强落实各项金融改革举措，共同维护国际金融市场稳定。G20 成员就能源可及性、可再生能源、能效共同制定了行动计划，就继续深化反腐败合作达成多项共识；第四，G20 成员决心重振国际贸易和投资这两大引擎的作用，构建开放型世界经济。G20 成员共同制定《二十国集团全球贸易增长战略》和全球首个多边投资规则框架《二十国集团全球投资指导原则》。继续支持多边贸易体制，重申反对保护主义承诺。期待在强劲的国际贸易和投资推动下，世界经济将重新焕发活力；第五，G20 成员决心推动包容和联动式发展，让 G20 作成果惠及全球。G20 第一次把发展问题置于全球宏观政策框架突出位置，第一次就落实联合国 2030 年可持续发展议程制定行动计划，同意推动《巴黎协定》尽早生效，发起《二十国集团支持非洲和最不发达国家工业化倡议》和《全球基础设施互联互通联盟倡议》，将为发展中国家人民带来实实在在的好处，为全人类共同发展贡献力量。

在杭州峰会闭幕式上，习近平主席强调，G20 有必要进一步从危机应对机制向长效治理机制转型，从侧重短期政策向短中长期政策并重转型。我们决心合力支持 G20 继续聚焦世界经济面临的最突出、最重要、最紧迫的挑战，加强政策协调，完善机制建设，扎实落实成果，引领世界经济实现强劲、可持续、平衡、包容增长。会议通过了《二十国集团领导人杭州峰会公报》。

第 37 周（2016/09/10—2016/09/16）

2016 年 9 月 10—16 日，国际财经要情有：美国 8 月份 CPI 环比上升 0.2%；欧洲央行维持利率不变；英国央行维持基准利率 0.25% 不变；俄罗斯央行下调基准利率 50 个基点；南非第二季度 GDP 增长 3.3%；世界银行与金砖国家新开发银行签署谅解备忘录；东盟发布《东盟互联互通总体规划 2025》；OECD：G20 国家第二季度 GDP 环比增长 0.7%。

一、区域观察

1. 北美地区

美国 8 月份 CPI 环比上升 0.2%。9 月 16 日，美国劳工部公布数据显示，经季调，美国 8 月份消费者价格指数（CPI）环比上升 0.2%，表明通货膨胀水平有所回升。剔除能源和食品，核心 CPI 环比增长 0.3%，为 2016 年 2 月份以来最大涨幅。

美联储发布经济褐皮书。9 月 8 日，美联储发布经济褐皮书显示，7 月中旬至 8 月末美国大部分地区经济温和增长，预计未来数月保持温和增长态势。大部分地区总体消费水平维持不变，汽车销量略微下降，但仍保持高位；旅游业持平，但高于年初水平；非金融服务业增长势头强劲；大部分地区制造业略微增长；住宅销售温和增长，商业地产销售进一步扩张；商业和消费信贷需求总体温和增长。大部分地区就业市场继续收紧；工资上涨压力进一步提高，但总体涨幅较小；价格水平总体略微上涨。

美联储发布"反周期资本缓冲"政策细节。9 月 8 日，美联储发布消息称，在金融危机风险升高时，美联储将实施"反周期资本缓冲"（CCyB），通过提高国际银行机构资本要求增强金融体系弹性。美联储表示，当金融系统脆弱性明显上升时，美联储将逐步提高资本要求，并在金融恢复稳定时取消或降低资本要求。

加拿大 8 月份失业率为 7%。9 月 9 日，加拿大国家统计局发布数据显示，加拿大 8 月份失业率为 7%，环比上升 0.1 个百分点；就业人数环比增长 2.6 万人，同比增长 7.7 万人；总工作时数同比下降 0.4%。数据还显示，15—24 岁和 55 岁及以上年龄段就业人口增长，25—54 岁年龄段就业人口下降；公共管理业就业人口增长，专业、科学和技术服务业就业人口下降。

2. 拉美地区

巴西 2016 年 GDP 或萎缩 3.18%。9 月 12 日，巴西央行发布报告，上调巴西第二季度 GDP 增长预期至 -3.18%，上调通货膨胀预期至 7.36%。

3. 欧洲

欧盟理事会批准欧委会 2017 年预算草案。9 月 12 日，欧盟理事会发布消息称，欧盟理事会批准欧委会 2017 年预算草案。其中，为处理移民危机，2017 年安全与公民项预算承诺款和预算支付款较 2016 年将分别增长 4.9% 和 24.4%；为促进经济发展和创造就业，2017 年增长与就业竞争力项预算承诺款和预算支付款较 2016 年约增长 9%。

欧盟和欧元区第二季度就业人数环比分别增长 0.3%和 0.4%。9 月 13 日，欧盟统计局发布数据显示，经季调，第二季度欧盟就业人数环比增长 0.3%，同比增长 1.5%；欧元区环比增长 0.4%，同比增长 1.4%。

欧洲央行维持利率不变。9 月 8 日，欧洲央行发布货币政策会议纪要指出，欧洲央行决定分别维持主要再融资利率、隔夜贷款利率和隔夜存款利率在 0.00%、0.25% 和 -0.40% 不变。此外，欧洲央行将维持每月 800 亿欧元资产购买计划至 2017 年 3 月底。如有必要，该计划将持续实施直至通货膨胀与目标一致。

德国 8 月份 CPI 同比上升 0.4%。9 月 13 日，德国联邦统计局发布数据显示，由于能源价格下降，德国 8 月份 CPI 同比上升 0.4%，环比持平。其中，能源价格同比下降 5.9%，食品价格同比上升 0.9%，商品价格同比下降 0.6%，服务价格同比上升 1.3%。

德国 7 月份货物贸易出口额同比下降 10%。9 月 9 日，德国联邦统计局发布数据显示，经季调，德国 7 月份货物出口额为 964 亿欧元，环比下降 2.6%，同比下降 10%；进口额为 769 亿欧元，环比下降 0.7%，同比下降 6.5%。7 月份货物贸易顺差 195 亿欧元，同比减少 53 亿欧元。

英国央行维持基准利率 0.25%不变。9 月 16 日，英国央行宣布，维持基准利率 0.25%不变，维持资产购买（QE）规模 4350 亿英镑不变，符合市场预期。此外，英国央行保持企业债采购规模 100 亿英镑不变。

英国 7 月份货物与服务贸易逆差环比减少 11 亿英镑。9 月 9 日，英国国家统计局发布数据显示，经季调，英国 7 月份货物与服务贸易逆差为 45 亿英镑，环比减少 11 亿英镑。其中，出口额环比增长 8 亿英镑，进口额环比减少 3 亿英镑。数据还显示，7 月份货物贸易逆差为 118 亿英镑，环比减少 12 亿英镑。其中，出口额为 248 亿英镑，环比增加 8 亿英镑，进口额为 366 亿英镑，环比减少 3 亿英镑。

法国第二季度非农就业人口环比增长 0.2%。9 月 8 日，法国国家统计局发布数据显示，法国第二季度非农就业人口环比增加 29500 人，增长 0.2%；同比增加 121300 人，增长 0.8%。其中，工业部门就业人口环比减少 9500 人，减少 0.3%；服务业就业人口环比增加 41900 人，增长 0.4%。

俄罗斯央行下调基准利率 50 个基点。9 月 16 日，俄罗斯中央银行宣布，下调基准利率 50 个基点至 10%，为 2016 年 6 月份以后第二次降息。俄罗斯央行表示，将维持这一利率水平维持至年底，并继续采取适度紧缩的货币政策。

4. 亚洲

日本 7 月份经常账户盈余 19382 亿日元。9 月 8 日，日本财务省发布数据显示，日本 7 月份经常账户盈余 19382 亿日元，同比上升 8%；经季调，经常账户盈余 14478 亿日元，环比下降 12.2%。货物与服务贸易账户盈余 2542 亿日元，环比增长 1.3%。其中，货物贸易账户盈余 3616 亿日元，环比下降 22.4%；服务贸易账户赤字 1074 亿日元，环比下降 50%。初次收入盈余 13781 亿日元，环比下降 9.5%；再分配收入赤字 1844 亿日元，环比增长 48%。

日本 8 月份经济现状指数为 45.6。9 月 8 日，日本内阁府发布数据显示，日本 8 月份经济现状指数为 45.6，环比上升 0.5 个百分点；前景指数为 47.4，环比上升 0.3 个百分点。

韩国 8 月份进出口价格指数环比下降 1.9%。9 月 13 日，韩国央行发布数据显示，经季调，韩国 8 月份出口价格指数环比下降 1.9%，同比下降 9.7%。其中，农、林、渔产品环比下降 2.1%，同比上升 4%；制造业产品环比下降 1.9%，同比下降 9.8%。进口价格指数环比下降 1.9%，同比下降 8.5%。其中，原材料环比下降 0.4%，同比下降 14.5%；中间品环比下降 2.5%，同比下降 7.7%；资本品环比下降 1.7%，同比下降 1.4%；消费品环比下降 1.7%，同比下降 5.4%。

印度总统慕克吉签署 GST 宪法修正案。印度总统慕克吉签署商品服务税（GST）宪法修正案，标志 GST 宪法修正案已正式成为法律。印政府希望在 2017 年 4 月正式实施 GST 法案，现已着手组建由地方财政大臣组成、财政部长主持的 GST 委员会，以确定 GST 税率、征税行政框架、执行规则和程序等关键问题。

澳大利亚 8 月份失业率为 5.6%。9 月 15 日，澳大利亚统计局公布数据显示，经季调，澳大利亚 8 月份失业率为 5.6%，环比下降 0.1 个百分点。但由于兼职就业人口大幅下降，整体就业人口减少 0.39 万人。此外，澳 8 月份劳动参与率为 64.7%。

5. 非洲

南非第二季度 GDP 增长 3.3%。南非统计局公布数据显示，经季调，南非第二季度 GDP 环比增长 3.3%，同比增长 0.6%，高于预期。受此影响，兰特走强。市场分析人士表示，南非第二季度 GDP 增速回升或推动南非利率水平上升。

二、国际组织

世界银行与金砖国家新开发银行签署谅解备忘录。9 月 9 日，世界银行行长金墉与新开发银行行长卡马特共同签署谅解备忘录，正式确立了世界银行集团与新开发银行之间的合作伙伴关系，双方将加强合作应对全球巨大的基础设施需求。此外，谅解备忘录还明确了双方开展合作的其他潜在领域，包括寻求项目联合融资机会；根据各自政策和程序，促进业务知识交流；寻求咨询服务机会；促进人员借调和交流等。世界银行行长金墉表示，全球多边开发银行密切合作，支持低收入和中等收入国家的发展以促进包容性增长，将使更多贫困和脆弱群体从中受益。

金墉成为下届世界银行行长唯一提名人选。9 月 14 日，下届世界银行行长人选提名时间截止，现任世界银行行长金墉成为唯一提名人选。根据之前宣布的行长遴选流程，世界银行执董会将与金墉在华盛顿会面，预计将在 2016 年 10 月初的世界银行和 IMF 年会期间结束遴选流程。2012 年，金墉获得美国总统奥巴马提名，成为世界银行行长候选人，并最终当选世界银行行长。他的本届任期将于 2017 年 6 月 30 日结束。

第 71 届联合国大会开幕。9 月 13 日，第 71 届联合国大会在纽约联合国总部开幕，来自斐济的彼得 · 汤姆森正式宣誓就任新一届联大主席，本届联大的主题是“可持续发展目标：共同努力改造我们的世界”，继续致力于解决地区冲突、消弭恐怖主义暴行、更好地应对移民和难民流动，化解人道主义危机，并将积极推动国际社会落实 2030 年可持续发展议程。按照日程安排，本届联大将于 9 月 20 日至 26 日将举行一般性辩论，各国领导人届时将就广泛的国际问题发表各自看法。9 月 19 日，联合国将举行应对难民和移民大规模流动问题的高级别会议，9 月 21 日将举行《巴黎协定》批准书交存仪式。

OECD 发布 9 月份综合领先指数。OECD 发布 9 月份综合领先指数（CLIs）显示，OECD 国家整体保持稳定增长势头。7 月份，为应对英国脱欧给英国和其他国家带来的不确定性，OECD 宣布延迟两个月发布 CLIs 数据。尽管目前英国与欧盟最终达成退欧协议尚有不确定性，但数据上的波动较之脱欧公投后几周已有所减弱。OECD 预计，英国经济增长将持续放缓，或于年末稳定在一个较低的增长水平。此外，CLIs 数据显示，美国、日本及包括德国在内的欧元区国家经济亦呈现企稳迹象，加拿大经济有望持续增长；法国、意大利则呈现出增长势头放缓的趋势。而主要新兴经济体中，CLIs 数据显示中国、俄罗斯、巴西重拾增长势头；印度经济则保持稳定增长。

三、国际大宗商品

本周纽约原油期货累计下跌 6.2%。截至本周五，纽约原油期货累计下跌 6.2%。周一纽约原油期货上涨 0.41 美元，收于每桶 46.29 美元；周二纽约原油期货下跌 1.39 美元，收于每桶 44.9 美元；周三纽约原油期货下跌 1.32 美元，收于每桶 43.58 美元；周四纽约原油期货上涨 0.33 美元，收于每桶 43.91 美元；周五纽约原油期货下跌 0.88 美元，收于每桶 43.03 美元。

本周纽约黄金期货累计下跌 1.8%。截至本周五，纽约黄金期货累计下跌 1.8%。周一纽约黄金期货下跌 0.7%，收于每盎司 1325.6 美元；周二纽约黄金期货下跌 0.1%，收于每盎司 1323.7 美元；周三纽约黄金期货上涨 0.2%，收于每盎司 1326.1 美元；周四纽约黄金期货下跌 0.8%，收于每盎司 1319 美元；周五纽约黄金期货下跌 0.6%，收于每盎司 1310.2 美元，创 6 月份以来收盘新低。

四、区域合作

东盟发布《东盟互联互通总体规划 2025》。东盟发布《东盟互联互通总体规划 2025》（MPAC2025），该规划主要关注五个战略领域：基础设施建设、数字创新、物流、进出口管理和人员流动。在基础设施建设方面，东盟预计每年至少需要 1100 亿美元的基础设施投资以支持经济增长。在进出口管理方面，MPAC2025 重点关注统一标准、相互认证、规范技术以及应对贸易扭曲的非关税措施等。

南南合作与发展学院正式开学。南南合作与发展学院第一批新学员开学典礼在北京大学举行，来自埃塞俄比亚、柬埔寨、牙买加等 27 个国家的首批 49 名硕、博士项目新生参加典礼。南南合作与发展学院是习近平主席 2015 年 9 月在联合国成立 70 周年系列峰会上对外承诺的重大援外举措，旨在打造最具吸引力的国家发展研究机构、最具潜力的发展中国家高端人才培养基地和最具活力的发展中国家沟通交流平台，为推进 2030 年可持续发展议程、推动广大发展中国家实现国家治理体系和治理能力现代化提供人才支撑。

五、全球宏观经济形势

OECD：G20 国家第二季度 GDP 环比增长 0.7%。9 月 13 日，OECD 发布数据显示，2016 年第二季度 G20 国家 GDP 环比增长 0.7%。国别来看，中国、南非经济增速回升，分别从第一季度的 1.2% 和 -0.3% 升至 1.8% 和 0.8%；韩国、英国、印尼、美国 GDP 增速小幅提升，分别从第一季度的 0.5%、0.4%、1.2% 和 0.2% 升至 0.8%、0.6%、1.3% 和 0.3%。加拿大、墨西哥、印度、澳大利亚、土耳其和日本经济增长显著放缓，GDP 增速分别从 0.6%、0.5%、2.0%、1.0%、0.7% 和 0.5% 降至 -0.4%、-0.2%、1.4%、0.5%、0.3% 和 0.2%；欧元区国家总体经济增速从 0.5% 放缓至 0.3%，其中法国、德国、意大利分别从 0.7%、0.7% 和 0.3% 降至 0.0%、0.4% 和 0.0%。此外，巴西第二季度 GDP 萎缩 0.6%，降幅较 2015 年显著收窄。

同比方面，G20 国家第二季度 GDP 同比增长 2.9%。印度、中国同比增速最高，分别达 7.1% 和 6.7%；巴西同比增速 -3.8%，为 G20 国家中最低。

OECD 国家 7 月份年化通货膨胀率微降至 0.8%。OECD 发布数据显示，OECD 国家 7 月份年化通货膨胀率从 6 月份的 0.9% 微降至 0.8%。其中，能源价格跌幅扩大，从 6 月份的 -7.1% 降至 -7.8%；食品价格则从 6 月份的 0.0% 微升至 0.1%。剔除粮食和能源价格影响，OECD 国家 7 月份的年化通货膨胀率稳定在 1.8%。

国别来看，OECD 主要国家 7 月份的通货膨胀率走势各异。加拿大和美国的通货膨胀率分别从 6 月份的 1.5% 和 1.0% 降至 1.3% 和 0.8%；法国和日本的通货膨胀率分别稳定在 0.2% 和 -0.4%；德国、意大利和英国的通货膨胀率分别从 6 月份的 0.3%、-0.4%、0.5% 微增至 0.4%、-0.1% 和 0.6%。欧元区以居民消费价格调和指数（HICP）衡量的 7 月份年化通货膨胀率从 6 月份的 0.1% 增至 0.2%。剔除能源和粮食因素的通货膨胀率稳定在 0.9%。非 OECD 国家中，沙特、俄罗斯、印尼、巴西和中国的通货膨胀率分别从 4.1%、7.5%、3.5%、8.8% 和 1.9% 微降至 3.8%、7.2%、3.2%、8.7% 和 1.8%；南非 7 月份通货膨胀率连续第 4 个月稳定在 6.5%；印度通货膨胀率从 6.1% 增至 6.5%。

OECD 国家 7 月份失业率稳定在 6.3%。9 月 12 日，OECD 发布数据显示，OECD 国家 7 月份失业率连续第二个月稳定在 6.3%，较 2013 年 1 月份峰值低 1.8 个百分点；失业人口 3910 万人，较峰值减少 990 万人，较 2008 年 4 月份危机前水平增加 640 万人。

欧元区国家 7 月份失业率连续第 4 个月稳定在 10.1%。其中，西班牙和意大利失业率降幅最大，分别降低 0.3 个百分点和 0.2 个百分点至 19.6% 和 11.4%；

法国失业率上升 0. 2 个百分点至 10. 3%。其他国家中，日本和墨西哥 7 月份失业率均降低 0. 1 个百分点至 3% 和 3. 8%；美国失业率稳定在 4. 9%；加拿大失业率上升 0. 1 个百分点至 6. 9%。OECD 预计，2016 年 8 月份美国失业率将继续稳定在现有水平，加拿大预计上升 0. 1 个百分点至 7. 0%。OECD 国家各主要人群失业率保持总体稳定。男性失业率稳定在 6. 2%，女性失业率下降 0. 1 个百分点至 6. 4%，男性失业率低于女性。OECD 国家青年失业率上升 0. 1 个百分点至 13. 1%，仍高于总体失业率的两倍。

第 38 周（2016/09/23—2016/09/30）

2016 年 9 月 23—30 日，国际财经要情有：美国第二季度 GDP 年化季率终值为 1.4%；巴西 2016 年 GDP 预计萎缩 3.15%；欧元区经济复苏低于预期；日本央行发布 7 月份货币政策会议纪要；IMF 发布 2016 年度中国第四条款磋商报告；金墉连任世界银行行长；OPEC 宣布达成产量冻结协议；第二十九轮中美投资协定谈判在华盛顿举行；WTO 大幅下调 2016 年全球贸易增长预期；亚洲发展中国家经济增长势头稳定。

一、区域观察

1. 北美地区

美国第二季度 GDP 年化季率终值为 1.4%。9 月 29 日，美国商务部公布数据显示，美国第二季度 GDP 年化季率终值为 1.4%，较初值上升 0.3 个百分点，略好于市场预期，为美国经济前景增加了乐观信号。其中，消费支出增长强劲，年化增速达 4.3%，弥补了企业投资不振和海外需求疲软带来的负面影响。在强劲的就业和工资增长基础上，预计消费者支出将继续推动第三季度的经济增长。

美国国会通过临时拨款法案避免政府关门。9 月 28 日，美国国会通过一项临时拨款法案以避免美国政府在大选期间关门的风险。临时拨款法案将保证美国政府部门运转至 2016 年 12 月 9 日，国会因此将有重新讨论 2017 财年拨款法案的时间。2017 财年将于 2016 年 10 月 1 日开始。此前，两党在弗林特水污染事件、寨卡疫情等议题上存在分歧，但最终在临时拨款法案中达成一致，其中包括提供 11 亿美元用于应对寨卡疫情，向路易斯安那州等遭受洪灾的地区提供 5 亿美元援助，并向弗林特市提供资金解决水污染危机。

美国 8 月份新屋销售环比下降 7.6%。9 月 26 日，美国商务部发布数据显示，经季调，美国 8 月份新屋销售年化总数为 60.9 万套，环比下降 7.6%，同比上升 20.6%。其中，房屋销售中值为 28.4 万美元，平均值为 35.36 万美元；预计截至 8 月末，新屋销售量为 23.5 万套。

加拿大央行：经济一体化加深将影响货币政策。9 月 26 日，加拿大央行行长波洛兹发表讲话称，贸易使全球经济一体化程度加深，这将对货币政策执行造成影响。波洛兹指出，美加自由贸易协定等条约和新兴市场贸易快速发展推动全球贸易一体化程度加深，利率调整和汇率波动效果将减弱，保持通货膨胀目标将更具挑战性。

加拿大 8 月份 CPI 同比上升 1.1%。9 月 23 日，加拿大国家统计局发布数据显示，加拿大 8 月份 CPI 同比上升 1.1%，核心 CPI 同比上升 1.8%；剔除汽油价格，CPI 同比上升 1.7%。其中，食品价格同比增长 1.1%，汽油价格同比下降 11.5%，电力价格同比增长 5.6%。经季调，8 月份 CPI 环比下降 0.1%，核心 CPI 环比维持不变。

2. 拉美地区

巴西 2016 年 GDP 预计萎缩 3.15%。9 月 25 日，巴西央行发布报告，上调巴西 2016 年 GDP 增长预期至 -3.15%，下调通货膨胀预期至 7.25%。

3. 欧洲

欧元区经济复苏低于预期。9 月 26 日，欧洲央行行长德拉吉在欧洲议会经济暨货币事务委员会季度听证会上发表讲话称，欧元区经济温和稳健复苏，但速度低于 6 月份预期。预计 2016 年实际 GDP 增速为 1.7%，未来两年增速为 1.6%；预计 2016 年通货膨胀率为 0.2%，未来两年分别为 1.2%、1.6%。欧洲央行将维持宽松货币政策为经济复苏提供支撑。

欧洲央行：低利率及银行数量过剩挤压欧洲银行利润。9 月 22 日，欧洲央行行长德拉吉在首次欧洲系统风险委员会（ESRB）会议上发表讲话称，欧洲银行数量过剩和低利率导致银行业利润水平降低。低利率导致银行存款率下降，银行数量过剩导致竞争加剧，效率降低。在银行过剩及科技创新背景下，部分银行需审视其商业模式以提升盈利能力。

欧元区 9 月份制造业 PMI 为 52.6。9 月 23 日，市场调查机构 Markit 发布数据显示，欧元区 9 月份制造业 PMI 为 52.6，环比增长 0.9 个百分点，为 3 个月以来最高值。其中，欧元区 9 月份制造业新出口订单增速为两年半以来最高水平；企业平均成本连续 6 个月增长，但低于长期平均水平；产品售价 13 个月以来首次略微上涨。

德国 9 月份制造业 PMI 为 54.3。9 月 23 日，市场调查机构 Markit 发布数据显示，德国 9 月份制造业 PMI 为 54.3，环比增长 0.7 个百分点，为 3 个月以来最高值。其中，德国 9 月份制造业新出口订单增速达 2014 年年初以来最高值。企业成本连续 5 个月持续增长，制造商库存下降速度为 2010 年以来最高值。

德国 8 月份进口价格指数同比下降 2.6%。9 月 27 日，德国联邦统计局发布数据显示，德国 8 月份进口价格指数同比下降 2.6%；环比下降 0.2%。剔除油价，进口价格同比下降 1.9%。数据还显示，出口价格环比下降 0.9%。

法国 9 月份制造业 PMI 为 49.5。9 月 23 日，市场调查机构 Markit 发布数据显示，法国 9 月份制造业 PMI 为 49.5，环比增长 1.2 个百分点，为 6 个月以来最高值。企业成本价格连续 4 个月增长，但产出价格进一步下降。

意大利 7 月份零售销售指数环比下降 0.3%。9 月 26 日，意大利国家统计局发布数据显示，经季调，意大利 7 月份零售销售指数环比下降 0.3%。其中，食品价格环比增长 0.3%；非食品价格环比下降 0.5%。

俄 1—7 月份亏损企业占比降至 30.4%。9 月 27 日，俄罗斯统计局公布数据显示，2016 年 1—7 月，俄亏损企业占比下降至 30.4%，同比下降 0.8 个百分点。俄企业净盈利 60140 亿卢布（约 937 亿美元）。其中，矿产开采领域亏损企业的占比降至 34.2%；石油、天然气等燃料能源矿物开采领域亏损企业占比降至 28.6%；亏损的水电气企业占比降至 49.2%。

4. 亚洲

日本央行发布 7 月份货币政策会议纪要。9 月 27 日，日本央行发布 7 月份货币政策会议纪要称，受新兴经济体增速放缓影响，日本经济继续温和复苏；金融条件持续高度宽松，货币市场利率通常维持在负值；全球金融市场持续动荡。预计日本出口和生产在近期保持疲软，未来经济复苏步伐依旧缓慢；CPI 年率或加速向 2% 靠近。为此，日本央行将继续推行负利率质化量化宽松货币政策以实现 2% 通货膨胀目标。

黑田东彦：将寻求合适的收益率曲线以实现 2% 通货膨胀目标。9 月 29 日，日本央行行长黑田东彦表示，将寻求合适的收益率曲线以实现 2% 通货膨胀目标。同时，货币政策新框架加强了日本央行货币政策的弹性和持续性。如有必要，日本央行将调整政策，可能扩大货币投放基础。可用于宽松的工具包括降低短期、长期利率目标，购买更多的风险资产等。黑田东彦表示，日本金融系统稳定性并未出现大问题。

韩国 8 月份出口额指数同比下降 1.4%。9 月 26 日，韩国央行发布数据显示，韩国 8 月份出口额指数同比下降 1.4%，进口额指数同比增长 0.7%。其中，农、林、渔产品出口额同比增长 39.9%，进口额同比增长 3.1；制造业产品出口额同比下降 1.5%，进口额同比增长 6.3%；矿类进口额同比下降 18.1%。

澳大利亚 6 月份工程建设活动产值环比下降 9.9%。9 月 28 日，澳大利亚国家统计局发布数据显示，经季调，澳大利亚 6 月份工程建设活动产值为 212.1 亿澳元，环比下降 9.9%，同比下降 25.9%。其中，私营部门产值为 140 亿澳元，环比下降 14.8%，同比下降 37.4%；公共部门产值为 71.8 亿澳元，环比增长 1.7%，同比增长 15.7%。

新西兰 8 月份货物贸易出口额同比下降 8.7%。9 月 26 日，新西兰国家统计局发布数据显示，新西兰 8 月份货物贸易出口额同比下降 8.7%；贸易逆差 13 亿纽元，占出口额比为 37%。其中，奶粉出口额为 7 年内最低，同比下降 0.9 亿纽元。

5. 非洲

南非央行上调 2016 年经济增长预期至 0.4%。9 月 29 日，南非央行上调 2016 年南经济增长预期至 0.4%。南非央行行长康亚戈表示，南非央行将暂停加息。虽然南非第二季度经济增长有所改善，但受国内投资疲弱与消费不振的影响，未来两年经济预期仍受抑制。目前，南非央行预计 2017 年 GDP 增速为 1.2%，2018 年为 1.6%。

二、国际组织

第 71 届联大一般性辩论闭幕。9 月 26 日，第 71 届联合国大会一般性辩论在纽约联合国总部闭幕。辩论期间，约 140 位国家元首和政府首脑及几十位部长等代表出席并发言，各国代表就落实可持续发展议程、应对难民危机、叙利亚冲突、巴以和平等全球和地区热点以及各自关注的问题阐述了观点。期间还举行了联大解决难民和移民大规模流动问题高级别会议、难民问题领导人峰会以及《巴黎协定》批准书交存仪式等。

金墉连任世界银行行长。9 月 27 日，世界银行发表声明称，世界银行执董会当天一致同意金墉连任世界银行行长，其第二任期将于 2017 年 7 月 1 日开始。声明表示，世界银行执董会认可金墉在世界银行行长第一任期内展现的领导力以及在世界银行管理方面取得的进展。金墉在与世界银行执董会的会谈中表示，未来将着重在三个方面取得进展：一是通过鼓励私人部门投资基础设施以促进经济增长；二是投资人力资本，包括教育、医疗和技能培训以增强国别竞争力；三是应对全球经济下行风险。

亚洲开发银行上调中国经济增长预期。9 月 27 日，亚洲开发银行发布研究报告称，尽管国内外因素对中国经济增长形成下行压力，中国经济 2016 年上半年的表现仍高于预期，加之采取了有效的宏观政策措施，亚洲开发银行将 2016 年中国经济增长预期从 3 月份的 6.5% 上调至 6.6%，2017 年的增长预期则由 6.3% 上调至 6.4%。亚洲开发银行副首席经济学家庄巨忠表示，中国经济有望实现政府设定的 6.5%—7% 的年均增长目标。继续实施结构性改革有助于中国应对多方面的风险，包括出口需求持续疲软、制造业投资减少和资产价格泡沫等。

IMF 发布 2016 年度中国第四条款磋商报告。9 月 26 日，IMF 发布 2016 年度中国第四条款磋商报告，IMF 驻华首席代表席睿德表示，中国经济的结构性改革成绩显著，诸多领域取得进展，在全球主要经济体中表现突出。席睿德指出，根据 IMF 对中国经济的最新监测报告，中国新的五年规划制定了正确的目标，在货币政策、财政政策、城镇化等领域的改革都取得令人瞩目的进展；在削减过剩产能、国有企业改革等方面的举措也令人印象深刻。中国经济短期内不太可能硬着陆，但经济中的风险不容忽视，包括地区表现不一、不同领域改革进展不均衡等问题。IMF 还建议中国参考全球主要经济体做法，逐步停止制定增长目标，采取为经济增长设定区间预测的方式，以便为政策调控提供更大的灵活度，这将有利于保持经济的长期健康发展。

上海合作组织第三次财长和央行行长会议在吉尔吉斯斯坦举行。9 月 29 日，上海合作组织第三次财长和央行行长会议在吉尔吉斯斯坦首都比什凯克举行。财政部副部长史耀斌和人民银行行长助理张晓慧率中国代表团出席会议。会议主要就上合组织成员国经济中期发展和加快经济增长政策、成立上合组织开发银行和发展基金（专门账户）等议题进行了讨论。会议发表了联合公报。

OPEC 宣布达成产量冻结协议。9 月 28 日，OPEC 在阿尔及利亚非正式石油会议上达成限制石油产出协议，将 OPEC 总石油产出目标限制在 3250 万桶/日，较 8 月份石油日产出量减少逾 70 万桶。同时，OPEC 宣布将成立技术委员会来确定各成员国的产量配额，具体结果将在 11 月于维也纳召开的正式会议上公布。OPEC 轮值主席、卡塔尔能源和工业大臣萨达表示，OPEC 还将与其他主要产油国加强沟通协商，以尽快实现原油市场供需平衡。

世界经济论坛发布《2016—2017 年全球竞争力报告》。9 月 28 日，世界经济论坛发布《2016—2017 年全球竞争力报告》，该年度报告对全球 138 个经济体的"全球竞争力指数"进行排名。在 2016 年的排名中，瑞士连续第 8 年位列榜首。第 2—10 位分别是：新加坡、美国、荷兰、德国、瑞典、英国、日本、中国香港、芬兰。中国名列第 28 位，与 2015 年持平，仍是全球最具有经济竞争力的新兴经济体之一。自 1979 年以来，世界经济论坛每年发布全球竞争力报告，竞争力排名基于"全球竞争力指数"，该指数由制度、基础设施、宏观经济环境、商品市场效率等 12 个类别的指标组成。

三、国际大宗商品

本周纽约原油期货累计上涨 7.5%。截至本周四，布伦特原油期货累计上涨 7.5%。周一纽约原油期货上涨 1.45 美元，收于每桶 45.93 美元；周二纽约原油期货下跌 1.26 美元，收于每桶 44.67 美元；周三纽约原油期货上涨 2.38 美元，收于每桶 47.05 美元；周四纽约原油期货上涨 0.78 美元，收于每桶 47.83 美元。

本周纽约黄金期货累计下跌 1.2%。截至本周四，纽约黄金期货累计下跌 1.2%。周一纽约黄金期货上涨 0.2%，收于每盎司 1344.1 美元；周二纽约黄金期货下跌 1%，收于每盎司 1330.4 美元；周三纽约黄金期货下跌 0.5%，收于每盎司 1323.7 美元；周四纽约黄金期货上涨 0.2%，收于每盎司 1326 美元。

四、区域合作

第二十九轮中美投资协定谈判在华盛顿举行。9 月 19 日—23 日，第二十九轮中美投资协定谈判在华盛顿举行。双方围绕落实中美两国元首就推进谈判达成的重要共识，就协定文本遗留问题和负面清单进行了深入磋商。2016 年 9 月 3 日，习近平主席在杭州会见美国总统奥巴马，两国元首确认双边投资协定谈判取得重大成果。谈判旨在达成一项高水平的协定，实现双方创建非歧视、透明、开放的投资体制的共同目标。双方于近期交换的第三次负面清单改进出价体现了重大进展，并在谈判各方面取得了新的成果。中美双方承诺将进一步推进谈判，以达成一项互利共赢、高水平的协定。

第十二轮中欧投资协定谈判在比利时举行。9 月 26 日，第十二轮中欧投资协定谈判在比利时布鲁塞尔举行，本轮谈判为期 5 天。双方将继续围绕文本展开谈判，力争取得尽可能多的进展。2016 年 7 月份第十一届中欧工商峰会期间，中国与欧盟高层一致同意加快双边投资协定谈判进程。

中欧双边本币互换协议将延期 3 年。9 月 27 日，欧洲央行发布信息称，欧洲央行与中国央行签署的货币互换协议将延期 3 年，条款内容不变，同时互换规模维持 3500 亿元人民币或 450 亿欧元不变。中欧双边本币互换协议延期能解决欧洲央行人民币流动性不足问题，有助于维持世界金融市场稳定，促进双边贸易和投资。

五、全球宏观经济形势

WTO 大幅下调 2016 年全球贸易增长预期。9 月 27 日，WTO 宣布将 2016 年全球贸易增长预期由此前预测的 2.8% 下调至 1.7%，并预计 2016 年将成为 2009 年以来全球贸易增速最慢的年份。WTO 同时将 2017 年全球贸易增长预期下调到 1.8%—3.1% 之间。

根据 WTO 最新发布的数据显示，2016 年第一、二季度全球商品贸易总额均低于预期，其中第一季度环比下滑 1.1%，第二季度相较第一季度小幅回升 0.3%。WTO 预计 2016 年下半年全球贸易可能出现反弹，但反弹幅度将非常有限。WTO

认为，未来全球贸易发展将会受到多重不确定因素影响，其中包括发达国家货币政策变化可能带来不确定的全球金融环境，各经济体贸易政策可能出现新的变化以及英国“脱欧”对欧洲贸易格局的潜在影响等。

世贸组织总干事阿泽维多表示，全球贸易正面临增长大幅放缓的严峻考验，而在反全球化情绪日益高涨的背景下，这一考验尤为令人担忧；无论从贸易角度还是从创造就业以及经济增长的角度，都必须确保当前形势不会错误地引导各经济体实施使得目前贸易状况更加恶化的经贸政策。阿泽维多呼吁建立更具包容性的贸易体系，并支持贫困国家以及各经济体中的中小企业和边缘群体等参与其中。

亚洲开发银行：亚洲发展中国家经济增长势头稳定。9 月 27 日，亚洲开发银行发布《2016 年亚洲发展展望》更新版称，得益于中国和印度两大经济体增长态势稳固，亚洲发展中国家经济有望在外部压力下仍保持稳定增长，逐步实现之前预测的 2016 年和 2017 年 5.7% 的增长目标。

亚洲开发银行副首席经济学家庄巨忠表示，“中国和印度经济增长强劲，以及其他一些经济体的经济刺激措施，有助于该地区保持经济增长势头。然而，政策制定者仍需密切注意下行风险，尤其是因美国等发达经济体的货币政策变化引发的潜在资本流动等”。

亚洲开发银行认为，有效的财政和货币政策使中国经济表现高于预期，这有助于抵消东亚其他地区经济疲软的影响，预计在 2016 年和 2017 年东亚地区经济增长率分别达到 5.8% 和 5.6%。在印度经济强劲增长的带动下，南亚区域将保持快速增长，2016 年和 2017 年南亚 GDP 增长预期分别为 6.9% 和 7.3%，与 3 月份的预测一致。在强大的民间消费支持下，2016 财年印度经济增长预期保持在 7.4%。同时，得益于 2016 年通过的重大税制改革和银行资产负债表重组，2017 年印度经济增长有望达到 7.8%。

亚洲开发银行预计，在政府基础设施投资的支撑下，2016 年东南亚经济体增速将达到 4.5%，其中菲律宾和泰国表现强劲。预计 2017 年，该次区域将从发达经济体需求增长和出口商品价格上升中受益。鉴于中亚经济体仍面临原油和天然气价格低迷、外部需求疲软、外汇流入减少的压力，亚洲开发银行将 2016 年中亚区域增长预期由 3 月份的 2.1% 下调至 1.5%，阿塞拜疆、哈萨克斯坦和土库曼斯坦等能源出口国的经济前景并不乐观，预计 2017 年出口需求和大宗商品价格将出现回升，该区域经济增速或将升至 2.6%。亚洲开发银行将 2016 年太平洋地区增长预期由此前的 3.8% 下调至 2.7%，但 2017 年其有望回升至 3.5%。

第 39 周（2016/10/01—2016/10/07）

2016 年 10 月 1—7 日，国际财经要情有：美国 9 月份失业率为 5%；加拿大 7 月份实际 GDP 环比增长 0.5%；日本 8 月份 CPI 环比维持不变；2016 年第四次 G20 财长和央行行长会议在华盛顿举行；人民币正式加入 SDR；第四次中印战略经济对话在印度举行；IMF 发布最新版《全球经济展望》报告。

一、区域观察

1. 北美地区

美国 9 月份失业率为 5%。10 月 7 日，美国劳工统计局发布数据显示，美国 9 月份非农就业增加 15.6 万人，失业率为 5%，劳动参与率为 62.9%，就业率为 59.8%。新增非农就业人口主要来自专业和商业服务业、医疗保健行业。其中，专业和商业服务业就业人口增加 6.7 万人，医疗保健行业就业人口增加 3.3 万人。

美国 8 月份个人收入环比上升 0.2%。9 月 30 日，美国商务部发布数据显示，美国 8 月份个人收入环比上升 0.2%；个人可支配收入环比上升 0.2%；个人消费支出环比上升幅度小于 0.1%，实际个人消费支出环比下降 0.1%。其中，员工薪酬、资产收入和政府福利是个人收入提高的主要原因。

美国 9 月份 ISM 制造业指数为 51.5%。10 月 3 日，美国供应管理协会发布数据显示，美国 9 月份 ISM 制造业指数为 51.5%，环比上升 2.1 个百分点。其中，新订单指数为 55.1%，环比大幅上升 6 个百分点；产出指数为 52.8%，环比上升 3.2 个百分点；就业指数为 49.7%，环比下降 1.4 个百分点；物价指数为 53%，环比持平。

加拿大 7 月份实际 GDP 环比增长 0.5%。9 月 30 日，加拿大国家统计局发布数据显示，加拿大 7 月份实际 GDP 环比增长 0.5%，采矿、采石、石油和天然气开采产出增加是 GDP 增长的主要原因。此外，制造业产出环比增长 0.4%；金融和保险业环比增长 0.9%；运输和仓储业环比增长 1.1%；零售业环比增长 0.3%，建筑业环比下降 0.8%。

2. 拉美地区

巴西 2016 年 GDP 或萎缩 3.14%。10 月 3 日，巴西央行发布报告，维持巴西 2016 年 GDP 增长预期 -3.14% 不变，下调通货膨胀预期至 7.23%。

3. 欧洲

德拉吉：欧元区经济下行风险犹存，将保留货币政策支持。10 月 7 日，欧洲央行行长德拉吉表示，欧元区经济正在温和增长。面对当前的政治不确定性，欧元区经济表现出较强韧性，但下行风险仍存，欧元区正处于加速结构性改革的特殊机遇期。德拉吉称，欧洲央行将保留持续的货币政策支持。如有必要，将会采取一切可利用的工具来实现政策目标。QE 政策将持续到 2017 年 3 月底，在必要时可能延长。欧元区利率将在一段时间内维持当前或更低水平。

德国 9 月份 CPI 初值同比上升 0.7%。9 月 29 日，德国联邦统计局发布数据显示，德国 9 月份 CPI 初值同比上升 0.7%，环比上升 0.1%。其中，能源价格同比下降 3.6%，食品价格同比上升 0.4%，货物价格同比下降 0.1%，服务价格同比上升 1.3%。另外，调和 CPI 环比持平，同比上升 0.5%。

英国 8 月份制造业产出环比增长 0.2%。10 月 7 日，英国国家统计局发布数据显示，经季调，英国 8 月份制造业产出环比增长 0.2%，同比增长 0.5%。其中，运输设备产出环比增长 2.5%，其他类制造与维修业产出同比增长 5.9%。

法国 8 月份制造业产出环比增长 2.2%。10 月 7 日，法国国家统计局发布数据显示，经季调，法国 8 月份制造业产出环比增长 2.2%。其中，机械与设备产出环比增长 7.4%；运输设备产出环比增长 3.2%；采矿与采石、能源、供水与废物管理产出环比增长 1.6%；食品与饮料产出环比增长 0.6%；焦炭与石油精炼产出环比下降 1%。

意大利 9 月份消费者信心指数为 108.7。9 月 28 日，意大利国家统计局发布数据显示，意大利 9 月份消费者信心指数为 108.7，环比下降 0.4 个百分点；商业信心指数为 101，环比增长 1.5 个百分点；制造业信心指数为 101.9，环比增长 0.8 个百分点；建筑业信心指数为 125.3，环比增长 1.8 个百分点。

4. 亚洲

日本 8 月份 CPI 环比维持不变。9 月 30 日，日本国家统计局发布数据显示，日本 8 月份 CPI 为 99.7，环比维持不变，同比下降 0.5%。其中，剔除生鲜食品，CPI 环比维持不变，同比下降 0.5%；剔除食品和能源，CPI 环比增长 0.1%，同比增长 0.2%。

日本8月份失业率为3.1%。9月30日，日本国家统计局发布数据显示，经季调，日本8月份失业率为3.1%，环比增长0.1个百分点。其中，就业人数为6465万人，同比增长1.3%，就业率为58.4%；失业人数为212万人，同比下降5.8%。

印度政府通过10亿美元公路项目。印度政府通过一项总额达10亿美元的公路项目，包括122公里大吉岭沿线公路升级，孟加拉沿线60公里国道拓宽等。该项目预计两年内完工，项目公司为印度国家基础设施发展公司（NHIDC）。项目将印度与孟加拉国、不丹和尼泊尔相连，缓解乘客及货物运输压力，并使区域间贸易额提升60%。该项目50%的资金来自亚洲开发银行。

新西兰8月份贸易逆差12.65亿新元。新西兰国家统计局公布数据显示，新西兰8月份货物贸易逆差12.65亿新元，占出口额的37.35%，大幅高于平均值。具体来看，新西兰8月份货物贸易出口额33.87亿新元，同比减少3.23亿新元，降幅8.71%。其中，乳制品出口同比减少1.35亿新元，降幅22%；肉类出口同比减少1.11亿新元，降幅26%；木材出口同比减少1.02亿新元，降幅34%。新西兰8月份货物贸易进口额46.52亿新元，同比减少1.48亿新元，降幅3.09%。其中，资本商品进口同比减少1.95亿新元，降幅45%；原油进口同比减少1.06亿新元，降幅38%。

澳大利亚8月份营建许可月率下降1.8%。10月4日，澳大利亚统计局公布数据显示，经季调，澳大利亚8月份营建许可月率下降1.8%，低于预期；8月份季调营建许可年率上涨10.1%，高于预期。市场分析人士认为，住宅投资对澳GDP的提振作用将逐步消退，房屋市场将不会阻止澳洲联储于2017年上半年降息。

5. 非洲

埃塞俄比亚或成为东非第一大经济体。国际货币基金组织（IMF）公布数据显示，预计埃塞俄比亚2016年GDP总额692.1亿美元，超过肯尼亚2016年GDP总额预测值691.7亿美元，表明埃塞俄比亚或成为东非第一大经济体。2005年至今，埃塞俄比亚年均GDP增速为10.8%，公共部门投资尤其是基础设施和工业园区建设投资，将继续在中短期内推动埃塞经济持续增长。

二、国际组织

2016年第四次G20财长和央行行长会议在华盛顿举行。10月6日，2016年第四次G20财长和央行行长会议在华盛顿举行。财政部部长楼继伟和中国人民银行行长周小川共同主持会议。此次会议是中国担任G20主席国期间的最后一次财长和央行行长会议，主要讨论了当前全球经济形势以及税收、受益人所有权透明度和反洗钱议题，并听取了2017年G20主席国德国对2017年G20财金渠道议程的介绍。

会议认为，全球经济复苏依然缓慢且不均衡，不确定性和风险有所上升。会议强调将继续加强宏观经济政策协调，切实落实 G20 杭州峰会各项共识，包括使用所有政策工具促进增长，坚定不移推进结构性改革，扩大基础设施投资，推动贸易自由化进程，以实现全球经济强劲、可持续、平衡和包容增长。会议讨论了金融行动特别工作组（FATF）和全球税收透明度和情报交换全球论坛关于加强受益所有权国际透明度标准实施的初步建议，要求 FATF 和全球论坛继续完善建议并推进相关工作，同时欢迎 OECD 等其他国际组织积极参与此项工作并提供支持，以打击逃避税、恐怖融资以及洗钱和腐败行为。

联合国安理会提名下任联合国秘书长人选。10 月 6 日，联合国安理会 15 个成员国一致同意，向联大提名葡萄牙前总理、联合国前难民事务高级专员安东尼奥·古特雷斯担任下任联合国秘书长。自 2017 年 7 月份秘书长遴选工作转至安理会并进入实质性阶段以来，古特雷斯从安理会第一轮意向性投票开始至第六轮投票，一直处于领先地位。按照程序，古特雷斯还需经过联大任命才能正式成为联合国秘书长，联大任命通过后，他将于 2017 年 1 月 1 日正式上任。

世界银行发布《2016 年贫困和共同繁荣》报告。10 月 2 日，世界银行发布《2016 年贫困和共同繁荣》报告称，尽管 2008 年金融危机以来全球经济复苏缓慢，但全球贫困人口仍大幅下降。到 2013 年，全球有 7.67 亿人口生活在极端贫困之中，比 2012 年的极端贫困人口减少了超过一亿；极端贫困人口占世界总人口比重也从 1990 年的 35% 降至 2013 年的 11%。而全球贫困人口下降主要归功于亚太地区贫困人口的大幅下降，尤其是中国、印度尼西亚和印度等国贫困人口的下降。

世界银行维持未来两年中国经济增长预期不变。10 月 4 日，世界银行发布最新一期《东亚和太平洋地区经济展望报告》称，东亚太平洋地区未来三年经济增长前景稳定，但各国需采取措施减少金融和财政脆弱性，促进可持续和包容性增长。报告维持中国 2016 年、2017 年 GDP 增速预期分别为 6.7%、6.5% 不变，将中国 2018 年 GDP 增长率预估由 6.5% 下调为 6.3%。区域内其他国家 2016 年增速预计将保持稳定在 4.8%，2017 年升至 5%，2018 年为 5.1%。

人民币正式加入 SDR。10 月 1 日，IMF 公布 SDR 篮子新权重，人民币权重为 10.92%，美元、欧元、日元、英镑权重分别为 41.73%、30.93%、8.33%、8.09%。IMF 总裁拉加德发表声明称，人民币正式加入 SDR 反映了人民币在国际货币体系中不断上升的地位，有利于建立更强劲的国际货币金融体系。

三、国际大宗商品

本周纽约原油期货累计上涨 3.3%。截至本周五，纽约原油期货累计上涨

3.3%。周一纽约原油期货上涨 0.57 美元，收于每桶 48.81 美元；周二纽约原油期货下跌 0.12 美元，收于每桶 48.69 美元；周三纽约原油期货上涨 1.14 美元，收于每桶 49.83 美元；周四纽约原油期货上涨 0.61 美元，收于每桶 50.44 美元；周五纽约原油期货下跌 0.63 美元，收于每桶 49.81 美元。

本周纽约黄金期货累计下跌 5%。截至本周五，纽约黄金期货累计下跌 5%。周一纽约黄金期货下跌 0.3%，收于每盎司 1312.7 美元；周二纽约黄金期货下跌 3.3%，创 2013 年 12 月份以来最大单日跌幅，收于每盎司 1269.70 美元；周三纽约黄金期货下跌 0.1%，收于每盎司 1268.8 美元；周四纽约黄金期货下跌 1.2%，收于每盎司 1253 美元；周五纽约黄金期货下跌 0.1%，收于每盎司 1251.9 美元。

四、区域合作

中国与格鲁吉亚实质性结束自由贸易协定谈判。10 月 5 日，中国和格鲁吉亚两国政府签署了《关于实质性结束中国—格鲁吉亚自由贸易协定谈判的谅解备忘录》。中格自贸协定谈判于 2015 年 12 月启动，共经过三轮正式谈判和三次非正式磋商，是我国在欧亚地区开展的第一个自贸协定谈判。在协定开放水平方面，中格双方对绝大多数货物贸易产品相互实现了零关税，对众多服务部门相互作出了高质量的市场开放承诺，并完善了贸易规则，明确了加强合作的重点领域。协定范围涵盖货物贸易、服务贸易、知识产权和规则等共 17 个章节，包含了电子商务、竞争和环境等新议题。中格自贸协定谈判实现了内容全面、水平高、利益平衡的目标，协定的签署将巩固和促进中格经贸关系，提高两国人民福祉，对我“一带一路”倡议实施及在该地区自贸区战略布局具有重要意义。

第四次中印战略经济对话在印度举行。10 月 7 日，第四次中印战略经济对话在印度新德里举行。本次对话主题为“发展、创新、合作、共赢”。中印双方就全球经济形势、两国宏观经济形势等重大议题充分交换了意见，就推动双边务实合作开展了深入探讨，回顾总结了第三次对话以来各工作组合作进展情况，达成了一系列会议成果。会议认为，当前世界经济在深度调整中曲折复苏，正处于新旧增长动能转换的关键时期。上一轮科技和产业革命提供的动能面临消退，新一轮增长动能尚在孕育。作为世界第二、第七大经济体，中印双边合作潜力巨大，前景广阔。中印作为两个最大的发展中国家携手合作，互利共赢，将成为地区及至世界经济增长的“双引擎”。双方一致同意在政策协调、基础设施、高技术、节能环保、能源等领域继续加强合作，并更多地向民生领域倾斜，以更好地促进两国经济可持续发展并造福两国人民。

中法经贸混委会第 24 次会议在巴黎举行。10 月 3 日，中法经贸混委会第 24 次会议在法国巴黎举行，中国商务部部长高虎城、法国外交与国际发展部部长艾罗、法国经济和财政部部长米歇尔·萨班主持了会议。双方就落实两国领导人达成的经贸共识和成果，深化务实合作，扩大双向投资，推动地方间、第三方市场、养老及健康合作等议题深入交换意见。

五、全球宏观经济形势

IMF 发布最新版《全球经济展望》报告。10 月 4 日，IMF 发布最新版《全球经济展望》报告称，2016 年和 2017 年全球经济增速预计分别为 3.1% 和 3.4%，与 7 月份的预测值一致。报告认为，发达经济体 2016 年以来经济增速令人失望，抵消了新兴市场和发展中经济体好于预期的表现，因此 IMF 维持全球经济增长预期不变。

报告显示，发达经济体 2016 年增速预期较 7 月份的预测下调 0.2 个百分点至 1.6%，维持 2017 年发达经济体经济增速预期 1.8% 不变。其中，美国 2016 年和 2017 年经济增速预测分别为 1.6% 和 2.2%，较 7 月份的预测分别下调了 0.6 个百分点和 0.3 个百分点；欧元区 2016 年和 2017 年经济增速分别为 1.7% 和 1.5%，较 7 月份预测值均上调了 0.1 个百分点。而日本 2016 年和 2017 年经济增速预测分别为 0.5% 和 0.6%。

新兴市场方面，报告将新兴市场和发展中经济体 2016 年增速上调 0.1 个百分点至 4.2%，高于 2015 年 4% 的增速，这也是新兴市场和发展中经济体 6 年来经济增长首次提速。报告维持中国 2016 年和 2017 年增速预期不变，分别为 6.6% 和 6.2%；印度 2016 年和 2017 年经济增长预期均为 7.6%；巴西有望在 2017 年走出衰退，实现 0.5% 的经济增长；俄罗斯 2016 年预计萎缩 0.8%，2017 年增长 1.1%。

为应对经济增速放缓，IMF 呼吁发达经济体继续维持宽松政策，如扩大资产购买规模，增加政府在教育、科技、基础设施建设领域的开支，并推进结构性改革以提高劳动参与率，降低市场准入门槛。IMF 表示，对发达经济体来说，长期经济增长停滞和贫富差距拉大将加剧反贸易、反移民情绪的升温，进而拖累全球经济增长。

IMF 发布最新版《全球金融稳定报告》。10 月 5 日，IMF 发布最新版《全球金融稳定报告》称，全球经济正步入增长长期乏力、利率持续走低、政治和政策不确定性增加的新时代，这可能会削弱金融机构的稳健性，并加大全球经济和金融发展陷入停滞的风险。

报告认为，全球经济增长持续放缓可能使金融市场长期处于低增长、低通货膨胀、低利率环境，同时收入增长停滞和不平等问题加剧导致一些国家民粹主义和内向型政策抬头、政治凝聚力下降、政策不确定性上升，全球经济和金融发展逐渐陷入停滞的风险增大。

报告指出，负利率等货币政策促进经济增长的有效性已近极限，而低利率环境对银行和其他金融机构的中期副作用正逐渐显现。各国需要通过财政政策和结构性改革措施来提振经济增长，缓解央行日益加重的负担，同时实施宏观审慎政策，以夯实全球金融体系的基础。此外，银行机构也需削减问题贷款规模，理顺资产负债表并调整经营模式，以适应低增长和低利率的新环境。

IMF 发布最新版《财政监测报告》。10 月 5 日，IMF 发布最新版《财政监测报告》称，自 2000 年以来，非金融部门债务规模已经翻倍，到 2015 年年底，全球非金融部门债务累计达 152 万亿美元，其中 2/3 为私人部门债务，1/3 为公共部门债务。这一规模相当于全球 GDP 的 225%，而公共部门债务占全球 GDP 的比例为 85%。

报告称，全球经济增长低迷已和高额债务形成恶性循环，一方面，低增长阻碍了去杠杆过程；另一方面，过高的债务使得经济增长情况更加恶化。不仅发达经济体私人部门债务高企，在宽松货币政策刺激下，一些具有系统重要性的新兴市场经济体非金融企业债务水平也大幅增加。

联合国贸发会议发布最新版《全球投资趋势监测报告》。10 月 6 日，联合国贸发会议发布最新版《全球投资趋势监测报告》称，2016 年全球外国直接投资（FDI）可能较 2015 年下滑 10%—15%，规模降至 1.5 万亿—1.6 万亿美元之间。报告预计 2017 年全球 FDI 将出现反弹，2018 年有望超过 1.8 万亿美元，但仍低于 2008 年金融危机前的峰值。

报告认为，导致 2016 年 FDI 下滑的主要因素包括全球经济疲软、整体需求不振、部分大宗商品出口国经济增长放缓以及部分跨国企业营业收入下跌等。从地区来看，2016 年非洲地区 FDI 流入有望恢复增长，而亚洲发展中国家和拉美地区 FDI 流入预计将减少。2015 年发达经济体 FDI 流入增长迅猛，但 2016 年或无法维持强劲增长势头。报告预计，G20 成员 2016 年 FDI 流入将缩减 5%—10%，APEC 成员 FDI 流入将下滑 15%—20%，但金砖国家 FDI 流入有望增长约 10%。

第 40 周（2016/10/08—2016/10/14）

2016 年 10 月 8—14 日，国际财经要情有：美联储公布 9 月份货币政策会议纪要；欧元区第二季度实际 GDP 环比增长 0.3%；印度央行下调回购利率至 6.25%；第 94 届发展委员会部长级会议在华盛顿举行；联大正式任命古特雷斯为下一任联合国秘书长；中葡论坛第五届部长级会议在澳门举行；第 15 轮 TTIP 谈判在美国举行；OECD 发布 8 月份综合领先指数。

一、区域观察

1. 北美地区

美联储公布 9 月份货币政策会议纪要。10 月 12 日，美国联邦储备委员会公布 9 月份货币政策会议纪要显示，美联储官员普遍认为再次加息的条件有所加强。但就是否尽快加息仍存在分歧，一些官员认为在不久的将来加息是合适的。考虑到劳动力市场仍可能存在改进空间，通货膨胀率也低于美联储 2% 的目标，大部分官员认为目前可以等待通货膨胀和就业朝着美联储的目标进一步改进再启动加息。

美联储副主席称加息可能性增加。10 月 9 日，美联储副主席费舍尔发表讲话称，美国劳动力市场持续改善，劳动参与率逐渐上升，符合预期；2016 年上半年实际 GDP 增速为 1%，过去 4 个季度 GDP 增速为 1.25%，家庭支出是 GDP 增长主要动力；商业投资较为疲软，主要由于石油价格下跌重创能源产业。当前，石油价格下跌和美元升值是通货膨胀低于 2% 预期目标的主因。此外，费舍尔指出，近期经济回暖和劳动力市场持续改善增加了美联储上调联邦基金利率的可能，9 月份维持利率不变并非对经济信心不足。

美国 9 月份 ISM 非制造业指数为 57.1%。10 月 5 日，美国供应管理协会发布数据显示，美国 9 月份 ISM 非制造业指数为 57.1%，环比增长 5.7 个百分点，非制造业部门持续增长且增速加快。数据还显示，美国 9 月份非制造业企业活动指数为 60.3%，环比增长 8.5 个百分点，连续 86 个月增长；新订单指数为 60%，环比增长 8.6 个百分点；就业指数为 57.2%，环比增长 6.5 个百分点；价格指数为 54%，环比增长 2.2 个百分点，连续 6 个月增长。

加拿大 9 月份失业率环比维持不变。10 月 7 日，加拿大国家统计局发布数据显示，加拿大 9 月份失业率为 7.0%，环比维持不变。就业人口增加 6.7 万人，环比增长 0.4%，兼职工作增加是就业人口上升的主要原因。

加拿大央行发布《2016 年秋季商业前景调查报告》。10 月 7 日，加拿大央行发布《2016 年秋季商业前景调查报告》显示，在经历两年困境后，资源相关经济活动将回暖；尽管美国经济预期呈下行趋势，但加拿大出口前景依然良好；投资和就业意向均有所提高，多数服务导向型公司计划增加投资并减少信息技术方面支出规模；产能压力保持不变，劳动力仍然短缺；通货膨胀预期小幅回落，但在央行控制范围内；信贷环境趋于边际宽松。

2. 拉美地区

巴西 9 月份 CPI 同比增长 0.08%。10 月 7 日，巴西国家统计局发布数据显示，巴西 9 月份 CPI 同比增长 0.08%。其中，住房价格指数同比增长 0.63%；服装价格指数同比增长 0.43%；通讯价格指数同比增长 0.18%。

巴西 8 月份公共部门基本赤字 223 亿雷亚尔。9 月 30 日，巴西央行发布数据显示，巴西 8 月份公共部门基本赤字 223 亿雷亚尔，12 个月累计增加 1690 亿雷亚尔，占 GDP 比重为 2.77%。其中，中央与地方政府基本赤字分别为 221 亿和 6.5 亿雷亚尔，国有企业盈余 5.3 亿雷亚尔。

3. 欧洲

欧盟理事会：欧盟将致力于气候变化融资。10 月 11 日，欧盟理事会发布消息称，经济与金融事务理事会在联合国气候变化框架公约下第 22 次气候变化会议之前就气候变化融资达成一致。斯洛伐克财长、经济与金融事务理事会主席彼特·卡兹米尔指出，气候变化无疑是全球性挑战，迅速行动仍是欧盟首要任务，公共气候融资将继续发挥关键作用。欧盟承诺到 2020 年前，将通过多种渠道、工具和资源，每年与其他发达国家一同动员 1000 亿美元用于应对气候变化，直至 2025 年。

欧元区第二季度实际 GDP 环比增长 0.3%。10 月 6 日，欧洲央行发布 9 月份货币政策会议纪要称，全球经济增长持续疲软，欧元区第二季度实际 GDP 环比增长 0.3%，主要由净出口和国内需求拉动；自 2016 年年初以来长期通货膨胀预期保持稳定，金融状况基本保持不变；预计欧元区 2016 年 GDP 增速为 1.7%，2017 年、2018 年为 1.6%。欧洲央行决定分别维持主要再融资操作、边际贷款和存款利率 0，0.25% 和 -0.4% 不变，预计欧洲央行基准利率在未来一段时间仍将维持现状或降至更低水平。

德国 8 月份出口同比增长 9.8%。10 月 10 日，德国联邦统计局发布数据显示，德国 8 月份货物出口额为 965 亿欧元，同比增加 9.8%；货物进口额为 765 亿欧元，同比增加 5.3%。经季调，德国 8 月份出口额环比增加 5.4%，进口额环比增加 3.0%。

德国央行与 IMF 签订新双边贷款协定。10 月 8 日，德国央行发布消息称，鉴于 2012 年德国央行与 IMF 签订的双边贷款协定即将到期，德国央行与 IMF 签订新的双边贷款协议，贷款额度为 415 亿欧元。新双边贷款框架引入了债权人正式投票权，任何贷款需至少 85% 以上的债权人同意。新双边贷款协定将于 2019 年年底到期。

英国 8 月份制造业产出环比增长 0.2%。10 月 7 日，英国国家统计局发布数据显示，经季调，英国 8 月份制造业产出环比增长 0.2%，同比增长 0.5%。其中，运输设备产出环比增长 2.5%，其他制造与维修行业产出同比增长 5.9%。

法国央行发布 9 月份商业调查报告。10 月 10 日，法国央行发布 9 月份商业调查称报告显示，法国 9 月份工业产出略有增长，增长主要来自化工业和制药业，但汽车行业产出下降，制造业商业景气指数为 98，环比持平；服务业情况改善，主要表现在 IT 行业和临时工作部门，住宿和食品业保持稳定，服务业商业景气指数为 97，环比增长 1 个百分点；建筑业保持稳定，订单量持续增加，建筑业商业景气指数为 98，环比持平。报告预测，法国 10 月份工业产出将继续增加，服务业将继续改善，建筑业将回暖，预计第三季度 GDP 增长 0.3%。

意大利 8 月份工业产出环比增长 1.7%。10 月 10 日，意大利国家统计局发布数据显示，经季调，意大利 8 月份工业产出环比增长 1.7%；经工作日调整，8 月份工业产出同比增长 4.1%。

俄罗斯央行称通货膨胀率下行符合预期。10 月 10 日，俄罗斯央行发布消息称，俄罗斯 9 月份通货膨胀率继续下行，虽然部分非食品类商品惯性通货膨胀预期和贸易利润回升阻碍通货膨胀下滑，但是央行当前适度从紧货币政策有望进一步缓解通货膨胀压力。俄罗斯第三季度经济活动较第二季度增强；尽管部分行业持续低迷，经济仍有缓慢增长迹象，第三、第四季度 GDP 有望实现增长。

4. 亚洲

日本 8 月份经常账户盈余 20008 亿日元。10 月 11 日，日本财务省发布数据显示，日本 8 月份经常账户盈余 20008 亿日元，同比增长 23.1%。其中，货物与服务贸易账户盈余 5363 亿日元，环比增长 111%；初次收入账户盈余 16505 亿日元，环比增长 19.8%；二次收入账户赤字 2110 亿日元，环比增长 14.4%。

日本 8 月份领先指数环比增长 1.2 个百分点。10 月 7 日，日本内阁府发布数据显示，日本 8 月份领先指数初值为 101.2，环比增长 1.2 个百分点；同步指数初值为 112，环比下降 0.1 个百分点；滞后指数初值为 113.4，环比增长 0.3 个百分点。

韩国央行维持利率 1.25%不变。10 月 13 日，韩国央行宣布，维持利率 1.25%不变，为连续第 4 个月保持利率水平不变。韩国央行还表示，对家庭债务不断上升持谨慎态度。

韩国 9 月份失业率为 3.6%。10 月 12 日，韩国国家统计局发布数据显示，经季调，韩国 9 月份失业率为 3.6%，同比增长 0.4 个百分点；失业人数为 98.6 万人，同比增长 13.9%。就业率为 61%，同比增长 0.1 个百分点；就业人数为 2653.1 万人，同比增长 1%。数据还显示，9 月份劳动参与率为 63.3%，同比增长 0.4 个百分点；经济活动人数为 2751.6 万人，同比增长 1.4%。

印度央行下调回购利率至 6.25%。10 月 4 日，印度央行发布货币政策声明称，2016 年至今全球经济增速放缓超过预期；投资与贸易不足抑制总需求，印度进口加速萎缩；食品价格大幅上升带动零售通货膨胀率升高。预计印度经济增长势头有望加快，农业与城市需求将稳定增长，播种与供应管理方式改良将改善食品通货膨胀预期。印度央行决定下调回购利率 25 个基点至 6.25%。

澳大利亚 NAB 商业条件指数为 8。10 月 11 日，澳大利亚国民银行发布数据显示，澳大利亚 9 月份 NAB 商业条件指数为 8，环比上升 1 个百分点；9 月份商业信心指数为 6，环比维持不变。澳大利亚商业状况略微改善，尽管上升趋势有所回落，但贸易条件与盈利能力保持强劲。此外，就业指数明显下降。

5. 非洲

南非财政部试图削减政府开支的措施收效不一。南非财长戈尔丹表示，财政部试图削减政府开支的措施收效不一。三年前，为降低政府开支，南非财政部采取了强制性的降成本措施，试图降低政府在咨询、差旅、生活娱乐方面的开支。总体而言，2015/2016 年度政府支出较 2014/2015 年度有所减少，由 495 亿兰特下降至 352 兰特，但较 2013/2014 年度的 250 亿兰特有所增加。与 2015 年度相比，政府在咨询方面费用有所减少，在差旅、生活和娱乐方面开支有所增加。

二、国际组织

第 94 届发展委员会部长级会议在华盛顿举行。10 月 8 日，第 94 届发展委员会部长级会议在华盛顿举行，财政部部长楼继伟出席会议并发言。

会议提出，当前全球经济增长仍然缓慢，世界银行集团和 IMF 应与各国共同努力，增强财政、货币和结构性改革政策的协同性，刺激经济增长，创造就业，促进所有人从多边合作中受益。会议欢迎 2030 年世界银行集团愿景、全球基础设施互联互通联盟、全球危机应对平台，以及新批准的环境与社会框架，承诺继续坚持 2015 年年会达成的落实股权审议的路线图。会议支持国际开发协会第 18 期增资实现强劲增长，欢迎其创新融资和政策方向，包括国际开发协会在 AAA 信用评级基础上在国际资本市场融资。

楼继伟部长表示，当前世界经济延续温和复苏态势，但也面临增长动力不足、贸易投资低迷等挑战。这充分说明，世界经济面临的已不仅仅是短期的周期性问题，还是长期的结构性问题，这将导致世界经济持续处于低增长轨道。面向未来 15 年，建立一个更好、更大的世界银行集团，对于实现“消除极端贫困和促进共享繁荣”的双目标，推进联合国 2030 年可持续发展议程具有重要意义。楼部长指出，世界银行集团应努力提高自身的机构能力并创造性地加强与发展中国家的合作，通过增资增强资金实力，提高贷款能力；通过支持南南合作、三方及多方合作和区域经济合作，撬动包括私营部门在内的更多发展资源支持发展中国家的经济发展。世界银行集团应帮助成员国解决制约经济发展的突出问题，着力推进结构性改革，促进经济多元化，加快产业升级，提高对客户需求的响应能力。楼继伟强调，世界银行集团下属的国际复兴开发银行股权分配规则的制定，应按照伊斯坦布尔原则、利马原则和 2030 年可持续发展议程的有关要求来进行，以切实提升发展中国家整体股权和投票权，增强发展中国家的发言权和代表性，客观地反映世界经济格局的变化，着力提高治理结构的合法性和有效性。

联大正式任命古特雷斯为下一任联合国秘书长。10 月 13 日，联合国大会举行全体大会任命新一届联合国秘书长。大会通过一致决议，正式任命安东尼奥·古特雷斯为新一届联合国秘书长，任期从 2017 年 1 月 1 日至 2021 年 12 月 31 日。此前，联合国安理会通过了关于任命联合国秘书长的决议。决议建议联合国大会任命葡萄牙前总理、前联合国难民事务高级专员安东尼奥·古特雷斯先生为联合国秘书长。

世界银行行长金墉：新任期内将通过三大途径实现两大目标。世界银行行长金墉发表讲话称，展望下一任期，世界银行将通过三大途径实现消除贫困和共享繁荣的两大目标：一是加快包容和可持续的经济增长；二是更有效地“投资于人”；三是增强抵御全球性冲击和威胁的能力。而两大目标则是金墉在上一任期内提出的，2030 年基本消除极端贫困和提高发展中国家 40% 底层人口的收入以促进共享繁荣。

上合组织成员国经贸部长第 15 次会议在吉尔吉斯斯坦举行。10 月 12 日，上海合作组织成员国经贸部长第 15 次会议在吉尔吉斯斯坦首都比什凯克举行。各方深入讨论了区域经济合作现状和前景，指出扩员将为本组织未来发展带来新的机遇。会议通过了今后 5 年上合组织区域经济合作的指导性文件《2017—2021 年上合组织进一步推动项目合作的措施清单》，并决定提交即将举行的上合组织总理会议批准。会议还通过了《上合组织成员国贸易便利化专业工作组章程》，下一步将统筹研究上合组织贸易投资便利化领域的措施。中方提出提升贸易投资便利化水平和探讨制度化安排、加强上合组织电子商务企业交流、开展产能和物流合作、加强融资合作等建议得到各方积极响应。

三、国际大宗商品

本周纽约原油期货累计上涨 1.3%。截至本周四，纽约原油期货累计上涨 1.3%。周一纽约原油期货上涨 1.35 美元，收于每桶 51.35 美元；周二纽约原油期货下跌 0.56 美元，收于每桶 50.79 美元；周三纽约原油期货下跌 0.61 美元，收于每桶 50.18 美元；周四纽约原油期货上涨 0.26 美元，收于每桶 50.44 美元。

本周纽约黄金期货累计上涨 0.5%。截至本周四，纽约黄金期货累计上涨 0.5%。周一纽约黄金期货上涨 0.7%，收于每盎司 1260.4 美元；周二纽约黄金期货下跌 0.4%，收于每盎司 1255.9 美元；周三纽约黄金期货下跌 0.2%，收于每盎司 1253.8 美元；周四纽约黄金期货上涨 0.3%，收于每盎司 1257.6 美元。

四、区域合作

中葡论坛第五届部长级会议在澳门举行。10 月 11 日，中国—葡语国家经贸合作论坛第五届部长级会议在澳门举行，国务院总理李克强出席会议开幕式并发表主旨演讲。来自葡萄牙、佛得角、几内亚比绍、莫桑比克等国总理及巴西、安哥拉、东帝汶等国政府代表出席本次会议。各方会议围绕李克强总理和与会葡语国家领导人的讲话，就中国和葡语国家经贸合作重点议题坦诚交换了意见，达成了多项重要共识，签署了《经贸合作行动纲领（2017—2019）》和《中葡论坛关于推进产能合作的谅解备忘录》。各方充分肯定了论坛取得的积极成果和澳门作为中国和葡语国家商贸合作服务平台的作用，并一致认为，本届会议系列成果将有利于提升中国和葡语国家经贸合作水平，促进共同发展与繁荣。各方表示，愿意发挥本国在中葡论坛框架下的作用，积极推动各项会议成果的落实，不断提升澳门的平台作用，继续深化多双边经贸关系融合。

第 15 轮 TTIP 谈判在美国举行。第 15 轮 TTIP 谈判在美国举行，本轮谈判双方主要讨论了监管领域和监管一致性，技术贸易壁垒，制药、汽车和医疗器械等行业的监管合作等，取得了一些进展。但政府采购、农产品和服务业市场准入、数据跨境流动等敏感议题仍然被搁置。双方未提及 2016 年年内完成 TTIP 谈判的目标。美国首席谈判代表马拉尼表示，尽管最近有一些质疑 TTIP 谈判的声音，美国政府仍将全力投入谈判，一如既往地推动谈判取得成功。欧盟首席谈判代表贝尔塞罗表示，双方工作层将向领导人汇报本轮谈判的进展，而后决定下一步举措。

欧盟国家领导人和贸易部长将于 11 月份讨论 TTIP 谈判进展和其他贸易问题。

第八次中日韩国央行行长会议在日本举行。10 月 11 日，第八次中日韩央行行长会议在日本东京举行。日本银行行长黑田东彦主持会议，中国人民银行行长周小川和韩国银行行长李柱烈出席会议。会上，各方就三国近期经济金融形势等议题交换了意见。会议决定第九次中日韩央行行长会议将由韩国银行于 2017 年主办。

中俄经贸合作分委会举行第 19 次会议。10 月 10 日，中俄经贸合作分委会第 19 次会议举行，双方就落实两国领导人达成的经贸共识和成果，深化双边贸易和投资合作、推进边境和地方间合作、森林资源开发利用合作、第四届中俄博览会、加强多边领域合作等议题深入交换意见，达成多项共识，为 11 月中俄总理第 21 次定期会晤和会晤委员会第 20 次会议做好经贸准备。

欧盟与南部非洲国家经济合作伙伴关系协定生效。10 月 10 日，欧委会发布消息称，随着欧盟与南部非洲国家经济合作伙伴关系协定（EPA）生效，欧盟与博茨瓦纳、莱索托、纳米比亚、南非和斯威士兰双边关系进入新阶段；莫桑比克将于批准过程完成后加入。该协定将适用于双边贸易，考虑到各国发展水平不同，免除南部非洲国家进入欧洲市场的税务与配额。南部非洲国家市场仅部分对欧盟开放，随时间推移将逐步为南部非洲国家工业提供中间产品；协定也为南部非洲国家新兴、薄弱行业和食品安全提供保护措施，提高生产者对不同国家原料组装生产的灵活性，规避失去欧盟市场准入的风险。

五、全球宏观经济形势

OECD 发布 8 月份综合领先指数。10 月 10 日，OECD 发布数据显示，8 月份 OECD 国家综合领先指数（CLIs）保持稳定增长势头。

具体数据显示，8 月 OECD 成员国领先指数继续企稳于 99.7，连续 5 个月保持不变。美国、日本、加拿大和欧元区均保持稳定增长势头；英国领先指数从 7 月份的 99.3 小幅升至 99.5，与其经济低速增长的短期预期相符；主要新兴经济体中，中国的领先指数维持在 98.9，印度、俄罗斯和巴西则重拾增长势头，领先指数分别由 7 月的 100.6、99.8 和 100.3 升至 100.8、100 和 100.7。

联合国拉加经委会下调区域经济增长预期。10 月 13 日，联合国拉丁美洲/加勒比海经济委员会（ECLAC）发布最新报告称，预计拉美和加勒比地区经济 2016 年将萎缩 0.9%，小幅高于 7 月份萎缩 0.8% 的预测。2017 年预计实现 1.5% 的经济增长，主要受益于原材料价格有望从目前的低位反弹，且 2017 年全球经济环境可能好于 2016 年。从国别来看，2016 年阿根廷、巴西和委内瑞拉预计分别萎缩 1.8%、3.4% 和 8.0%。墨西哥和秘鲁预计分别增长 2.1% 和 3.9%。

第41周（2016/10/15—2016/10/21）

2016年10月15—21日，国际财经要情有：美国9月份CPI环比上升0.3%；欧盟和欧元区9月份通货膨胀年率均为0.4%；澳大利亚央行维持现金利率1.5%不变；南非2017年GDP或增长0.8%；金砖国家领导人第八次会晤在印度果阿举行；第23届APEC财长会在秘鲁利马举行；金砖国家领导人同“环孟加拉湾多领域经济技术合作倡议”成员国领导人对话会在印度举行；第六次中欧经贸高层对话在布鲁塞尔举行；德拉吉：欧元区经济正温和回升。

一、区域观察

1. 北美地区

美国9月份CPI环比上升0.3%。10月18日，美国劳工统计局发布数据显示，经季调，美国9月份CPI环比上升0.3%，住房和汽油价格增长是CPI上升的主要原因。其中，汽油价格环比上升5.8%，住房价格环比上升0.4%，能源价格环比上升2.9%，食品价格环比持平。剔除能源和食品，核心CPI环比上升0.1%。9月份CPI同比上升1.5%，核心CPI同比上升2.2%。

波士顿联储：当前美国经济复苏形势难以捉摸。10月14日，波士顿联储主席罗森格伦在联储经济会议上发表讲话称，当前美国经济复苏不同寻常，主要表现在实际GDP增长放缓，失业率下降幅度超过预期，通货膨胀持续低于美联储2%的目标。罗森格伦认为，这一轮经济复苏远弱于1991年和2001年的两次经济复苏；失业率和劳动参与率同时下降；储蓄率上升对消费模式和整体经济都有广泛影响；联邦基金利率远低于前两次复苏时的水平，且持续为负。罗森格伦对本次复苏表现出来的多数差异持悲观态度，并认为政策制定者应该对货币政策多加考虑。

美国8月份国际资本净流入738亿美元。10月18日，美国财政部发布数据显示，美国8月份国际资本净流入738亿美元。其中，海外私人资本净流入1130亿美元，海外官方资本净流出 393 亿美元。8 月份海外居民增持美国长期债券 304 亿美元。其中，海外私人投资者净买入 689 亿美元，国外官方机构净卖出 385 亿美元。数据还显示，8 月份美国居民减持海外长期债券 180 亿美元；海外居民增持美国国债 71 亿美元。

加拿大 8 月份新屋价格指数环比上升 0.2%。10 月 13 日，加拿大国家统计局发布数据显示，加拿大 8 月份新屋价格指数环比上升 0.2%，同比上升 2.7%，多伦多和奥沙瓦地区房价上升是指数上升的主要原因。

2. 拉美地区

巴西发布 2015 年农业生产数据。巴西地理统计局发布 2015 年农业生产数据显示，巴西 2015 年大豆和玉米丰收，产量实现创纪录的 9750 万吨和 8530 万吨。受此影响，农业总产量同比增长 12.3%；总产值达 2655 雷亚尔，同比增长 5.6%。产值排在前三位的农作物为大豆、甘蔗和玉米，分别实现产值 904 亿雷亚尔、437 亿雷亚尔和 298 亿雷亚尔。

3. 欧洲

欧盟和欧元区 9 月份通货膨胀年率均为 0.4%。10 月 17 日，欧盟统计局发布数据显示，欧盟 9 月份通货膨胀年率为 0.4%；欧元区 9 月份通货膨胀年率为 0.4%，核心通货膨胀年率为 0.8%。其中，食品、酒类与烟草价格同比增长 0.7%，能源价格同比下降 3%，非能源工业产品价格同比增长 0.3%，服务价格同比增长 1.1%。

欧盟 8 月份贸易账户赤字 20 亿欧元。10 月 14 日，欧盟统计局发布数据显示，经季调，欧盟 8 月份贸易账户赤字 20 亿欧元，较 7 月份扩大 20 亿欧元。其中，8 月份出口额为 1424 亿欧元，环比增长 1.3%；进口额为 1444 亿欧元，环比增长 2.7%。欧元区 8 月份贸易账户盈余 233 亿欧元，环比增加 25 亿欧元。其中，8 月份出口额为 1701 亿欧元，环比增长 2.3%；进口额为 1468 亿欧元，环比增长 0.9%。

德国 9 月份 CPI 同比上升 0.7%。10 月 13 日，德国联邦统计局发布数据显示，德国 9 月份 CPI 同比上升 0.7%，环比上升 0.1%，为 2015 年 5 月份以来最高水平。其中，能源价格同比下降 3.6%，环比上升 0.7%；食品价格同比上升 0.4%，环比上升 0.1%；货物价格同比下降 0.1%，环比上升 0.8%；服务价格同比上升 1.3%，环比下降 0.6%。剔除能源价格，9 月份通货膨胀率同比上升 1.2%。此外，调和 CPI 同比上升 0.5%，环比持平，为 2016 年以来最高水平。

英国 9 月份 CPI 同比上升 1.0%。10 月 18 日，英国国家统计局发布数据显示，英国 9 月份 CPI 环比上升 0.2%，同比上升 1.0%，为 2014 年 11 月份以来最高水平。服装、酒店住宿和汽车燃料价格增长是 CPI 上升的主要原因。

意大利 8 月份贸易账户盈余 25.19 亿欧元。10 月 17 日，意大利国家统计局发布数据显示，经季调，意大利 8 月份贸易账户盈余 25.19 亿欧元。其中，出口额为 270.95 亿欧元，环比上升 2.6%；进口额为 245.75 亿欧元，环比上升 4.4%。

俄罗斯 2016 年预算赤字占 GDP 比重或超 3.7%。俄罗斯财政部长西卢阿诺夫称，如果俄财政部不使用已经被统计到 2016 年收入当中的总额为 2000 亿卢布（约合 32 亿美元）的 2015 年预算节转余额，俄预算赤字占 GDP 的比重或超 3.7%。

4. 亚洲

日本 8 月份工业产出环比增长 1.3%。10 月 17 日，日本经济产业省发布数据显示，经季调，日本 8 月份工业产出环比增长 1.3%，同比增长 4.5%。数据还显示，日本 8 月份出货环比下降 1.1%，同比增长 1.6%；库存环比增长 0.3%，同比下降 1.6%。

韩国 9 月份出口价格指数环比增长 0.7%。10 月 14 日，韩国央行发布数据显示，韩国 9 月份出口价格指数环比增长 0.7%，同比下降 8.3%。

印度 9 月份 CPI 环比下降 0.23%。10 月 13 日，印度国家统计局发布数据显示，印度 9 月份 CPI 为 130.8，环比下降 0.23%，同比增长 4.31%。其中，食品与饮料价格指数同比增长 4.12%；烟草与酒类价格指数同比增长 6.82%；服装与鞋类价格指数同比增长 5.19%；住房价格指数同比增长 5.18%。

澳大利亚央行维持现金利率 1.5%不变。10 月 18 日，澳大利亚央行发布货币政策会议纪要称，澳大利亚央行维持现金利率 1.5% 不变。澳大利亚主要贸易伙伴第三季度经济增长略高于预期；主要发达经济体产出增长足以支持劳动力市场状况进一步改善，转而带动消费增长，但投资依然低迷。受资源出口增长影响，澳大利亚第二季度 GDP 增长高于 2015 年预期和潜在增长率，预计第三季度产出继续温和增长；第二季度家庭消费温和增长，未来消费增长主要依赖于家庭收入增长；失业率环比、同比均有下降。

澳大利亚央行：灵活中期通货膨胀目标仍是合理框架。10 月 18 日，澳大利亚央行主席洛威发表讲话称，灵活中期通货膨胀目标表现良好，仍是澳大利亚经济合理指导框架。世界各地名义利率长期处于低水平，多数央行采取扩大资产负债表措施，但大多数发达经济体通货膨胀率仍低于目标。全球低通货膨胀成因主要由全球经济低迷、大宗商品价格下降以及劳资定价权转移三方面组成；央行核心目标是使通货膨胀率平均水平保持在 2%—3% 之间，灵活中期目标要求密切关注劳动力市场和资产负债表。

新西兰第三季度 CPI 环比增长 0.2%。10 月 18 日，新西兰国家统计局发布数据显示，新西兰第三季度 CPI 环比增长 0.2%，同比增长 0.2%；剔除汽油，CPI

同比增长 0.8%。其中，受新建房屋价格上升影响，住房及水电燃气价格环比增长 1.1%，同比增长 3.2%；运输价格环比下降 3%，同比下降 6.7%。

5. 非洲

南非 2017 年 GDP 或增长 0.8%。国际货币基金组织（IMF）公布对南非经济增长预测，维持南非 2016 年经济增长预期不变，表明 IMF 仍不认为南非采取了足够措施促进经济增长，政策不确定性和政治风险仍是拖累南非经济的主要原因。由于南非失业率高企，经济存在不确定性，旱灾和大宗商品价格低迷的影响持续等，IMF 下调南非 2017 年 GDP 增长预期至 0.8%。

二、国际组织

金砖国家领导人第八次会晤在印度果阿举行。10 月 16 日，金砖国家领导人第八次会晤在印度果阿举行。中国国家主席习近平、印度总理莫迪、南非总统祖马、巴西总统特梅尔、俄罗斯总统普京出席。五国领导人围绕“打造有效、包容、共同的解决方案”主题，就金砖国家合作及其他共同关心的国际和地区问题深入交换看法，达成广泛共识。习近平发表重要讲话，积极评价金砖国家合作 10 年发展取得的丰硕成果，就金砖国家共同应对国际大环境带来的挑战提出倡议，强调中方愿同各方一道，携手规划金砖国家发展新蓝图，相信金砖国家合作会有力促进世界和平、稳定、繁荣。会晤结束后，五国领导人共同见证《关于建立金砖国家农业研究平台的谅解备忘录》等合作文件的签署，并出席联合记者会。会议发表了《果阿宣言》。

在此前举行的小范围会议上，习近平宣布中国将于 2017 年接任金砖国家轮值主席国，并于 2017 年 9 月份在福建省厦门市举办金砖国家领导人第九次会晤。习近平强调，中方期待着同各方一道，共同落实好历届会晤共识，共同深化伙伴关系，谱写金砖国家合作新篇章。

第 23 届 APEC 财长会在秘鲁利马举行。10 月 14 日—15 日，第 23 届亚太经济合作组织（APEC）财长会在秘鲁利马举行。会议重点讨论了全球和区域经济金融形势、落实《宿务行动计划》、优化财长会机制、基础设施融资与发展、PPP 知识网站建设、普惠金融以及落实税基侵蚀和利润转移（BEPS）等议题。会议发表了联合声明。财政部部长助理戴柏华率团出席了会议。

会议认为，亚太地区作为全球增长的主要动力引擎，面临诸多复杂挑战。APEC 各经济体应各自或共同使用所有可用的政策工具，包括货币、财政及结构性政策，促进本地区经济强劲、可持续、平衡和包容增长。各成员重申将在确保财政可持续性的同时，继续灵活实施财政政策；避免竞争性贬值；反对所有形式的贸易保护主义。各方承诺将进一步推进结构性改革，释放新的潜在增长动能。各方同意进一步加强区域基础设施发展与合作，支持政府和社会资本合作（PPP）发展，并建设 PPP 知识网站；支持采取措施扩展普惠金融，并提高金融知识能力；鼓励各成员采纳国际认可的税收透明度标准及有关工具，应对亚太地区的避税及逃税问题。此外，会议还通过了《优化财长会机制战略》《落实〈宿务行动计划〉战略》以及《APEC 成员与全球基础设施中心合作行动计划》。

戴柏华在发言中表示，全球经济复苏进程持续，但依然缓慢且不均衡。亚太地区经济增速虽有所放缓，但仍是全球最具活力和发展潜力的区域之一。下一步，亚太经济体一方面要通过实施结构性改革，提高经济潜在增长率，促进包容性增长和可持续发展；另一方面，要推进亚太地区包括交通、通信、金融、人员交往等全面互联互通，创造良好的投资环境，解决经济发展面临的基础设施等瓶颈，为本地区经济发展提供充足动力。此外，戴柏华还介绍了中国作为 G20 主席国在结构性改革、基础设施融资和国际税收合作等方面取得的丰硕成果。

新开发银行 2017 年贷款规模将扩大至 25 亿美元。新开发银行（NDB）行长卡马特表示，2017 年新开发银行贷款规模将扩大至 25 亿美元。卡马特指出，每年全球基础设施领域投资总需求约为 1 万亿—1.5 万亿美元，而多边开发银行投资总和只能满足 15% 左右的总需求，新开发银行与亚投行等新的多边开发银行仍有充足的发展空间。在未来三年里，新开发银行员工数量将增至 300 人，并将继续保持高效运营。

亚洲开发银行等 8 个多边开发机构将合作推进《新城市议程》。10 月 19 日，包括亚洲开发银行在内的 8 个多边开发银行发表联合宣言，将合作推进联合国人居署近日推出的《新城市议程》。亚洲开发银行、非洲开发银行、拉丁美洲开发银行、欧洲复兴开发银行、欧洲投资银行、美洲开发银行、伊斯兰开发银行和世界银行共同表示，将努力打造为推动城市发展的典型项目，通过直接融资、动员项目所在国国内资源以及拓展其他资源等方式支持《新城市议程》的实施。亚洲开发银行表示，交通系统超负荷、水污染和气候变化将成为未来 15 年亚太地区城市发展面临的三大挑战。

金砖国家第六次经贸部长会议在印度举行。10 月 13 日，金砖国家第六次经贸部长会议在印度新德里举行，印度、巴西、俄罗斯、中国、南非经贸部长或代表出席。会议重点讨论了全球经济形势及其对金砖国家贸易投资影响、金砖国家多边立场协调、经贸领域务实合作等议题，通过了经贸部长会议联合公报，并就服务贸易、知识产权、单一窗口、中小企业、贸易促进、标准化等达成了一系列重要成果，为 10 月 15 日—16 日在果阿举行的金砖国家领导人第八次会晤在经贸方面做好准备。

第三届联合国住房和城市可持续发展大会在厄瓜多尔举行。10 月 17 日，第三届联合国住房和城市可持续发展大会在厄瓜多尔首都基多开幕。来自世界多个国家的首脑、140 多个国家的政府高层代表团以及各界代表共 4.5 万人出席会议。联合国曾于 1976 年和 1996 年分别在加拿大温哥华和土耳其伊斯坦布尔举行了第一次和第二次人居会议，分别就全球面临的城市和住房挑战以及城市可持续发展政策进行了讨论。在本次会议上，各方讨论并通过了指引未来 20 年城市可持续发展的《新城市议程》。

联合国粮农组织呼吁发展可持续农业应对气候变化。10 月 14 日是第 36 个世界粮食，2016 年的世界粮食日以“气候在变化，粮食和农业也在变化”为主题。联合国粮农组织呼吁全球共同努力，通过发展可持续农业应对全球性气候变化、饥饿和贫困，实现国际社会制定的可持续发展目标。

三、国际大宗商品

本周纽约原油期货累计上涨 0.2%。截至本周四，纽约原油期货累计上涨 0.2%。周一纽约原油期货下跌 0.41 美元，收于每桶 49.94 美元；周二纽约原油期货上涨 0.35 美元，收于每桶 50.29 美元；周三纽约原油期货上涨 1.31 美元，收于每桶 51.6 美元；周四纽约原油期货下跌 1.17 美元，收于每桶 50.43 美元。

本周纽约黄金期货累计上涨 1%。截至本周四，纽约黄金期货累计上涨 1%。周一纽约黄金期货上涨 0.1%，收于每盎司 1256.6 美元；周二纽约黄金期货上涨 0.5%，收于每盎司 1262.9 美元；周三纽约黄金期货上涨 0.6%，收于每盎司 1269.9 美元；周四纽约黄金期货下跌 0.2%，收于每盎司 1267.5 美元。

四、区域合作

金砖国家领导人同“环孟加拉湾多领域经济技术合作倡议”成员国领导人对话会在印度举行。10 月 16 日，金砖国家领导人同“环孟加拉湾多领域经济技术合作倡议”成员国领导人对话会在印度果阿举行。国家主席习近平同印度总理莫迪、南非总统祖马、巴西总统特梅尔、俄罗斯总统普京以及斯里兰卡总统西里塞纳、孟加拉国总理哈西娜、不丹首相托杰、尼泊尔总理普拉昌达、缅甸国务资政昂山素季、泰国政府代表等共同出席。与会领导人围绕“金砖国家同‘环孟加拉湾多领域经济技术合作倡议’成员国：充满机遇的伙伴关系”这一主题进行讨论，共商新兴市场国家和发展中国家发展合作。

习近平在讲话中强调，金砖国家和“环孟加拉湾多领域经济技术合作倡议”成员国同属发展中国家大家庭，在维护世界和平、守卫地区安全方面有着共同愿望，在发展本国经济、改善民生福祉方面有着共同需求。“环孟加拉湾多领域经济技术合作倡议”成员国都是中国的好朋友、好邻居、好伙伴，长期同中国保持友好关系和密切合作。中国人民和孟加拉湾沿岸各国人民的友好情谊历久弥坚。其他与会领导人表示，金砖国家同“环孟加拉湾多领域经济技术合作倡议”成员国经济互补性强，具有巨大合作潜力。金砖国家在谋求创新发展、消除贫困等方面取得重要进展。双方要加强在互联互通、贸易投资、海洋经济、人文交流等领域合作，形成发展合力。要加强交流，借鉴有益经验，密切在国际事务中的合作，完善全球经济治理体系，携手应对挑战，实现共同发展。

第六次中欧经贸高层对话在布鲁塞尔举行。10 月 18 日，第六次中欧经贸高层对话在布鲁塞尔举行，国务院副总理马凯与欧盟委员会副主席卡泰宁共同主持本次对话。马凯表示，通过本次对话，双方在推动互联互通平台建设、“一带一路”倡议与欧洲发展战略对接、中欧地理标志协定谈判、中欧投资协定谈判等方面取得了新进展，在宏观政策协调、中国入世议定书第十五条、数字经济、循环经济、金融监管等领域达成了重要共识。对话推动落实第十八次中欧领导人会晤和 G20 领导人杭州峰会达成有关经济合作的共识，也为下阶段中欧经贸合作规划了路线图。欧方强调高度重视欧中经贸高层对话机制，表示愿与中方加强宏观经济政策协调，共同推动贸易投资自由化和便利化，继续推进互联互通等平台建设。欧盟承诺履行《中国加入世贸组织议定书》第十五条所承担的国际义务。

中俄总理定期会晤委员会金融合作分委会第十七次会议在北京举行。10 月 18 日，中俄总理定期会晤委员会金融合作分委会第十七次会议在中国北京举行，会议讨论了进一步推动双边本币结算、深化银行间合作，以及在支付系统、保险和金融市场领域开展合作等议题，并约定分委会第十八次会议于 2017 年在俄罗斯举行。

五、全球宏观经济形势

德拉吉：欧元区经济正温和回升。欧洲央行行长德拉吉发表讲话称，欧元区经济正以稳定速度温和回升，第二季度实际 GDP 环比增长 0.3%，第一季度为 0.5%。欧元区经济能够抵御欧洲和全球政治与经济的不确定性，受英国公投影响较小。欧洲央行预测，2016 年和未来两年将处于略低于 1.75% 的水平。这主要受外部需求下降、内外部不确定性上升以及结构性改革进展缓慢的影响，而当前正在进行的一系列结构性改革将支持投资反弹并促进经济增长。此外，原油价格走低及得益于结构性改革的就业形势好转将继续支撑可支配收入和私人消费，杠杆率降低和企业盈利能力改善将进一步推动投资。

自 2014 年 6 月份开始实施的超宽松货币政策，为欧元区经济复苏和通货膨胀水平回升提供了动力，提高了欧元区抵御全球冲击的能力。欧洲央行将于 2016 年

12 月和 2017 年 3 月再实施两轮“定向长期再融资操作”，将继续运行“扩大资产购买计划”直至 2017 年 3 月或更远，如有必要，将运行至欧洲央行理事会看到中期通货膨胀水平正在走向低于或接近 2% 的水平。与此同时，有序的结构性改革与支持增长的财政政策相结合也将促进欧元区经济全面获益于欧洲央行货币政策，推动经济可持续增长，增强欧元区经济抗风险能力。

IMF 发布《中东和北非地区经济展望报告》。10 月 19 日，IMF 发布《中东和北非地区经济展望报告》称，2016 年海合会整体经济增速将低于 2%，而 2017 年有望达到 2%—2.5%。受益于近期国际油价反弹，海湾阿拉伯国家的财政压力有所缓解，但公共债务融资和经济多元化的挑战仍有待解决。IMF 预计，海员会成员国的总债务占国内生产总值的比例将从 2016 年的 21.3% 升至 2017 年的 26.2%。而当前油价并不足以支持区域主要经济体实现财政平衡。IMF 预测，沙特、卡塔尔和阿联酋达到财政收支平衡的油价目标分别是 79.7 美元/桶、62.1 美元/桶以及 58.6 美元/桶。鉴于未来几年国际油价或维持低位运行，IMF 建议，海湾国家政府仍需努力防止预算赤字的扩大，进一步削减支出，减少补贴，同时加快经济多元化的结构性改革，尤其是在非石油经济领域发挥私营企业的作用。

第42周 (2016/10/22—2016/10/28)

2016 年 10 月 22—28 日，国际财经要情有：加拿大央行维持隔夜拆借利率 0.5% 不变；巴西央行下调基准利率 25 个基点至 14%；欧委会提议单一市场企业税改革；欧洲央行维持利率水平不变；英国第三季度 GDP 同比增长 2.3%；韩国第三季度实际 GDP 同比增长 2.7%；菲律宾央行将人民币纳入官方外储；2016 年 G20 峰会第五次协调人会议在武汉举行；世界银行发布《2017 年全球营商环境报告》；世界银行上调 2017 年原油价格预期。

一、区域观察

1. 北美地区

美国国务卿称拒绝批准 TPP 将是美国经济真正的悲剧。美国国务卿克里呼吁国会在总统选举结束后恢复工作，尽快批准《跨太平洋伙伴关系协定（TPP）》。克里表示，该协定能够促进美国经济增长，因为很大一部分美国商品的消费者来自已经加入该协定的成员国；拒绝批准该协定将是美国经济真正的悲剧。

美国 9 月份营建许可环比上升 6.3%。10 月 19 日，美国商务部发布数据显示，经季调，美国 9 月份营建许可年化总数为 122.5 万户，环比上升 6.3%，同比上升 8.5%，大幅超过预期；9 月份新屋开工数为 104.7 万户，环比下降 9.0%，同比下降 11.9%。

美国 9 月份谘商会领先经济指数环比上升 0.2%。10 月 20 日，美国谘商会发布数据显示，美国 9 月份谘商会领先经济指数为 124.4，环比上升 0.2%；同步经济指数为 114.2，环比上升 0.2%；滞后经济指数为 122.3，环比上升 0.2%。谘商会预测，美国经济将在 2017 年初继续温和增长。

加拿大央行维持隔夜拆借利率 0.5% 不变。10 月 19 日，加拿大央行发布消息称，全球经济预计在两年半内回暖，美国经济在下半年逐步增强；加拿大近期经济增长低于 7 月份预期，房屋销售缓慢和出口低迷是主要原因。能源行业投资基本触底，服务业保持稳定发展，家庭支出持续上升；通货膨胀将持续面临下行压力。预计加拿大 2016 年实际 GDP 增速为 1.1%，2017 年、2018 年增长 2%。鉴于此，加拿大央行宣布维持隔夜拆借利率 0.5%、存款利率 0.25% 不变。

加拿大 9 月份 CPI 同比上升 1.3%。10 月 21 日，加拿大国家统计局发布数据显示，加拿大 9 月份 CPI 同比上升 1.3%，核心 CPI 同比上升 1.8%；剔除汽油价格，CPI 同比上升 1.5%。经季调，9 月份 CPI 环比上升 0.2%，核心 CPI 环比上升 0.1%。

2. 拉美地区

巴西央行下调基准利率 25 个基点至 14%。10 月 19 日，巴西央行宣布，为刺激经济复苏，下调基准利率 25 个基点至 14%，为 4 年来首次降息。巴西央行货币政策委员会表示，降息的主要原因是 9 月份通货膨胀率明显降低。

3. 欧洲

欧盟峰会：欧盟移民、贸易等问题亟待解决。10 月 21 日，欧盟召开峰会就移民、贸易等问题进行讨论，并达成以下共识：一是需要进一步减少地中海中部非法移民并提高遣返率，强调与非洲国家合作重要性，要求欧盟成员国加快移民搬迁，进一步推动欧盟避难所规则改革；二是欧盟领导人对巴黎协定获批表示欢迎，并将继续为相关立法提案提供战略方向；三是对重要合作伙伴自由贸易协定谈判进程进行评估，强调需要有效解决不公平贸易，欧盟贸易保护措施有效应对全球挑战至关重要；四是欧盟领导人希望积极寻求与美日达成自由贸易协定。

欧委会提议单一市场企业税改革。10 月 25 日，欧委会提议单一市场企业税改革，提供利于增长的公平企业税制。提案旨在刺激经济增长与投资、支持企业和确保公平，一是通过“共同统一公司税基”建设更加透明、有效和公平的跨国公司税基计算体系；二是解决双重征税纠纷，更好满足企业需求；三是防止企业利用欧盟与非欧盟国家税制间漏洞逃税。

欧洲央行维持利率水平不变。10 月 20 日，欧洲央行发布货币政策决议显示，欧洲央行决定分别维持主要再融资操作利率、边际贷款利率和存款利率 0、0.25% 和 -0.4% 不变，预计欧洲央行基准利率在未来一段时间仍将维持现状或更低水平。非常规货币政策措施方面，欧洲央行确认每月 800 亿欧元资产购买规模将持续到 2017 年 5 月份或更久，直到通货膨胀率持续调整至与通货膨胀目标一致。

欧盟和欧元区第二季度政府赤字占 GDP 比重分别为 1.8% 和 1.5%。10 月 24 日，欧盟统计局发布数据显示，经季调，欧盟第二季度政府赤字占 GDP 比为 1.8%，环比下降 0.1 个百分点；欧元区第二季度政府赤字占 GDP 比为 1.5%，环比下降 0.1 个百分点。

欧元区 10 月份制造业 PMI 初值为 53.3。10 月 24 日，市场调查机构 Markit 发布数据显示，欧元区 10 月份制造业 PMI 初值为 53.3，环比增长 0.7 个百分点，为 30 个月以来最高；制造业产出指数为 54.4，环比增长 0.6 个百分点，为 10 个月以来最高；服务业 PMI 初值为 53.5，环比增长 1.3 个百分点，为 9 个月以来最高；综合 PMI 初值为 53.7，环比增长 1.1 个百分点，为 10 个月以来最高。

德国 9 月份 PPI 同比下降 1.4%。10 月 20 日，德国联邦统计局发布数据显示，德国 9 月份 PPI 同比下降 1.4%，环比下降 0.2%。其中，能源价格同比下降 5.2%，中间品价格同比下降 1.2%，非耐用消费品价格同比上升 0.7%，资本品价格同比上升 0.6%，耐用消费品价格同比上升 1.2%。剔除能源价格，9 月份 PPI 同比下降 0.1%，环比上升 0.1%。

英国第三季度 GDP 同比增长 2.3%。10 月 27 日，英国国家统计局发布数据显示，英国第三季度 GDP 环比增长 0.5%，同比增长 2.3%。其中，服务业环比增长 0.8%；建筑业环比下降 1.4%；农业环比下降 0.7%；工业产出环比下降 0.4%。

法国 10 月份消费者信心指数为 98。10 月 26 日，法国国家统计局发布数据显示，法国 10 月份消费者信心指数为 98，环比增长 1 个百分点，为 2007 年 10 月份以来最高。其中，未来个人财务状况预期改善；当前储蓄能力下降，回归长期平均水平；未来生活水平预期再次改善，接近长期平均水平；通货膨胀预期下滑。

4. 亚洲

日本 9 月份 CPI 环比上升 0.2%。10 月 28 日，日本国家统计局发布数据显示，日本 9 月份 CPI 为 99.8，环比上升 0.2%，同比下降 0.5%。其中，剔除生鲜食品，CPI 为 99.6，环比保持不变，同比下降 0.5%；剔除食品和能源，CPI 为 100.4，环比保持不变，同比保持不变。

日本 9 月份失业率为 3%。10 月 28 日，日本国家统计局发布数据显示，经季调，日本 9 月份失业率为 3%，环比下降 0.1 个百分点；就业人数为 6497 万人，同比上升 0.9%，就业率为 58.6%；失业人数为 204 万人，同比下降 10.1%。

日本 9 月份贸易盈余 4983.4 亿日元。10 月 24 日，日本财务省发布数据显示，日本 9 月份贸易盈余 4983.4 亿日元。其中，出口额为 59684.3 亿日元，同比下降 6.9%；进口额为 54700.9 亿日元，同比下降 16.3%。

日本 10 月份制造业 PMI 初值为 51.7。10 月 24 日，市场调查机构 Markit 发布数据显示，日本 10 月份制造业 PMI 初值为 51.7，环比增长 1.3 个百分点，制造业扩张速度为 9 个月以来最快；制造业产出指数为 53.7，环比增长 2.9 个百分点，产出增速为 2015 年 12 月份以来最快。

韩国第三季度实际 GDP 同比增长 2.7%。10 月 25 日，韩国央行发布数据显示，韩国第三季度实际 GDP 环比增长 0.7%，同比增长 2.7%。其中，最终消费支出环比增长 0.7%，同比增长 2.9%；固定资本形成总额环比增长 2.1%，同比增长 5.4%；货物与服务出口额环比增长 0.8%，同比增长 2.9%；进口额环比增长 2.4%，同比增长 4.6%。数据还显示，韩国第三季度实际 GDP 环比下降 0.3%，同比增长 3.3%。

菲律宾央行将人民币纳入官方外储。10 月 24 日，菲律宾央行发布消息称，菲律宾央行将人民币纳入官方外储，并于 10 月 13 日生效，以确保在必要时可供银行业系统使用。菲律宾央行当前国际储备主要包括美元、IMF 特别提款权和黄金。菲律宾央行认为，预计人民币使用会随着中国在全球经济和金融影响力加强而增长。此外，中菲经济联系日益密切，2016 年前 7 个月中国为菲律宾第四大出口国；2013 年中国已成为菲律宾最大进口国；旅游方面，2016 年 7 月份中国成为菲律宾最大客源市场。

澳大利亚第三季度 CPI 环比上升 0.7%。10 月 26 日，澳大利亚国家统计局发布数据显示，澳大利亚第三季度 CPI 环比上升 0.7%，同比上升 1.3%。其中，水果价格上升 19.5%，电力价格环比上升 5.4%，蔬菜价格环比上升 5.9%，烟草价格环比上升 2.3%，物业价格环比上升 4%，汽车燃料价格环比下降 2.9%，通信设备和服务价格环比下降 2.5%。

澳大利亚 9 月份失业率为 5.6%。10 月 20 日，澳大利亚国家统计局发布数据显示，经季调，澳大利亚 9 月份失业率为 5.6%，环比下降 0.1 个百分点；劳动参与率为 64.5%，环比下降 0.2 个百分点。9 月份就业人数为 1196 万人，环比增长 0.03%。其中，兼职人数环比增长 1.18 万人，全职人数环比下降 0.79 万人。

新西兰第三季度货物贸易逆差 11 亿纽元。10 月 27 日，新西兰国家统计局发布数据显示，经季调，新西兰第三季度货物出口额下降 4.8%，货物进口额上升 2.2%，货物贸易逆差 11 亿纽元。其中，肉类及可食用副产品出口额下降 15%，水果出口额下降 5.8% 是出口下降主要原因；资本品进口额上升是进口上升主要原因。

5. 非洲

南非 9 月份 CPI 同比增长 6.1%。南非统计局公布数据显示，南非 9 月份 CPI 同比增长 6.1%，超出南非央行 3%—6% 的通货膨胀目标区间。同时，南非 8 月份零售业销量同比仅增长 0.2%，增速跌至两年来最低水平，表明南非央行 11 月份降息可能性降低。市场分析人士认为，南非经济表现不佳令人担忧，第二季度 GDP 增长 0.4% 可能只是昙花一现。

二、国际组织

2016 年 G20 峰会第五次协调人会议在武汉举行。10 月 27 日，2016 年 G20 峰会第五次协调人会议在武汉开幕，G20 成员、嘉宾国和国际组织协调人等中外代表与会。此次协调人会议是中方作为 2016 年 G20 主席国召开的最后一次协调人会议，旨在推动各方就推进杭州峰会成果落实及后续工作达成共识，同下任主席国德国做好对接，实现完美收官。中方 G20 事务协调人、外交部副部长李保东表示，一是要保持议程延续。G20 各方要将创新和结构性改革作为拉动经济增长的重要动力，继续推动国际金融架构改革，加强国际税收合作，提升全球能源治理有效性，推进国际反腐务实合作，坚持建设开放型世界经济，继续关注和重视发展问题；二是要保障机制有效。要充分利用好现有架构和新机制，为落实杭州峰会成果提供支撑，也为协助未来主席国推进相关工作做出贡献；三是要确保重点突出。德方作为 2017 年 G20 主席国就下一步工作提出一系列重要议题设想，有关内容同落实杭州峰会共识和成果相辅相成。相信杭州峰会的有关成果能够为德方开展主席国工作提供坚实的共识基础和有力的政治支持；四是要坚持伙伴精神。G20 将继续发扬伙伴精神，集众智，聚合力，在推动世界经济增长、有效推进全球治理上发挥引领作用。各方再次盛赞中方举办了一次精彩、完美的领导人峰会，给人留下了深刻印象。各方普遍赞赏中方开放、透明、包容、高效的办会风格，高度评价会议成果，赞赏中方为促进世界经济增长、推动国际经济合作、强化 G20 的作用发挥出领导力，愿同中方一道积极落实杭州共识。

世界银行发行 42.5 亿美元全球基准债券。10 月 20 日，世界银行宣布发行 42.5 亿美元 3 年期和 10 年期全球基准债券。此次债券的主承销商包括美银美林、法巴银行、花旗银行和野村证券。其中 3 年期债券将于 2019 年到期，票面利率为 1.125%。10 年期债券将于 2026 年到期，票面利率为 1.875%。世界银行表示，两种债券都已被超额认购，世界银行将继续加强债券投放地和投资者类型的多元化建设。

WTO 裁定美国对华多项反倾销措施违规。WTO 发布中国诉美国反倾销措施案专家组报告，裁定美国针对中国出口产品实施的多项反倾销措施违反 WTO 规则。报告指出，在对进口自中国的石油专用管材、铜版纸等产品展开反倾销调查的过程中，美国商务部在判断中国企业是否存在“目标倾销”行为时所采用的部分方法，以及美国拒绝给予中国出口企业差别税率等做法违反了 WTO《反倾销协定》有关规则。

联合国工发组织举办“一带一路”包容与可持续城市展览。10 月 20 日，由联合国工发组织举办的“一带一路”包容与可持续城市展览在维也纳举行，来自亚洲、欧洲和非洲的近 50 个“一带一路”沿线城市代表与会，与企业家、专家学者共同探讨城市可持续发展途径，探索潜在合作机遇。联合国工业发展组织总干事李勇表示，城市发展是经济发展的推动力，城市发展与工业发展良性互动，将推动“一带一路”沿线国经济可持续发展。联合国工发组织将与各方共同推动“一带一路”沿线经济合作与包容可持续工业发展战略。

三、国际大宗商品

本周纽约原油期货累计下跌 2.2%。截至本周四，纽约原油期货累计下跌 2.2%。周一纽约原油期货下跌 0.33 美元，收于每桶 50.52 美元；周二纽约原油期货下跌 0.56 美元，收于每桶 49.96 美元；周三纽约原油期货下跌 0.78 美元，收于每桶 49.18 美元；周四纽约原油期货上涨 0.54 美元，收于每桶 49.72 美元。

本周纽约黄金期货累计上涨 0.2%。截至本周四，纽约黄金期货累计上涨 0.2%。周一纽约黄金期货下跌 0.3%，收于每盎司 1263.7 美元；周二纽约黄金期货上涨 0.8%，收于每盎司 1273.6 美元；周三纽约黄金期货下跌 0.6%，收于每盎司 1266.6 美元；周四纽约黄金期货上涨 0.2%，收于每盎司 1269.5 美元。

四、区域合作

中国东北地区和俄罗斯远东地区地方合作理事会第二次会议在北京举行。10 月 20 日，国务院副总理汪洋在北京与俄罗斯副总理兼总统驻远东联邦区全权代表特鲁特涅夫举行中国东北地区和俄罗斯远东地区地方合作理事会第二次会议。汪洋表示，我们举行此次会议的主要任务，既是落实两国元首的相关重要共识，也是为中俄总理第二十一次定期会晤做准备。中方愿与俄方相向而行，加强政策对接，拓展合作领域，促进互联互通，用好融资渠道，改善营商环境，共同推动双方合作取得务实成果。特鲁特涅夫说，中国是俄远东开发的重要合作伙伴。俄方愿与中方共同努力，将远东开发合作提升至新的更高水平。

中国—海合会自贸区第八轮谈判在北京举行。10 月 25 日，中海自贸区第八轮谈判在北京举行。在为期三天的谈判中，双方就服务贸易、投资、电子商务以及货物贸易遗留问题等内容进行深入磋商。2016 年 1 月 19 日，在习近平主席对沙特进行国事访问期间，中海双方宣布重启中止 6 年的中海自贸区谈判。按照双方共识，双方已于 2 月和 5 月分别在沙特利雅得、中国广州举行了第六轮和第七轮谈判。

上合组织经济论坛在北京举行。10 月 20 日，上合组织经济论坛在北京举行，该论坛以区域经济合作为主题，主要议题包括上合组织成员国经济一体化及贸易制度安排、上合组织贸易投资便利化及金融自由化、促进上合组织互联互通及产能合作等。上合组织秘书长拉希德·阿利莫夫表示，上合组织成员国贸易便利化工作组章程已经得到批准，上合组织框架内科技、农业、信息技术、海关等领域的合作也在积极进行中。

欧亚经济联盟 2016 年上半年 GDP 同比下降 0.8%。欧亚经济委员会公布数据显示，2016 年 1—6 月，欧亚经济联盟 GDP 总值 6341.2 亿美元，同比下降 0.8%。其中，亚美尼亚 GDP 总值 41.9 亿美元，同比增长 2.8%；哈萨克斯坦 GDP 总值 559.2 亿美元，同比增长 0.1%；俄罗斯 GDP 总值 5498.0 亿美元，同比下降 0.9%；吉尔吉斯斯坦 GDP 总值 24.7 亿美元，同比下降 2.3%；白俄罗斯 GDP 总值 217.5 亿美元，同比下降 2.5%。

五、全球宏观经济形势

世界银行发布《2017 年全球营商环境报告》。10 月 25 日，世界银行发布《2017 年全球营商环境报告》，报告显示 2016 年全球共有 137 个经济体推行了 283 项关键性营商改革，使全球营商环境和中小企业创立运营便利度不断改善。

在全球营商效率排名中，新西兰名列榜首，新加坡位居第二，第 3—10 名分别为：丹麦、中国香港、韩国、挪威、英国、美国、瑞典和前南斯拉夫马其顿共和国。从推行营商改革的数量来看，全球排名前十的国家为：文莱、哈萨克斯坦、肯尼亚、白俄罗斯、印度尼西亚、塞尔维亚、格鲁吉亚、巴基斯坦、阿拉伯联合酋长国和巴林。报告显示，东亚和太平洋地区 2015 年共推行了 45 项营商便利度改革，改革速度明显加快。世界银行表示，改善营商环境有助于缩小收入差距，从而推动消除贫困和共享繁荣。《全球营商环境报告》的根本目标是提高低收入和中等收入国家的创业能力，世界银行鼓励政策制定者优化监管法规设计，使创业者能够专注于企业运营并不断推动创新。

世界银行上调 2017 年原油价格预期。10 月 20 日，世界银行发布最新一期《大宗商品前景展望》报告，由于石油输出国组织（OPEC）即将实施限产，世界银行将 2017 年原油价格预期从每桶 53 美元上调至每桶 55 美元。

报告认为，2017 年包括石油、天然气和煤炭在内的能源价格将整体上涨近 25%，涨幅超过 7 月份预测值；2016 年油价将维持在平均每桶 43 美元，与 7 月份预测持平。同时，随着需求回暖和供应收紧，2017 年大多数大宗商品价格将实现温和复苏。预计金属和矿产价格上涨 4.1%，农产品价格上涨 1.4%。世界银行发展预测局局长阿伊汗·高斯表示，大宗商品价格持续低迷对于依靠大宗商品出口的新兴市场和发展中经济体影响较大，政策制定者应实施多元化战略促进经济增长，如加强基础设施投资、扩大教育和卫生投入等。

第43周（2016/10/29—2016/11/04）

2016年10月29日—11月4日，国际财经要情有：美国第三季度实际GDP年化季率初值为2.9%；美联储维持联邦基金利率0.25%—0.5%不变；欧盟和欧元区第三季度GDP同比分别增长1.8%和1.6%；法国第三季度GDP同比增长1.1%；日本央行维持短期政策利率-0.1%不变；韩国第三季度GDP环比增长0.7%；澳大利亚央行维持现金利率1.5%不变；欧盟和加拿大签署自贸协定；第十一次中日韩经贸部长会议在日本东京举行。

一、区域观察

1. 北美地区

美国第三季度实际GDP年化季率初值为2.9%。10月28日，美国商务部发布数据显示，美国第三季度实际GDP年化季率初值为2.9%。私人库存投资回升、出口增长、州及地方政府支出下降、联邦政府支出上升是第三季度GDP增速加快的主要原因。此外，第三季度个人消费支出指数环比上升1.4%；剔除食品和能源品，第三季度核心个人消费支出指数环比上升1.7%。

美联储维持联邦基金利率0.25%—0.5%不变。11月2日，美联储FOMC发布政策声明称，美国2016年上半年劳动力市场持续改善，经济加速增长；失业率变化不大，但就业保持稳定增长；家庭支出持续走强，但企业固定投资仍然疲软；通货膨胀率有所增加，但仍低于2%长期目标。预计随货币政策调整，经济将温和扩张，劳动力市场将进一步改善，通货膨胀在中期升至2%。鉴于此，FOMC决定维持联邦基金利率0.25%—0.5%不变，维持货币宽松政策，但上调联邦基金利率可能性增加。

美国10月份ISM制造业指数升至51.9。11月1日，美国供应管理协会发布数据显示，美国10月份ISM制造业指数为51.9，环比上升0.4个百分点，连续两个月增长；新订单指数为52.1，环比下降3个百分点；产出指数为54.6，环比上升 1.8 个百分点；就业指数为 52.9，环比上升 3.2 个百分点；价格指数为 54.5，环比上升 1.5 个百分点，原材料价格连续 8 个月上升是指数上涨的主要原因。

美国 9 月份核心个人消费支出指数环比上升 0.1%。10 月 31 日，美国商务部发布数据显示，美国 9 月份个人收入环比上升 0.3%；个人可支配收入环比上升 0.3%，实际个人可支配收入环比上升幅度小于 0.1%；个人消费支出环比上升 0.5%，个人实际消费支出环比上升 0.3%。此外，美国 9 月份个人消费支出指数环比上升 0.2%，同比上升 1.2%；剔除食品和能源品，核心个人消费支出指数环比上升 0.1%，同比上升 1.7%。

加拿大 8 月份实际 GDP 环比上升 0.2%。11 月 1 日，加拿大国家统计局发布数据显示，加拿大 8 月份实际 GDP 环比上升 0.2%。其中，石油、天然气和采矿采石产出环比上升 1.4%，制造业产出环比上升 0.3%，建筑业产出环比上升 0.5%，服务业产出环比持平。

2. 拉美地区

巴西 2016 年 GDP 或萎缩 3.3%。10 月 31 日，巴西央行发布报告下调巴西 2016 年 GDP 增长预期至 -3.3%，下调通货膨胀预期至 6.88%。

3. 欧洲

欧盟和欧元区第三季度 GDP 同比分别增长 1.8%和 1.6%。10 月 31 日，欧盟统计局发布数据显示，经季调，欧盟第三季度 GDP 环比增长 0.4%，同比增长 1.8%；欧元区第三季度 GDP 环比增长 0.3%，同比增长 1.6%。

欧盟和欧元区 9 月份失业率分别为 8.5%和 10%。11 月 3 日，欧盟统计局发布数据显示，经季调，欧盟 9 月份失业率为 8.5%，环比维持不变，同比下降 0.7 个百分点，为 2009 年 2 月份以来最低值；失业人数为 2078.9 万人，环比下降 15 万人，同比下降 159.6 万人。欧元区 9 月份失业率为 10%，环比维持不变，同比下降 0.6 个百分点，为 2011 年 6 月份以来最低值；失业人数为 1618.1 万人，环比下降 10.1 万人，同比下降 90.5 万人。

欧元区 10 月份通货膨胀年率为 0.5%。10 月 31 日，欧盟统计局发布数据显示，欧元区 10 月份通货膨胀年率为 0.5%，环比增长 0.1 个百分点；核心通货膨胀年率为 0.8%，环比维持不变。其中，食品、酒类与烟草价格同比增长 0.4%，能源价格同比下降 0.9%，非能源工业产品价格同比增长 0.3%，服务价格同比增长 1.1%。

欧元区 10 月份制造业 PMI 为 53.5。11 月 2 日，市场调查机构 Markit 发布数据显示，经季调，欧元区 10 月份制造业 PMI 为 53.5，环比增长 0.9 个百分点，为 33 个月以来最高值。第四季度初荷兰与德国制造业扩张带动欧元区制造业加速扩张；产出、新订单和就业均加速增长；未来价格上升压力凸显；投入成本和产出价格均有所上升。

德国 10 月份 CPI 同比增长 0.8%。10 月 28 日，德国联邦统计局发布数据显示，德国 10 月份 CPI 环比增长 0.2%，同比增长 0.8%。其中，能源价格同比下降 1.4%；食品价格同比维持不变；服务价格同比增长 1.3%。

德国 9 月份失业率为 4.1%。11 月 2 日，德国国家统计局发布数据显示，经季调，德国 9 月份失业率为 4.1%，环比维持不变，同比下降 0.4 个百分点；就业率为 66.1%，环比增长 0.1 个百分点，同比增长 0.8 个百分点。失业人数为 177 万人，环比下降 0.6%，同比下降 6.8%；就业人数为 4134 万人，环比增长 0.2%，同比增长 3%。

英国 10 月份制造业 PMI 为 54.3。11 月 1 日，市场调查机构 Markit 发布数据显示，经季调，英国 10 月份制造业 PMI 为 54.3，环比下降 1.2 个百分点，仍高于长期平均值 51.5。第四季度初制造业保持稳定扩张，产出有所好转，新订单和就业持续增长，汇率下滑导致投入成本增加和出口订单增长。

法国第三季度 GDP 同比增长 1.1%。10 月 28 日，法国国家统计局发布数据显示，经季调，法国第三季度 GDP 环比增长 0.2%，同比增长 1.1%。其中，家庭消费支出环比维持不变，同比增长 1.3%；政府消费支出环比增长 0.4%，同比增长 1.5%；固定资本形成总额环比增长 0.3%，同比增长 2.6%；进口额环比增长 2.2%，同比增长 2.7%；出口额环比增长 0.6%，同比增长 0.8%。

法国 10 月份制造业 PMI 为 51.8。11 月 2 日，市场调查机构 Markit 发布数据显示，经季调，法国 10 月份制造业 PMI 为 51.8，环比增长 2.1 个百分点，为 33 个月以来最高值。产出、新订单和供应商交货时间增长是 PMI 上升主要原因，产出增速为 31 个月以来最高值，出口订单增速为 5 年以来最高值。

意大利 10 月份 CPI 同比下降 0.1%。10 月 31 日，意大利国家统计局发布数据显示，意大利 10 月份 CPI 环比维持不变，同比下降 0.1%。其中，能源产品价格同比下降 3.6% 是 CPI 下降的主要原因；货物价格同比下降 0.4%；服务价格同比增长 0.1%。数据还显示，调和 CPI 环比增长 0.2%，同比下降 0.1%；核心通货膨胀率为 0.2%。

俄罗斯投资活动显现复苏迹象。10 月 31 日，俄罗斯央行发布消息称，俄罗斯尽管存在结构性约束和需求疲软等问题，但投资指标改善，投资品产出环比增长和机械设备进口持续增长反映投资活动复苏。企业保守投资政策限制固定资本投资增长，在延期需求部分影响下，9 月份部分国内需求改善。

4. 亚洲

日本央行维持短期政策利率 -0.1% 不变。11 月 1 日，日本央行发布货币政策决议显示，日本央行货币政策委员会决定维持短期政策利率 -0.1% 不变，维持 10 年期日本国债收益率在 0% 左右。央行将维持货币基础年增幅为 80 万亿日元不变，并持续购买日本国债直至长期利率达到目标水平。

日本 9 月份零售销售同比降低 1.9%。10 月 31 日，日本经济产业省发布数据显示，日本 9 月份商业销售额为 36.642 万亿日元，同比降低 4.8%，环比降低 1.8%。其中，批发销售额为 25.619 万亿日元，同比降低 6%，环比降低 1.5%；零售销售额为 11.023 万亿日元，同比降低 1.9%，环比持平。

日本 10 月份制造业 PMI 终值为 51.4。11 月 1 日，市场调查机构 Markit 发布数据显示，日本 10 月份制造业 PMI 终值为 51.4，环比增长 1 个百分点，为 9 个月以来最高值。制造业产出增速加快，为 10 个月以来最高值。同时，国际需求激增促使新订单 9 个月以来首次扩张；就业增速加快，为两年半以来的最高值，表明经济前景信心仍相对较强。

韩国第三季度 GDP 环比增长 0.7%。10 月 25 日，韩国央行公布数据显示，经季调，韩国第三季度 GDP 环比增长 0.7%，增速小幅放缓，仍高于预期。第三季度 GDP 放缓主要受三星电子盖乐世 Note7 手机事件和现代汽车罢工影响。

印度 10 月份制造业 PMI 为 54.4。11 月 1 日，市场调查机构 Markit 发布数据显示，经季调，印度 10 月份制造业 PMI 为 54.4，环比上升 2.3 个百分点，为 22 个月以来高位。制造业扩张或表明印度经济显现强劲复苏迹象。

澳大利亚央行维持现金利率 1.5% 不变。11 月 1 日，澳大利亚央行发布货币政策决议显示，澳大利亚央行货币政策委员会决定维持现金利率 1.5% 不变。全球经济持续增长，但低于平均速度；大宗商品价格在连续多年大幅下降后有所提升；金融市场有效运作。澳大利亚国内经济温和增长；劳动力市场指标仍较复杂，2016 年失业率有所下降；通货膨胀保持在较低水平；较低利率支撑国内需求；当局加强了房地产市场贷款标准监管，放款者态度更为审慎。

澳大利亚 9 月份货物与服务贸易逆差 12.27 亿澳元。11 月 3 日，澳大利亚国家统计局发布数据显示，经季调，澳大利亚 9 月份货物与服务贸易逆差 12.27 亿澳元，环比下降 35%。其中，出口额为 272.54 亿澳元，环比上升 2%；进口额为 284.81 亿澳元，环比下降 1%。

新西兰第三季度失业率降至 4.9%。11 月 2 日，新西兰国家统计局发布数据显示，新西兰第三季度失业率降至 4.9%，为 2008 年第四季度以来最低值。其中，失业人数环比下降 3000 人，同比下降 1 万人；就业人数增加 3.5 万人，上升 1.4%。

5. 非洲

南非财政部称国有企业经营不善抑制南经济增长。南非财政部称，由于南非电力公司、南非航空公司、南非邮政、南非铁路客运服务公司、南非国家道路管理局等国有企业经营不善，加重财政支出负担，限制了南非经济增长。南财政部表示，上述国有企业“可能威胁”国家公共财政。

二、国际组织

世界银行提出建设可持续发展城市三大路径。10 月 31 日，世界银行在“世界城市日”当天发布报告称，当前全球已有约 40 亿人口生活在城市。未来 20 年，城市人口将增至 55 亿人，占全球人口总数的 60%，城市数量也将翻倍，需要进行合理的城市规划，保证必要的城市基础设施和公共产品供应。报告对建设可持续发展城市提出三点建议：一是优化整合土地资源，对土地资源和交通体系加强规划；二是建设有韧性的城市基础设施；三是积极调动私营部门参与基础设施投资。

世界银行任命格奥尔基耶娃为国际复兴开发银行和国际开发协会首席执行官。世界银行行长金墉宣布任命克里斯塔利娜·格奥尔基耶娃为国际复兴开发银行（IBRD）和国际开发协会（IDA）首席执行官，负责世界银行向中等和低收入国家提供贷款及向贫困国家提供无息贷款和赠款等工作，直接向金墉负责。格奥尔基耶娃，保加利亚籍，曾担任世界银行副行长和任欧盟委员会国际合作、人道救援及危机应对专员，目前担任欧盟委员会主管预算和人力的副主席。

三、国际大宗商品

本周纽约原油期货累计下跌 8.3%。截至本周四，纽约原油期货连续 4 个交易日下跌，累计下跌 8.3%。周一纽约原油期货下跌 1.84 美元，收于每桶 46.86 美元；周二纽约原油期货下跌 0.19 美元，收于每桶 46.67 美元；周三纽约原油期货下跌 1.33 美元，收于每桶 45.34 美元；周四纽约原油期货下跌 0.68 美元，收于每桶 44.66 美元。

本周纽约黄金期货累计上涨 2.1%。截至本周四，纽约黄金期货累计上涨 2.1%。周一纽约黄金期货下跌 0.2%，收于每盎司 1274.3 美元；周二纽约黄金期货上涨 1.2%，收于每盎司 1288 美元；周三纽约黄金期货上涨 1.6%，收于每盎司 1308.2 美元，近一个月来首次收于 1300 美元以上；周四纽约黄金期货下跌 0.4%，收于每盎司 1303.3 美元。

四、区域合作

中亚区域经济合作第十五次部长级会议在巴基斯坦举行。中亚区域经济合作（CAREC）第十五次部长级会议在巴基斯坦首都伊斯兰堡举行。本次部长级会议主题为“加强互联互通、促进经济转型”。中国财政部副部长刘昆及其他 9 个 CAREC 成员国政府、格鲁吉亚政府和亚洲开发银行、世界银行、国际货币基金组织、联合国开发计划署等国际组织的代表出席会议。会议讨论了中亚地区经济形势，回顾了 CAREC 在交通、能源、贸易便利化、贸易政策四大重点合作领域取得的进展，批准格鲁吉亚加入 CAREC 机制，审议通过了 CAREC《2030 铁路发展战略和道路安全战略》，并发表了部长联合声明。会议还通过了中亚区域经济合作学院《政府间协定》文本。中国与有关成员国签署了该协定。与会各方期待协定尽早生效，使中亚区域经济合作学院获得政府间国际组织地位，为本地区经济社会发展提供高质量的知识产品和能力建设服务。刘昆在发言时充分肯定了 CAREC 合作所取得的成果，并对未来合作提出五点建议：一是加强 CAREC 机制与“一带一路”倡议对接，加快推进基础设施互联互通；二是进一步加强贸易政策和贸易便利化协调，促进本地区贸易和投资增长；三是有选择性地拓展合作领域；四是亚洲开发银行等多双边发展机构应进一步加大对 CAREC 机制的投入力度，保障域内资金供给；五是支持中亚区域经济合作学院尽快全面发挥职能作用。

欧盟和加拿大签署自贸协定。10 月 30 日，欧洲理事会主席图斯克、欧盟委员会主席容克、欧盟轮值主席国斯洛伐克总理菲佐和加拿大总理特鲁多共同签署《综合经济与贸易协定》。《综合经济与贸易协定》签署后将先执行部分内容，可最早于 2017 年年初实施临时关税减免措施，但是协定内容全部生效还有待欧盟成员国议会批准。欧盟称，《综合经济与贸易协定》是欧加签署的最全面和最高水平的贸易协定，将提高就业、促进可持续和包容性增长，为双方经济合作开启新时代。

第十一次中日韩经贸部长会议在日本东京举行。10 月 29 日，第十一次中日韩经贸部长会议在日本东京举行。会议由中国商务部部长高虎城与日本经济产业大臣世耕弘成、韩国产业通商资源部部长周亨焕共同主持。此次会议旨在为第七次中日韩领导人会议聚更多成果。三位部长就落实 G20 峰会经贸成果，开展三国务实经贸合作的新领域、新倡议和区域、多边经贸议题深入交换意见，达成一系列共识。三方表示将继续努力实施 G20 杭州峰会成果，强调《G20 全球贸易增长战略》和《G20 全球投资指导原则》的重要性以及 G20 贸易投资工作组对进一步加强 G20 贸易投资合作的重要作用。三方通过“加强三国供应链互联互通”联合研究报告。中方倡议在“10 + 3”框架下将上述研究扩展至东盟国家，得到日方和韩方的响应和同意。三方重申将加快中日韩自贸区和区域全面经济伙伴关系协定（RCEP）谈判，增强三国自贸区的独特价值，并在 RCEP 谈判有关领域取得高质量、具有商业意义的成果，共同努力达成现代、全面、高水平、互惠互利的自贸协定。三方同意共同推动打造开放的世界经济，反对保护主义，进一步加强多边贸易体制，促进全球贸易和投资，加强在亚太经合组织和亚欧会议框架下的合作，积极推进区域经济一体化。

中德经济合作联委会第 16 次会议在北京举行。11 月 1 日，中德经济合作联委会第 16 次会议在北京举行，双方就落实近年来两国领导人在经贸领域达成的共识、加强“一带一路”战略合作和在 G20 框架下合作、推动欧盟履行《中国加入世贸组织议定书》第 15 条、钢铁产能过剩、改善投资环境、中德标准化合作等议题交换意见。

五、全球宏观经济形势

IMF 和 OECD 看区域经济：（一）中东欧和东南欧。11 月 2 日，IMF 发布最新区域经济展望报告称，中东欧和东南欧国家经济增长保持稳定，俄罗斯经济前景改善，独联体国家也逐渐从经济衰退中复苏。区域整体而言，2016 年、2017 年中东欧和东南欧地区 GDP 增长率分别为 1.3% 和 2.1%。俄罗斯受益于油价回升，经济萎缩幅度收窄。其他独联体国家受益于本国产品和服务的需求扩大，经济出现上升趋势。区域内其他国家经济增长主要得益于消费增长、失业率下降、薪资水平改善和信贷规模复苏。

IMF 认为，尽管经济前景有所改善，中东欧和东南欧经济体仍需进一步采取措施提高潜在增长率，更好地与欧洲发达经济体融合发展。自金融危机以来，中东欧和东南欧地区投资水平下降，劳动力供给不足，如生产率不能得到有效提高，中长期经济增长将难以为继。IMF 建议近年来经济增速稳定、失业率已回到危机前水平的国家，把握时机减少财政赤字，采取更多增长友好型的政策措施。IMF 认为，推动结构性改革、提高政府效率对促进区域经济增长至关重要。

（二）拉美与加勒比。10 月 28 日，OECD、联合国拉加经委会与拉美开发银行联合发布《2017 年拉丁美洲经济展望》称，受巴西、委内瑞拉两国经济明显萎缩的影响，2016 年拉美和加勒比地区 GDP 将萎缩 0.9%—1%，连续第二年出现经济负增长。2017 年，预计拉美和加勒比地区经济将缓慢复苏，GDP 增幅为 1.5%—2%。2015 年，有 700 万拉美人口陷于贫困，未来两年预计有 2500 万—3000 万脆弱群体面临返贫风险。报告呼吁，增加对青年教育的投入、创造更多创业岗位，推动经济可持续发展。

第 44 周（2016/11/05—2016/11/11）

2016 年 11 月 5—11 日，国际财经要情有：美国 10 月份失业率为 4.9%；欧委会称 2017 年欧洲经济将温和增长；英国央行维持利率 0.25% 不变；新西兰央行下调官方现金利率至 1.75%；中俄总理第二十一次定期会晤在俄罗斯举行；RCEP 部长级会议在菲律宾宿务举行；第 31 轮中美投资协定谈判在华盛顿举行；OPEC 发布《2016 年世界石油展望报告》。

一、区域观察

1. 北美地区

美国 10 月份失业率为 4.9%。11 月 4 日，美国劳工统计局发布数据显示，美国 10 月份非农就业人口环比上升 16.1 万人。其中，医疗保健、商业服务、金融业就业人数上升。此外，美国 10 月份失业率为 4.9%，环比下降 0.1 个百分点。

美国 10 月份 ISM 非制造业指数为 54.8。11 月 3 日，美国供应管理协会发布数据显示，美国 10 月份 ISM 非制造业指数为 54.8，环比下降 2.3 个百分点；非制造业经济活动指数为 57.7，环比下降 2.6 个百分点，非制造业连续 87 周保持增长；新订单指数为 57.7，环比下降 2.3 个百分点；就业指数为 53.1，环比下降 4.1 个百分点；价格指数为 56.6，环比上升 2.6 个百分点，连续 7 个月上涨。

加拿大 10 月份失业率维持 7.0% 不变。11 月 4 日，加拿大国家统计局发布数据显示，加拿大 10 月份失业率为 7.0%，环比持平；就业人口环比增加 4.4 万人，同比上升 0.8%。

加拿大 9 月份国际商品贸易逆差 41 亿加元。11 月 4 日，加拿大国家统计局发布数据显示，加拿大 9 月份国际商品贸易逆差为 41 亿加元，环比增加 21 亿加元。第三季度出口额为 1303 亿加元，环比增长 5.0%，为 2014 年第一季度以来最大增幅；进口额为 1385 亿加元，环比增长 2.4%；第三季度贸易逆差缩减至 82 亿加元。

2. 拉美地区

巴西 2016 年 GDP 或萎缩 3.31%。11 月 7 日，巴西央行发布报告下调巴西 2016 年 GDP 增长预期至 -3.31%，维持通货膨胀预期 6.88%不变。

3. 欧洲

2017 年欧盟预算有望达成一致。11 月 8 日，欧盟理事会发布消息称，欧盟理事会与欧洲议会在 2017 年欧盟预算调解会议上就各自立场取得进一步理解，2017 年欧盟预算有望达成一致。欧盟理事会强调，2017 年欧盟预算应满足四点要求：一是为 2014—2020 年度财政框架支出上限留足空间；二是与实际支付需求相吻合；三是审慎对待欧洲战略投资基金所达成的融资协议；四是反映欧盟机构 2017 年裁员 5%的承诺。

欧委会称 2017 年欧洲经济将温和增长。11 月 9 日，欧盟委员会发布《2016 年秋季经济预测》报告称，欧洲经济将继续温和增长，预计欧元区与欧盟 2017 年经济增速分别为 1.5%和 1.6%。至 2018 年，个人消费仍将是欧洲经济增长主要动力，预计投资和就业率将继续增长，收入略微回升，欧元区预算赤字将小幅下降，通货膨胀逐步回升。在英国退欧影响下，欧洲未来经济下行风险增加。中国经济不确定性和地缘政治冲突加剧等是欧洲面临的外部风险。

欧元区经济温和复苏，但面临下行风险。11 月 3 日，欧洲央行发布经济月报称，尽管欧元区经济继续温和稳定复苏，通货膨胀平稳上升，但仍面临全球经济、政治不确定性等下行风险；金融环境良好和企业盈利能力提高继续带动投资复苏；就业持续增长，家庭实际可支配收入与个人消费增加；预计未来 2 个月通货膨胀率继续回升。

欧盟和欧元区 9 月份零售销售环比均下降 0.2%。11 月 7 日，欧盟统计局发布数据显示，经季调，欧盟 9 月份零售销售环比下降 0.2%，同比增长 2.2%；欧元区 9 月份零售销售环比下降 0.2%，同比增长 1.1%。其中，欧盟 9 月份食品、饮料和烟草环比增长 0.5%，非食品类环比下降 0.7%；欧元区 9 月份食品、饮料和烟草环比增长 0.6%，非食品类环比下降 1%。

德国 9 月份工业产出环比下降 1.8%。11 月 8 日，德国联邦统计局发布数据显示，经季调，德国 9 月份工业产出环比下降 1.8%。其中，资本品环比下降 2.4%；消费品环比下降 1.9%；中间品环比下降 0.5%；能源环比下降 3.1%；建筑业环比下降 1.5%。剔除能源和建筑业，工业产出环比下降 1.7%。

英国央行维持利率 0.25%不变。11 月 3 日，英国央行发布消息称，英国央行决定维持利率 0.25%不变，并分别维持企业债采购规模和资产采购规模 100 亿英镑和 4350 亿英镑不变。8 月份通货膨胀报告预计，英国未来经济活动将衰退，失业率上升，但通货膨胀率将超过 2% 目标。近期产出增速将提高，但低于前期，反映实际收入增速下降，英企进入欧盟市场风险降低。

英国 9 月份货物与服务贸易赤字 52 亿英镑。11 月 9 日，英国国家统计局发布数据显示，经季调，英国 9 月份货物与服务贸易赤字 52 亿英镑。其中，货物贸易赤字 127 亿英镑，服务贸易盈余 75 亿英镑；对欧盟货物贸易赤字 87 亿英镑，对非欧盟货物贸易赤字 40 亿英镑。

意大利发布 11 月份经济月报。11 月 4 日，意大利国家统计局发布 11 月份经济月报显示，意大利国内经济存在不确定性，消费增速放缓，但家庭购买力明显提高，就业状况改善。尽管 10 月份商业信心指数进一步上升，但预计年内经济加速增长可能性较低。

瑞士 10 月份 CPI 环比增长 0.1%。11 月 7 日，瑞士联邦统计局发布数据显示，经季调，瑞士 10 月份 CPI 环比增长 0.1%，同比下降 0.2%。

俄财长称如特朗普减轻对俄制裁将有利于全球经济发展。11 月 10 日，俄罗斯财政部长西卢阿诺夫表示，特朗普就任美国总统后如减轻对俄制裁，将有利于全球经济发展。美国对俄制裁影响俄美双边贸易和投资，影响世界经济发展，全球经济增速逐年放缓，俄罗斯希望制裁能够尽快结束。

4. 亚洲

日本央行发布 9 月份货币政策会议纪要。11 月 7 日，日本央行发布 9 月份货币政策会议纪要称，当前，日本经济保持温和复苏趋势，出口保持平稳；国内商业固定投资温和增长，私人消费具有弹性，房地产投资持续增加；工业生产保持平稳；金融条件高度宽松，但 CPI 年率仍为负值。预计日本出口和生产将在一段时间内萎缩，经济恢复速度仍较为缓慢。综合考虑，日本央行认为，一是需进一步提高通货膨胀预期以实现 2% 的物价稳定目标；二是应长期扩大货币基础；三是通过适当结合负利率和国债购买政策影响收益率曲线；四是应综合考虑日本经济、物价和金融状况以制定适当收益率曲线。

日本 10 月份经常账户盈余同比增长 20.5%。11 月 9 日，日本财务省发布数据显示，日本 10 月份经常账户盈余 10.3554 万亿日元，同比增长 20.5%。其中，货物及服务贸易账户盈余 21139 亿日元；初次收入账户盈余 92599 亿日元，同比下降 14.1%；二次收入账户赤字 10183 亿日元，同比增长 11%。

韩国政府将提前准备 2017 年经济政策。11 月 10 日，韩国企划财政部副部长崔相穆表示，韩国政府将提前很长时间准备 2017 年经济政策，以确保特朗普当选美国总统引发的金融市场不确定性不对韩国经济造成负面影响。韩国将寻找特朗普政策带来的商业机遇，并将继续监控金融市场。

印度确定 GST 税率。11 月 3 日，印度 GST（商品与服务税）改革委员会就

GST 最终税率达成一致。印度财长杰特利表示，GST 税率确定为 5%、12%、18%和 28%的四层结构，服务税税率将提至 15%—18%。此外，由 GST 附加税和清洁能源附加税组成的税收资金库将用于补偿各邦政府在 GST 实行 5 年内的税收损失。

印度宣布废除 500 卢比和 1000 卢比的大面值纸币。11 月 8 日，印度总理纳伦莫迪宣布，当日午夜起废除 500 卢比和 1000 卢比面值的纸币。莫迪表示，将引入具有新安全特征、面值为 500 卢比和 2000 卢比的一系列较高面值的新钞票。在此之前，印度法定货币的最高面值为 100 卢比。

新西兰央行下调官方现金利率至 1.75%。11 月 10 日，新西兰央行发布消息称，将下调官方现金利率 25 个基准点至 1.75%，继续实施宽松货币政策。主要原因有：一是全球经济产能过剩，通货膨胀依然疲软，政治不确定性增加，市场动荡加剧；二是全球经济疲软和低利率对纽元汇率造成上行压力，当前汇率仍高于经济平衡增长所需的可持续汇率水平，同时全球通货膨胀低迷，对贸易部门产生消极影响；三是新西兰国内经济增长将继续受强劲人口增长、工程建筑、旅游业和宽松货币环境支撑，但乳制品行业未来发展不确定性较大，虽然移民数量支撑了劳动力市场供给，但限制了工资增长；四是房价通货膨胀形势严峻，且影响金融市场稳定，整体通货膨胀仍低于目标水平。

5. 非洲

南非 9 月份贸易顺差 67 亿兰特。南非统计局公布数据显示，南非 9 月份实现贸易顺差 67 亿兰特，高于预期。其中，南非 9 月份出口额为 989 亿兰特，进口额为 922 亿兰特。1－9 月份，南非累计贸易逆差为 99.5 亿兰特，较 2015 年同期大幅收窄。

二、国际组织

上合组织成员国政府首脑（总理）理事会第十五次会议在吉尔吉斯斯坦举行。11 月 4 日，上海合作组织成员国政府首脑（总理）理事会第十五次会议在吉尔吉斯斯坦首都比什凯克举行，与会国政府首脑就促进区域经济合作和应对地区安全挑战深入交换意见。国务院总理李克强表示，上合组织成立 15 年来，始终保持良好发展势头，对促进地区稳定与繁荣发挥着不可替代的作用，也为促进世界和平与发展作出了积极贡献。李克强还为上合组织发展提出了营造安全稳定环境、打造融合发展格局、提升产能合作水平、挖掘创新合作机遇、完善区域融资机制、夯实人文交流基础等六大建议。

与会成员国领导人积极肯定上合组织发展合作所取得的一系列进展，表示各国将共同维护地区安全稳定，推进区域经济合作，增强本组织的内在活力，为本地区和平与发展作出新的贡献。与会成员国领导人共同签署并发表了联合公报，批准《2017—2021 年上海合作组织进一步推动项目合作的措施清单》《上海合作组织科技伙伴计划》和《关于成立上海合作组织开发银行和发展基金（专门账户）下一步工作》等涵盖贸易、投资、金融、海关、农业等领域多项合作文件和决议。

亚洲基础设施投资银行：2016 年项目总额或达 12 亿美元。亚洲基础设施投资银行行长金立群表示，在亚洲基础设施投资银行正式运行的 10 个月时间里，董事会已批准约 8.29 亿美元的 6 个项目，涉及中亚、南亚和东南亚等地区，按这一速度，2016 年项目总额或将达 12 亿美元。而按照扩员计划，已申请加入亚洲基础设施投资银行的经济体有望在 2017 年年初正式加入。

亚洲开发银行：亚太经济体应进一步扩大社保覆盖范围。11 月 7 日，亚洲开发银行发布报告称，亚太经济体应进一步推广社会保障项目，以扩大社会保障体系覆盖范围。根据亚洲开发银行社会保障指标（SPI）显示，亚洲经济体平均社会保障支出为人均 GDP 的 3.7%，社会保险是亚太地区社会保障支出的重要组成部分，约占人均 GDP 的 2.7%，社会救济和劳动力市场投入分别占人均 GDP 的 0.9% 和 0.1%。2004—2012 年，中国、越南和蒙古在社会保障方面取得了长足进步，柬埔寨、尼泊尔等低收入国家也通过现金和实物补助提高了社会保障覆盖率，但其他国家，特别是太平洋国家的社会保障水平仍然偏低。

三、国际大宗商品

本周纽约原油期货累计上涨 1.3%。截至本周四，纽约原油期货累计上涨 1.3%。周一纽约原油期货上涨 0.82 美元，收于每桶 44.89 美元；周二纽约原油期货上涨 0.09 美元，收于每桶 44.98 美元；周三纽约原油期货上涨 0.29 美元，收于每桶 45.27 美元；周四纽约原油期货下跌 0.61 美元，收于每桶 44.66 美元。

本周纽约黄金期货累计下跌 2.9%。截至本周四，纽约黄金期货连续 4 个交易日下跌，累计跌幅 2.9%。周一纽约黄金期货下跌 1.9%，收于每盎司 1279.4 美元；周二纽约黄金期货下跌 0.4%，收于每盎司 1274.5 美元；周三纽约黄金期货下跌 0.1%，收于每盎司 1273.5 美元；周四纽约黄金期货下跌 0.6%，收于每盎司 1266.4 美元。

四、区域合作

中俄总理第二十一次定期会晤在俄罗斯举行。11 月 7 日，中俄总理第二十一次定期会晤在俄罗斯举行。李克强指出，中俄要进一步发挥互补优势，为各自发展振兴和经济转型升级增添助力。中方愿同俄方共同努力，将“一带一路”倡议同欧亚经济联盟更好衔接。中方愿同俄方深挖合作潜力，深化民用核能、航空制造以及铁路等基础设施建设合作，下一阶段要重点推动中小企业扩大合作，尤其是在创新领域拓展合作；加强金融合作，扩大本币结算规模；努力扩大贸易规模，共同维护世界贸易体系和规则，全面提升便利化水平，促进双边经贸和双向投资健康可持续发展；开展农业合作。

梅德韦杰夫表示，俄方珍视俄中友好合作，愿落实好双方达成的共识，更好发挥政府间合作机制作用，全面推进各领域务实合作。两国总理还听取了中俄人文合作委员会、总理定期会晤委员会、投资合作委员会和能源合作委员会 4 个双边合作机制的工作汇报，就未来合作规划深入交换意见。

中哈总理第三次定期会晤在哈萨克斯坦举行。国务院总理李克强在阿斯塔纳同萨金塔耶夫总理举行中哈总理第三次定期会晤。李克强表示，中哈是友好邻邦和全面战略伙伴。两国秉持相互尊重、平等互利、合作共赢理念，推动双边关系实现跨越式发展。中方愿同哈方共同努力，巩固互信，共谋发展，拓展合作，继续打造睦邻友好、合作共赢的典范。中方愿将丝绸之路经济带倡议与哈方“光明之路”新经济政策更好对接，开辟两国互利合作新阶段。希望双方以产能合作为载体，深挖潜力，推进全方位互利合作，带动互联互通等大项目建设不断取得新成果，更好造福两国人民。

萨金塔耶夫表示，自李克强总理 2014 年访哈期间启动产能合作以来，双边产能合作已逐步取得早期收获。哈方高度关注中国创新驱动发展等战略的实施，愿将“光明之路”新经济政策与中方丝绸之路经济带建设相对接，落实两国领导人达成的重要共识，进一步深化产能、交通运输、能源、农业、创新等领域合作。

第六届中国—中东欧国家经贸论坛在拉脱维亚举行。11 月 5 日，第六届中国—中东欧国家经贸论坛在拉脱维亚举行，作为领导人会晤的重要组成部分，本次经贸论坛的主题是“互联、创新、相融、共济”。国务院总理李克强与中东欧 16 国领导人共同出席论坛并发表主旨演讲。李克强指出，“16 +1 合作”是中国与中东欧国家跨区域友好合作的创新举措，也是中国与欧洲合作的一个重要方面，为中欧全面战略伙伴关系发展注入了新动力。中国愿与中东欧国家一道，顺应经济全球化发展的大势，合力推动贸易和投资自由化便利化，共同反对贸易和投资保护主义，拓展各领域务实合作，既为自身发展提供动力，也为世界经济复苏贡献力量。

《区域全面经济伙伴关系协定》（RCEP）部长级会议在菲律宾宿务举行。11 月 4 日，《区域全面经济伙伴关系协定》（RCEP）部长级会议在菲律宾宿务举行。与会部长重申了各国领导人关于迅速结束 RCEP 谈判的指示，全面评估了谈判进展情况，重点就货物贸易、服务贸易和投资三大核心领域关键问题展开深入磋商，并为下一步谈判提供战略指导。与会部长对在中国天津举行的第 15 轮谈判期间完成经济技术合作章节表示欢迎。这一重要进展为谈判增添了动力，将有助于缩小成员国之间的发展差距，并通过协定的有效实施和使用使得 RCEP 协定带来的收益最大化。与会部长敦促各方谈判官员抓住上述进展带来的积极动力，保持强烈的意愿并加紧努力，按照《RCEP 谈判指导原则与目标》所提出的要求，达成一个现代、全面、高质量和互惠的 RCEP 协定。此外，与会部长注意到当前全球经济景气不足、发达经济体增长缺乏活力且不平衡、主要新兴市场增速放缓以及全球贸易增长预期减弱和贸易保护主义情绪增加的背景，强调以一揽子解决的方式迅速结束 RCEP 谈判的紧迫性。与会部长要求各方谈判官员遵照部长级会议的指示推进谈判，在谈判中通过积极合作的方式展示灵活性，以解决各方敏感问题和利益诉求。根据谈判计划，RCEP 协定第 16 轮谈判将于 12 月 6 日—10 日在印度尼西亚举行。

第 31 轮中美投资协定谈判在华盛顿举行。10 月 31 日—11 月 6 日，第 31 轮中美投资协定（BIT）谈判在华盛顿举行。双方就协定文本和负面清单议题进行了深入磋商。中美投资协定谈判于 2008 年启动，是两国当前经贸领域最重要的谈判项目。在 G20 杭州峰会期间，中美两国元首确认双边投资协定谈判取得重大成果。

中国与毛里求斯启动自贸协定联合可行性研究并签署谅解备忘录。11 月 4 日，第十届中国—毛里求斯经贸联委会在北京举行，双方共同签署了启动中毛自由贸易协定联合可行性研究的谅解备忘录，宣布正式启动双边自贸协定联合可行性研究。双方同意尽快就共同关注的领域开展全面研究。中毛自贸协定联合可行性研究为我国与非洲地区经济体开展的第一个自贸协定联合可行性研究。

五、全球宏观经济形势

OPEC 发布《2016 年世界石油展望报告》。11 月 8 日，OPEC 发布《2016 年世界石油展望报告》。报告预计，2021 年全球石油需求将超过 9900 万桶/日，与 2015 年预期相比上调了 100 万桶/日，同时 OPEC 大幅下调未来 4 年油价预期至 60 美元/桶。报告指出，由于发展中国家需求持续旺盛，预计 2040 年全球石油需求将增加至 1.09 亿桶/日，其中发展中国家石油需求约为 6600 万桶/日。长期石油需求增长将主要来自公路运输，石油化工和航空等部门。非 OPEC 国家石油供给将在 2021 年缓步增加至 5850 万桶/日，2040 年进一步上升至 5900 万桶/日，OPEC 国家原油供给将占全球市场的 37%。

报告指出，低油价对全球经济的影响较为中性，全球石油市场的不确定性和复杂性正在提升。未来气候变化政策将缩减石油需求，全球石油需求或将在 2029 年见顶，未来能源需求将向可再生能源转移。

第 45 周（2016/11/12—2016/11/18）

2016 年 11 月 12—18 日，国际财经要情有：耶伦称美联储已接近合适的加息时机；欧盟和欧元区第三季度 GDP 环比分别增长 0.4% 和 0.3%；德国第三季度 GDP 同比增长 1.5%；日本第三季度实际 GDP 增长 0.5%；韩国央行维持基准利率 1.25% 不变；APEC 领导人会议周在秘鲁开幕；第八次中英经济财金对话在伦敦举行；第四次中法高级别经济财金对话在巴黎举行；OECD 国家综合领先指数显示稳定增长势头。

一、区域观察

1. 北美地区

耶伦称美联储已接近合适的加息时机。11 月 17 日，美联储主席耶伦向国会联合经济委员会作证时表示，2016 年以来，美国就业市场继续改善，核心通货膨胀率有所回升，经济有望保持温和增长，足以逐步实现美联储充分就业和价格稳定两大目标。如果未来数据继续向好，美联储很快接近合适的加息时机。她表示，如果美联储太长时间内维持低利率水平，有可能导致美联储不得不过快加息，威胁经济增长。低利率环境维持时间过久，也有可能鼓励过度投机，最终损害金融稳定。

关于美国新当选总统特朗普的施政政策对未来货币政策的影响，耶伦表示，美国大选结果公布后，市场出现大幅波动，主要是市场预期新一届政府将采取扩张性的财政政策。美联储将评估新一届政府提出的具体政策对经济前景的影响，适时调整货币政策。

美国财政部发布小企业融资计划绩效报告。美国财政部发布了全国小企业信贷计划（SSBCI）和小企业贷款基金（SBLF）两项财政计划的绩效评估报告。报告显示，自两项计划启动 5 年来，全国小企业信贷计划和小企业贷款基金为美国经济创造了近 20 万个就业岗位，增加了 190 亿美元小企业贷款，有力地推动了美国整体投资和经济增长。

美国 10 月份零售与食品服务业销售额环比上升 0.8%。11 月 15 日，美国商务部发布数据显示，经季调，美国 10 月份零售与食品服务业销售额为 4659 亿美元，环比上升 0.8%，同比上升 4.3%。其中，零售贸易额环比上升 1.0%，同比上升 4.3%。

美国 10 月份进口价格指数环比上升 0.5%。11 月 15 日，美国劳工统计局发布数据显示，美国 10 月份进口价格指数环比上升 0.5%，连续 2 个月上涨。其中，燃料进口价格指数环比上升 7.2%。剔除燃料价格，进口价格指数环比下降 0.1%。美国 10 月份出口价格指数环比上升 0.2%。其中，农产品出口价格环比上升 0.4%。剔除农产品，出口价格指数环比上升 0.2%。

加拿大央行称财政和货币政策组合作用已开始显现。加拿大央行副行长 Lawrence Schembri 表示，结构性问题使加拿大出口承压，但财政和货币政策组合作用正在显现，缓解了加拿大央行刺激需求的压力。与预期相比，加拿大出口面临更加严峻的挑战，美国企业和住宅投资疲软是加拿大出口复苏放缓的主要原因之一。

2. 拉美地区

巴西 2016 年 GDP 或萎缩 3.37%。11 月 14 日，巴西央行发布报告下调巴西 2016 年 GDP 增长预期至 -3.37%，下调通货膨胀预期至 6.84%。

3. 欧洲

欧盟和欧元区第三季度 GDP 环比分别增长 0.4%和 0.3%。11 月 15 日，欧盟统计局发布数据显示，经季调，欧盟第三季度 GDP 环比增长 0.4%，同比增长 1.8%；欧元区第三季度 GDP 环比增长 0.3%，同比增长 1.6%。

欧委会发布欧洲秋季一揽子计划。11 月 16 日，欧盟委员会发布欧洲秋季一揽子计划，计划显示欧洲经济复苏以就业为导向，脆弱但具有弹性，GDP 总额已超过危机前水平，失业率下降，投资再次增长。欧委会呼吁成员国遵循“良性三角”原则，加大投资，推进结构性改革，着眼于社会公平和包容性增长；欧元区成员国应选择更加积极的财政政策，克服“低增长，低通货膨胀”风险，支持欧央行货币政策。欧委会建议 2017 年欧元区财政扩张幅度占 GDP 比最高可升至 0.5%。

欧洲央行：欧元区经济复苏机遇与风险并存。11 月 14 日，欧洲央行副行长康斯坦斯奥发表讲话称，世界经济再次面临不确定性。尽管美国或进入新一轮扩张性财政政策，但贸易保护主义抬头、新兴市场经济负面影响和欧洲内部问题都可能减缓或扭曲其溢出效应。在欧洲央行政策影响下，欧元区经济持续稳定复苏，预计 2016 年、2017 年实际 GDP 增速将分别为 1.7% 和 1.6%，失业率将自多年以来首次降至个位数。通货膨胀率将恢复正常，预计 2017 年春季整体通货膨胀率远超 1%。然而，金融稳定存在巨大风险和不确定性：一方面，全球风险溢价逆转可能蔓延并影响资产价格；另一方面，周期性和结构性因素可能为欧洲央行盈利能力带来挑战。

欧盟和欧元区 9 月份工业产出环比分别下降 0.7%和 0.8%。11 月 14 日，欧盟统计局发布数据显示，经季调，欧盟 9 月份工业产出环比下降 0.7%，同比增长 1.2%；欧元区 9 月份工业产出环比下降 0.8%，同比增长 1.2%。其中，欧元区 9 月份耐用消费品环比下降 5.6%，同比下降 0.2%；非耐用消费品环比增长 0.3%，同比增长 1.9%；资本品环比下降 2.2%，同比增长 1.2%；中间品环比下降 0.7%，同比增长 1.3%。

德国第三季度 GDP 同比增长 1.5%。11 月 15 日，德国联邦统计局发布数据显示，德国第三季度 GDP 环比增长 0.2%，同比增长 1.5%。其中，国内最终消费支出是 GDP 增长主要原因，机械设备固定资本形成环比下降，建筑业固定资本形成环比增长，对外贸易增速环比下降。

德国 10 月份 CPI 同比增长 0.8%。11 月 12 日，德国联邦统计局发布数据显示，经季调，德国 10 月份 CPI 环比增长 0.2%，同比增长 0.8%。其中，食品和非酒精饮料价格环比增长 0.1%，同比增长 0.3%；酒类和烟草价格环比下降 0.2%，同比增长 2.2%；能源价格环比增长 1.5%，同比下降 1.4%；剔除能源，CPI 环比增长 0.1%，同比增长 1.1%。

英国 10 月份 CPI 同比增长 0.9%。11 月 15 日，英国国家统计局发布数据显示，经季调，英国 10 月份 CPI 环比增长 0.1%，同比增长 0.9%。服装价格和大学学费增速放缓是 10 月份通货膨胀率增速放缓主要原因，部分游戏、玩具、酒店住宿和非酒精饮料价格下降。同时，9 月份英国核心 CPI 同比增长 1.2%。

英国第三季度失业率为 4.8%。11 月 16 日，英国国家统计局发布数据显示，经季调，英国第三季度就业率为 74.5%，为 1971 年以来最高值；失业率为 4.8%，同比下降 0.5 个百分点，为 2005 年第三季度以来最低值。其中，就业人数为 3179.9 万人，环比增长 4.9 万人，同比增长 46.1 万人；失业人数为 160.4 万人，环比下降 3.7 万人，同比下降 14.6 万人。

意大利 9 月份工业产出环比下降 0.8%。11 月 10 日，意大利国家统计局发布数据显示，经季调，意大利 9 月份工业产出环比下降 0.8%，同比增长 1.9%；第三季度工业产出环比增长 1.2%。

俄罗斯央行：货币政策适度从紧。11 月 11 日，俄罗斯央行发布《2017—2019 年货币政策方针》显示，基于近几年经济环境，俄罗斯应推动经济发展模式向投资与创新导向型转变，创造内在增长潜力和有利商业环境。为保证经济稳定增长和公共福利持续增加，既要降低外部环境变化影响，又要解决固有内生结构性问题。此外，俄罗斯央行将通过以下三点措施实现通货膨胀目标：一是减缓通货膨胀并维持在接近 4%；二是刺激家庭储蓄；三是将储蓄转变为投资。为此，货币政策应适度从紧，确保实际利率为正。

4. 亚洲

日本第三季度实际 GDP 增长 0.5%。11 月 14 日，日本内阁府发布数据显示，日本第三季度实际 GDP 环比增长 0.5%，年化季率为 2.2%。其中，个人最终消费支出环比上升 0.1%，政府最终消费支出环比上升 0.2%，固定资本形成环比上升 0.2%。

日本 9 月份工业产出指数环比增长 0.6%。11 月 14 日，日本经济产业省发布数据显示，经季调，日本 9 月份工业产出指数为 98.4，环比增长 0.6%，同比增长 1.5%；出货指数为 96.4，环比增长 1.8%，同比增长 0.7%；库存指数为 110.9，环比降低 0.5%，同比降低 2%；库存率指数为 114.9，环比增长 1.1%，同比降低 0.2%。

韩国央行维持基准利率 1.25%不变。11 月 11 日，韩国央行发布消息称，维持基准利率 1.25% 不变。主要基于以下原因：一是全球经济持续温和复苏，但受美国货币政策、美国新政府经济政策、英国退欧不确定性和新兴经济体经济状况影响；二是出口持续下降，国内需求增速放缓，就业人数增加，但失业率有所上升，国内经济持续温和增长，但不确定性增加；三是 CPI 小幅上升，房地产市场销售和租赁活跃，由于石油价格低迷的影响削弱，预计 CPI 将逐渐上升；四是国内金融市场受美联储加息预期增强、美国总统选举结果、长期市场利率和韩元汇率大幅上升以及股票价格降低影响。此外，在抵押贷款的影响下，家庭借贷保持持续增长的趋势，超出了近年的水平。

印度 10 月份 CPI 同比增长 4.2%。11 月 15 日，印度国家统计局发布数据显示，经季调，印度 10 月份 CPI 环比增长 0.38%，同比增长 4.2%。其中，食品和饮料价格同比增长 3.71%；炊具、烟草和麻醉品价格同比增长 7.09%；服装价格同比增长 5.24%；住房价格同比增长 5.15%；燃料和照明价格同比增长 2.81%。

澳大利亚 10 月份失业率为 5.6%。11 月 17 日，澳大利亚统计局发布数据显示，经季调，澳大利亚 10 月份失业率为 5.6%，环比维持不变；劳动参与率为 64.5%，环比下降 0.1 个百分点，同比下降 0.6 个百分点。10 月份就业人口环比增加 9800 人。

5. 非洲

南非副财长称南非转型仍任重道远。南非副财长乔纳斯发表讲话称，尽管自 1994 年以来，南非在减贫、基础设施建设以及促进黑人中产阶级增长方面已经做出了不少成就，但要实现经济转型仍任重道远。比如，南非白人的经济参与比重仅占 10%，却占据了 68.9% 的高级管理层职位，南非总体教育和培训水平仍然很低，限制了黑人群体发展，占总人口 77% 的黑人仅拥有 14.3% 的高级管理层职位。

二、国际组织

联合国马拉喀什气候大会高级别会议开幕。11 月 7 日—18 日，《联合国气候变化框架公约》第二十二次缔约方会议暨《京都议定书》第十二次缔约方会议在摩洛哥马拉喀什开幕，本次气候大会分为两个阶段，11 月 7 日—14 日为技术性磋商，11 月 15 日—18 日为部长级代表参加的高级别会议，在第二阶段同时举行《巴黎协定》第一次缔约方会议。此次会议的主要任务是探讨如何落实《巴黎协定》，并制定出发达国家履行资金支持承诺的路线图。11 月 15 日，马拉喀什气候大会高级别会议开幕，联合国秘书长潘基文、60 多个国家领导人、近 200 个国家的部长和谈判代表与会。潘基文在开幕式上呼吁各国将《巴黎协定》转化为具体的政策和行动，尽早开始协定的落实工作。联合国将帮助各国执行《巴黎协定》，并再次呼吁发达国家展现领导力，按照承诺到 2020 年实现每年为发展中国家提供至少 1000 亿美元气候资金的目标。

WTO 发布第 16 期《G20 成员国贸易措施报告》。WTO 发布第 16 期《G20 成员国贸易措施报告》显示，G20 国家整体保持了高水平的贸易限制措施。在本次监测期内（2016 年 5 月—10 月），G20 国家共推出了 85 项新的贸易限制措施，平均每月推出 17 项，与上一监测区间每月 21 项相比有所减少。但整体来看，新限制措施的数量仍然偏多，现有限制措施的取消速度较慢，新增贸易便利措施与上一监测期相比有所减少，并显著低于 2009—2015 年的水平。WTO 总干事阿泽维多对持续增加的贸易限制措施表示担忧，呼吁 G20 国家发挥表率作用，早日兑现其控制实施新贸易限制措施，减少现有贸易限制措施的承诺。

筹建全球钢铁论坛讨论会议在北京召开。11 月 15 日，由 G20 贸易投资工作组召集的筹建钢铁产能过剩全球论坛讨论会议在北京举行，G20 成员、感兴趣的经合组织成员以及经合组织秘书处共计 28 方代表约 100 人与会。中方作为 G20 现任主席国担任会议主席，候任主席国德国担任联合主席。会议就组建论坛的筹备工作，包括论坛工作职责等问题深入交换了意见，并取得积极进展。建立论坛是落实 G20 杭州峰会共识的一项重要举措。G20 领导人在杭州峰会一致呼吁通过组建一个关于钢铁产能过剩的全球论坛，加强信息分享与合作。关于论坛的进展报告将于 2017 年向 G20 相关部长提交。

世界银行：自然灾害导致每年 2600 万人口陷入贫困。11 月 14 日，世界银行与全球减灾与重建基金发布《坚不可摧：加强贫困人口面对自然灾害的韧性》报告显示，极端自然灾害造成平均每年 5200 亿美元的损失，迫使 2600 万人口陷入贫困。暴风雨、洪水和干旱等自然灾害造成的人身伤害和经济损失，通常是贫困人口面临的最大风险。国际社会应通过构建预警系统、完善保险政策、强化社会保障体系等措施帮助受灾人口特别是贫困人口更好地防灾减灾。

三、国际大宗商品

本周纽约原油期货累计上涨4.6%。截至本周四，纽约原油期货累计上涨4.6%。周一纽约原油期货下跌0.09美元，收于每桶43.32美元；周二纽约原油期货上涨2.49美元，创4月份以来最大单日涨幅，收于每桶45.81美元；周三纽约原油期货下跌0.24美元，收于每桶45.57美元；周四纽约原油期货下跌0.15美元，收于每桶45.42美元。

本周纽约黄金期货累计下跌0.6%。截至本周四，纽约黄金期货累计下跌0.6%。周一纽约黄金期货下跌0.2%，收于每盎司1221.7美元；周二纽约黄金期货上涨0.2%，收于每盎司1224.5美元；周三纽约黄金期货下跌0.1%，收于每盎司1223.9美元；周四纽约黄金期货下跌0.6%，收于每盎司1216.9美元，创6月2日以来最低收盘价。

四、区域合作

APEC领导人会议周在秘鲁开幕。11月14日，2016年APEC领导人会议周在秘鲁首都利马开幕。2016年会议主题为“高质量增长和人类发展”。来自APEC各经济体的领导人及代表将围绕区域经济一体化、亚太自贸区、互联互通、服务业合作等问题深入交换看法。会议周内将举行工商咨询理事会会议、部长级会议、工商领导人峰会和领导人非正式会议等活动。

第八次中英经济财金对话在伦敦举行。11月10日，第八次中英经济财金对话在伦敦举行，中国国务院副总理马凯和英国财政大臣哈蒙德共同主持本次对话。双方就宏观经济形势和政策、贸易投资和市场准入、金融服务与金融市场发展、基础设施和产业战略等议题进行了深入探讨，达成了63项成果。双方一致同意，进一步推动英国地区发展计划与中国“一带一路”倡议、“英国工业2050战略”与“中国制造2025”的战略对接；提升投资贸易合作水平，以欣克利角项目为契机，深化民用核能、高铁、航天项目合作；推动金融服务合作常态化，加强金融监管交流，开展绿色金融、普惠金融和金融科技等新领域合作，中英双方承诺加强金融服务合作和市场准入，支持伦敦继续成为世界领先的离岸人民币中心；积极探索第三方市场合作，双方成立的基础设施联盟，将作为中英在各自市场和第三方市场加强基础设施商业合作的关键平台；加强国际事务和宏观经济政策沟通协调，共同落实好杭州峰会成果，推动世界经济实现强劲、可持续、平衡和包容增长。

第四次中法高级别经济财金对话在巴黎举行。11 月 14 日，第四次中法高级别经济财金对话在巴黎举行，中法高级别经济财金对话是就中法经济财金领域的战略性、全局性、长期性问题进行双边沟通和政策协调的关键平台。本次对话以“巩固和发展紧密持久的中法经济财金战略伙伴关系”为主题，由中国国务院副总理马凯与法国经济和财政部长萨班共同主持，双方就携手推动强劲、可持续、平衡和包容性增长，加强贸易、投资与产业合作，深化金融合作等议题进行了交流，取得了 60 项成果。对话期间，双方达成以下共识：一是立足 G20 框架，推动强劲、可持续、平衡和包容增长；二是利用《联合国气候变化框架公约》第 21 次缔约方会议和中国担任 G20 主席国良好势头，支持低碳气候适应型发展、提供和动员气候资金及推动绿色金融；三是进一步完善合作框架，促进中法贸易、投资和产业合作；四是进一步推动中法金融合作、巴黎作为重要的欧元区人民币金融中心和熊猫债券市场的发展。

五、全球宏观经济形势

OECD 国家综合领先指数显示稳定增长势头。OECD 发布最新数据显示，OECD 国家综合领先指数（CLIs）增长势头放缓，但主要新兴经济体增长势头保持稳定。

9 月份 OECD 成员国领先指数继续企稳于 99.73，连续 7 个月变动幅度维持在 0.02 以内。美国、日本、法国、意大利和欧元区均保持稳定增长势头；英国领先指数在短期内也将保持稳定增长；德国和加拿大则重拾增长势头；主要新兴经济体中，中国的领先指数由 98.87 小幅增长至 99.03，印度、巴西和俄罗斯增长势头明显，领先指数分别为 101.06、101.16 和 100.39，南非则降至 98.95。

第 46 周 （2016/11/19—2016/11/25）

2016 年 11 月 19—25 日，国际财经要情有：美联储公布 11 月份货币政策会议纪要；欧洲央行维持主要利率水平不变；英国财政部发布脱欧公投后首份财政报告；日本 10 月份核心 CPI 同比下降 0.4%；亚洲开发银行和亚洲基础设施投资银行宣布第二个联合融资项目；亚太经合组织（APEC）第二十四次领导人非正式会议在秘鲁举行；第 27 届中美商贸联委会在华盛顿举行；OECD 国家第三季度实际 GDP 环比增长 0.6%。

一、区域观察

1. 北美地区

美联储公布 11 月份货币政策会议纪要。11 月 24 日，美联储公布 11 月份货币政策会议纪要显示，绝大多数官员认为，加息概率进一步上升，不过应等待更多经济增长向目标靠拢的证据。如果未来数据能显示经济进一步好转，那么相对快地加息是可能的。纪要显示，官员们普遍认为劳动力市场在持续改进，就业形势较为乐观，但在通货膨胀方面分歧较大。尽管他们都承认通货膨胀在最近几个月有所改善，但部分官员认为这只是暂时现象。一些官员指出 2016 年 12 月份加息是合适的时点。

美国 10 月份 CPI 环比增长 0.4%。11 月 17 日，美国劳工统计局发布数据显示，经季调，美国 10 月份 CPI 环比增长 0.4%，同比增长 1.6%。其中，食品价格环比持平，同比下降 0.4%；能源价格环比增长 3.5%，为 2013 年 2 月份以来最大增幅，同比增长 0.1%。此外，剔除食品和能源，美国 10 月份核心 CPI 环比增长 0.1%，同比增长 2.1%。

美国 10 月份成屋销量年化总数环比上升 2%。11 月 22 日，全美地产经纪商发布数据显示，经季调，美国 10 月份成屋销量年化总数为 560 万套，环比上升 2%，为 2007 年 2 月份以来最高水平。

加拿大 10 月份 CPI 同比上升 1.5%。11 月 18 日，加拿大国家统计局发布数据显示，加拿大 10 月份 CPI 同比上升 1.5%；剔除汽油，10 月份 CPI 同比上升 1.4%。经季调，加拿大 10 月份 CPI 环比上升 0.2%。

2. 拉美地区

巴西 9 月份服务业产出环比下降 0.3%。11 月 16 日，巴西国家统计局发布数据显示，经季调，巴西 9 月份服务业产出环比下降 0.3%，同比下降 4.9%，连续 18 年同期负增长。

3. 欧洲

欧盟和欧元区 10 月份通货膨胀年率均为 0.5%。11 月 17 日，欧盟统计局发布数据显示，欧盟 10 月份通货膨胀年率为 0.5%，环比增长 0.1 个百分点，同比增长 0.5 个百分点；欧元区 10 月份通货膨胀年率为 0.5%，环比增长 0.1 个百分点，同比增长 0.4 个百分点，核心通货膨胀年率为 0.8%。

欧洲央行维持主要利率水平不变。11 月 17 日，欧洲央行发布货币政策会议纪要称，全球经济贸易增长持续低迷，8 月份通货膨胀年率环比增长 0.1 个百分点；欧元区第二季度实际 GDP 环比增长 0.3%，就业增长高于预期并拉动消费增长，失业率下滑，收入保持温和增长，预计 2017 年财政政策大体呈中性。欧洲央行决定分别维持主要再融资操作利率、边际贷款利率和存款利率 0%、0.25% 和 -0.4% 不变，确认每月 800 亿欧元资产购买规模将持续到 2017 年 5 月份或更久，直到通货膨胀率持续调整至与通货膨胀目标一致。预计欧洲央行基准利率在未来一段时间仍将维持现状或更低水平。

欧洲央行：欧元区经济、货币政策与结构性改革要协调推进。11 月 18 日，欧洲央行执委会成员普雷特发表讲话称，欧元区经济持续温和复苏。尽管全球不确定性继续打压国外需求前景，进而抑制出口增长，但是国内需求强劲部分抵消外部不利影响，成为实际 GDP 增长动力；下行风险依然存在，主要包括外部环境和英国脱欧不确定性，欧元区经济增长和通货膨胀前景仍严重依赖于当前有利的金融环境支持。为此，欧洲央行将继续发挥货币政策在促进周期性复苏作用，提高产出至潜在水平，确保通货膨胀重回低于但接近 2% 水平；其他决策者须发挥作用，推动经济从周期性复苏走向结构性复苏，确保长期增长弹性；需求增长应辅之以适当的供给政策。

德拉吉：欧元区应继续推行宽松货币政策。11 月 21 日，欧洲央行行长德拉吉发表讲话称，欧元区经济继续温和稳定复苏，已适应全球环境不良发展和不确定性。欧元区失业率稳步下降，国内需求强劲，实际 GDP 连续 14 个季度增长；自 2016 年年初以来，核心通货膨胀逐渐回升，预计未来几个月将继续上升。通货膨胀回归目标仍依赖当前宽松货币政策。为此，欧洲央行将继续推行宽松货币政策，确保中期通货膨胀走向通货膨胀目标水平。金融业繁荣是经济发展的另一推动因素。然而，诸多结构性因素仍抑制金融部门支持欧元区经济复苏，尤其是银行盈利能力。为此，欧洲央行要采取果断行动，提高经济潜在增长率。

欧元区 9 月份经常账户盈余 253 亿欧元。11 月 18 日，欧盟统计局发布数据显示，经季调，欧元区 9 月份经常账户盈余 253 亿欧元。其中，货物贸易账户盈余 303 亿欧元；服务账户盈余 48 亿欧元；初次收入账户盈余 42 亿欧元；二次收入账户赤字 140 亿欧元。

欧元区 11 月份制造业 PMI 初值为 53.7。11 月 23 日，市场调查机构 Markit 发布数据显示，经季调，欧元区 11 月份制造业 PMI 为 53.7，环比增长 0.2 个百分点，为 34 个月以来最高值。欧元区 11 月份经济增速为 2016 年以来最高。其中，订单数上升、企业雇员增加、价格小幅走高等表明通货膨胀压力为 5 年以来最高。

德国 10 月份工业 PPI 环比增长 0.7%。11 月 18 日，德国联邦统计局发布数据显示，经季调，德国 10 月份工业 PPI 环比增长 0.7%，同比下降 0.4%。其中，能源价格同比下降 2.2%；中间品价格同比下降 0.7%；非耐用消费品价格同比增长 1.1%；耐用消费品价格同比增长 1.2%；资本品价格同比增长 0.6%。

英国财政部发布脱欧公投后首份财政报告。11 月 23 日，英国财政部发布脱欧公投后的首份财政报告《秋季声明》，预计英国为 2016 年增长最快主要经济体，尽管未来两年将出现经济增速放缓和通货膨胀上涨情况，但是未来 5 年经济增长将依然向好，就业率将继续提高。英国政府计划至 2020 年削减 2% 基础赤字和债务，为公路、铁路、科研和住房投资创造空间，灵活支持经济增长。此外，英国政府承诺将提高个人免税额，2017 年春季起提高国家最低生活工资和国家最低工资；2020 年削减企业税至 17%，划拨 4 亿英镑用于创新企业投资；建立公平可持续税收体系，打击避税者，2017 年 6 月 1 日起将提高 2% 保险费税。

贸易方面，英财政部经济次官科比表示，对英国经济前景和继续吸引外国投资仍充满信心。英国对贸易保持开放，非常重视对华经贸关系，将和包括中国在内的所有长期贸易伙伴继续保持密切合作。

法国 11 月份制造业 PMI 初值为 51.5。11 月 23 日，市场调查机构 Markit 发布数据显示，经季调，法国 11 月份制造业 PMI 为 51.5，环比下降 0.3 个百分点；制造业产出指数为 50.9，环比下降 1.6 个百分点。其中，私营部门产出增速略微上升，主要由服务部门增长拉动；制造业产出增速环比下降。

俄罗斯 1—9 月份固定资产投资同比下滑 2.3%。11 月 18 日，俄联邦国家统计局公布数据显示，俄罗斯 1—9 月份固定资产投资额为 9.116 万亿卢布（约 1424 亿美元），同比下滑 2.3%。俄罗斯经济发展部预计，俄罗斯 2016 年固定资产投资将下滑 3.7%。

4. 亚洲

日本10月份核心CPI同比下降0.4%。11月25日，日本国家统计局公布数据显示，日本10月份CPI同比增长0.1%，高于预期；剔除生鲜食品，10月份核心CPI同比下降0.4%，为连续第8个月负增长，创2011年以来最长连跌。市场分析人士认为，尽管日本央行多次表态将努力达到通货膨胀目标，但仍难掩盖薪资并无明显增长、国内需求疲软的状况。

日本10月份贸易顺差为4962亿日元。11月21日，日本财务省公布数据显示，由于日元同比升值及大宗商品价格低位徘徊，日本10月份贸易顺差为4962亿日元，同比增长373.5%。其中，日本对中国10月份贸易逆差达3412亿日元，为连续第56个月赤字；对美国贸易顺差约为5800亿日元，同比下降12.6%；对欧盟贸易逆差约为244亿日元。

韩国中小企业对外投资连续6个季度保持增长。11月23日，韩国进出口银行发布数据显示，韩中小企业三季度对外直接投资达15.54亿美元，同比增长14.3%，自2015年第二季度以来连续6个季度保持增长。韩中小企业通过设立当地法人和投资设厂，积极开拓当地市场，特别是随着美国贸易保护政策的抬头，也从侧面刺激韩国企业在美设立法人规避风险。

新加坡10月份整体CPI同比下降0.1%。11月23日，新加坡贸易与工业部发布数据显示，新加坡10月份整体CPI同比下降0.1%，环比下降0.3个百分点；核心CPI同比上升1.1%，环比持平。其中，石油品价格同比上升3.7%，环比下降0.5%；食品价格同比上升1.9%，环比持平；服务业价格同比上升1.4%，环比上升0.2%；私人道路运输成本同比持平，环比上升0.5%；住房成本同比下降3.8%，环比下降1.9%。

5. 非洲

南非10月份CPI同比上涨6.4%。11月23日，南非统计局公布数据显示，南非10月份CPI同比上涨6.4%，超过南储备银行设定的3%—6%目标区间。受长期干旱影响，食品和非酒精饮料的物价指数同比上涨11.7%，对CPI增幅贡献了1.8个百分点。此外，汽油价格在10月初上调0.45兰特/升，成为推高CPI的另一因素。

南非第三季度失业率达27.1%。11月22日，南非统计局公布数据显示，南非第三季度失业率为27.1%，环比增长0.5个百分点，为2003年以来最高水平。其中，青年失业率高达38.2%。

二、国际组织

亚洲开发银行和亚洲基础设施投资银行宣布第二个联合融资项目。11 月 21 日，亚洲开发银行宣布批准一项 1.67 亿美元的贷款项目，用于提高孟加拉国首都达卡北部一处天然气田的生产效率并改善该国输气基础设施，以促进该国经济可持续增长并减少贫困。经亚洲基础设施投资银行董事会批准，亚投行将提供额外的 6000 万美元，由亚洲开发银行进行管理。这是亚洲开发银行和亚洲基础设施投资银行联合融资的第二个项目。同时孟加拉国政府也将为该项目提供 2.26 亿美元资金。预计该项目将为孟加拉国提供额外的清洁能源，缓解天然气供给短缺和传输瓶颈，有效提升孟加拉国能源部门对经济可持续增长的贡献。

新开发银行批准对中印两项贷款。11 月 22 日，新开发银行（NDB）宣布银行董事会批准对中国和印度的两项贷款，将为中国福建莆田平海湾海上风电项目和印度中央邦主要地区道路项目分别提供 20 亿人民币和 3.5 亿美元贷款。新开行行长卡马特表示，新批准的两个项目与 2016 年年初批准的项目，旨在满足成员国基础设施建设需求。这些项目符合新开发银行为金砖国家及其他新兴经济体和发展中国家的基础设施建设和可持续发展项目动员资源的宗旨。到目前为止，新开发银行第一年批准的项目已达 7 个，包括超过 15 亿美元的资金援助。此外，新开发银行董事会讨论并通过了银行 2017 年度计划，包括支持 25 亿美元贷款的融资计划以及新开发银行预算。

FSB 发布 2016 年全球系统重要性银行名单。11 月 21 日，金融稳定理事会（FSB）发布 2016 年全球系统重要性银行名单。新公布名单中的 30 家银行与 2015 年相同，其中 7 家银行评级被调整。花旗银行超过汇丰银行，与摩根大通并列全球最具系统重要性的银行，附加资本充足率为 2.5%。汇丰银行、法国巴黎银行和德意志银行同处于第二档，附加资本充足率为 2%，美国银行评级上调后进入这一等级。巴克莱银行评级下调至附加资本充足率为 1.5% 的第三档，中国工商银行和富国银行评级上升至与巴克莱同级。中国农业银行、中国银行、中国建设银行等处于第四档，资本附加充足率为 1%，摩根士丹利评级下调后也处于这一等级。同时，FSB 更新了 9 家全球系统重要性保险公司名单，包括全球人寿、美国国际集团、美国大都会人寿保险公司、德国安联、法国安盛保险、英国英杰华集团、中国平安保险、美国保德信金融集团和英国保诚集团。

三、国际大宗商品

本周纽约原油期货累计上涨 3.5%。截至本周四，纽约原油期货累计上涨

3.5%。周一纽约原油期货上涨1.88美元，收于每桶48.24美元；周二纽约原油期货下跌0.21美元，收于每桶48.03美元；周三纽约原油期货下跌0.07美元，收于每桶47.96美元；周四纽纽交所因感恩节休市。

本周纽约黄金期货累计下跌1.6%。截至本周四，纽约黄金期货累计下跌1.6%。周一纽约黄金期货上涨0.1%，收于每盎司1209.8美元；周二纽约黄金期货上涨0.1%，收于每盎司1211.2美元；周三纽约黄金期货下跌1.8%，收于每盎司1189.3美元，创2月中旬以来新低；周四纽交所因感恩节休市。

四、区域合作

亚太经合组织（APEC）第二十四次领导人非正式会议在秘鲁举行。11月20日，APEC第二十四次领导人非正式会议在秘鲁利马举行，本次APEC领导人非正式会议的主题是“高质量增长和人类发展”。与会各经济体领导人围绕“当前全球形势下自由贸易和投资面临的挑战”“粮食安全、适应气候变化和获取水资源”和“融合亚太：实现真实、有效的区域互联互通”等重点议题深入交换看法。国家主席习近平出席并发表题为《面向未来开拓进取促进亚太发展繁荣》的重要讲话，强调要深化亚太伙伴关系，以开放谋共赢，以融合促繁荣，不断开拓进取，共创亚太发展的美好未来。各经济体领导人表示，亚太是全球经济增长的重要引擎。当前形势下，要构建亚太开放型经济，反对贸易保护主义，深入推进亚太自由贸易区进程，持续推进全方位互联互通，为亚太和全球经济增长注入新动力。各成员经济体应该继续发挥好亚太经合组织作用，落实好往年会议成果，规划好未来亚太合作愿景，促进亚太经济持久繁荣。会议发表了《亚太经合组织第二十四次领导人非正式会议宣言》。

第27届中美商贸联委会在华盛顿举行。11月21日—23日，第27届中美商贸联委会在美国华盛顿举行。国务院副总理汪洋与美国商务部长普里茨克、贸易代表弗罗曼共同主持。美国农业部长维尔萨克与会。汪洋表示，习近平主席和奥巴马总统在杭州会晤和利马会晤期间，就推动中美经贸关系发展达成重要共识，为本届联委会的召开指明了方向。中方愿同美方一道努力，认真落实两国元首共识，拓宽合作面，推动两国在双向投资、知识产权、创新政策、竞争政策、标准制订、数字经济、食品安全等领域合作取得更多成果，妥善管控分歧，向外界诠释中美不冲突不对抗、相互尊重、合作共赢新型大国关系的内涵，为2017年及更长时期中美经贸关系发展打下坚实基础，展示中美商贸联委会机制的作用和生命力。美方表示，联委会自成立以来，在促进双边贸易、扩大投资、解决工商界重点关注方面发挥了积极作用。近年来双方对联委会机制进行改革，增加了合作性系列活动和战略性议题的讨论，形成诸多共识。美方愿利用奥巴马政府剩余任期，推动双边经贸合作取得更多务实成果，为美中经贸关系在美政府换届后平稳过渡奠定基础。

中国与新西兰宣布启动自贸区升级谈判。11 月 20 日，在秘鲁利马举行的 APEC 领导人会议期间，中国与新西兰共同宣布正式启动中国—新西兰自贸协定升级谈判。按照两国领导人共识，2015 年 3 月，双方建立了中新自贸协定升级谈判联合评估机制，并于近期提出了《联合评估工作组关于中国—新西兰自由贸易协定升级的建议》。根据该建议，升级谈判范围将涵盖服务贸易、竞争政策、电子商务、农业合作、环境、技术性贸易壁垒、海关程序合作和贸易便利化、原产地规则等众多领域，将推动中新自贸协定升级成为更高水平的贸易协定。双方同意，第一轮谈判于 2017 年上半年举行，力争尽早达成协议。

中国分别与秘鲁、智利宣布启动自贸协定升级联合研究。11 月 21 日，中秘双方共同签署《中华人民共和国商务部和秘鲁共和国外贸旅游部关于中国—秘鲁自由贸易协定升级的谅解备忘录》，宣布启动双边自贸协定升级联合研究。中国—秘鲁自贸协定于 2009 年 4 月签署，并于 2010 年 3 月开始实施，是我国与拉美国家达成的第一个一揽子的自贸协定。中秘自贸协定自实施以来，带动双边经贸关系快速发展。2015 年中秘双边贸易额达 160.2 亿美元，是协定实施前的 2.2 倍。

11 月 22 日，在习近平主席访问智利期间，中智双方签署《中华人民共和国商务部和智利共和国外交部关于启动中国—智利自由贸易协定升级谈判的谅解备忘录》，宣布启动自贸协定升级谈判。

五、全球宏观经济形势

OECD 国家第三季度实际 GDP 环比增长 0.6%。11 月 21 日，OECD 发布最新数据显示，2016 年第三季度 OECD 国家 GDP 环比增长达 0.6%，第二季度环比增长 0.3%。2016 年第三季度，除英国和德国外，G7 其他国家经济增速加快。英国和德国的实际 GDP 环比增速分别从第二季度的 0.7% 和 0.4% 下降至第三季度的 0.5% 和 0.2%。美国、日本、意大利和法国的经济增速增长较快，分别从第二季度的 0.4%、0.2%、0.0% 和 -0.1% 增长至第三季度的 0.7%、0.5%、0.3% 和 0.2%。欧盟和欧元区国家的环比增速则稳定在 0.4% 和 0.3% 的水平。

同比来看，OECD 国家 2016 年第三季度 GDP 同比增长 1.7%，与第二季度同比增长 1.6% 相比有小幅提高。七国集团中，英国和德国第三季度 GDP 同比增速较高，分别为 2.3% 和 1.7%。日本则达到记录以来最低值 0.8%。

世界银行：东欧中亚区域经济增速放缓。11 月 22 日，世界银行最新发布东欧中亚区域经济展望显示，2016 年整个东欧和中亚地区经济增速预期为 1.6%，与 2015 年同期的 1.4% 相比虽有小幅提高，但收入和消费水平的下降将持续影响增长，该趋势预计将持续至 2017—2018 年。

报告认为，油价和大宗商品价格走低、欧盟国家投资率下降以及持续的结构性挑战成为影响区域经济增长的主要因素，英国脱欧公投和难民危机正在考验欧洲的团结合作，东欧国家需努力适应低油价带来的影响。地区经济潜力无法释放、经济格局发生变化以及薄弱的社会保障体系导致民粹主义和经济极化趋势增强。世界银行认为，目前的经济增速放缓是东欧和中亚国家走上正确发展道路的必经过程。政府应积极作为，促进就业，帮助企业开拓出口市场，降低建立新企业和进入新市场的成本，减少对劳动力自由流动的限制。此外，还应加强就业和社会保障体系建设，更好地保护弱势群体。

第 47 周（2016/11/26—2016/12/02）

2016 年 11 月 26 日—12 月 2 日，国际财经要情有：美国第三季度 GDP 年化季率修正值为 3.2%；加拿大第三季度实际 GDP 环比增长 0.9%；巴西央行下调基准利率至 13.75%；德国第三季度 GDP 环比增长 0.2%；英国第三季度 GDP 环比增长 0.5%；法国第三季度 GDP 环比增长 0.2%；印度第三季度 GDP 同比增长 7.3%；OPEC 达成石油减产协议；大湄公河次区域经济合作第 21 次部长级会议在泰国举行；OECD 发布最新一期《全球经济展望》报告。

一、区域观察

1. 北美地区

美国第三季度 GDP 年化季率修正值为 3.2%。11 月 30 日，美国商务部发布数据显示，经季调，美国第三季度 GDP 年化季率上修至 3.2%，高于预期，为 2014 年以来第三季度最高增速。个人消费支出强劲增长与大豆出口激增是第三季度 GDP 增速加快的主要原因。其中，第三季度个人消费支出环比增长 2.8%，出口环比增长 10.1%，为 2013 年第四季度以来最高增速。

美国 10 月份个人收入环比上升 0.6%。11 月 30 日，美国商务部发布数据显示，美国 10 月份个人收入环比增加 986 亿美元，环比上升 0.6%；个人可支配收入环比增加 865 亿美元，环比上升 0.6%；实际个人可支配收入环比上升 0.4%；个人消费支出环比增加 381 亿美元，环比上升 0.3%；实际个人消费支出环比上升 0.1%。此外，10 月份个人消费支出价格指数环比上升 0.2%，同比上升 1.4%；剔除食品和能源价格，10 月份个人消费支出价格指数环比上升 0.1%，同比上升 1.7%。

美国 11 月份 ISM 制造业指数升至 53.2。12 月 1 日，美国供应管理协会发布数据显示，美国 11 月份 ISM 制造业指数为 53.2，环比上升 1.3 个百分点，制造业连续 3 个月增长；新订单指数为 53，环比上升 0.9 个百分点；生产指数为 56，环比上升 1.4 个百分点；就业指数为 52.3，环比下降 0.6 个百分点；价格指数为 54.5，环比持平，其中原材料价格连续 9 个月上涨。

加拿大第三季度实际 GDP 环比增长 0.9%。11 月 30 日，加拿大国家统计局发布数据显示，加拿大第三季度实际 GDP 环比增长 0.9%，能源品出口反弹是 GDP 增长的主要原因。其中，货物与服务出口环比增长 2.2%，进口环比增长 0.8%；最终家庭消费支出环比增长 0.6%；政府最终消费支出环比下降 0.3%；商业库存增加 48 亿加元。数据显示，加拿大第三季度实际 GDP 年化环比增长 3.5%。

2. 拉美地区

巴西第三季度 GDP 同比萎缩 2.9%。11 月 30 日，巴西地理统计局公布数据显示，巴西第三季度 GDP 环比萎缩 0.8%，同比萎缩 2.9%，为连续第 7 个季度出现负增长。其中，工业、农业、服务业同比分别下滑 6%、2.9% 和 2.2%。受通货膨胀、利率、收入等因素影响，巴西第三季度投资和家庭消费同比分别下降 8.4% 和 3.4%；受汇率影响，出口同比增长 0.2%，进口同比下降 6.8%。

巴西央行下调基准利率至 13.75%。11 月 30 日，巴西中央银行宣布，下调基准利率 0.25 个百分点至 13.75%，为 4 年多以来第二次降息。

3. 欧洲

欧盟和欧元区 10 月份失业率分别为 8.3% 和 9.8%。12 月 1 日，欧盟统计局发布数据显示，经季调，欧盟 10 月份失业率为 8.3%，环比下降 0.1 个百分点，同比下降 0.8 个百分点，为 2009 年 2 月份以来最低；欧元区 10 月份失业率为 9.8%，环比下降 0.1 个百分点，同比下降 0.8 个百分点，为 2009 年 7 月份以来最低。

欧元区 11 月份通货膨胀年率为 0.6%。11 月 30 日，欧盟统计局发布数据显示，欧元区 11 月份通货膨胀年率为 0.6%，环比增长 0.1 个百分点。其中，服务价格同比增长 1.1%，食品、酒类与烟草价格同比增长 0.7%，能源价格同比下降 1.1%，非能源工业产品价格同比增长 0.3%。此外，欧元区 11 月份核心通货膨胀年率为 0.8%。

欧元区 10 月份 M_3 供应同比增长 4.4%。11 月 28 日，欧洲央行发布数据显示，经季调，欧元区 11 月份 M_3 供应同比增长 4.4%，M_1 供应同比增长 7.9%，家庭贷款同比增长 1.8%，非金融企业贷款同比增长 2.1%。

德国第三季度 GDP 环比增长 0.2%。11 月 24 日，德国联邦统计局发布数据显示，经季调，德国第三季度 GDP 环比增长 0.2%，同比增长 1.7%。其中，消费支出环比增长 0.6%，资本形成总额环比增长 0.2%，出口额环比下降 0.4%，进口额环比增长 0.2%。

德国 10 月份失业率为 4.1%。11 月 30 日，德国联邦统计局发布数据显示，经季调，德国 10 月份失业率为 4.1%，环比下降 0.1 个百分点，同比下降 0.4 个百分点；就业率为 66.1%，环比下降 0.1 个百分点，同比增长 0.9 个百分点。

英国第三季度 GDP 环比增长 0.5%。11 月 25 日，英国国家统计局发布数据显示，经季调，英国第三季度 GDP 环比增长 0.5%，同比增长 2.3%，连续 15 个季度正增长。其中，家庭支出环比增长 0.7%，固定资本形成总额环比增长 1.1%，人均 GDP 环比增长 0.3%。

法国第三季度 GDP 环比增长 0.2%。11 月 29 日，法国国家统计局发布数据显示，经季调，法国第三季度 GDP 环比增长 0.2%。其中，家庭消费支出环比维持不变；固定资本形成总额环比增长 0.2%；最终国内需求环比维持不变；进口环比增长 2.5%；出口环比增长 0.5%。

意大利 10 月份 CPI 环比下降 0.1%。11 月 30 日，意大利国家统计局发布数据显示，意大利 10 月份 CPI 环比下降 0.1%，同比下降 0.6%。其中，国内市场 CPI 环比下降 0.2%，非国内市场 CPI 环比增长 0.2%。

俄罗斯 2017 年经济或增长 1%。俄罗斯副总理舒瓦洛夫表示，预计 2016 年全年俄经济将下滑 0.6%—0.7%，2017 年俄经济将增长 1%。他认为，2015 年俄经济曾经历大幅下滑，目前已出现环比微弱增长，银行业等领域日渐企稳。

4. 亚洲

日本 10 月份失业率为 3%。11 月 29 日，日本国家统计局发布数据显示，经季调，日本 10 月份失业率为 3%，环比维持不变。其中，就业人数为 6495 万人，同比增长 1%，就业率为 58.6%；失业人数为 195 万人，同比下降 6.3%。

日本 11 月份制造业 PMI 初值环比下降 0.3 个百分点。市场调查机构 Markit 发布数据显示，日本 11 月份制造业 PMI 初值为 51.4，环比下降 0.3 个百分点；制造业产出指数初值为 52.3，环比下降 1.1 个百分点。产出连续 4 个月增长，国际需求增长推动新订单激增是主要原因。此外，就业增速有所放缓，制造商对经济前景信心有所减弱。

印度第三季度 GDP 同比增长 7.3%。12 月 1 日，印度国家统计局发布数据显示，印度第三季度 GDP 同比增长 7.3%，环比增长 0.2 个百分点，低于预期。印度仍是全球主要经济体中经济增速最高的国家之一。

新西兰 10 月份货物贸易逆差 8.46 亿纽元。11 月 25 日，新西兰国家统计局发布数据显示，新西兰 10 月份货物贸易逆差 8.46 亿纽元，货物出口额上升 2.2%。林业产品出口额上升 25% 和水果出口额上升 40% 是出口总额上升的主要原因。肉类及可食用副产品出口额同比下降 18%。截至 10 月份，新西兰 2016 年货物贸易逆差总额为 33 亿纽元。

5. 非洲

南非公布综合能源计划草案。南非内阁会议批准了南非综合能源计划草案。与 2011 年的计划草案相比，燃煤发电的装机容量显著减少，但煤电和核能仍然是南非 2050 年之前混合能源的主要构成。根据草案，到 2050 年，在新装机容量方面，核能将到达 2000 万千瓦，天然气为 3500 万—4000 万千瓦，煤电为 1500 万千瓦，风能和太阳能总计 5500 万千瓦。

二、国际组织

德国正式接任 G20 主席国。12 月 1 日，德国正式接替中国，成为 G20 新一任主席国，2017 年 G20 峰会将在 2017 年 7 月在德国汉堡举行，中国将作为“三驾马车”成员，全力支持德方主办一届成功的汉堡峰会。按计划，到 2017 年年底前，德国财长朔伊布勒和德意志联邦银行行长魏德曼将共同主持数次 G20 财长和央行行长会。朔伊布勒表示，中德通力合作对 G20 汉堡峰会取得成功至关重要。在世界经济充满挑战和不确定性的背景下，德方将致力于推动 G20 各国在重振经济增长、推进结构性改革、加强金融治理等方面取得进展。

OPEC 达成石油减产协议。11 月 30 日，OPEC 在维也纳举行石油部长会议，决定实施新的 3250 万桶/日的生产目标，较之前减产约 120 万桶/日。协议将于 2017 年 1 月份生效，持续期 6 个月，是 OPEC 近 8 年来首个减产协议。会议还决定成立高级监督委员会，由各成员国石油部长和 OPEC 秘书长作为委员会成员对减产协议的实施进行监督。OPEC 各成员国均表示将支持减产协议，继续致力于建设稳定和平衡世界石油市场。会议还对未来世界经济和石油市场进行了展望，预计 2016 年世界经济增速为 2.9%，2017 年提高到 3.1%。非 OPEC 成员国石油供给将在 2016 年减少 80 万桶/日，在 2017 年增长 30 万桶/日。同时，世界石油需求将在未来两年实现 120 万桶/日的稳定增长。

亚洲开发银行：东亚新兴市场债券收益率上升。11 月 29 日，亚洲开发银行发布最新一期《亚洲债券监测》报告，报告显示 2016 年 10 月 31 日到 11 月中旬，由于美国经济政策不确定性带来的影响，东亚新兴市场债券收益率普遍上升。除中国两年期债券收益率维持不变外，其他东亚新兴市场两年期和 10 年期本币债券收益率均有所上升。截至 9 月底，东亚新兴市场的未清偿本币债券总计超过 10.4 万亿美元，季度环比增长 3.3%，同比增长 19.2%。近期，东亚国家货币经历了对美元的贬值。除中国和新加坡外，其余东亚国家股票市场也出现了新一轮走低。

非洲发展基金举行第十四次增资第三次会议。11 月 28 日，非洲发展基金（ADF）第十四次增资第三次会议即最后一次会议在卢森堡举行，会议旨在为非洲发展基金 2017—2019 年项目筹集资金，助力非洲十年战略。非洲发展基金第十四次增资目标明确，重点关注非开行五个战略优先发展领域，即“点亮非洲、充足的食物供应、实现工业化、区域一体化以及提高非洲人民生活水平”。具体投资计划包括在能源部门投资 29 亿美元；在农业部门投资 21 亿美元；在工业部门投资 17 亿美元；此外，还有 27 亿美元将被用于促进区域一体化；19 亿美元将被用于为成员国创造就业岗位和职业技能培训。

世界经济论坛发布《2016 年全球贸易促进报告》。11 月 30 日，世界经济论坛发布《2016 年全球贸易促进报告》，对全球 136 个经济体的“贸易促进指数”进行评估，评估涉及市场准入、边境管理、交通基础设施、运输服务等多个领域。2016 年排名前十位的经济体依次为新加坡、荷兰、中国香港特别行政区、卢森堡、瑞典、芬兰、奥地利、英国、德国、比利时。中国排在第 61 位。报告显示，全球贸易环境较好的经济体集中于北欧和西欧，但在美欧市场萎缩的背景下，东盟地区市场开放程度取得明显进展。随着东盟各经济体融入全球经济一体化的程度逐步加深，本地区货物贸易市场的开放程度已经超过欧盟和美国。报告指出，目前全球仍有大量人口无法融入国际贸易或全球价值链，这主要体现在部分新兴市场贸易促进指数欠佳，如印度、巴西、俄罗斯、巴基斯坦等排名均在百位之外。由于市场准入状况显著改善，撒哈拉以南非洲地区成为 2016 年进步最显著的地区。

三、国际大宗商品

本周纽约原油期货累计上涨 10.9%。截至本周四，纽约原油期货累计上涨 10.9%。周一纽约原油期货上涨 1.02 美元，收于每桶 47.08 美元；周二纽约原油期货下跌 1.85 美元，收于每桶 45.23 美元；周三纽约原油期货受 OPEC 达成减产协议影响，大涨 4.21 美元，收于每桶 49.44 美元；周四纽约原油期货上涨 1.62 美元，收于每桶 51.06 美元，创逾一个月以来新高。

本周纽约黄金期货累计下跌 1%。截至本周四，纽约黄金期货累计下跌 1%。周一纽约黄金期货上涨 1.1%，收于每盎司 1293.8 美元；周二纽约黄金期货下跌 0.3%，收于每盎司 1190.8 美元；周三纽约黄金期货下跌 1.4%，收于每盎司 1173.9 美元；周四纽约黄金期货下跌 0.4%，收于每盎司 1169.4 美元。

四、区域合作

大湄公河次区域经济合作第 21 次部长级会议在泰国举行。12 月 1 日，大湄公河次区域（GMS）经济合作第 21 次部长级会议在泰国清莱举行。GMS 成员国的部长级政府官员或其代表、亚洲开发银行副行长格罗夫、有关国际组织代表出席了会议。财政部部长助理戴柏华率团出席会议。会议主题为“推动 GMS 经济走廊沿线的包容性增长”。会议通报了 GMS 优先合作领域最新进展，通过了区域投资框架执行计划中期审议报告，批准了 GMS 战略框架中期审议总体设想以及加强 GMS 机制、调整经济走廊规划的相关建议，并就 GMS 战略框架中期审议及 5 年行动计划进行了讨论，发表了 GMS 第 21 次部长级会议联合声明。戴柏华在会议发言中肯定了 GMS 经济合作取得的积极进展，并结合中方“一带一路”倡议提出三点建议：一是发挥 GMS 经济合作优势，推进 GMS 机制和“一带一路”倡议的对接；二是加快基础设施重大项目建设，促进区域互联互通；三是创新产业合作模式，推动各国产能合作，为域内各国人民带来实实在在的利益。

中国－斯里兰卡自贸区第四轮谈判在京举行。中国－斯里兰卡自贸区第四轮谈判在北京举行。在本轮谈判中，中斯双方就货物贸易、服务贸易、投资、经济技术合作、原产地规则、海关程序和贸易便利化、技术性贸易壁垒和卫生与植物卫生措施、贸易救济、争端解决等议题充分交换了意见，谈判取得积极进展。

五、全球宏观经济形势

OECD 发布最新一期《全球经济展望》报告。11 月 28 日，OECD 发布最新一期《全球经济展望》报告指出，全球经济在经历了过去 5 年的持续低迷后，有望重拾较快增长势头。报告认为，有针对性的增加公共支出可以促进私营部门发展，帮助世界经济走出低增长陷阱。目前主要经济体正在进行或将要启动的财政改革已经成为拉动世界经济增长的中坚力量，预计 2017 年全球经济增速为 3.3%，较 9 月份预期提高了 0.1%，2018 年将进一步提高到 3.6%。

主要发达经济体中，美国经济将加速增长，2017 和 2018 年经济增长预期分别为 2.3% 和 3%，这主要得益于美当选总统特朗普宣布即将推出的宽松财政政策。欧元区 2017 年经济增长预期为 1.6%，2018 年上升至 1.7%。日本 2017 年经济增长预期为 1%，2018 年小幅下降至 0.8%。预计 35 个 OECD 国家将在 2017 年和 2018 年分别实现 2% 和 2.3% 的经济增长。新兴经济体中，中国经济“再平衡”或将使经济增速有所放缓，预计 2017 年中国经济增速为 6.4%，2018 年进一步降至 6.1%。未来两年印度经济增长将维持在 7.5% 左右。除中国、印度外，大多数新兴经济体将维持缓慢增长。巴西经济有望在 2017 年年底从深度衰退中复苏，在 2018 年实现 1.2% 的增长。

此外，报告还列举可能威胁全球经济增长的金融风险，如汇率和资本流动的不确定性、价格扭曲加大了企业资产负债表的脆弱性、银行盈利能力下降以及发达经济体养老金体系长期稳定性面临挑战等。此外，保护主义抬头也将为国际贸易增长蒙上阴影。

OECD 秘书长古里亚表示，在目前的低利率环境下，政策制定者应把握这一独特的机会窗口，积极利用财政杠杆促进增长，在不影响债务水平的情况下减少发展中的不平等现象。展望最后呼吁各国政府避免采取贸易保护主义措施，积极实施一揽子结构性政策，积极创造就业岗位、增强企业活力、实施有效的再分配政策并推动贸易成果共享。

第 48 周（2016/12/03—2016/12/09）

2016 年 12 月 3—9 日，国际财经要情有：美国 11 月份失业率为 4.6%；欧盟和欧元区第三季度 GDP 环比分别上升 0.4% 和 0.3%；欧洲央行维持主要利率水平不变；日本第三季度 GDP 年化季率下修至 1.3%；澳大利亚第三季度 GDP 环比下降 0.5%；澳大利亚央行宣布维持现金利率 1.50% 不变；G20 财政和央行副手会在德国柏林举行；中国—巴基斯坦自贸区第二阶段谈判第七次会议举行；亚洲开发银行发布《2016 年亚洲经济一体化》报告。

一、区域观察

1. 北美地区

美国 11 月份失业率为 4.6%。12 月 2 日，美国劳工统计局发布数据显示，美国 11 月份非农就业人口环比上升 17.8 万人。其中，专业和商业服务就业人数环比上升 6.3 万人，医疗保健行业就业人数环比上升 2.8 万人，建筑业就业人数环比上升 1.9 万人。此外，美国 11 月份失业率为 4.6%，环比下降 0.3 个百分点；劳动参与率为 62.7%，环比下降 0.1 个百分点。

美国 10 月份贸易赤字 426 亿美元。12 月 6 日，美国商务部发布数据显示，美国 10 月份贸易赤字 426 亿美元，环比增加 64 亿美元，同比下降 88 亿美元。其中，10 月份出口额为 1864 亿美元，环比下降 34 亿美元，同比下降 587 亿美元；进口额为 2290 亿美元，环比增加 30 亿美元，同比下降 675 亿美元；货物贸易逆差 634 亿美元，环比增加 63 亿美元；服务贸易顺差 20.8 亿美元，环比下降 1 亿美元。

美国 11 月份 ISM 非制造业指数为 57.2。12 月 5 日，美国供应管理协会发布数据显示，美国 11 月份 ISM 非制造业指数为 57.2，环比上升 2.4 个百分点，非制造业部门连续 82 周保持增长；非制造业商业活动指数为 61.7，环比上升 4.0 个百分点；新订单指数为 57，环比下降 0.7 个百分点；就业指数为 58.2，环比上升 5.1 个百分点，为 2015 年 10 月份以来最高水平；价格指数为 56.3，环比下降 0.3 个百分点。

加拿大央行维持隔夜利率0.5%不变。12 月 7 日，加拿大央行宣布维持隔夜利率、银行利率和存款利率0.5%、0.75%、0.25%不变。加拿大央行表示，全球经济状况已经好转，但不确定性仍未消除；全球债券收益率在美国大选后急速反弹，反映出对美国财政扩张的预期；受美国形势影响，加拿大债券收益率大幅攀升。加拿大消费增长强劲，就业持续上涨，但商业投资和非能源货物出口依然疲软；通货膨胀有所提振，但仍低于预期，食品价格下跌是主要原因；加元走软对核心通货膨胀的影响正在消散。鉴于此，加拿大央行决定维持利率不变。

加拿大10 月份贸易赤字11 亿加元。12 月 6 日，加拿大国家统计局发布数据显示，加拿大10 月份贸易赤字11 亿加元，环比下降44 亿加元，为2016 年1 月份以来最低水平。其中，10 月份进口额为447 亿加元，环比下降6.3%，为2015 年2 月份以来最低水平；出口额为436 亿加元，环比上升0.5%。

加拿大11 月份失业率为6.8%。12 月 2 日，加拿大国家统计局发布数据显示，加拿大11 月份失业率为6.8%，环比下降0.2 个百分点；就业人口环比增加1.1 万人，同比增长18.3 万人；总工时同比上升1.1%。

2. 拉美地区

墨西哥总统：誓做全球贸易积极参与者。12 月 1 日 –2 日，墨西哥对外贸易理事会（COMCE）第23 届年会在瓜纳华托州莱昂市举行，墨总统培尼亚在致辞中表示，墨将在两个前提下继续支持自由贸易，一是拓展新市场和巩固现有市场；二是继续推动北美整体竞争力提高。培尼亚强调，墨西哥希望加强与全球贸易伙伴的经贸关系，特别要加强针对四大区域的对外贸易发展战略。一是南美地区。落实太平洋联盟自贸协定，加快与智利、哥伦比亚和秘鲁的经济一体化进程，加紧与巴西和阿根廷两大贸易伙伴的经贸关系，扩大进口优惠关税产品范围；二是欧盟及欧洲地区。加快与欧盟自贸升级谈判进程，争取早日取得实质性进展；三是亚太地区。墨西哥参与全球一体化不能忽视亚太地区，尽管目前TPP 结局尚不明确，但墨西哥应在已取得的谈判成果基础上与一些亚太地区国家建立自贸关系；四是北美地区。墨西哥将继续推动北美整体竞争力，已和美国建立了高层经济对话机制，在边境贸易便利化、边境基础设施建设、跨境交通便利化等领域取得进展。墨西哥愿在“双赢”的基础上与美国、加拿大展开北美自贸协定升级谈判。

3. 欧洲

欧盟和欧元区第三季度GDP 环比分别上升0.4%和0.3%。12 月 6 日，欧盟统计局发布数据显示，经季调，欧盟第三季度GDP 环比上升0.4%，同比上升1.9%；欧元区第三季度GDP 环比上升0.3%，同比上升1.7%。其中，欧盟和欧元区第三季度家庭最终消费支出分别环比上升0.4%和0.3%；固定资本形成总额环比均上升0.2%；出口环比均上升0.1%；欧盟第三季度进口环比下降0.1%，欧元区第三季度进口环比上升0.2%。

欧洲央行维持主要利率水平不变。12月8日，欧洲央行宣布维持主要再融资利率、边际贷款利率、存款利率0.00%、0.25%、-0.40%不变。此外，延长资产购买计划至2017年12月份，其中每月800亿欧元的购买规模将维持到2017年3月份。2017年4月份起，购买规模降至每月600亿欧元。

欧委会力促欧盟电子商务发展。12月1日，欧委会发布消息称，将改善欧盟电商企业增值税环境，使消费者和企业，尤其是创业公司和中小企业更容易在线购买和销售商品及服务。欧委会指出，增值税登记制度是困扰欧洲跨境电子商务发展的最大障碍之一，建议引入覆盖全欧洲的增值税一站式支付门户。这将减轻电商企业95%的行政负担，预计为欧盟企业节省23亿欧元，并增加欧盟成员国70亿欧元增值税收。此外，为简化微型企业和初创企业相关增值税规定，欧委会提议引入在线销售门槛，销售额在1万欧元以下企业可继续按照所在国增值税规定缴纳税款。

欧元集团就希腊公共债务可持续性提出短期措施。12月5日，欧盟理事会发布消息称，欧元集团再次就希腊公共债务可持续性展开讨论，并提出短期措施：一是将欧洲金融稳定基金（EFSF）加权平均偿还期限放宽至32.5年；二是放弃2017年“第二希腊方案”债务回购利率200个基点；三是在市场允许降低利率风险并不对相关国家产生额外费用的情况下实施EFSF/ESM融资战略。

欧元区11月份综合PMI终值为53.9。12月5日，市场调查机构Markit发布数据显示，欧元区11月份综合PMI终值为53.9，环比上升0.6个百分点，为2015年11月份以来最高。其中，德国综合PMI终值为55.0，环比下降0.1个百分点，为2个月以来最低；法国综合PMI终值为51.4，环比下降0.2个百分点，为4个月以来最低；意大利综合PMI终值为53.4，环比上升2.3个百分点，为9个月以来最高。

德国10月份工业产出环比上升0.3%。12月7日，德国联邦统计局发布数据显示，经季调，德国10月份工业产出环比上升0.3%。剔除能源和建筑业，10月份工业产出环比上升0.1%。其中，资本品产出环比上升0.5%，消费品产出环比上升0.1%，中间品产出环比下降0.5%，能源产出环比下降0.5%，建筑业产出环比上升1.7%。

英国10月份总产出环比下降1.3%。12月7日，英国国家统计局发布数据显示，英国10月份总产出环比下降1.3%，同比下降1.1%，采矿业和采石业产出下降是总产出下降主要原因。其中，受制药业产出大幅下滑影响，制造业产出环比下降0.9%，同比下降0.4%。

俄罗斯 2016 年 GDP 或萎缩 0.6%。国际货币基金组织上调俄罗斯 GDP 增速预期 0.2 个百分点至 -0.6%，认为俄经济经受住了油价下跌和西方制裁的考验，现在已出现复苏苗头。

4. 亚洲

日本第三季度 GDP 年化季率下修至 1.3%。12 月 8 日，日本内阁府发布数据显示，经季调，日本第三季度 GDP 年化季率下修至 1.3%，初值为 2.2%。其中，家庭最终消费支出上修至环比增长 0.3%；私人住宅投资上修至环比增长 2.6%；私人非住宅投资下修至环比下降 0.4%；政府支出下修至环比增长 0.3%；公共投资上修至环比增长 0.1%；商品及服务出口下修至环比增长 1.6%；商品及服务进口上修至环比下降 0.4%。

韩国财政部："国内议题"或给经济带来更多风险。12 月 8 日，韩国企划财政部发布月度经济评估，尽管没有明确指向围绕朴槿惠的政治丑闻，但评估显示，在全球不确定性仍存的情况下，国内议题可能导致韩国消费和投资变弱。目前，韩国家庭债务规模处于纪录高位，数十家"僵尸企业"正在重组，三星电子决定停产智能手机盖乐世 Note7 和现代汽车罢工事件也使韩国出口雪上加霜。

澳大利亚第三季度 GDP 环比下降 0.5%。12 月 7 日，澳大利亚国家统计局发布数据显示，经季调，澳大利亚第三季度 GDP 环比下降 0.5%，为 2011 年第一季度以来首次负增长，同比上升 1.8%。其中，第三季度最终消费支出环比上升 0.3%，同比上升 2.8%；固定投资形成总额环比下降 2.7%，同比下降 2.5%。

澳大利亚央行宣布维持现金利率 1.50%不变。12 月 6 日，澳大利亚央行发布消息称，全球经济保持增长，但低于历史平均增速；发达经济体劳动力市场在 2015 年有所改善，澳大利亚非全日制就业增长强劲，但总体就业增速放缓，预计近期将继续增长；基础设施建设和房地产业增长促使中国经济状况稳定，但中期增长风险仍然存在；全球总体通货膨胀率有所上升，但仍低于大多数央行目标，澳大利亚通货膨胀率保持在低位；2016 年以来商品价格上涨使澳大利亚国民收入增加；金融市场有效运行，政府债券收益率进一步上升，全球货币政策仍然非常宽松；受矿业投资热潮影响，澳大利亚经济持续转型，但商业投资前景依旧低迷。鉴于此，澳大利亚央行宣布维持现金利率 1.50% 不变。

澳大利亚 10 月份贸易赤字 15.41 亿澳元。12 月 8 日，澳大利亚国家统计局发布数据显示，经季调，澳大利亚 10 月份商品及服务贸易赤字 15.41 亿澳元，环比上升 21%。其中，出口额为 27.631 亿澳元，环比上升 1%；进口额为 29.172 亿澳元，环比上升 2%。

新西兰央行：看好未来 18 个月经济前景。12 月 8 日，新西兰央行行长惠勒发表讲话表示，尽管面临较大不确定性，仍然看好未来 18 个月经济前景。相对于过去 20 年，新西兰经济增长强劲，通货膨胀率和失业率降低，大规模经常账户赤字并未出现。但总体经济扩张疲软，人均 GDP 增长缓慢，劳动生产率增长令人失望，房价通货膨胀远高于理想水平，并对金融稳定性造成一定影响。预计未来 18 个月实际 GDP 年化增速将达 3.75%，通货膨胀率有望达目标区间中值，失业率将继续下降，经常账户赤字将维持在可控范围内；因国际商品贸易价格上涨，新西兰 CPI 当前低水平状态或将改变。此外，新西兰不会改变货币政策方向，仍将采取宽松货币政策，以推动经济增长。

5. 非洲

2015 年非洲基础设施建设投资同比增长 12%。非洲基础设施集团（ICA）年会在科特迪瓦阿比让举行，会议以“建设高质量基础设施，助力非洲发展”为主题，发布了《2015 年非洲基础设施融资趋势报告》。报告指出，2015 年非洲基础设施建设融资达 834 亿美元，相较于 2014 年增长了 12%。其中，非洲各国财政预算安排 284 亿美元，中国投资达 209 亿美元，ICA 投资 198 亿美元，其他机构投资达 142 亿美元。此外，报告对非洲基础设施发展的过程以及动力机制进行了分析，并充分了考虑多个利益相关方，尤其是私营部门的意见。

二、国际组织

G20 财政和央行副手会在德国柏林举行。12 月 1 日，德国正式接任 G20 主席国，并在柏林举行了首次 G20 财政和央行副手会议。会议就 2017 年 G20 财金渠道工作计划、全球经济形势和增长框架、国际金融架构、国际税收合作、金融部门发展和监管等议题进行了讨论。朱光耀副部长出席会议。会议期间，还举行了 G20 德国主席国启动仪式、“三驾马车”财政和央行副手会议、G20“增强全球经济韧性”高级别研讨会、G20 促进对非洲投资倡议咨询小组第一次会议等相关会议。

WTO《环境产品协定》谈判部长级会议在日内瓦举行。12 月 3 日，WTO《环境产品协定》（EGA）谈判部长级会议在瑞士日内瓦举行，17 个参加方的部长或部长代表与会。为落实 2016 年 9 月在杭州 G20 峰会上各国领导人达成的共识，中方与各方展开了密集磋商，做出巨大努力并显示了应有的灵活性，期待在切实解决参加方核心关注的前提下，争取达成协议。但由于各方在部分关键问题上分歧较大，本次部长级会议未能达成协议。但各方均表示将继续工作，努力弥合分歧，尽早启动下一轮谈判，争取 2017 年达成协议。中方一直高度重视环境保护问题，并与美国共同发挥引领作用，为推动《巴黎气候变化协定》的达成及生效做出了巨大努力。作为 EGA 谈判的发起方之一，中方始终以积极、建设性态度参与各种磋商，为推动谈判取得进展做出重要贡献。中方愿与所有参加方一道，继续努力，妥善解决各方核心关切，推动达成一个平衡、有意义的 EGA 协议，为应对全球气候变化问题做出积极贡献。

亚洲开发银行：继续加强对亚洲中等收入国家的资金支持。12 月 5 日，亚洲开发银行发布研究报告回顾了亚洲开发银行在亚洲中等收入国家的项目运营情况，并指出未来需继续加强对中等收入国家的资金支持。报告指出，2006 年亚太地区只有 24 个中等收入国家，2015 年则增加至 37 个。东亚中等收入国家面临的主要问题是近几十年快速发展造成的环境恶化；南亚的工作重点在于减少发展中的不平等，缩小城乡差距；东南亚中等收入国家则需巩固区域经济合作的发展成果。2006—2015 年，亚洲开发银行在亚太地区中等收入国家的借款额从 35 亿美元增长至 158 亿美元。未来，亚洲开发银行将在提供更多资金援助的同时加强知识援助和分享，更好助力亚太地区中等收入国家的发展。

三、国际大宗商品

本周纽约原油期货累计下跌 1.6%。截至本周四，纽约原油期货累计下跌 1.6%。周一纽约原油期货上涨 0.11 美元，收于每桶 51.79 美元；周二纽约原油期货下跌 0.86 美元，收于每桶 50.93 美元；周三纽约原油期货下跌 1.16 美元，收于每桶 49.77 美元；周四纽约原油期货上涨 1.07 美元，收于每桶 50.84 美元。

本周纽约黄金期货累计下跌 0.5%。截至本周四，纽约黄金期货累计下跌 0.5%。周一纽约黄金期货下跌 0.1%，收于每盎司 1176.5 美元；周二纽约黄金期货下跌 0.5%，收于每盎司 1170.1 美元；周三纽约黄金期货上涨 0.6%，收于每盎司 1177.5 美元；周四纽约黄金期货下跌 0.4%，收于每盎司 1172.4 美元。

四、区域合作

中国—巴基斯坦自贸区第二阶段谈判第七次会议举行。12 月 6 日，中国—巴基斯坦自贸区第二阶段谈判第七次会议在巴基斯坦首都伊斯兰堡举行。双方就自贸区第二阶段货物贸易降税模式、巴基斯坦调节税、服务和投资领域进一步扩大开放、海关数据交换合作和巴方部分产品输华的检验检疫措施等议题进行了磋商，谈判取得积极进展。中巴自贸协定自 2006 年签署实施以来，双边经贸关系快速发展，2015 年双边贸易额达到 189.3 亿美元，同比增长 18.2%。2016 年 1 月—10 月双边贸易额 154.1 亿美元，同比增长 0.7%。目前，巴基斯坦已成为我国在南亚地区第二大贸易伙伴。

五、全球宏观经济形势

亚洲开发银行发布《2016 年亚洲经济一体化》报告。12 月 6 日，亚洲开发银行发布《2016 年亚洲经济一体化》报告，详细分析了目前亚太地区贸易、财政、移民、现金流动等区域合作和一体化进程的最新进展，并特别强调在贸易保护主义抬头的形势下，对外直接投资对促进增长和区域一体化有重要作用。

报告指出，全球经济复苏仍然依赖于贸易增长，但贸易增速持续降低。2015 年，亚洲贸易增速降至 2.3%，低于 2.7% 的全球平均水平。保护主义抬头和非关税壁垒是贸易活动的主要障碍，中国正在推进的结构性改革也是本地区贸易增速降低的原因之一。报告强调，在全球经济疲软的大背景下，加大贸易开放程度和促进对外直接投资是提高亚太地区增长弹性的关键。外国直接投资可以创造工作机会，促进资本流通，改善基础设施建设并通过技术和知识的外溢性促进生产力提升。各国需进一步改善制度环境、营商环境和政策有效性，以吸引更多外国直接投资。

OECD 国家 10 月份年化通货膨胀率上升至 1.4%。12 月 6 日，OECD 发布最新数据显示，受能源价格回升的影响，OECD 国家 10 月份年化通货膨胀率从 9 月份的 1.2% 上升至 1.4%。剔除食品和能源因素影响，10 月份年化通货膨胀率为 1.7%，较 9 月份的 1.8% 有所下降。

国别方面，加拿大、美国和德国的通货膨胀率分别从 9 月份的 1.3%、1.5%、0.7% 小幅上升至 1.5%、1.6%、0.8%；意大利和英国的通货膨胀率分别从 9 月份的 0.1% 和 1.0% 小幅下降至 -0.2% 和 0.9%；日本的通货膨胀率涨幅较大，从 9 月份的 -0.5% 跃升至 0.1%；欧元区通货膨胀率从 9 月份的 0.4% 增长至 10 月份的 0.5%，剔除食品和能源因素影响，欧元区通货膨胀率维持在 0.8%。G20 国家年化通货膨胀率从 9 月份的 2.2% 小幅上升至 2.3%。新兴经济体中，中国、印尼和南非的通货膨胀率分别从 9 月份的 1.9%、3.1%、6.5% 上升至 2.1%、3.3%、6.7%；而印度、巴西和俄罗斯的通货膨胀率分别从 9 月份的 4.1%、8.5%、6.4% 下降至 3.3%、7.9%、6.1%。

第 49 周（2016/12/10—2016/12/16）

2016 年 12 月 10—16 日，国际财经要情有：美联储加息 25 个基点；欧盟将首度公布英国退欧谈判方案；韩国央行维持利率 1.25% 不变；2017 年越南 APEC 会议主题确定为“为共同未来创造新动力”；“10+3”财政和央行副手会议在贵阳举行；亚洲开发银行发布《2016 年亚洲发展展望（更新）》报告。

一、区域观察

1. 北美地区

美联储加息 25 个基点。12 月 14 日，美联储发布消息称，自 2016 年年中以来，美国经济持续温和扩张，劳动力市场进一步加强，失业率下降；家庭消费支出温和增长，但商业固定投资仍表现疲软；通货膨胀率自年初以来有所上升，但仍低于 2% 长期目标。鉴于此，美联储决定提升联邦基金利率目标区间 25 个基点至 0.5%—0.75%，维持宽松货币政策以进一步加强劳动力市场和实现通货膨胀目标。

美国 11 月份预算赤字 1366.51 亿美元。12 月 12 日，美国财政部发布数据显示，美国 11 月份预算赤字 1366.51 亿美元，同比增长 112%；截至当前，美国 2017 财年预算赤字 1808.43 亿美元。

美国 11 月份零售销售环比上升 0.1%。12 月 14 日，美国商务部公布数据显示，由于部分美国家庭削减了汽车方面的支出，美国 11 月份零售销售环比增长 0.1%，核心零售销售环比增长 0.2%，均不及预期，或表明美国第四季度经济上升动能略有减退。

加拿大 10 月份营建许可总额环比上升 8.7%。12 月 8 日，加拿大国家统计局发布数据显示，加拿大 10 月份营建许可总额为 76 亿加元，环比上升 8.7%。其中，住宅营建许可额为 52 亿加元，环比上升 7.7%，连续 3 个月上涨；非住宅营建许可额为 25 亿加元，环比上升 10.7%。

2. 拉美地区

巴西 10 月份零售业销售同比下降 8.2%。12 月 16 日，巴西地理统计局公布数据显示，巴西 10 月份零售业销售同比下降 8.2%，环比下降 0.8%，为连续第 4 个月走低。巴西 1—10 月份零售业累计销售下降 6.7%。

3. 欧洲

欧盟将首度公布英国退欧谈判方案。12 月 15 日－16 日，除英国以外的 27 个欧盟国家领导人将在布鲁塞尔峰会后展开战略谈判，并将发布声明以阐明谈判的主要准则。虽然在晚宴后发布的公报将不涉及实质性的政策细节，但它将规定欧盟在未来两年内的方向。领导人们表示，他们已经为谈判“做好准备”，只等英国首相特雷莎·梅触发“里斯本条约”第 50 条。目前这份声明还停留在草稿形式，覆盖 7 点准则，表明国家领导人和其顾问们将充分了解谈判的所有细节，并将核查其准则是否被遵守。知情人士表示，领导人们将重申英国退欧公投后的立场，即英国将不可能在禁止欧盟公民行动自由的情况下进入欧盟的单一市场；一旦谈判路线确定后，将寻求“尽快开始谈判”。

德国 11 月份 CPI 同比上升 0.8%。12 月 13 日，德国联邦统计局发布数据显示，德国 11 月份 CPI 同比上升 0.8%，环比上升 0.1%，为近两年以来最高水平。其中，能源价格同比下降 2.7%，环比下降 1.2%；食品价格同比上升 1.2%，环比上升 1.3%；货物价格同比上升 0.5%，环比上升 0.1%；服务价格同比上升 1.1%，环比持平。此外，德国 11 月份 HICP 同比上升 0.7%，环比持平。

德国 10 月份贸易盈余 193 亿欧元。12 月 9 日，德国联邦统计局发布数据显示，德国 10 月份贸易盈余 193 亿欧元。其中，进口额为 822 亿欧元，同比下降 2.2%；出口额为 1015 亿欧元，同比下降 4.1%。数据还显示，德国 10 月份对欧盟出口额为 597 亿欧元，进口额为 542 亿欧元；对欧元区出口额为 374 亿欧元，进口额为 364 亿欧元；对非欧盟国家出口额为 418 亿欧元，进口额为 280 亿欧元。

英国 2016 年、2017 年 GDP 增速上修至 2.1%、1.1%。12 月 12 日，英国商会发布数据显示，英国 2016 年、2017 年 GDP 增速上修至 2.1%、1.1%，2018 年 GDP 增速下修至 1.4%。英欧未来关系的不确定性以及高通货膨胀水平是下修 2018 年 GDP 增速的主要原因。此外，英国商会还将 2017 年、2018 年通货膨胀率上修至 2.1% 和 2.4%，并预测 2016—2018 年家庭消费增速将分别为 2.7%、0.6% 和 0.6%；商业投资增速将分别为－0.8%、－2.1% 和－0.3%；出口增速将分别为 2.6%、2.3% 和 2.9%。

英国 8—10 月份失业率为 4.8%。12 月 14 日，英国国家统计局发布数据显示，英国 8—10 月份失业率为 4.8%，同比下降 0.4 个百分点，为 2005 年 7 月份以来最低水平；就业人口为3176万人，环比基本维持不变，同比增加34.2万人；就业率为74.4%，环比下降0.1个百分点，同比上升0.5个百分点。

英国11月份CPI同比上升1.2%。12月13日，英国国家统计局发布数据显示，英国11月份CPI同比上升1.2%，为2014年10月份以来最高水平。服装、汽车燃料和各种娱乐文化产品及服务价格上涨是CPI上升主要原因。

法国11月份CPI同比增长0.5%。12月14日，法国国家统计局发布数据显示，经季调，法国11月份CPI同比增长0.5%，环比持平。其中，食品价格环比增长0.1%，同比增长0.3%；能源价格环比增长0.9%，同比增长2.1%；服务价格环比下降0.2%，同比增长1.0%；工业品价格环比下降0.1%，同比下降0.6%。

法国2016年、2017年GDP或增长1.3%。12月9日，法国央行发布宏观经济展望称，预计2016—2019年，法国GDP增速将分别为1.3%、1.3%、1.4%和1.5%，欧元区经济活动好转抵消内需疲软的负面影响。法国央行还预测，2016—2019年，通货膨胀率将分别为0.3%、1.2%、1.4%和1.5%，公共预算赤字GDP占比将在2017年降至3.1%。

4. 亚洲

日本国会通过TPP批准案。12月9日，日本国会批准日本参加跨太平洋伙伴关系协定（TPP）。日本首相安倍晋三表示，无论TPP是否生效，都将实施已编制的TPP国内对策预算。安倍强调，这是为了强化农业实力、促进农产品出口、支持日本中小企业进军海外的必要预算。日本TPP国内对策预算约1.2万亿日元（约人民币726亿元）。

日本国会通过养老金制度改革法案。12月14日，日本国会通过养老金制度改革法案。法案规定，为确保未来养老金支付水平，日本政府将从2018年开始收紧养老金的发放额。如果年轻一代薪金下降，那么支付给老人的养老金也随之减少。配合少子老龄化的进展情况，每年降低发放水平约1个百分点的“宏观经济挂钩机制”也将调整。此外，若劳资双方达成协议，日本中小企业兼职人员等短时间劳动者将可以加入厚生养老金制度。

韩国央行维持利率1.25%不变。12月15日，韩国央行宣布，维持利率在1.25%超低水平不变。韩国央行行长李柱烈表示，韩国经济继续温和增长，通货膨胀呈温和上升势头，但下行风险有所增加。为应对较高的不确定性，韩货币政策将继续保持宽松。同时，韩国央行将更多关注金融风险，稳定债券市场。

韩国2017年经济政策重点为扩大就业、提振消费。12月14日，韩国代总统黄教安宣布，韩国经济副总理兼企划财政部长柳一镐将继续留任。柳一镐表示，韩国2017年经济政策重点为扩大就业、提高居民收入、提振消费，并将继续维持房地产市场稳定，恰当应对家庭负债过高、结构调整导致的失业问题。韩国所有国家系统正在稳定运行，金融、外汇市场企稳，国内政局给韩国经济带来的影响有限。

印度政府发布政策力推电子支付。印度财政部公布一揽子政策，通过折扣和减免刷卡手续费等手段，推动电子支付在印度普及，替代印度民众习惯的现金交易。政策包括使用电子支付的消费者，可以获得 0.75% 的燃油和 10% 的收费站折扣；城市轨道交通月票或季票给予 0.5% 优惠；在线购买火车票可免费获得 100 万卢比（约 1.5 万美元）的意外保险等。

澳大利亚 11 月份失业率为 5.7%。12 月 15 日，澳大利亚统计局公布数据显示，经季调，澳大利亚 11 月份失业率为 5.7%，环比上升 1 个百分点；就业人口增加 3.91 万，大幅高于预期；劳动参与率为 64.6%，环比增长 0.2 个百分点。

5. 非洲

南非财政部计划削减近 100 亿兰特预算。南非财政部表示，南非将下调 2016—2017 年近 100 亿兰特预算至 1.308 万亿兰特，主要针对一些不可预见支出、再筹款项、未用尽和未用资金进行调整。南财政部对预算的调整计划将作为财政拨款调整提案的一部分，上交国民议会待其投票决定。

埃及 2015—2016 财年贸易额降至 750 亿美元。埃及央行公布数据显示，埃及 2015—2016 财年贸易额为 750.2 亿美元，较 2014—2015 财年减少 85.4 亿美元。其中，进口额为 563.1 亿美元，较 2014—2015 财年减少近 50 亿美元；出口额为 187 亿美元，较 2014—2015 财年减少 35.4 亿美元。埃及的 14 个主要贸易伙伴主要包括阿联酋、中国、德国、沙特、美国、意大利、俄国、英国、土耳其、法国、瑞士、印度、荷兰和西班牙，贸易额为 458.9 亿美元，其中进口额为 332.6 亿美元，出口额为 126.4 亿美元。

二、国际组织

2017 年越南 APEC 会议主题确定为“为共同未来创造新动力”。12 月 9 日，亚太经合组织（APEC）在越南河内召开非正式高官会，会议集中讨论了如何落实 2016 年利马 APEC 会议成果，同时将 2017 年 APEC 会议主题确定为“为共同未来创造新推动力”，决定将促进区域互联互通、提升中小微企业竞争力、发展高素质人力资源、共同应对气候变化、人口老龄化、确保粮食安全等以实现本地区的可持续发展定为优先事项。具体四大议题分别为：促进可持续、创新和包容的经济增长；推动区域互联互通；提升中小企业竞争力、创新能力和贸易参与度；共同应对气候变化，确保粮食安全，推动农业可持续发展。根据相关安排，2017 年

APEC 峰会将在越南中部城市岘港举行。

WTO 成员对华反倾销“替代国”做法到期。12 月 11 日，《中国加入世贸组织议定书》第 15 条所规定的，对华反倾销中采用“替代国”价格而非受调查的中国产业价格计算倾销幅度的做法正式到期。按照 WTO 相关规定，12 月 11 日后，所有世贸组织成员必须彻底履行第 15 条义务，全面终止“替代国”做法，严格依照世贸组织《反倾销协定》等规则，公正、合理、透明地对自华进口产品开展反倾销调查，不能变相延续“替代国”做法。

非开行董事会批准 2017 年融资计划。非开行董事会批准了非开行 2017 年融资计划。按计划，非开行 2017 年将从资本市场融资约 84 亿美元。近年来，非开行以美元、欧元、澳元和南非兰特为主要货币，在全球资本市场发行债券的同时，也在积极探索发行本币债券，促进本币融资和非洲各国国内债券市场的发展。

OECD 发布《2016 年科学、技术与创新展望报告》。OECD 发布《2016 年科学、技术与创新展望报告》称，受政府支出在养老金、医疗卫生等其他领域扩张的影响，OECD 国家的政府研发支出从 2010 年起增长趋缓，在 2014 年首次出现减少趋势，2016 年仍有多个 OECD 国家继续降低研发投入。通过比较 2000 年和 2015 年研发资金占政府预算的比例发现，德国、日本、韩国等国家 2015 年研发资金占政府预算的比例较 2000 年有所提高，但澳大利亚、芬兰、法国、意大利、西班牙、英国及美国等国家研发资金占比有所下降。

三、国际大宗商品

本周纽约原油期货累计下跌 1.17%。截至本周四，纽约原油期货累计下跌 1.17%。周一纽约原油期货上涨 1.33 美元，收于每桶 52.83 美元；周二纽约原油期货上涨 0.15 美元，收于每桶 52.98 美元；周三纽约原油期货下跌 1.94 美元，收于每桶 51.04 美元；周四纽约原油期货下跌 0.14 美元，收于每桶 50.9 美元。

本周纽约黄金期货累计下跌 2.76%。截至本周四，纽约黄金期货累计下跌 2.76%。周一纽约黄金期货上涨 0.3%，收于每盎司 1165.8 美元；周二纽约黄金期货下跌 0.6%，收于每盎司 1159 美元；周三纽约黄金期货上涨 0.4%，收于每盎司 1163.7 美元；周四纽约黄金期货下跌 2.9%，收于每盎司 1129.8 美元。

四、区域合作

“10+3”财政和央行副手会议在贵阳举行。12 月 10 日—11 日，东盟与中日韩（10+3）财政和央行副手会议在贵阳举行。“10+3”成员财政部副部长和央行副行长、东盟秘书处、东盟与中日韩宏观经济研究办公室（AMRO）、国际货币基金组织、亚洲开发银行等国际组织代表出席会议。财政部副部长史耀斌和人民银行行长助理殷勇会同老挝财政部副部长提巴贡和央行副行长瓦萨娜，作为联合主席主持会议。会议期间，史耀斌副部长还出席了由 AMRO 主办的“10 + 3”金融论坛并做主旨发言。

会议认为，在全球经济持续低迷的背景下，东亚地区保持相对较快增长，但仍面临诸多不确定性。“10 + 3”各方应继续根据各自国情采取适当宏观经济政策组合，深化结构性改革，加强政策沟通与协调，坚定推进区域财金合作，促进经济增长和金融稳定。会议审议批准了 AMRO 的有关政策文件，包括战略方向和中期实施计划、信息公开政策、2017 年工作计划及人事预算安排等，并就开展 AMRO 主任年度绩效评估的安排达成一致。会议还讨论通过了清迈倡议多边化（CMIM）与 IMF 首次联合救助演练的进展和评估报告和 CMIM 协议定期评估工作方案，同意进一步加强 AMRO 能力建设，并就经济评估与政策对话模型、CMIM 和平时期准备等问题进行了讨论。会议还听取了工作组关于亚洲债券市场倡议工作进展报告。

中泰经贸联委会第五次会议在北京举行。12 月 9 日，中泰贸易、投资和经济合作联合委员会第五次会议在北京举行。国务委员王勇与泰国副总理颂吉共同主持会议。会议旨在落实两国领导人达成的重要共识，深化各领域务实合作，深入推进“一带一路”建设。双方积极评价了中泰经贸联委会第四次会议以来取得的进展，并一致认为，要充分发挥现有双边机制的作用，对接两国发展规划，继续推进贸易投资和重大项目合作，共同推动中泰经贸合作不断深入发展。会后，双方共同签署了中泰经贸联委会第五次会议纪要、中泰经贸合作 5 年发展规划延期和制定共同行动计划议定书、铁路合作谅解备忘录、农产品电子证书技术合作安排等文件。

五、全球宏观经济形势

亚洲开发银行发布《2016 年亚洲发展展望（更新）》报告。12 月 13 日，亚洲开发银行发布《2016 年亚洲发展展望（更新）》报告称，亚洲发展中国家经济增长大体保持稳定，但印度增长略有放缓，削弱了亚洲地区 2016 年的增长前景。亚洲开发银行将 2016 年增长预期从 5.7% 下调至 5.6%，2017 年的增长预期保持 5.7% 不变。亚洲开发银行副首席经济学家庄巨忠表示，面对不确定的全球经济形势，亚洲经济仍保持强劲增长。结构性改革能够提高生产率、改善投资环境并支持国内需求，有助于亚洲保持增长势头。

分区域看，南亚地区 2016 年增长预期由 6.9% 下调至 6.6%。2017 年增长率有望反弹至 7.3%。鉴于印度投资疲弱、农业部门增长放缓，加之政府废除大面额纸币导致可用现金紧缺，或将对中小企业产生严重影响，亚洲开发银行将印度 2016 年增长预期由 7.4% 回调至 7.0%，但预计 2017 年印度经济增长有望达到 7.8%。东亚地区 2016 年增长将达到 5.8%，2017 年放缓至 5.6%。在国内消费强劲、工资增长稳定、城市就业机会增加及公共基础设施投资的推动下，中国 2016 年增长率有望达到 6.6%，2017 年增长预期为 6.4%。东南亚地区 2016 年和 2017 年经济增长预期保持不变，分别为 4.5% 和 4.6%。太平洋地区 2016 年预计实现 2.7% 的增长，2017 年增长有望加速至 3.3%。俄罗斯经济衰退、石油和天然气等大宗商品价格低迷，将抑制中亚地区经济增长，预计该地区 2016 年和 2017 年经济增速分别为 1.5% 和 2.6%。

2016 年 10 月份 OECD 国家失业率降至 6.2%。12 月 12 日，OECD 发布失业率报告显示，OECD 国家 2016 年 10 月份失业率为 6.2%，较 9 月份降低 0.1 个百分点。失业人数为 3880 万人，比 2013 年 1 月份峰值减少 1020 万人，但较 2008 年金融危机前水平仍高出 620 万人。

欧元区 2016 年 10 月份失业率降低 0.1 个百分点至 9.8%。其中降幅最大的是奥地利、法国、爱尔兰、拉脱维亚和斯洛伐克，分别降低 0.2% 至 5.9%、9.7%、7.5%、9.5% 和 9.1%。其他国家中，加拿大和日本 2016 年 10 月份失业率分别维持 7.0% 和 3.0% 不变；墨西哥和美国则分别降低 0.3% 和 0.1% 至 3.6% 和 4.9%；2016 年 11 月份的最新数据显示，美国的失业率将继续降低 0.3% 至 4.6%，加拿大则将降低 0.2% 至 6.8%。OECD 国家 2016 年 10 月份青年（15—24 岁人群）失业率维持在 12.8%，欧元区国家青年失业率仍居高不下，高达 20.7%。西班牙和法国等国家青年失业率继续升高，分别升至 43.6% 和 25.8%。意大利等国家青年失业率有所改善。

第 50 周（2016/12/17—2016/12/23）

2016 年 12 月 17—23 日，国际财经要情有：美国第三季度实际 GDP 年化季率为 3.5%；英国央行宣布维持利率 0.25% 不变；日本央行维持利率 -0.1% 不变；澳大利亚央行维持现金利率 1.5% 不变；新西兰第三季度 GDP 环比增长 1.1%；新开发银行贷款“上海智慧新能源推广应用示范项目”签约仪式在上海举行；中国—海合会自贸区第九轮谈判在沙特利雅得闭幕；OECD：G20 国家第三季度 GDP 环比增长 0.8%。

一、区域观察

1. 北美地区

美国第三季度实际 GDP 年化季率为 3.5%。12 月 22 日，美国商务部发布数据显示，美国第三季度实际 GDP 年化季率为 3.5%，较预期高出 0.3 个百分点，非居民固定投资、个人消费支出、地方和州政府支出超预期是上调 GDP 增速的主要原因。实际国内总收入年化季率为 4.8%，较预期下降 0.4 个百分点。数据还显示，美国第三季度个人消费支出价格指数年化季率为 1.5%。

美国 11 月份 CPI 环比上升 0.2%。12 月 15 日，美国劳工统计局发布数据显示，经季调，美国 11 月份 CPI 环比上升 0.2%；未经调整，CPI 同比上升 1.7%。住房和汽油价格上涨是 CPI 上升的主要原因。其中，住房价格环比上升 0.3%，汽油价格环比上升 2.7%，食品价格环比持平。剔除食品和能源价格，美国 11 月份核心 CPI 环比上升 0.2%，同比上升 2.1%。

美国 11 月份个人收入环比增长 16 亿美元。12 月 22 日，美国商务部发布数据显示，美国 11 月份个人收入环比增长 16 亿美元，涨幅小于 0.1%；个人可支配收入环比下降 13 亿美元；个人消费支出环比增长 240 亿美元。数还显示，美国 11 月份实际个人可支配收入环比下降 0.1%；实际个人消费支出环比增长 0.1%。

美国 11 月份成屋销售年化总数同比上升 15.4%。12 月 21 日，全美地产经济商协会发布数据显示，经季调，美国 11 月份成屋销售年化总数为 561 万户，环比上升 0.7%，为 2007 年 2 月份以来最高水平，同比上升 15.4%；房屋价格中值为 23.49 万美元，同比上升 6.8%；截至 2016 年 11 月底，美国房屋库存为 185 万户，环比下降 8%，同比下降 9.3%。

加拿大 11 月份 CPI 同比上升 1.2%。12 月 22 日，加拿大国家统计局发布数据显示，加拿大 11 月份 CPI 同比上升 1.2%。其中，运输价格同比上升 1.4%；食品价格同比下降 0.7%；服饰价格同比下降 1.2%；汽油价格同比下降 1.7%。经季节性因素调整，加拿大 11 月份 CPI 环比下降 0.2%。

2. 拉美地区

巴西总统称巴西不改革将走向破产。12 月 16 日，巴西总统特梅尔表示，他正在推动削减公共开支、平衡预算。尽管不受欢迎，但如果不实施这些紧缩政策，国家将走向破产。特梅尔指出，没有魔法可以恢复国家经济，印钞票、粉饰账户、实施价格控制都是不可行的。

3. 欧洲

欧盟峰会：批准延长欧洲战略投资基金。12 月 15 日，欧盟理事会发布消息称，欧盟峰会 12 月份会议取得以下成果：一是就延长“欧洲战略投资基金”（EFSI）并扩充财政能力达成一致，此举将在 2020 年前带动至少 5000 亿欧元投资；二是重申应在 2018 年前完成单一市场战略和能源联盟，各机构应加大力度移除单一市场壁垒；三是已做好准备与欧洲议会就贸易防御工具展开谈判；四是加强对“青年就业倡议”支持力度，推动青年就业技能培训和人口流动性。

欧委会：欧洲结构与投资基金已投入 1300 亿欧元。12 月 20 日，欧委会首次发布“欧洲结构与投资基金”（ESI）进展报告称，过去几个月，欧洲投资增速大幅提高。其中，截至 2016 年秋季，ESI 已对欧洲实体经济投入约 1300 亿欧元，占基金总额比约 20%。投资主要用于小型企业、研发、宽带和节能等项目。

欧盟和欧元区 11 月份通货膨胀年率均升至 0.6%。12 月 16 日，欧盟统计局发布数据显示，欧盟 11 月份通货膨胀年率为 0.6%，环比上升 0.1 个百分点，同比上升 0.5 个百分点；欧元区 11 月份通货膨胀年率为 0.6%，环比上升 0.1 个百分点，同比上升 0.5 个百分点。其中，欧元区食品及烟酒、能源和服务通货膨胀年率分别为 0.7%、-1.1% 和 1.1%。

德国 11 月份工业 PPI 同比增长 0.1%。12 月 20 日，德国联邦统计局发布数据显示，德国 11 月份工业 PPI 同比增长 0.1%，环比增长 0.3%。其中，能源价格同比下降 1.7%，中间品价格同比上升 0.4%，非耐用消费品价格同比上升 1.5%，资本品价格同比上升 0.6%，耐用消费品价格同比上升 1%。

英国央行宣布维持利率 0.25% 不变。12 月 15 日，英国央行发布消息称，预计英国产出将在短期内温和增长，从 2017 年年初起放缓；预计失业率在 2018 年中期升至 5.5%，并在 2019 年维持该水平；受英镑贬值影响，预计 CPI 通货膨胀在未来 6 个月达 2% 目标，并在 2018 年升至 2.75%。鉴于此，英国央行宣布维持利率 0.25% 不变，并维持 4350 亿英镑购买规模不变。

英国财政部：预计英国 2016 年 GDP 增速为 2%。12 月 21 日，英国财政部发布经济预测报告称，预计英国 2016 年 GDP 增速为 2%，通货膨胀率为 1.3%，较 11 月份预测持平；失业率为 4.9%，经常账户赤字 1039 亿英镑，公共部门净借款 701 亿英镑，较 11 月份预测分别下调 0.1 个百分点，减少 29 亿英镑和 3 亿英镑。此外，预计英国 2017 年 GDP 增速降至 1.2%，通货膨胀率升至 2.8%，失业率升至 5.4%。

意大利 10 月份国际贸易顺差 37.66 亿欧元。12 月 16 日，意大利国家统计局发布数据显示，经季调，意大利 10 月份国际贸易顺差 37.66 亿欧元。其中，出口额为 348.6 亿欧元，环比持平；进口额为 310.94 亿欧元，环比上升 2.7%。数据还显示，意大利 10 月份对欧盟国家出口环比增长 0.8%，进口环比增长 2.2%；对非欧盟国家出口环比下降 1.1%，进口环比增长 3.6%。

俄罗斯 11 月份失业率为 5.4%。12 月 19 日，俄罗斯联邦统计局公布数据显示，俄罗斯 11 月份失业率为 5.4%，环比持平，失业人口约 410 万。

4. 亚洲

日本央行维持利率 -0.1%不变。12 月 20 日，日本央行发布 12 月份货币政策会议纪要称，日本经济持续温和复苏，海外经济增长带动日本出口增长；国内商业固定投资呈持续温和增长态势；就业率和收入稳定增长带动个人消费增长。预计日本经济将温和扩张，内需将呈上行趋势；海外经济增长将继续带动日本出口增长；CPI 年率约为 0%。鉴于此，日本央行决定维持 -0.1% 利率不变，继续实施“质化量化宽松货币政策和收益率曲线控制”，以实现 2% 通货膨胀目标。

日本内阁府：日本经济正温和复苏。12 月 22 日，日本内阁府发布 12 月份月度经济报告称，尽管日本部分领域发展迟缓，但整体经济呈温和复苏态势。其中，个人消费逐步增长；商业投资增长出现停滞；出口和工业产出均呈增长态势；企业利润增长出现停滞，但仍维持在高水平，企业商业条件缓慢改善；劳动力市场有所改善；CPI 基本维持不变。

日本 11 月份贸易盈余 1525.13 亿日元。12 月 19 日，日本财务省发布数据显示，未经调整，日本 11 月份贸易盈余 1525.13 亿日元。其中，11 月份出口额为 5.96 万亿日元，同比下降 0.4%；进口额为 5.80 万亿日元，同比下降 8.8%。

韩国召开政府经济工作会议。12 月 21 日，韩国副总理柳一镐主持召开了政府经济工作会议，会议一致认为近期韩国经济面临的内、外部风险正逐步扩大，并确定 2017 年经济政策方向重点主要是防止经济衰退、风险管理以及保障民生。保障民生方面，韩国将主要采取以下政策措施：一是提前执行全年就业预算，加强对青年及女性就业的支持力度；二是确立执行最低工资标准，提高低收入人群的劳动所得；三是针对 1—2 人家庭的增加趋势，制定并改善相关福利制度；四是继续努力缩小雇佣身份待遇差距等。防止经济衰退与风险管理方面，韩将采取以下政策措施：一是提前执行 2017 年第一季度财政预算，扩大公共投资，防范经济衰退和就业萎缩；二是提高对外贸易稳定性，加强金融市场安全性，提升应对经济危机的能力，同时推进企业结构调整；三是改善家庭负债结构，在利率上行情况下加强对贷款者的保护及加强对民间金融的支持力度等。

澳大利亚央行维持现金利率 1.5%不变。12 月 20 日，澳大利亚央行发布 12 月份货币政策会议纪要称，澳大利亚 10 月份失业率为 5.6%，较 2015 年中期峰值下降超 0.5 个百分点；工资增速仍处于低水平；预计第三季度消费增速将低于平均水平，商业投资弱于预期。近几个月，澳大利亚主要贸易伙伴 GDP 增速有所增长，但仍略低于平均水平；全球通货膨胀下行风险减少，但通货膨胀率仍低于大多数央行目标。鉴于此，澳大利亚央行决定维持现金利率 1.5% 不变。

新西兰第三季度 GDP 环比增长 1.1%。12 月 22 日，新西兰统计局公布数据显示，新西兰第三季度 GDP 环比增长 1.1%，高于预期，为连续 5 个季度增长率不低于 0.7%，成为全球经济增速最快的国家之一。人口增长是推动新西兰经济增长的主要原因，移民人数达创纪录高位。具体来看，第三季度制造业增长 1.2%，服务业增长 1.1%，建筑业增长 2.1%，商品出口下滑 0.7%。

5. 非洲

南财长称南非未来两年不会陷入衰退。南非财政部部长戈尔丹称，尽管外部环境并不理想，南非未来仍不太可能陷入衰退，预计 2018 年前南非经济增速将在 1.8% 以下。他表示，尽管南非 2017 年将迎来政治、地缘和经济方面的不确定性，但是除非有来自外部的巨大冲击，南非不太可能陷入衰退。

二、国际组织

新开发银行贷款“上海智慧新能源推广应用示范项目”签约仪式在上海举行。12 月 21 日，新开发银行贷款“上海智慧新能源推广应用示范项目”签约仪式在上海举行。财政部副部长史耀斌与新开发银行行长卡马特共同签署了上海智慧新能源推广应用示范项目的《贷款协定》；上海市常务副市长应勇与卡马特行长共同签署了该项目的《项目协定》。该项目是中国利用新开发银行的首个贷款项目，贷款额 5.25 亿元人民币，贷款期限为 17 年（含 3 年宽限期），贷款利率为固定利差浮动利率。该项目主要利用上海市临港等产业园区厂房屋顶资源，建设 100 兆瓦分布式光伏电站，探索建立大数据能源管理与公共服务中心。史耀斌副部长表示，在当前全球经济复苏乏力的形势下，新开发银行可以发挥逆周期作用，向成员国提供资金支持，扩大全球总需求。希望新开发银行始终坚持开放包容、互利共赢的发展理念，不断拓宽融资渠道和创新融资方式，为发展中国家提供多样化、质优价廉和“量体裁衣”式的产品和服务，并以项目为载体，促进发展中国家之间的南南合作。

IMF 执董会支持拉加德继续担任总裁。12 月 19 日，IMF 发表声明称，IMF 执董会讨论了 IMF 总裁拉加德涉及法国国内诉讼的最新进展，考虑到拉加德在 IMF 表现出的杰出领导力和国际社会对其领导能力的广泛尊重和信任，执董会重申对拉加德有能力继续有效履行 IMF 总裁职责的充分信心。此前，法国共和国法院裁定拉加德在担任法国财长期间就“塔皮利益输送案”犯有渎职罪，但没有对其量刑。

三、国际大宗商品

本周布伦特原油期货累计下跌 0.3%。截至本周四，布伦特原油期货累计下跌 0.3%。周一布伦特原油期货下跌 0.29 美元，收于每桶 54.92 美元；周二布伦特原油期货上涨 0.43 美元，收于每桶 55.35 美元；周三布伦特原油期货下跌 0.89 美元，收于每桶 54.46 美元；周四布伦特原油期货上涨 0.59 元，收于每桶 55.05 美元。

本周纽约黄金期货累计下跌 0.6%。截至本周四，纽约黄金期货累计 0.6%。周一纽约黄金期货上涨 0.5%，收于每盎司 1142.7 美元；周二纽约黄金期货下跌 0.8%，收于每盎司 1133.6 美元；周三纽约黄金期货下跌 0.1%，收于每盎司 1133.2 美元；周四纽约黄金期货下跌 0.2%，收于每盎司 1130.7 美元。

四、区域合作

中国—海合会自贸区第九轮谈判在沙特利雅得闭幕。12 月 19 日—21 日，中国—海合会自贸区第九轮谈判在沙特利雅得举行。在为期三天的谈判中，双方就服务贸易、投资、电子商务以及货物贸易遗留问题等内容进行了深入磋商，结束了经济技术合作等章节的谈判。至此双方已就 15 个谈判议题中的 9 个结束谈判，并就技术性贸易壁垒（TBT）、法律条款、电子商务等 3 个章节内容接近达成一致，在核心的货物、服务等领域取得积极进展。双方商定将于 2017 年 3 月底前举行下一轮谈判。

全球钢铁论坛第一次会议在德国柏林召开。12 月 16 日，钢铁产能过剩全球论坛第一次会议在德国柏林召开。G20 成员和感兴趣的 OECD 成员共 33 个论坛成员代表与会，OECD 秘书处作为会议协助方与会。中方和 2017 年 G20 主席国德国担任会议联合主席，共同主持会议。会上，各方一致通过了论坛工作职责并宣布论坛成立，同时还就论坛下一步工作初步交换了意见。

本次会议是落实 G20 杭州峰会共识的一次重要会议。9 月 4 日—5 日举行的 G20 杭州峰会就钢铁产能过剩问题达成共识，领导人呼吁组建关于钢铁产能过剩的全球论坛，加强信息分享与合作。该论坛由 G20 成员和感兴趣的 OECD 成员积极参加，并由 OECD 提供协助。11 月 15 日，中方在北京主办了筹建全球钢铁论坛的讨论会议，为组建论坛和本次会议的召开做好了准备。

五、全球宏观经济形势

OECD：G20 国家第三季度 GDP 环比增长 0.8%。OECD 发布最新数据显示，2016 年第三季度 G20 国家 GDP 环比增速由第二季度的 0.7% 升至 0.8%。

分区域看，北美 GDP 增速较第二季度有所回升，加拿大、墨西哥和美国的 GDP 增速分别从 0.3%、0.1% 和 -0.4% 升至 0.9%、1.0% 和 0.8%。亚太经济体增长速度普遍放缓，澳大利亚、中国、韩国、日本和印度尼西亚的 GDP 增速分别从 0.6%、1.9%、0.8%、0.5% 和 1.3% 降至 -0.5%、1.8%、0.6%、0.3% 和 1.2%；印度第三季度增速显著提高，从第二季度的 1.5% 升至 1.8%。欧盟和欧元区国家第三季度 GDP 环比增速则稳定在 0.4% 和 0.3% 的水平。英国、德国的实际 GDP 环比增速分别从第二季度的 0.7% 和 0.4% 降至第三季度的 0.5% 和 0.2%；法国和意大利增长速度加快，分别从第二季度的 -0.1% 和 0.1% 升至第三季度的 0.2% 和 0.3%；此外，巴西第三季度 GDP 萎缩 0.8%，南非 GDP 增速从 0.9% 下滑至 0.1%。

同比方面，第三季度 G20 国家 GDP 同比增长 2.9%。印度、中国同比增速最高，分别达 7.2% 和 6.7%；巴西同比萎缩 2.9%，为 G20 国家中最低水平。

第 51 周（2016/12/24—2016/12/30）

2016 年 12 月 24—30 日，国际财经要情有：美国 11 月份贸易逆差扩大至 653 亿美元；欧委会建议欧元区实施积极财政政策；英国第三季度 GDP 环比增长 0.6%；法国第三季度 GDP 环比增长 0.2%；韩国下调韩 2016 年、2017 年经济增长预期至 2.6%；亚投行批准 6 亿美元贷款建设阿塞拜疆天然气管道项目；第十一次中日经济伙伴关系磋商在日本东京举行；2017 年全球经济预计增长 3%。

一、区域观察

1. 北美地区

美国 11 月份贸易逆差扩大至 653 亿美元。12 月 29 日，美国商务部发布数据显示，美国 11 月份贸易逆差环比扩大 5.5%，至 653 亿美元，高于预期。其中，出口增长 1% 至 1217 亿美元；进口增长 1.2% 至 1870 亿美元。

美国 12 月份谘商会消费者信心指数环比上升 4.3 个百分点。12 月 27 日，美国谘商会发布数据显示，美国 12 月份消费者信心指数为 113.7，环比上升 4.3 个百分点；消费者预期指数为 105.5，环比上升 11.1 个百分点，为 2003 年 12 月份以来最高水平。表明民众对大选后美国经济、收入和就业前景更为乐观；现状指数为 126.1，环比下降 5.9 个百分点。虽然现状指数下降，但预计美国 12 月份仍将保持经济增长。

美国 11 月份成屋签约销售指数环比下降 2.5%。12 月 28 日，全美地产经纪商协会发布数据显示，美国 11 月份成屋签约销售指数为 107.3，环比下降 2.5%，同比下降 0.4%，为 1 月份以来最低水平。成屋供给短缺和房贷利率上升是指数下降的主要原因。

加拿大 10 月份 GDP 环比下降 0.3%。12 月 23 日，加拿大国家统计局发布数据显示，加拿大 10 月份 GDP 环比下降 0.3%。其中，制造业产出环比下降 2%，为 2013 年 12 月份以来最大降幅；采矿、采石、石油和天然气开采环比下降

1.2%；建筑业环比下降 0.5%；批发零售环比上升 0.7%；公共事业环比下降1%。

2. 拉美地区

巴西2016年贸易顺差或创历史新高。巴西央行发布最新数据显示，巴西2016年贸易顺差或高达471亿美元，将创历史新高。数据显示，受巴西经济危机影响，巴西2016年贸易总额大幅下跌，预计将降至3200亿美元，较2011年的峰值下跌超过30%，其中进口跌幅远大于出口。截至2016年11月份，巴西出口同比下降2.9%，进口同比下降21.7%。

3. 欧洲

欧委会建议欧元区实施积极财政政策。欧委会向欧洲议会和欧盟理事会提交《欧元区应实施积极财政政策的建议》。欧委会认为，为支持经济复苏，克服“低增长、低通货膨胀”陷阱，欧元区应通过提高财政扩张规模、实施支持性或扩张性财政政策、提高公共财政质量等措施实施积极财政政策，并综合运用货币、财政和结构性改革来推动经济增长。

欧洲战略投资基金将覆盖欧盟28个成员国。12月23日，欧委会发布消息称，欧盟就扩大“欧洲战略投资基金”（EFSI）覆盖面达成一致。根据该协议，EFSI将覆盖欧盟28个成员国，以推动投资、就业和经济增长。截至当前，欧洲投资计划已融资306亿欧元，预计将带动超过1640亿欧元投资，已完成3150亿欧元投资目标50%以上。

英国第三季度GDP环比增长0.6%。12月23日，英国国家统计局发布数据显示，英国第三季度GDP环比增长0.6%，较预期值上调0.1个百分点，连续15个季度实现正增长；人均GDP环比增长0.4%。数据还显示，第三季度家庭储蓄率为5.6%，环比下降0.5个百分点；家庭实际可支配收入环比增长0.6%。

法国第三季度GDP环比增长0.2%。12月23日，法国国家统计局发布数据显示，经季调，法国第三季度GDP环比增长0.2%。其中，进口环比增长2.5%；家庭消费支出环比增长0.1%；一般政府消费支出环比增长0.3%；固定资本形成总额环比增长0.3%；出口环比增长0.7%。

4. 亚洲

日本11月份失业率为3.1%。12月27日，日本国家统计局发布数据显示，经季调，日本11月份失业率为3.1%，同比上升0.1个百分点；失业人口为197万人，同比下降5.7%；就业率为58.2%，同比上升0.6个百分点；就业人口为6452万人，同比上升1.1%。

日本 11 月份 CPI 同比上升 0.5%。12 月 27 日，日本国家统计局发布数据显示，日本 11 月份 CPI 为 100.4，环比持平，同比上升 0.5%。其中，食品价格环比下降 0.1%，同比上升 3.6%；服务价格环比下降 0.2%，同比上升 0.2%；货物价格环比上升 0.1%，同比上升 0.8%。剔除食品和能源，CPI 环比持平，同比上升 0.6%。数据还显示，大东京地区 CPI 为 99.8，环比下降 0.4%，同比持平。

韩国下调韩 2016 年、2017 年经济增长预期至 2.6%。12 月 29 日，韩国政府发布 2017 年经济政策方向报告，大幅下调 2016 年、2017 年经济增长预期至 2.6%。报告显示，国内需求下降等是下调经济增长预期的主要原因，韩国未来将采取扩张性财政政策刺激经济增长，包括增加公共开支，扶持新兴产业、降低部分消费类税率等。

韩国 11 月份工业产出环比增长 1.6%。12 月 29 日，韩国企划财政部发布数据显示，经季调，韩国 11 月份工业产出环比增长 1.6%，同比增长 4.6%。其中，制造业产出环比增长 3.4%，同比增长 5%；建筑业产出环比增长 6.4%，同比增长 25.9%；服务业产出环比增长 0.1%，同比增长 2.5%。

5. 非洲

南非经济预期指数连续 3 个月增长。12 月 27 日，南非央行公布数据显示，由于实际 M_1 货币供应量稳步增长、新车销量持续上升，南非 8—10 月份经济预期指数分别增长 0.6%、1.1% 和 0.8%，连续 3 个月增长，该指数用于衡量未来 6 个月经济增长。

二、国际组织

亚投行批准 6 亿美元贷款建设阿塞拜疆天然气管道项目。亚投行宣布批准 6 亿美元贷款用于建设从阿塞拜疆到土耳其的跨安纳托利亚天然气管道（TANAP）项目。该项目是目前亚投行批准贷款金额最高的项目，亚洲基础设施投资银行将与世界银行等多边机构联合融资。TANAP 项目计划将阿塞拜疆的天然气运往土耳其，并销往欧洲南部市场。投资该能源项目对阿塞拜疆开拓新市场、土耳其解决能源安全问题以及欧洲国家进口天然气都具有重要意义。同时，该项目还将为阿塞拜疆和土耳其创造大量的就业岗位。在该项目批准后，亚投行成立首年来发放的贷款总额已达 17 亿美元。

联合国 2016—2017 双年度预算上调至 56.1 亿美元。12 月 24 日，联合国大会第 71 届会议主要会期结束，会议通过了 14 项决议和一项决定，包括将联合国 2016—2017 双年度预算上调至 56.1 亿美元。联大接受负责行政和预算事务的第五委员会的建议，在此前批准的 54 亿美元基础上上调了 2.1 亿美元，同时还批准了 6.3953 亿美元用于维持联合国 33 个特别政治特派团的运作。此外，联大还呼吁各国提供 157 万美元，用于继续提高联合国内部司法系统的行政管理。

IMF：支持中非区域性金融机构加强能力建设。12 月 23 日，IMF 总裁拉加德在参加中非国家首脑峰会后表示，IMF 将支持中非区域性金融机构进行能力建设，促进该地区经济可持续发展。拉加德指出，中非货币经济共同体各成员国领导应加强政策协调，协同推进改革，解决财政失衡问题，实现地区经济稳定，同时也要促进该地区经济多样性，实现经济可持续增长。IMF 将支持中非经济货币共同体以及其他区域性机构，包括中非货币经济共同体委员会、中非国家银行（BEAC）以及中非银行委员会（COBAC）在财政管理及货币政策方面加强能力建设。

WTO 成员就贸易政策审议机制改革达成一致。WTO 宣布各成员经济体就贸易政策审议机制改革达成一致，改革措施包括调整贸易政策审议周期，以适应世贸组织成员经济体数量的增长。根据经济体的规模，目前每 2 年、4 年或 6 年对成员经济体进行一次审议，而从 2019 年起，审议周期将延长为 3 年、5 年和 7 年。

三、国际大宗商品

本周纽约原油期货累计上涨 1.4%。截至本周四，纽约原油期货累计上涨 1.4%。周一纽交所因圣诞假期休市；周二纽约原油期货上涨 0.88 美元，收于每桶 53.90 美元；周三纽约原油期货上涨 0.16 美元，收于每桶 54.06 美元；周四纽约原油期货下跌 0.29 美元，收于每桶 53.77 美元。

本周纽约黄金期货累计上涨 2.1%。截至本周四，纽约黄金期货累计上涨 2.1%。周一纽交所因圣诞假期休市；周二纽约黄金期货上涨 0.5%，收于每盎司 1138.7 美元；周三纽约黄金期货上涨 0.2%，收于每盎司 1141 美元；周四纽约黄金期货上涨 1.5%，收于每盎司 1157.7 美元。

四、区域合作

澜沧江—湄公河合作第二次外长会举行。12 月 23 日，澜沧江—湄公河合作第二次外长会在柬埔寨暹粒举行。各方围绕“同饮一江水，命运紧相连”的主题，回顾了 2016 年 3 月份在中国举行的首次领导人会议成果落实情况，并规划澜湄合作下一步发展。王毅表示，澜湄合作首次领导人会议以来，澜湄合作机制建设不断加强，各优先领域联合工作组筹建工作有序推进，45 个早期收获项目相继得到有效落实，各领域务实合作逐步展开。澜湄合作在行动，对外展现出独有的澜湄速度和澜湄效率。关于下一步合作，王毅建议六国可加快筹建优先领域联合工作组，尽早设立澜湄合作国家秘书处或协调机构，全面实施首批早期收获项目，推动形成第二批合作倡议，制定澜湄合作 5 年行动计划，并用好中方设立的澜湄合作专项基金和有关贷款。各国外长高度评价澜湄合作不到一年时间取得的显著进展，认为澜湄合作的速度和成果已超过经营多年的其他次区域合作机制，强调各国均重视澜湄合作，愿共同努力推动合作进入全面实施阶段，在维护地区和平稳定、促进地区发展繁荣方面发挥重要作用。会议审议通过了“澜湄合作第二次外长会联合新闻公报”“首次领导人会议成果落实进展表”“优先领域联合工作组筹建原则”三份重要成果文件。

第十一次中日经济伙伴关系磋商在日本东京举行。12 月 28 日，第十一次中日经济伙伴关系磋商在日本东京举行，双方就世界及两国宏观经济形势、双边经贸合作中存在的重点问题和中日韩自贸区、世贸组织等区域和多边议题交换了意见。中日经济伙伴关系磋商机制是 2002 年由时任中国总理朱镕基与日本首相小泉纯一郎在出席博鳌亚洲论坛期间宣布启动的，是中日各领域对话机制的重要组成部分之一。

五、全球宏观经济形势

2017 年全球经济预计增长 3%。中国社科院世界经济与政治研究所发布《世界经济黄皮书：2017 年世界经济形势分析与预测》。《黄皮书》预计，2017 年世界经济增长形势依然不容乐观，按 PPP 计算的世界 GDP 增长率约为 3.0%，低于 IMF 和其他国际组织的预测。《黄皮书》认为，较低的预测主要反映了对世界经济潜在增长率下行、金融市场脆弱性加大、反全球化趋势、美国政策调整、欧洲内部政治冲突、难民危机、英国脱欧进程、日本通货紧缩等问题的担忧。黄皮书还预计，2017 年大宗商品价格仍将在中低位运行，且略有上行。考虑到 OPEC 已达成减产协议，俄罗斯也承诺降低石油产量，原油价格将在 2017 年有所上升，并超过 60 美元/桶。

黄皮书称，随着特朗普当选美国总统和美国进入加息周期，美国经济可能成为导致世界经济不稳定的源头。黄皮书预计，特朗普就任美国总统以后，其国际国内经济政策均会出现较大幅度的调整。其竞选过程中承诺的保护主义政策一旦全部或者部分实施，都将对外部世界造成不利影响，并有可能引发全球范围内保护主义政策密集出台，从而造成世界经济增长率进一步下降。而美国加息预期的变化也将反复扰动国际金融市场。黄皮书认为，发达经济体的宽松货币政策为国际金融市场提供了大量的廉价资本。大规模跨国资本流动容易造成部分国家外汇市场大幅度动荡，甚至频繁引发货币危机。自 2016 年 11 月以来，国际市场对美联储加息预期逐渐增强，国际资本又开始大规模流出新兴经济体，并流向美国，导致美元指数迅速攀升，其他国家的货币，尤其是新兴经济体的货币大幅度贬值。这种状况将随着美国经济的反复波动及加息预期的变化而反复出现，国际金融市场也将因此而出现反复动荡。

第52周（2016/12/31—2017/01/06）

2016年12月31日—2017年1月6日，国际财经要情有：美联储公布2016年12月份FOMC货币政策会议纪要；欧元区12月份通货膨胀年率升至1.1%；尼日利亚2016年前第三季度GDP负增长；亚投行项目准备特别基金已开放申请；中国正式接任金砖国家主席国；OECD国家11月份年化通货膨胀率微增至1.4%。

一、区域观察

1. 北美地区

美联储公布2016年12月份FOMC货币政策会议纪要。2017年1月4日，美联储发布2016年12月份FOMC货币政策会议纪要显示，基于当前合适货币政策，美国2017年GDP增速或有所提高。美联储应逐步加息以实现充分就业和2%通货膨胀目标。预计联邦基金利率将在2019年接近长期正常水平，但是，经济前景不确定性或导致预期结果出现改变。预计2016—2019年，美国实际GDP增速将分别为1.9%、2.1%、2%和1.9%；通货膨胀率将分别为1.7%、1.8%、2%和2%。此外，预计2017年年底—2019年年底，联邦基金利率将分别为1.4%、2.1%和2.9%。

美国12月份ISM制造业PMI为54.7%。2017年1月3日，美国供应管理协会发布数据显示，美国2016年12月份ISM制造业PMI为54.7%，环比上升1.5个百分点。其中，新订单指数为60.2%，环比上升7.2%；产出指数为60.3%，环比上升4.3个百分点；就业指数为53.1%，环比上升0.8个百分点；原材料库存指数为47%，环比下降2个百分点。

美国对俄罗斯采取制裁措施。12月29日，美国白宫发布消息称，鉴于俄罗斯针对美国大选的网络攻击等行动，美国政府宣布对俄采取一系列制裁措施：一是批准修订第13964条行政指令以应对网络威胁；二是令35名俄罗斯驻美国使馆官员及家属于72小时内离境；三是发布分析报告以更好应对俄罗斯恶意网络攻击。

2. 拉美地区

巴西2016年11月份失业率为11.9%。2017年1月3日，巴西地理统计局公布数据显示，巴西2016年11月份失业率为11.9%，为2012年以来新高；巴西全国正规就业岗位数量减少11.7万个，为连续第20个月出现下降。2016年9月—11月，巴全国就业人口为9020万，同比下降2.1%；失业人口达1210万，同比增长33.1%。

3. 欧洲

欧盟税务裁决新规生效。2017年1月3日，欧委会发布消息称，欧盟税务裁决新规生效，新规将提高透明度，使欧盟成员国通过中央存管处自动交换最新跨境税务裁决信息，确保各成员国需对欧盟其他国家跨国公司进行税务裁决时获得所有必要信息。

欧洲央行12月份资产购买规模为607.6亿欧元。2017年1月4日，欧洲央行发布数据显示，欧洲央行2016年12月份资产购买规模为607.6亿欧元。其中，净买入资产担保债券13.69亿欧元；资产支持债券3.17亿欧元；企业部门债券40.42亿欧元；公共部门债券550.32亿欧元。截至2016年12月底，欧洲央行资产购买规模为1.53万亿欧元。

欧元区12月份通货膨胀年率升至1.1%。2017年1月4日，欧盟统计局发布数据显示，欧元区12月份通货膨胀年率初值为1.1%，环比上升0.5个百分点。其中，能源价格同比上升2.5%；服务价格同比上升1.2%；食品、烟酒价格同比上升1.2%；非能源工业品价格同比上升0.3%。剔除能源，欧元区12月份通货膨胀年率为1%。

欧元区12月份制造业PMI升至54.9。2017年1月2日，市场调查机构Markit发布数据显示，经季调，欧元区12月份制造业PMI终值为54.9，环比上升1.2个点，为2011年4月份以来最高水平。欧元区各成员国制造业PMI均有所上升。其中，荷兰PMI为57.3，为68个月以来新高；德国PMI为55.6，为35个月以来新高；西班牙PMI为55.3，为11个月以来新高；法国PMI为53.5，为67个月以来新高。

德国12月份CPI同比增长1.7%。2017年1月3日，德国联邦统计局发布数据显示，德国2016年12月份CPI同比增长1.7%，环比增长0.7%。其中，食品价格同比增长2.5%；能源价格同比增长2.5%；服务价格同比增长1.5%。数据还显示，德国12月份调和CPI同比增长1.7%，环比增长1%。

德国11月份失业率为4.1%。2017年1月3日，德国联邦统计局发布数据显示，经季调，德国2016年11月份失业率为4.1%，环比持平，同比下降0.4个百分点；就业人口 4165 万人，环比增长 0.2%，同比增长 3.3%；就业率为 66.7%，环比增长 0.3 个百分点，同比增长 1.4 个百分点。

德国 12 月份制造业 PMI 升至 55.6。2017 年 1 月 2 日，市场调查机构 Markit 发布数据显示，经季调，德国 2016 年 12 月份制造业 PMI 终值为 55.6，环比上升 1.3 个百分点，为 35 个月以来最高点；第四季度 PMI 均值为 55，为近 3 年以来最高水平。德国制造业产出和新增就业大幅扩张是 PMI 上升的主要原因。

法国 12 月份 CPI 同比增长 0.6%。2017 年 1 月 3 日，法国国家统计局发布数据显示，法国 2016 年 12 月份 CPI 同比增长 0.6%，环比增长 0.3%。其中，食品价格同比增长 0.7%；烟草价格同比增长 0.1%；能源价格同比增长 4.3%；服务价格同比增长 0.9%。

意大利 12 月份 CPI 同比增长 0.5%。2017 年 1 月 4 日，意大利国家统计局发布数据显示，意大利 12 月份 CPI 同比增长 0.5%，环比增长 0.4%。其中，运输服务价格环比增长 1.9%，同比增长 2.6%；非管制能源品价格同比增长 2.4%，环比增长 1.1%；未加工食品价格同比增长 1.8%，环比增长 1%。

俄罗斯 2017 年通货膨胀率或为 5.4%。2016 年 12 月 30 日，俄罗斯联邦国家统计局公布数据显示，根据每周登记的 64 种重要商品的消费者价格指数和俄 276 个城市的服务业数据，俄 2017 年通货膨胀率或为 5.4%。此外，俄 2016 年 12 月份食品价格环比增长 0.6%，非食品价格环比增长 0.3%。

4. 亚洲

日本基础货币量达 437 万亿日元。2017 年 1 月 5 日，日本银行公布数据显示，截至 2016 年年末，日本基础货币量达 437.43 万亿日元，为连续第 10 年增加，再创历史新高。日本基础货币量包含金融机构在央行的存款准备金以及在社会流通的货币。数据显示，截至 2016 年年末，金融机构在日本央行的存款准备金为 330.23 万亿日元，同比增长约 30.5%；社会流通的货币总计 107.2 万亿日元，同比增长约 4%。

日本 2016 年 12 月份制造业 PMI 为 52.4。2017 年 1 月 4 日，市场调查机构 Markit 公布数据显示，经季调，日本 2016 年 12 月份制造业 PMI 终值为 52.4，显示活动扩张速度为 2015 年 12 月份以来最快。其中，12 月份产出分项指数升至 53.8，为一年来最高水平；新订单分项指数终值为 53.2，，环比上升 2.1 个百分点。

韩国 2016 年贸易顺差为 898 亿美元。2017 年 1 月 1 日，韩国产业通商资源部公布数据显示，韩国 2016 年出口额为 4955 亿美元，同比下降 5.9%，为连续两年下滑；进口额为 4057 亿美元，同比减少 7.1%；实现贸易顺差 898 亿美元。从主要出口商品看，除计算机增长 8.3% 外，石油产品、船舶、汽车、家电、无线通信器材、钢铁等大部分产品出口均大幅减少；但化妆品、医药品等 5 大消费品出口大幅增长。从出口地区看，除对越南出口增长 17.6% 外，对中南美、中东、中国、美、日、印度等主要市场出口均大幅下滑。

2016 年外国对韩国直接投资同比增长 1.9%。2017 年 1 月 3 日，韩国产业通商资源部发布数据显示，2016 年外国对韩直接投资达 213 亿美元，同比增长 1.9%，规模再创历史新高。从投资行业看，服务业吸引外资 155.1 亿美元，同比增长 5.3%，连续 6 年保持增长；制造业吸引外资 51.3 亿美元，同比增长 12.4%。从投资方式看，绿地投资 150.2 亿美元，同比增长 6.5%，表明外资加大在韩国建设生产基地的趋势；并购类投资 62.7 亿美元，同比下降 7.8%。从外资来源地看，欧盟对韩国投资达 74 亿美元，同比增长 3 倍，创历史新高；中国投资达 20.5 亿美元，同比增长 3.6%，连续 3 年保持增长态势；美国投资为 38.8 亿美元，同比下降 29.3%；日本投资为 12.5 亿美元，连续 4 年下降。

东盟 12 月份制造业 PMI 下降至 49.1。2017 年 1 月 2 日，市场调查机构 Markit 发布数据显示，经季调，东盟 12 月份制造业 PMI 为 49.1，环比下降 0.3 个百分点，为 13 个月以来最低水平，产出和出口均快速下滑。其中，菲律宾 PMI 为 55.7，为 4 个月以来新低；越南 PMI 为 52.4，为 2 个月以来新低；泰国 PMI 为 50.6，为 12 个月以来新低。

印度 12 月份制造业 PMI 下降至 49.6。2017 年 1 月 2 日，市场调查机构 Markit 发布数据显示，印度 2016 年 12 月份制造业 PMI 为 49.6，环比下降 2.7 个百分点，为 2016 年首次低于荣枯线 50。其中，产出和新订单均为 2016 年首次下降；企业购买水平和就业均有所降低；投入成本快速增长。

5. 非洲

尼日利亚 2016 年前三季度 GDP 呈负增长。尼日利亚国家统计局公布数据显示，尼 2016 年前三季度实际 GDP 实际增长率分别为 -0.4%、-2.1% 和 -2.2%，为数十年以来首次出现负增长。

二、国际组织

亚投行项目准备特别基金已开放申请。亚投行宣布其项目准备特别基金首笔款项到位。该特别基金以中国出资的 5000 万美元为基础，同时接受其他成员捐资，用于支持欠发达成员国基础设施项目准备。该基金将主要用于支持有主权担保的基础设施项目。在特殊情况下，也可用于部分区域性的有利于区域发展的创新/复合型项目或有特殊需求的非主权担保项目。符合条件的资金申请国可向亚投行提出书面申请，由亚投行相关项目负责人参照 2016 年 6 月出台的《亚投行特别基金管理办法》进行审批。

古特雷斯正式就任联合国秘书长。2017 年 1 月 3 日，联合国第九任秘书长安东尼奥·古特雷斯正式履新。古特雷斯现年 67 岁，1995—2002 年任葡萄牙总理，2005—2015 年担任联合国难民署负责人。在经过联大组织的“公开面试”、联合国安理会多轮意向性投票后，古特雷斯 2016 年 10 月被正式任命为联合国第九任秘书长，任期 5 年。古特雷斯表示，很多全球性问题无法在国家层面得到解决，必须坚持多边主义的价值取向，用全球性的解决方案解决全球性问题，而联合国正是多边方式的基石。

美洲开发银行集团 2016 年融资总额达 117 亿美元。美洲开发银行集团宣布，2016 年美洲开发银行与美洲投资公司共审批通过了来自拉丁美洲和加勒比地区 241 项融资业务，总额达 117 亿美元。美洲开发银行集团表示，2016 年度各项支出均符合 48 个成员国优先事项的规定，并确保至少 35% 的新资金用于该区域规模最小和最不发达的经济体。而美洲投资公司现负责集团内的非主权担保业务，2016 年共批准总额达 22.6 亿美元的 153 笔交易。其中，基础设施项目占 41%，金融机构和企业融资交易分别占 40% 和 19%；而在美洲开发银行主导的主权担保业务中，国家现代化建设、基础设施和能源、社会项目、气候变化及贸易一体化项目分别占 33%、30%、24%、12% 和 1%。

国际清算银行：巴塞尔协议Ⅲ修订工作进入尾声。2017 年 1 月 3 日，国际清算银行宣布巴塞尔协议Ⅲ修订进入最后收尾工作。目前，巴塞尔银行监管委员会正在敲定协议的最后框架和部分细节，旨在弥补金融危机中暴露的不足，提升银行业安全性和稳健性。此次修订是巴塞尔银行监管委员会进行后金融危机监管改革的重要一步，对银行业在风险加权资本充足率方面重建信心具有重要意义。

三、国际大宗商品

本周纽约原油期货价格与上周基本持平。截至本周四，纽约原油期货价格与上周基本持平。周一纽交所因元旦假期休市；周二纽约原油期货下跌 1.39 美元，收于每桶 52.33 美元；周三纽约原油期货上涨 0.93 美元，收于每桶 53.26 美元；周四纽约原油期货下跌 0.5 美元，收于每桶 53.76 美元。

本周纽约黄金期货累计上涨 2.6%。截至本周四，纽约黄金期货累计上涨 2.6%。周一纽交所因元旦假期休市；周二纽约黄金期货上涨 0.9%，收于每盎司 1162 美元；周三纽约黄金期货上涨 0.3%，收于每盎司 1165.3 美元；周四纽约黄金期货上涨 1.4%，收于每盎司 1181 美元，创 12 月 5 日以来最高收盘价。

四、区域合作

中国正式接任金砖国家主席国。2017年1月1日，国家主席习近平就中国正式接任金砖国家主席国致信俄罗斯总统普京、南非总统祖马、巴西总统特梅尔、印度总理莫迪，向四国领导人介绍中方担任主席国期间推进金砖国家合作进程的设想。习近平指出，中国将于2017年9月在福建省厦门市举办金砖国家领导人第九次会晤。在各成员国共同努力下，金砖国家合作成功走过了第一个10年，在政治、经济、人文等诸多领域结出丰富成果。领导人会晤进程不断迈出新步伐，为金砖国家合作注入新的动力。金砖国家堪称新兴市场国家和发展中国家合作的典范，为各成员国人民带来福祉，为促进世界经济增长、完善全球治理、推动国际关系民主化作出重要贡献。

习近平强调，2017年，金砖国家合作将开启第二个10年。展望未来，金砖国家合作将取得更大发展，也将在国际事务中发挥更大作用。当前，全球挑战突出，国际形势中不确定、不稳定因素增加，金砖国家要加强团结合作，维护共同利益。作为2017年金砖国家主席国，中方期待同各成员国一道，围绕“深化金砖伙伴关系，开辟更加光明未来”的主题，凝聚合作共识，规划合作蓝图。为此，希望厦门会晤重点在以下方面取得进展：一是深化务实合作，促进共同发展；二是加强全球治理，共同应对挑战；三是开展人文交流，夯实民意基础；四是推进机制建设，构建更广泛伙伴关系。中方将秉持开放包容、合作共赢的金砖精神，同各成员国携手并肩，推动厦门会晤取得成功，推动金砖国家合作迈上新的台阶。

金砖国家合作机制成立于2006年。自2009年首次领导人会晤以来，迄今已举行八次领导人会晤。习近平在新年伊始致信其他金砖国家领导人，正式拉开2017年金砖国家“中国年”的大幕，标志着中国作为金砖国家主席国的工作已经全面启动。

五、全球宏观经济形势

OECD国家11月份年化通货膨胀率微增至1.4%。2017年1月5日，OECD发布最新数据显示，OECD国家2016年11月份年化通货膨胀率从2016年10月份的1.3%小幅上升至1.4%。剔除食品和能源因素影响，2016年11月份年化通货膨胀率为1.7%，与2016年10月份持平。G20国家2016年11月份年化通货膨胀率从2016年10月份的2.3%小幅下降至2.2%。

国别方面，日本、英国、意大利、法国和美国2016年11月份的通货膨胀率分别从2016年10月份的0.1%、0.9%、-0.2%、0.4%和1.6%上升至0.5%、

1.2%、0.1%、0.5%和1.7%；德国的通货膨胀率为0.8%，与2016年10月份持平；加拿大的通货膨胀率从2016年10月份的1.5%下降至1.2%；欧元区通货膨胀率从2016年10月份的0.5%小幅增长至2016年11月份的0.6%。剔除食品和能源因素影响，欧元区通货膨胀率连续第4个月维持在0.8%。欧元区统计局的最新数据预计欧元区2016年12月份年化通货膨胀率将增长至1.1%。新兴经济体中，俄罗斯、印度、巴西和沙特的通货膨胀率分别从2016年10月份的6.1%、3.3%、7.9%、2.6%下降至5.8%、2.6%、7.0%、2.3%；而印尼、中国和南非的通货膨胀率分别从2016年10月份的3.3%、2.1%、6.7%上升至3.6%、2.3%、6.9%。

国际金融协会：全球债务总额创历史新高。2017年1月4日，国际金融协会发布数据显示，截至2016年第三季度，全球债务总额创217万亿美元的历史新高，占全球GDP的比例达到325%。其中，新兴市场债务显著增加，而随着美国大选结果出炉和美联储加息，债务人可能面临更高的债务成本。此外，保护主义政策和英国退欧也可能给全球债券市场带来流动性风险，并提高借贷成本。